微机原理及应用
（第2版）

杨　杰　王亭岭　主　编

齐永奇　李素萍　古冬冬　侯艳君　肖　潇　副主编

电子工业出版社
Publishing House of Electronics Industry
北京·BEIJING

内 容 简 介

本书以 Intel 8086/8088 微处理器为基础，全面系统地介绍微型计算机（简称微机）的内部结构、工作原理和接口技术等相关知识。全书分 9 章，第 1 章主要介绍微处理器的发展历程、计算机的数制和编码、微型计算机系统的组成、分类和配置；第 2 章主要介绍 Intel 8086/8088 微处理器的内部结构、外部引脚；第 3 章介绍微机指令系统；第 4 章主要介绍汇编语言源程序结构、汇编语言语句组成、汇编程序的编写与调试；第 5 章主要介绍存储器分类及工作原理；第 6 章主要介绍微型计算机接口的概念、分类及数据传输方式；第 7 章主要介绍中断的概念、分类、执行过程及典型可编程中断控制器 Intel 8259A 的应用；第 8 章主要介绍常见输入输出接口芯片 Intel 8253、Intel 8255A 的内部结构、工作原理及应用；第 9 章主要介绍模拟量输入输出通道的组成及相关转换器的工作原理及应用。

本书内容科学、结构完善，便于教学和自学，可以作为普通高等院校工科类专业"微机原理及应用"课程的通用教材，也可以作为研究生或成人高等教育工科类相关专业的自学和培训教材，同时也可供从事微型计算机应用与开发的科技人员参考。

未经许可，不得以任何方式复制或抄袭本书之部分或全部内容。

版权所有，侵权必究。

图书在版编目（CIP）数据

微机原理及应用 / 杨杰，王亭岭主编. -- 2 版.

北京：电子工业出版社，2025. 6. -- ISBN 978-7-121-50339-9

Ⅰ．TP36

中国国家版本馆 CIP 数据核字第 2025X4C247 号

责任编辑：马文哲　　　　　文字编辑：郭穗娟

印　　刷：三河市华成印务有限公司

装　　订：三河市华成印务有限公司

出版发行：电子工业出版社

　　　　　北京市海淀区万寿路 173 信箱　　邮编：100036

开　　本：787×1092　1/16　印张：20　　字数：508.8 千字

版　　次：2013 年 8 月第 1 版
　　　　　2025 年 6 月第 2 版

印　　次：2025 年 6 月第 1 次印刷

定　　价：69.80 元

凡所购买电子工业出版社图书有缺损问题，请向购买书店调换。若书店售缺，请与本社发行部联系，联系及邮购电话：（010）88254888，88258888。

质量投诉请发邮件至 zlts@phei.com.cn，盗版侵权举报请发邮件至 dbqq@phei.com.cn。

本书咨询联系方式：（010）88254502，guosj@phei.com.cn。

前　　言

为适应微型计算机技术的发展和国家提出的新工科建设要求，华北水利水电大学"微机原理及应用"课程教学团队对第 1 版进行改写。本书编者紧跟新时代和新工科对高校大学生微型计算机的教学要求，各章增加了很多编程实例，配套电子教材、网络视频教材等完备的课程教材资源库。

编者从 Intel 8086/8088 微处理器入手，重点介绍 Intel 8086/8088 微处理器的内部结构、工作原理、微机指令系统、汇编语言程序设计、存储器、接口芯片工作原理及应用等相关知识。本书内容的讲解深入浅出，浅显易懂，本课程教学团队开发的河南省精品在线课程"微机原理及应用"已经于 2021 年 1 月在"中国大学慕课网"成功上线，方便读者在线访问学习。

华北水利水电大学杨杰、王亭岭、齐永奇、李素萍、古冬冬、侯艳君和肖潇参加编写本书。其中，杨杰和王亭岭担任主编，齐永奇、李素萍、古冬冬、侯艳君和肖潇担任副主编。具体编写分工如下：杨杰编写第 1～2 章，古冬冬编写第 3 章，王亭岭编写第 4 章，李素萍编写第 5 章，肖潇编写第 6、9 章，侯艳君编写第 7 章和附录 A～附录 F，齐永奇编写第 8 章，全书由杨杰和王亭岭统稿并定稿。

本书的编写得到 2021 年河南省高等教育教学改革研究与实践项目"聚焦国家创新高地的大学生创新创业能力培养研究与实践"（2021SJGLX160）、"基于 GIS 的河南省高等教育空间布局及影响因素分析研究"（2021SJGLX016）、2021 年河南省高等教育教学改革研究与实践项目（学位与研究生教育）成果"三位一体、四维联动——机械专业学位研究生人才培养模式研究与实践"项目（2021SJGLX014Y）、2022 年河南省本科高校研究性教学示范课程项目（河南省教育厅教高[2023]36 号）、2022 年度华北水利水电大学校级"专创融合"特色示范课程项目（华水政[2023]20 号）、河南省本科高校新工科新形态教材项目（河南省教育厅教办高〔2023〕395 号）"的资助，在此表示感谢。在本书的编写过程中，编者参考了国内外大量的文献，在此向这些文献的作者表示真挚的感谢。

限于编者水平，书中不当之处在所难免，敬请同行专家和读者朋友批评指正。

编　者
2025 年 1 月

目　　录

第 1 章　微机基础知识

教学提示

　　本章是学习微型计算机（简称微机）原理及应用的基础。主要介绍计算机的发展，微型计算机中数的表示方法及微机系统的组成。

　　本章的重点学习内容为微处理器的发展史及性能评价指标，计算机中数制间的转换，正数、负数原码、反码、补码间的转换，计算机系统组成，内存地址与内存间的区别。

1.1　计算机的发展

1.1.1　计算机的诞生

　　1906 年，美国人 Lee De Forest 发明了电子管，为电子计算机的发展奠定了基础。

　　1935 年，IBM 公司推出了 IBM 601 计算机，这是一台能在 1s 内完成乘法运算的穿孔卡片计算机。这台计算机无论在自然科学领域还是在商业应用上都具有重要的地位。

　　1937 年，英国剑桥大学的 Alan M. Turing 在他的论文中提出了被后人称为"图灵机"的数学模型。

　　1937 年，贝尔（Bell）实验室的 Stibitz 展示了用继电器表示二进制数的装置。尽管该装置仅是个展示品，却是第一台二进制的电子计算机。

　　1941 年夏季，Atanasoff 和学生 Berry 完成了能解线性代数方程的计算机，他们给该计算机取名 "ABC"（Atanasoff-Berry Computer）。该计算机用电容作为存储器，用穿孔卡片作为辅存储器，时钟频率是 60Hz，完成一次加法运算用时 1s。

　　1943 年 9 月，贝尔实验室的 Williams 和 Stibitz 完成了 "Relay Interpolator" 计算机，即后来命名为 "Model II Relay Calculator" 的计算机。这台计算机可以编程，同样可以使用纸带输入程序和数据，它运行更可靠，每个数用 7 个继电器表示，可进行浮点运算。

　　1945 年，冯·诺依曼第一次提出了计算机组成和工作方式的基本思想：

　　（1）计算机由运算器、控制器、存储器、输入输出设备五大部分组成。

　　（2）数据和指令以二进制码形式不加区别地存放在存储器中，地址码也是二进制码形式，计算机能自动区别指令和数据。

（3）编写好的程序事先存入存储器。控制器根据存放在存储器中的指令序列（程序）工作，由程序计数器（Program Counter）控制指令的执行顺序。控制器具有判断能力，能根据计算结果选择不同的动作流程。

1946 年，世界上第一台电子数字计算机 ENIAC（Electronic Numerical Integrator and Computer）在美国宾夕法尼亚大学诞生。ENIAC 占地面积 150m^2，质量为 30t，使用了 18000 多个电子管，功率为 150kW，运算速度为每秒 5000 次。该计算机体积庞大，运行效率不高，但是它在计算机的历史上有着重要的意义。

1947 年，贝尔实验室的 Shockley 博士发明了被誉为"20 世纪最伟大发明"的晶体管。与电子管相比晶体管体积小、功耗低、载流子运行速度高，它的发明开辟了电子时代的新纪元。

1949 年，英国剑桥大学数学实验室率先制成电子离散时序自动计算机 EDSAC（Electronic Discrete Sequential Automatic Computer）；美国在 1950 年制成了东部标准自动计算机 SEAC（Standard Eastern Automatic Computer）。至此，电子计算机发展的萌芽时期基本结束，开始了现代计算机的发展时期。

从 1958 年开始，计算机中的电子管被晶体管替代，这使得计算机体积缩小、功耗降低、性能提高。

微处理器出现于 20 世纪 70 年代，是大规模集成电路发展的产物。在这之前，计算机的发展经历了电子管计算机时期、晶体管计算机时期、中小规模集成电路计算机时期。

将计算机中的运算器和控制器集成在一片硅片上制成集成电路，以此作为微机的中央处理器（Central Processing Unit，CPU），也称为微处理器。

微处理器是微机的核心，它可与存储器和外围电路芯片组成微机。微处理器的品质决定了微机的性能，所以微处理器的发展历程也是微机的发展历程。

1.1.2 微处理器的发展历程

美国英特尔（Intel）公司于 1971 年成功开发出世界第一款微处理器 Intel 4004，这一芯片最初被应用于一款计算器中。这一创举也开始了人类将智能内嵌于无生命设备的历程。

1. 第一代微处理器

Intel 4004 主要用于处理算术运算，它集成了 2300 多个晶体管，数据线为 4 位，工作时时钟频率为 108kHz，指令平均执行速度仅为 0.06MIPS（每秒处理的百万条机器语言指令数），这些参数与后来流行的双核/四核微处理器无法相比，但它在微处理器领域的影响很大。Intel 公司于 1972 年推出了 Intel 8008，Intel 8008 是 Intel 4004 的翻版，但是数据总线是 8 位，代表了 8 位微处理器时代的开始。

2. 第二代微处理器

世界第一款微处理器问世后，众多公司开始着手研制微处理器，其中的 Intel 公司、

Motorola 公司和 Zilog 公司成为代表性的微处理器生产商。继 Intel 4004 和 Intel 8008 之后，Intel 公司加大了微处理器研制力度。在 1974 年推出了第二代微处理器 Intel 8080。Intel 8080 集成了 6000 个晶体管，其时钟频率（也称主频）为 2MHz。Intel 8080 是一个划时代的产品，它的诞生使得 Intel 公司有了真正意义上的微处理器。与此同时，Motorola 公司研制出了 MC 6800；Zilog 公司研制出了 Z80，Z80 内部集成了 9000 个晶体管，时钟频率达到 2MHz，它们都属于高性能的 8 位微处理器。

3．第三代微处理器

Intel 公司于 1978 年推出了 16 位微处理器 Intel 8086，它成为 20 世纪 70 年代微处理器发展史上的里程碑。与此同时，Motorola 公司推出了 MC 68000，Zilog 公司推出了 Z8000。

Intel 8086 是真正意义上的 16 位微处理器，其内部集成 29000 个晶体管，它支持的时钟频率包括 5MHz、8MHz、10MHz，寻址空间达到 1MB。MC 68000 内部集成 68000 个晶体管，Z8000 内部集成 17500 个晶体管。相比第二代微处理器，第三代微处理器的性能得到了较大提高，这些微处理器的指令系统更加丰富。以这些微处理器为核心的微机系统采用多微处理器、中断技术和存储器分段管理技术等，使微处理器的发展迈上了新台阶。

为了方便 8 位微处理器用户的使用习惯，Intel 公司在推出 Intel 8086 后不久又推出了 Intel 8088。Intel 8088 是 Intel 8086 的一个简化版本，其内部总线仍为 16 位，但外部总线是 8 位。1979 年，Intel 公司的这两款微处理器得到 IBM 公司的青睐，IBM 公司采用 Intel 8086 与 Intel 8088 作为个人计算机的微处理器，个人计算机时代从此诞生。

Intel 80286 微处理器于 1982 年正式发布，总线带宽为 16 位，它集成了 13 万多个晶体管，因此性能有了很大提高。例如，时钟频率达到 20MHz，指令执行速度可达 1.5MIPS。该处理器内部采用存储管理部件，使得微机系统的有限资源能用于多任务软件。Intel 80286 的 24 位地址总线使得它可以访问到 16MB 的地址空间。IBM 公司早期推出的个人计算机 IBM PC/AT 采用 Intel 80286 微处理器作为 CPU，并采用支持 16 位数据总线传输的 ISA 总线标准。

4．第四代微处理器

为了支持图形用户接口（GUI），1985 年 10 月，Intel 公司推出了它的第四代微处理器 Intel 80386。Intel 80386 是一款集成 27.5 万个晶体管的 32 位微处理器，其时钟频率为 33MHz，数据总线与地址总线均是 32 位，具有 4GB 的物理寻址能力。为了加快浮点操作速度，Intel 公司还成功地推出了算术协同处理器 Intel 80387（也称浮点运算单元）。

Intel 公司在 1989 年发布 Intel 80486 微处理器，这是一款在一个芯片内集成 120 万个晶体管的微处理器。它不仅集成浮点运算单元，还集成容量为 8KB 的一级高速缓冲存储器 Cache（在 CPU 与内存之间设计了一级容量较小但速度很快的高速缓冲存储器，平时该存储器用于存放最频繁使用的指令和数据）。这种集成方式大大地加快了指令执行的速度，使微机指令平均执行时间由 Intel 80386 的 4.5 个时钟周期，降低到 Intel 80486 的 1.8 个时钟周期。Intel 80486 引进了时钟倍频技术（用一种特殊电路使得大多数内部部件以输入时钟的倍频工作），但外部总线仍以外部时钟频率工作，使得 Intel 80486 可以和低速器件连接，同时使时钟频率超过 100MHz 成为可能，Intel 公司后继推出的微处理器仍使用倍频技术。

5. 第五代微处理器——Pentium

1）64 位微处理器 Pentium

Intel 公司于 1993 年推出第五代微处理器 Pentium（奔腾），Pentium 一词由拉丁文"五"——pente 和元素周期表公用后缀——IUM 组合而成。Pentium 内部集成 310 万个晶体管，Pentium 也是第一个超频性能最大的微处理器，Pentium 系列微处理器的时钟频率包括 60MHz、66MHz、75MHz、90MHz、100MHz、120MHz、133MHz、150MHz、166MHz、200MHz。Pentium 内部配置大小为 16KB 的一级高速缓冲存储器 Cache，这使得 Pentium 的处理能力更加强大。

2）高性能微处理器——Pentium Pro

Intel 公司于 1996 年推出新 x86 系列微处理器——Pentium Pro。Pentium Pro 内部集成 550 万个晶体管，内部时钟频率为 133MHz。Pentium Pro 内的一级高速缓冲存储器大小仍为 16KB。但在芯片封装中，除了 Pentium Pro 芯片，还包括一个 256KB 的二级高速缓冲存储器芯片，这两个芯片用高频宽的内部通信总线互连，微处理器与高速缓冲存储器的连接线路也被置于该封装中，使高速缓冲存储器能更容易地运行在更高的频率上。

3）多能微处理器——Pentium MMX

Intel 公司在 1996 年底推出 Pentium 的改进版多能奔腾——Pentium MMX。其中的 MMX 全称是 Multi Media Extensions，即多媒体扩展指令集技术。该技术是 Intel 公司在 1996 年为增强 Pentium 在音像图形和通信方面的性能而采用的新技术，它除了增加 57 条 MMX 指令，还将 Pentium 内部的一级高速缓冲存储器容量由原来的 16KB 增加到 32KB，在运行包含 MMX 指令的程序时，其处理多媒体的能力提高了 60%左右。

4）Pentium II

1997 年 5 月 Intel 推出了与 Pentium Pro 同一档次的 Pentium II。Pentium II 中集成 750 万个晶体管，采用 Pentium Pro 相同的核心结构。Pentium II 比 Pentium Pro 多了 MMX 指令，采用了 0.28μm 的制造工艺，因此加快了这些晶体管的操作速度。一级高速缓冲存储器容量由 16KB 增加到 32KB，二级高速缓冲存储器的容量增加到 512KB，在 Windows NT 下性能比 Pentium Pro（配有 256KB 的二级高速缓冲存储器）超出大约 25%。Pentium II 首次采用 Slot 1 接口标准。

5）Pentium III

Pentium III 被称为"多能奔腾二代微处理器"，Intel 公司于 1999 年 2 月发布 Pentium III 芯片。Pentium III 作为专为提高用户互联网计算体验而设计的微处理器，使用户尽享丰富的音频、视频和栩栩如生的三维动画。1999 年 10 月，Pentium III 采用了 0.18μm 芯片制造工艺，时钟频率达到 733MHz，芯片内部集成 2800 万个晶体管，体积变小，耗能更低，而性能更强，大幅度提高了浮点运算的能力。由于 Pentium III 增加了 MMX 指令，因此其浮点运算和三维处理能力明显增强。

Pentium III所带来的主要技术创新是，增加了 71 条互联网指令 SSE（Streaming SIMD Extensions：数据流单指令多数据扩展）的指令和处理器序列号。SIMD 意为单指令多数据扩展，它是高效率运算得以实现的基础。简单地说，SIMD 技术就是让 Pentium III用一条指令完成以往需要 4 条指令才能完成的任务。在相同时钟周期内，Pentium III可以处理 4 倍浮点运算数据，Pentium III一级高速缓冲存储器容量仍是 32KB，二级高速缓冲存储器容量是 512KB。

6）Pentium 4

2000 年 7 月，Intel 公司发布代号为 Willamette 的 Pentium 4 微处理器。该微处理器采用 NetBurst 架构，在数据加密、视频压缩和对等网络等方面的性能有了较大幅度的提高，时钟频率 1.4GHz 起步，外频（系统总线的工作频率）为 400MHz，使用 SSE2 指令集，新增加 144 条指令（主要用来增强微处理器在视频和音频方面的多媒体性能）。

1.1.3 未来微处理器的发展方向

在计算机发展的初期，微处理器性能的提高主要是为了满足科学和工程计算的需求，非常重视浮点运算能力，而且时钟频率不是很高，功耗的问题不是很突出。随着互联网和多媒体技术的迅猛发展，网络服务和移动计算逐渐成为一种非常重要的计算模式，这一新的计算模式迫切要求微处理器具有响应实时性、处理流式数据类型的能力、支持数据级和线程级并行性、更高的存储空间和 I/O 带宽、低功耗、设计的可伸缩性，以及缩短芯片进入和退出市场的周期等。这就需要对微处理器的体系结构进行突破性的变革，这场变革应该是一场由复杂到简单的变革，面向网络服务和多媒体的应用，考虑低功耗的要求，采用层次的结构简化物理设计的复杂度。目前，片内多处理器、多核技术及多线程技术正在成为微处理器体系结构设计的热点。

计算机的诞生和发展使得人类的生存方式发生了巨变，微处理器作为计算机的核心，它会继续向高性能、智能化、网络化方向发展。

1.2 计算机中数的表示方法

1.2.1 数制

数制是指利用符号计数的科学方法。数制有很多种，但在计算机的设计和使用中通常使用的计数方法有二进制、十进制、八进制和十六进制。由于用电子器件表示接通和断开两种状态容易实现，所以计算机中的数一般采用二进制。但人们又习惯于使用十进制数。因此，在掌握计算机原理之前，需要了解二进制、十进制、十六进制的表示方法及其相互转换。

1.2.2 无符号数的表示及运算

1. 无符号数的表示法

1）十进制数的表示法

特点：

① 以 10 为底，逢 10 进位。

② 需要十个基本数字符号 0，1，2，3，…，9。

一个 10 进制数可表示为

$$N_D = \sum_{i=-m}^{n-1} D_i \times 10^i$$

其中，m 表示小数位的位数，n 表示整数位的位数，D_i 为十进制数字符号 0～9。

2）二进制数的表示方法

特点：

① 以 2 为底，逢 2 进位。

② 需要两个基本数字符号 0，1。

一个二进制数可以表示为如下形式：

$$N_B = \sum_{i=-m}^{n-1} B_i \times 2^i \tag{I}$$

3）十六进制数的表示方法

特点：

① 以 16 为底，逢 16 进位。

② 需十六个基本数字符号 0，1，2，…，E，F。

一个 16 进制数可以表示为

$$N_H = \sum_{i=-m}^{n-1} H_i \times 16^i \tag{II}$$

1.2.3 数制的转换

1. 把任意进制数转换为十进制数

二进制数、十六进制数或任意进制数转换为十进制数的方法很简单，可把式（I）和式（II）展开求和。

2. 把十进制数转换成二进制数

1）把十进制整数转换为二进制整数

例 1：13D=1101B

$$\begin{array}{r|l|l}
2 & 13 & \\
\hline
2 & 6 & 商6余1\cdots\cdots B_0 \\
\hline
2 & 3 & 商3余0\cdots\cdots B_1 \\
\hline
2 & 1 & 商1余1\cdots\cdots B_2 \\
\hline
& 0 & 商0余1\cdots\cdots B_3
\end{array}$$

把十进制整数转换为二进制整数的方法如下：用 2 连续去除十进制数，直至商是 0 为止。逆序排列余数就是与该十进制相应的二进制数各位的数值。

2）把十进制小数转换为二进制数

例 2：0.8125D=0.1101B

$0.8125D\times2=1.625 \quad \cdots \quad B_{-1}=1$

$0.625D\times2=1.25 \quad \cdots \quad B_{-2}=1$

$0.25D\times2 \ \ =0.5 \quad \cdots \quad B_{-3}=0$

$0.5D\times2 \quad =1.0 \quad \cdots \quad B_{-4}=1$

因此，0.8125D=0.1101B

由此可知，把十进制小数转换为二进制小数的方法是，连续用 2 乘以十进制小数，直至乘积的小数部分等于 0 为止。按顺序排列每次乘积的整数部分，便可得到二进制小数相应各位的数值。

3．二进制数的运算

二进制数的运算分为算术运算和逻辑运算。

1）二进制数的算术运算

（1）二进制数的加法。

运算规则：

$0+0=0$

$0+1=1$

$1+0=1$

$1+1=0$（向高位进 1）

（2）二进制数的减法。

运算规则：

$0-0=0$

$1-1=0$

$1-0=1$

$0-1=1$（从高位借 1）

（3）二进制数的乘法。

运算规则：

$0\times0=0\times1=1\times0=0$

$$1 \times 1=1$$

（4）二进制数的除法。

二进制数的除法是二进制数的乘法的逆运算，其计算方法与十进制数的除法类似，也分为减法、上商等操作步骤。但是要求用一个 16 位的二进制数除以一个 8 位的二进制数，或者用一个 32 位的二进制数除以一个 16 位的二进制数。

2）二进制数的逻辑运算

（1）"与"运算（AND）。

"与"运算可以用符号"·"。

运算规则：$1 \cdot 1=1$

$$1 \cdot 0=0$$

$$0 \cdot 1=0$$

$$0 \cdot 0=0$$

（2）"或"运算（OR）。

"或"运算可以用符号"+"。

运算规则：$1+1=1$

$$1+0=1$$

$$0+1=1$$

$$0+0=0$$

（3）"非"运算（NOT）。

设变量为 A，"非"运算的结果用 $\overline{A}$ 表示。

运算规则：$\overline{0}=1$

$$\overline{1}=0$$

（4）"异或"运算（XOR）。

"异或"运算用符号"⊕"表示。

运算规则：$1 \oplus 1=0$

$$0 \oplus 0=0$$

$$1 \oplus 0=1$$

$$0 \oplus 1=1$$

1.2.4　带符号数的表示及运算

1. 带符号数的表示法

除了上述无符号数，还有大量的带符号数。数的符号在计算机中也用二进制数表示，通常二进制数的最高位表示数的符号。用数码"0"表示正数，符号为"+"；用数码"1"表示负数，符号为"-"。带符号数在机器中的表示形式（8 位）如图 1-1 所示。

| 0 | 1 | 0 | 0 | 1 | 0 | 1 | 0 |

| 1 | 1 | 0 | 0 | 1 | 0 | 1 | 0 |

符号位　　　数值部分　+74　符号位　　　数值部分　−74

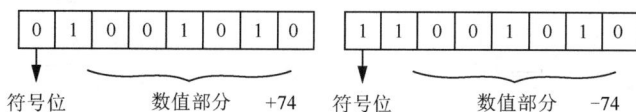

图1-1　带符号数在机器中的表示形式

这里涉及一个概念：机器数。把一个数及其符号在机器中的表示加以数值化，这样的数称为机器数。而机器数所代表的数称为该机器数的真值。机器数有不同的表示法，常用的表示法有原码、反码、补码。

1）原码

在用二进制原码表示的数中，符号位为"0"，表示正数，符号位为"1"，表示负数，其余数值取原值。带符号数的原码表示形式如图1-2所示。

正数　0　取原值　　负数　1　取原值

符号位　数值位　　　符号位　数值位

图1-2　带符号数的原码表示形式

原码的数值范围：

$$-(2^{n-1}-1) \sim +(2^{n-1}-1)$$

8位的原码数值范围：

$$-127 \sim +127$$

16位的原码数值范围：

$$-32767 \sim +32767$$

原码简单易懂且与真值转换方便，但使用两个原码将两个异号数相加，或者将两个同号数相减，就要做减法。这样计算机中可需要加一个符号比较电路和一个减法电路，增加了运算电路的复杂性。为了把上述运算转换成加法运算，简化计算机运算电路的结构，在计算机中引入反码和补码。

2）反码

（1）正数（字长=8）的反码表示形式与原码相同，即

$$[X]_{原}=[X]_{反}$$

（2）用反码表示负数（字长=8）时，除了符号仍为"1"，对其余数值按位取反。负数的反码表示形式如图1-3所示。

3）补码

（1）正数的补码与它的原码和反码均相同。

（2）用补码表示负数时（见图1-4），除了符号位仍为"1"，对其余数值按位取反加1，即

$$[X]_{补}=[X]_{反}+1$$

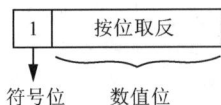

图 1-3 负数的反码表示形式

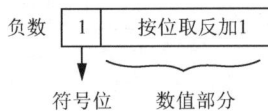

图 1-4 负数的补码表示形式

8 位二进制补码的数值范围：

$$+127 \sim -128$$

16 位的二进制补码的数值范围：

$$+32767 \sim -32768$$

（3）零的原码、反码、补码（8 位）。

$$[+0]_原 = 00000000 \qquad [-0]_原 = 10000000$$

$$[+0]_反 = 00000000 \qquad [-0]_反 = 11111111$$

$$[+0]_补 = 00000000 \qquad [-0]_补 = 00000000$$

由于原码、反码中的"0"有两种代码，而补码中的"0"只有一种代码。因此，8 位二进制补码可以比原码，反码多一个负数，即-128。

2. 真值与补码的转换

（1）真值转换为补码。根据补码的定义便可完成由真值到补码的转换。

（2）补码转换为真值。

① 正数补码的真值即

$$X = [X]_补$$

② 将负数的补码转换为真值的方法如下：将负数补码按位（包括符号位）取反加 1（求补运算），得到该负数补码的绝对值，即

$$|X| = \overline{[X]}_补 + 1$$

（3）补码的运算。

① 补码的加法。补码的加法规则：

$$[X+Y]_补 = [X]_补 + [Y]_补$$

② 补码的减法。补码的减法规则：

$$[X-Y]_补 = [X]_补 + [-Y]_补$$

在计算机中，利用补码的减法规则，通过对减数进行求补运算而将减法变成加法。

（4）用补码表示带符号数的优点。

① 负数补码与对应正数补码之间的转换可用求补运算实现，因而可简化硬件。

② 可以将减法运算变为加法运算，省去减法电路。

③ 无符号数与带符号数的加法运算可用同一电路完成，结果都是正确的。

1.2.5 计算机中数的定点表示法和浮点表示法

任意一个二进制数都可以表示为

$$N = 2^J \times S$$

其中，J 为数 N 的阶码；S 为数 N 的尾数。尾数 S 表示数 N 的全部有效数字，J 表示小数点的位置。当 J 为固定值时，称数的这种表示方法为定点表示法，这样的数称为定点数；当 J 可变时，称数的这种表示方法为浮点表示法，这样的数称为浮点数。二进制数的浮点表示法类似于十进制数的科学计数法。

1. 数的定点表示法

常用定点数分两种，即定点纯整数和定点纯小数。

（1）当 $J=0$ 且小数点固定在尾数之后时，定点数表示定点纯整数。

（2）当 $J=0$ 且小数点固定在尾数之前时，定点数表示定点纯小数。

在计算机中，定点表示法可以用于表示整数，也可以用于表示纯小数，一般用来表示整数，而实数的表示则用浮点表示法。整数的原码、补码与反码的表示法同样适用于定点小数，也适用于浮点数。

2. 数的浮点表示法

浮点数在计算机中表示为

J_f	J	S_f	S

其中，

J_f 为阶符，表示阶的符号。$J_f = 0$，表示阶码为正；$J_f = 1$，表示阶码为负。

J 为阶码，表示阶的大小，J 为整数。

S_f 为数符（尾符），表示数的符号。$S_f = 0$，表示正数；$S_f = 1$，表示负数。

S 为尾数，表示有效数字。S 一般为纯小数。

例如，将 $N = 5.5$ 表示成字长为 8 的浮点数，要求阶码 2 位，尾数 4 位，阶符及数符各一位，阶码与尾数均用原码表示。

二进制浮点数表示形式：$N = 2^{011} \times 0.1011$

它在计算机中表示形式为

0	1	1	0	1	0	1	1

在字长为 16 位的计算机中表示浮点数，若阶符、阶码占 8 位，数符、尾数占 8 位，则最大正数的浮点数表示为 0 1111111 01111111。其中，阶码为 $+1111111 = 2^7 - 1 = 127$，尾数为 $+0.1111111 = 1 - 2^{-7}$

最大正数的十进制表示为 $(1 - 2^{-7}) \times 2^{(2^7 - 1)} = (1 - 2^{-7}) \times 2^{127}$

在字长为 16 位的计算机中表示定点整数的最大无符号数为 $2^{16} - 1 = 65535$

1.2.6 计算机中的编码

计算机中的一切数据，包括各种字符（英文字母、标点符号、各种运算符）均采用二进制码的组合表示，即采用二进制数编码。

1. 采用二进制码的十进制数

计算机内部对数据的处理采用二进制数，但是二进制数书写冗长且不直观，因此计算机的输入输出信号通常采用十进制数，但是这些十进制数也用二进制数表示，即采用二进制数编码。一个十进制数用 4 位二进制码表示，这种二进制码的十进制数称为 BCD（Binary–Coded Decimal）码。4 位二进制码有 16 种组合，舍去其中的 6 种组合，保留 10种组合作为代码，这 10 种组合分别表示十进制数中的 0～9。BCD 码有两种表示形式，即压缩 BCD 码和非压缩 BCD 码。

1）压缩 BCD 码

压缩 BCD 码的每位用 4 位二进制编码表示，1 字节（8 位二进制数）表示两位十进制数。例如，01010110B 表示十进制数 56。

2）非压缩 BCD 码

非压缩 BCD 码用 1 字节表示一位十进制数，对高 4 位，用 0000 表示，对低 4 位，用0000～1001 表示 0～9。例如，00001001B 表示十进制数 9。

2. 字符的编码（ASCII 码）

计算机除了处理数字，还需要处理各种字符，这些字符也采用二进制编码。最常用的编码是 ASCII（American Standard Code for Information Interchange）码，即美国标准信息交换代码。ASCII 码用 8 位二进制数对字符进行编码（见附录 A）。

1.3 微机系统的组成及分类

1.3.1 微机系统的组成

微机系统与一般计算机系统的组成一样，都是由硬件和软件两部分组成的，如图 1-5所示。下面主要介绍其中的主要硬件。

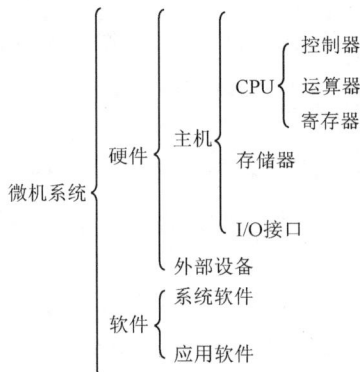

图 1-5 微机系统的组成

1. 微机的硬件

1）CPU

CPU 是微机的核心芯片，它包括控制器、运算器、寄存器三部分。

控制器一般由指令寄存器、指令译码器和控制电路组成。指令寄存器用于暂存从存储器中读取出将要执行的指令码。指令译码器用于将指令寄存器中的指令进行译码分析，以确定执行什么操作。控制电路则是起协调与定时工作。

控制器的作用：根据指令的要求对微机各部件发出相应的控制信息，使它们协调工作，从而完成对某个微机系统的控制。

运算器也称为算术逻辑单元（Arithmetic and Logic Unit，ALU），用于完成数据的算术逻辑运算。

CPU 的内部寄存器用来存放常用的、正在使用的数据。

2）存储器

存储器又称内存储器（简称内存）或主存（Main Storage），是微机的存储和记忆装置，用于存放数据和程序。

（1）内存单元的地址和内容。从形式上看，内存中存放的数据和程序都是二进制数。一般将 8 位二进制数记作 1 字节（Byte），每个内存单元中存放 1 字节信息，内存容量是指它能包含的内存单元的数量。

（2）内存的操作。CPU 对内存的操作有两种：读操作或写操作。读操作是指 CPU 将内存单元的内容读入 CPU 内部，写操作是指 CPU 将其内部信息传输到内存单元保存起来。写操作的结果会改变被写内存单元的内容，因此具有破坏性。

（3）内存的分类。按工作方式，内存可分为两大类：随机读写存储器（Random Access Memory，RAM）和只读存储器（Read Only Memory，ROM）。

RAM 可被 CPU 随机读写，这种存储器用于存放用户加载的程序、数据及部分系统信息。在机器断电后，所存信息消失。

ROM 中的信息只能由 CPU 读取，不能由 CPU 任意写入。在机器断电后，信息仍可保留。这种存储器用于存放固定程序，如基本 I/O 程序、BASIC 解释程序等。只能用专用设备写入 ROM 的内容。

3）输入输出设备和输入输出接口（I/O Interface）

输入输出设备是微机系统的重要组成部分。程序、数据及现场信息要通过输入设备输入微机。CPU 的计算结果通过输出设备输出到外部。常用的输入设备有键盘、鼠标、扫描仪、A/D 转换器等，常用的输出设备有显示器、打印机、绘图仪等。

上述输入输出设备均属于常见的外部设备（简称外设）。其实，外设的种类繁多。一般说来，外设与 CPU 相比，工作速度较低；外设处理的信息有数字量、模拟量、开关量等，而 CPU 只能处理数字量。外设与微机的时序可能不一致。所以微机与外设的连接及信息转换不能直接进行，而需要设计一个接口电路作为微机与外设的桥梁。这种接口电路又称"I/O适配器"（I/O Adapter）。

4）系统总线

微机的 CPU、内存、I/O 接口和输入输出设备之间是用系统总线连接的。系统总线就是传输信息的公共导线。一般有三组总线：地址总线、数据总线、控制总线。

地址总线（Address Bus，AB）：传输 CPU 发出的地址信息，是单向总线。

数据总线（Data Bus，DB）：传输数据信息，是双向总线，CPU 既可通过数据总线从内存或输入设备读入数据，又可通过数据总线将 CPU 内部数据传输到内存或输出设备。

控制总线（Control Bus，CB）：传输控制信息，其中有的信息是 CPU 向内存或外设发出的信息，有的信息是外设向 CPU 提供（发送）的信息。因此，控制总线中的每条线的传输方向是一定的。

1.3.2　微机分类

按组装形式和系统规模，微机的分类如下。

（1）单片机。利用大规模集成电路将微机的三大组成部分——CPU、内存、I/O 接口集成在一片硅片上，这就是单片机。

（2）单板机。将微机的 CPU、内存、I/O 适配器安装在一块印制电路板上，就组成单板机。

（3）个人计算机。将主板、微处理器、内存、I/O 适配器、外部存储器、电源等部件组装在一个机箱内，并配置显示器、键盘、鼠标、打印机等基本外部设备，这样组成的计算机就是个人计算机，适用于个人或组织机构。

1.3.3　早期个人计算机的配置及主板

常规的个人计算机硬件由主机（CPU、主板、内存、显卡、网络适配器、声卡及其他 I/O 适配器）和外设组成。如果把计算机比作一个人，那么 CPU 相当于人的大脑，主板就相当于人的躯体和脉络，而其他的功能部件相当于人的功能器官。

主板（Main Board 或 Mother Board）是个人计算机的重要组成部分。主板完成计算机系统的管理和协调，支持 CPU、内存、系统总线及 I/O 适配器的正常运行。主板上所用的芯片组、基本输入输出系统（BIOS）芯片、电源器件和布线水平决定了它的级别。主板的外形多为矩形印制电路板（Printed Circuit Board，PCB），集成芯片组、各种 I/O 控制芯片、键盘和面板控制开关接口、指示灯接插件、扩展插槽、主板和电源接口等元器件。

1.　CPU 与 CPU 插槽

CPU 是个人计算机的核心部件，它需要安装在主板上，以发挥其作用。CPU 芯片有较多的引脚，需要使用专用的插槽将 CPU 连接到主板上。CPU 插槽主要分为 Socket 插槽和 Slot 插槽两种。Pentium 系列 CPU 使用 296 个引脚的插针网格阵列封装（Pin Grid Array）片，采用零插拔力（Zero Insertion）插槽 Socket7。

2. 芯片组

1）芯片组的组成及作用

主板上的芯片组由北桥芯片（North Bridge）和南桥芯片（South Bridge）组成。北桥是 CPU 与外部设备之间的纽带，AGP（加速图形接口）、DRAM、PCI（外设部件互连标准）插槽和南桥芯片等设备通过不同的总线与它连接。南桥芯片与北桥芯片共同组成芯片组，主要连接 ISA（工业标准体系结构）插槽和输入输出设备。南桥芯片负责管理中断及 DMA（直接存储器存取）通道，其作用是使所有的信息能够有效传递。随着超大规模集成电路技术的发展，目前能将个人计算机的总线控制（CPU、PCI、AGP 总线等）和图形显示、声卡、I/O 接口功能集成在 2～3 片芯片中，这些芯片组在微机系统中起到神经中枢的作用。有了芯片组，主板结构变得非常简洁，就一般应用而言，不再需要插入其他 I/O 适配器就能使计算机工作。

2）Intel 440BX 芯片组

不同厂家设计了多种芯片组，下面以 Intel 440BX 芯片组为例，介绍芯片组的基本特点。芯片组不仅对 CPU、主板起着极其重要的协调、支持和控制作用，而且在很大程度上也决定个人计算机的结构和性能，Pentium 系列微处理器必须在相应的芯片组配合下才能正常工作。因此，芯片组的发展也是十分迅速的。

Intel 440BX 芯片组包括 492 个引脚的北桥芯片 82443BX 和 324 个引脚的南桥芯片 82731EB（PIIXE），而 Pentium III 微处理器使用南桥芯片 82731AB。采用 Intel 440BX 芯片组的典型主板结构如图 1-6 所示。

北桥芯片 82443BX 的主要功能如下。

（1）支持单、双 Pentium II 微处理器，总线时钟频率可选 66MHz 或 100MHz。

（2）集成内存控制器，支持 100MHz 或 66MHz 的 SDRAM（同步动态随机存取内存），最大支持 512MB 内存。

（3）PCI 总线接口遵循 PCI 2.1 版规范、支持工作电压为+3.3V 或 5V 及工作频率为 33MHz 的设备，支持除南桥芯片以外的 6 个 PCI 总线主设备。

（4）集成 AGP（Accelerated Graphics Port）接口，支持工作电压为+3.3V 及工作频率为 66MHz 或 133MHz 的设备，以 133MHz 工作时带宽为 533MB/s。

南桥芯片 82731EB（PIIXE）的主要功能如下。

（1）充当 PCI-ISA 桥接芯片，支持 ISA 总线和 ISA 插槽。

（2）集成 IDE（电子集成驱动器）控制器，可连接 4 个 IDE 设备，支持 16MB/s 的 PIO（Programme Input/Output）模式传输，支持 Ultra DMA33 模式传输，数据传输速度可达 33MB/s。

（3）集成 USB 控制器，支持两个 USB 端口。

（4）集成 7 个通道的 DMA 控制器、两个 82C59A 中断控制器、82C54 计数器和实时时钟芯片。

（5）遵循高级配置和电源接口（Advanced Configuration And Power Interface，ACPI）

电源管理，支持系统挂起（将当前状态保存到 RAM 及磁盘）和重启等功能。

（6）支持 I/O APIC（高级可编程中断控制器）模块。

除了主存储器（也称为内存），主板上还有 ROM 与 RAM 两种不同类型的存储器芯片。上述两个存储器芯片中存放着指令代码和有关数据，相互之间有着紧密的依存关系。

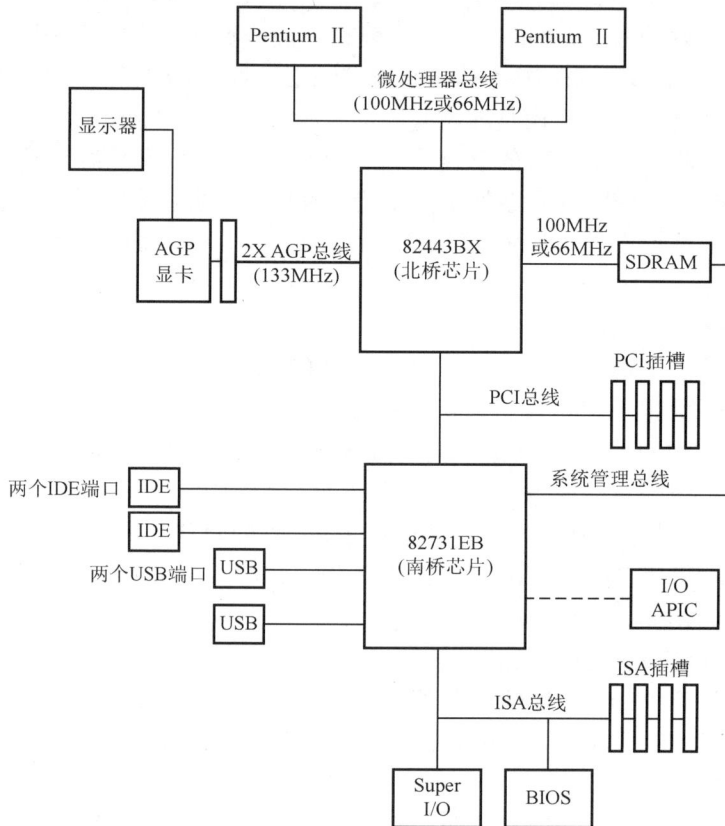

图 1-6　采用 Intel 440BX 的典型主板结构

3. 内存和内存条插槽

最早的个人计算机直接使用存储器芯片构成内存，即将存储器芯片插入主板上的芯片插槽。后来改为使用内存条，每个内存条上装入多片存储器芯片，组成较大容量的存储器。内存条插槽主要分为 EDO、SDRAM、DDRX 等，目前主板上常见的内存条插槽为 DDRX。

4. 扩展插槽

主板上设有若干扩展插槽，这些扩展插槽也称为总线插槽。各种适配器能够插入主板扩展插槽与微机系统总线连接，以实现微机系统的扩展。扩展插槽应遵循一定的标准，以使板卡具有通用性。目前，个人计算机主板上一般有 4～6 个 PCI 插槽和 1～2 个 ISA 插槽。

PCI 插槽的工作频率为 33MHz，被标为白色，ISA 插槽被标为黑色，其工作频率为 8MHz。

5. BIOS 芯片和 CMOS RAM

1）BIOS 芯片

主板上有一个 BIOS（Basic Input/Output System——基本输入输出系统）芯片。该芯片内部存储了一组管理程序，包括通电自检程序、DOS 引导程序、日时钟管理程序、基本输入输出驱动程序等，这些程序固化在 ROM 芯片中，计算机通电后首先执行其中的程序。

BIOS 是微机系统的一个底层管理程序，包括以下 4 个功能。

（1）POST 通电自检。个人计算机接通电源后，微机系统对各个硬件部件进行检查。该过程由 BIOS 中的通电自检程序 POST（Power On Self Test）完成，主要对主板上的 CPU、芯片组、内存、CMOS RAM、主板 I/O 接口、显卡、硬盘子系统、键盘和鼠标等部件的测试。若在自检中发现问题，则微机系统给出屏幕提示信息并鸣笛报警。

（2）微机系统启动自举程序。在完成 POST 通电自检后，BIOS 芯片将按照 CMOS RAM 中设置的启动顺序，搜寻操作系统启动程序。例如，先检查软盘驱动器 A 是否可以启动；若其不能启动，则检查硬盘驱动器 C 是否可以启动；若它也不能启动，则检查 CD-ROM 或网络服务器等有效的启动驱动设备。同时读入操作系统的引导记录，然后将操作系统控制权移交给引导记录，由引导记录完成操作系统的启动。

（3）BIOS 功能调用程序。这是系统软硬件之间的一个接口子程序库，操作系统对硬盘、光驱、鼠标、键盘和显示器等外设的输入输出管理就建立在这一功能上。用户程序也可以方便地调用这些功能子程序，从而简化应用程序的设计。

（4）BIOS 系统参数设置程序。即使使用同一型号主板的个人计算机，其中各个部件的配置也可能差别很大。例如，使用 Pentium 4 或 Pentium III 作为主板的个人计算机，其内部时钟频率的差异也可能很大。因此，应对每台个人计算机的具体配置进行登记，才能达到识别、诊断与管理的目的。BIOS 系统参数设置程序就是收集这些配置参数的，并且将它们存放在一片可读写的 CMOS RAM 芯片中。其中除了保存着微机系统的 CPU 识别、存储器容量、硬盘驱动器容量规格、键盘和鼠标等部件的各类信息，还保存着日期、时间、用户开机口令与密码等信息。为了在关机后不丢失这些数据，主板通过一块后备电池向 CMOS RAM 芯片供电。

在 ROM 芯片中有一个"BIOS SETUP"人机交互界面程序，专门用来设置 CMOS RAM 中的参数。例如，对有些个人计算机，在开机时根据提示按下"DEL"键，即可进入 BIOS 模式。在个人计算机装配成功后，首先要完成 BIOS 系统参数设置，也可根据需要在以后重新设置。Pentium 系列主板的 ROM 多采用内存型 EEPROM 芯片，可以对其进行主板改写，方便用户对 BIOS 版本进行升级。

顺便指出，在许多其他设备中也可以见到 BIOS 芯片，只是功能不同且有局限性。例如，显卡上有视频管理 BIOS，硬盘控制器中也有自身的 BIOS，有些网络适配器上的启动 ROM 也可称为 BIOS，即只读存储器型 BIOS。

2）CMOS RAM

CMOS RAM 中没有存放程序，只存放与硬件相关的参数，而对其中各项参数的设定要通过执行固化在 BIOS 中的 "BIOS SETUP" 程序。这说明 BIOS 与 CMOS RAM 参数之间的主从关系。换言之，CMOS RAM 中的数据是通过 BIOS 中设置的程序存放的，而 BIOS 中的自检等程序又必须调用 CMOS RAM 中存放的参数才能有效地识别、诊断各个部件及基本输入输出设备。

早期的 CMOS RAM 是一块单独的芯片（如 146818A 和 82C6818），共 64 字节用于存放微机系统信息。在 Intel 80386 之后的微机中，该芯片集成于 82C206、85C206 或类似芯片中。Pentium 系列微机的主板上集成了 CMOS RAM、系统实时时钟和后备电池，例如，集成了美国 DALLAS 公司推出的实用时钟芯片 DS1287、12B887 等。

随着微型计算机技术的不断发展，需要设置的系统参数也逐步增加，使得现在的 CMOS RAM 空间容量一般为 128 字节或 256 字节。为了保持同先前产品的兼容性，各 BIOS 厂商都将先前 64 字节基本设置保持与实时时钟芯片 MC146818A 的格式一致，仅在扩展出来的一部分空间定义自己的特殊设置。

6. 硬盘和光盘驱动器接口

硬盘和光盘驱动器使用 IDE 接口或串行通信接口。芯片组包含 IDE 控制器，一般可连接 4 个 IDE 设备。例如，Intel 440 BX 芯片组中的 82371 EB 可连接 4 个 IDE 接口的硬盘或光盘驱动器。目前微机系统主板上通常有 1 个 IDE 接口和 4 个高速串行通信接口。

7. 微机系统主板的供电电路

微机主板由主机电源提供的 4 组电源供电，这 4 组电源的电压分别是 +5V、-5V、+12V 和 -12V。现在的微机主板上还有电源变换电路，以适应使用低电压 CPU 的要求。

1.4 微机系统采用的先进技术

微机发展至今，已成为性价比很高的超级微机（Super Micro Computer）当前，微机采用了许多先进技术，下面简要介绍部分先进技术。

1.4.1 流水线技术

流水线（Pipeline）技术是指在执行程序时，多条指令重叠进行操作的一种准并行处理实现技术。就像工业生产中的装配流水线，将一条指令分解为几个流程实现，每个周期可以同时执行几个流程，看起来像并行处理。

采用流水线技术并没有加速单条指令的执行速度，每条指令的操作步骤也没有减少，只是同时执行多条指令，因而从总体上看加快了指令执行的速度。Intel 公司首次在 Intel

80486 微处理器中开始使用流水线技术。Intel 80486 采用 6 级流水线结构，即同时有 6 条指令并行操作。若每条指令需要 6 个步骤：取指令、译码、计算操作数地址、取操作数、执行指令、写操作数，则每个步骤需要一个时钟周期的时间，经过 6 个时钟周期后，每个时钟周期就有一条指令执行完毕。

1. 超级流水线

基准 CPU 的流水线为 4 级：指令预取、译码、执行、写回结果。超级流水线（Super Pipeline）是指，某种类型的 CPU 内部的流水线为 6 级以上。超级流水线又称深度流水线，它是为提高 CPU 的运算速度而采取的一种技术。

CPU 处理的指令是通过时钟脉冲驱动的，每个时钟脉冲完成 1 级流水线操作。每个时钟脉冲所做的操作越少，需要的时间就越少；时间越少，时钟频率就越高。超级流水线就是将 CPU 处理的指令进一步细分，通过增加流水线级数提高时钟频率。

一般来说，流水线级数越多，重叠执行的指令就越多，那么发生竞争冲突的可能性就越大。因此，流水线级数多，对流水线性能有一定的影响。

2. 超标量流水线

超标量流水线（Super Scalar Pipeline）是指 CPU 内有多条流水线，这些流水线能够并行处理。在单流水线结构中，指令虽然能够重叠执行，但仍然是有顺序的。超标量流水线结构的 CPU 支持指令级并行，每个时钟周期可以发送多条指令（2～4 条指令），可以使得 CPU 的指令执行周期（Instruction Per Clock，IPC）大于 1，从而提高 CPU 的运算速度。超标量流水线同时对若干条指令进行译码，将可以并行执行的指令送往不同的执行部件；在程序运行期间，由硬件完成指令调度。超标量流水线结构主要借助硬件资源的重复实现空间的并行操作，实际上就是用空间换取时间。

Pentium 系列微处理器采用由 "U" 和 "V" 两条并行指令流水线构成的超标量流水线结构，可大大提高指令的执行速度。

很多 CPU 都是将超标量流水线技术和超级流水线技术一起使用，例如 Pentium4 的流水线达到 20 级，最大时钟频率已经超过 3GHz。

1.4.2　高速缓冲存储器技术

在微机中，内存的存取速度和 CPU 的运算速度相比慢很多，一般内存颗粒（芯片）的存取速度标称为几纳秒（5ns 左右），内存模组（内存条）的访问速度标称值为几十纳秒（50～80ns）。这样，在 CPU 执行指令的过程中，高速的 CPU 在大部分的时间内处于 "空等" 的状态，大大降低了整个微机系统的执行效率。同时，绝大部分的程序采用顺序执行的方式，所需的数据也都是按顺序排列的，程序运行时，大部分时间内对程序的访问局限在一个较小的区域，这就是程序的局部性原理。

利用程序的局部性原理，可以在 CPU 和内存之间设计一种高速的小容量存储器（高速缓冲存储器），以提高程序和数据读取的速度。不同于内存采用的动态随机存取存储器（DRAM），高速缓冲存储器采用静态随机存取存储器（SRAM），其存取速度比内存快一个数量级，大体上和 CPU 的运算速度相当。

对程序中相关数据块，一般都按顺序存放，并且大都存于相邻的存储单元，而程序常常重复使用同一代码和数据块，可采用高速缓冲存储器保存这些经常重复使用或当前将要使用的指令和数据。CPU 在对一条指令或一个操作数寻址时，首先到高速缓冲存储器中查找。在一般情况下，CPU 对高速缓冲存储器的存取命中率可达 95%以上，从而大大提高了程序的执行速度。

高速缓冲存储器在 Intel 80386 以后的微机中逐步得到应用。随着半导体集成技术的发展，小容量的高速缓冲存储器可以集成到 CPU 内部，因此可以形成多级高速缓冲存储器结构。目前，大部分主流微处理器都有一级高速缓冲存储器和二级高速缓冲存储器，少量高端的微处理器还集成三级高速缓冲存储器。

一级高速缓冲存储器都集成在 CPU 内部并与 CPU 同速运行，可以有效地提高 CPU 的运行效率。一级高速缓冲存储器容量越大，CPU 的运行效率越高，实际上受到 CPU 内部结构的限制，一级缓冲存储器的容量都很小。

二级高速缓冲存储器运行速度比一级高速缓冲存储器慢，但容量更大，它主要作为一级高速缓冲存储器和内存之间数据临时交换的地方。实际上，现在 Intel 公司和 AMD 公司的微处理器对一级高速缓冲存储器的逻辑结构设计有所不同，因此二级高速缓冲存储器对CPU 性能的影响也不尽相同。

三级高速缓冲存储器是为读取二级高速缓冲存储器时未命中的数据而设计的一种高速缓冲存储器。在拥有三级高速缓冲存储器的 CPU 中，只有约 5%的数据需要从内存中调用，这进一步提高了 CPU 的运行效率。其运作原理在于使用较快速的存储装置保留一份从慢速存储装置中读取的数据并进行拷贝，当需要再从速度较慢的存储装置中读写数据时，缓冲存储器能够使读写操作在快速存储装置上完成，如此便会使微机系统的响应较为快速。

高速缓冲存储器和与它配合的高速缓冲控制器都由硬件实现。Intel 80486 中的高速缓冲存储器和高速缓冲控制器 Intel 82385 被集成在 CPU 中，因此对用户来说是透明的，不需要用户自己去控制或操作。

1.4.3　虚拟存储器技术

虚拟存储技术是指在内存和外存（硬盘）之间增加一定的硬件和软件支持，使内存和外存形成一个有机的整体。操作时，将程序预先存放在外存中，由系统软件（操作系统）统一管理和调度，按某种置换算法将外存的内容依次调入内存中被 CPU 执行。这样，对用户来说，从 CPU 看到的是一个速度接近内存而容量与外存相当的假想存储器，即虚拟存储器。虚拟存储器使编程人员在编写程序时可以不考虑内存容量的限制。在采用虚拟存储器的微机系统中，存在虚地址空间和实地址空间两个不同的地址空间。虚地址空间是程序可用的空间，而实地址空间是 CPU 可访问的内存空间。例如，在 Intel 80486 中，实地址空间为 4GB（2^{30}B），而虚地址空间为 64TB（2^{46}B）。

1.4.4　精简指令集计算技术

精简指令集计算（Reduced Instruction Set Computing，RISC）技术简称 RISC 技术，其主导思想是精简 CPU 芯片中的指令数目，简化该芯片的复杂程度，使指令的执行速度更快。

传统的计算机都采用复杂指令集（Complex Instruction Set Computing，CISC）微处理器。例如，Intel 80x86 系列微处理器指令集中很多指令都非常复杂。用编译器对程序编译，结果证明，大多数复杂的指令很少被使用，编译器生成的总代码的 90%以上指令是只占 CISC 10%左右的指令。设计更好的编译器，证明是困难的；而构筑一种简单的计算机，使它只有少数的指令、大的寄存器阵列、对内存的简单装入/存储访问，并且大多数指令的执行只需要一个时钟周期，这就是由 RISC 微处理器组成的计算机。

RISC 微处理器的主要特征表现在以下 5 个方面：

（1）采用统一的指令长度，以简化相应的逻辑电路。

（2）全 64 位实现，具有高流水线执行单元及很高的内部时钟频率（>200MHz）。

（3）内置高性能浮点运算部件和大容量指令/数据高速缓冲存储器。

（4）采用调入/存储体系结构，将内存中的数据预先调入内部寄存器，以减少访问内存的指令数。

（5）支持多媒体和 DSP 的新指令。

RISC 微处理器在执行中需要大容量的存储器和昂贵的高速缓冲存储器，因此 RISC 技术的推广在当时遇到了很大的阻力。现在，RISC 技术已逐渐在消费者和商业领域获得认同和应用。

1.4.5　超线程技术

超线程（Hyper-threading）是一项允许一个 CPU 执行多个控制流的技术。利用超线程技术，可以把一个物理 CPU 变成两个逻辑 CPU，而这两个逻辑 CPU 对操作系统来说是透明的，与物理 CPU 并没有什么区别。因此，操作系统会把工作线程分派给这两个逻辑 CPU 执行，使应用程序的多个线程能够同时在同一个 CPU 上被执行。因此，超线程技术实际上就是对物理 CPU 的逻辑化和虚拟化。

超线程技术不仅需要 CPU 的支持，同时也需要操作系统、主板上的芯片组、主板上的 BIOS 和应用软件的支持。否则，超线程技术不仅不能提高微机系统性能，反而会拖累整个微机系统。

超线程技术未来的发展方向是提升微处理器的逻辑线程。Intel 公司于 2019 年推出商用的 Core i9-9900K 芯片，该芯片内集成了 8 个内核，通过超线程技术，可以同时处理 16 个逻辑线程。

1.4.6　多核技术

多核（Multi-core）是指在一枚微处理器中集成两个或多个完整的计算引擎（内核）。

根据摩尔定律，CPU 的运算速度和性能每隔 18～24 个月就提高一倍。在 1996 年以前，CPU 的运算速度一直符合摩尔定律的发展规律。然而，从 1996 年开始，尤其是 2002 年后，由于功耗和工艺限制，CPU 的运算速度和性能的上升速度明显慢了下来。工程师们开始认识到，仅提高单核 CPU 的运算速度会产生过多的热量且无法带来相应的性能改善，多核技术因此应运而生。

在多核处理器平台上，操作系统会利用所有相关的资源，将它的每个执行内核作为分立的逻辑处理器。通过在多个执行内核之间划分任务，多核微处理器可在特定的时钟周期内执行更多的任务。多核技术能够使软件更出色地运行，并创建一个促进软件编写更趋完善的架构。

第一个多核微处理器是 2001 年由 IBM 公司推出的双核 RISC 处理器 Power 4，2004 年该公司又推出了 Power 5，并在双核的基础上引入多线程技术。从 2005 年开始，多核技术得到全面发展。例如，AMD 公司迅速推出面向服务器的支持 x86 指令集的双核 Opteron 处理器，Intel 公司推出面向桌面系统的双核微处理 Pentium D。至此，微处理器进入多核的快速发展轨道。例如，Core i9-7980XE 集成了 18 个内核。

思考与练习

1-1　简述微处理器、微机和微机系统的联系和区别。

1-2　简述 CPU 执行指令的工作过程。

1-3　将二进制数 1111B 转换成十进制数。

1-4　将十进制数 74.25D 转换成二进制数。

1-5　将二进制数 10011100.011B 转换成十六进制数。

1-6　将十六进制数 5A.7H 转换成二进制数。

1-7　用 8 位二进制数表示+13 和-13 的原码、反码和补码。

1-8　若[X]$_{补}$=00000001B，[Y]$_{补}$=11111111B，则 X 和 Y 的真值？

1-9　计算机为什么采用补码形式存储数据？当计算机的字长为 16 位时，补码的数据表示范围是多少？

1-10　微机的主要性能指标有哪些？

第2章　Intel 80x86 系列微处理器及其系统

教学提示

Intel 8086/8088 微处理器的使用开启了个人计算机时代，它们成为微处理器发展史上的一个里程碑。本章主要介绍 Intel 8086/8088 微处理器内部结构、工作原理、工作方式、外部引脚，以及高性能微处理器 Intel 80386 的工作原理、系统总线概念、系统主板相关知识。

本章介绍 IA（Intel Architecture）体系中 16 位与 32 位微处理器的基本框架结构，重点是 Intel 8086/8088 微处理器的存储器分段技术、存储器中的逻辑地址和物理地址的概念及两者的转换方法。本章的难点是如何有效地连接总线接口单元和执行单元，以便完成程序指令的执行过程。

2.1　Intel 8086／8088 微处理器

2.1.1　Intel 8086 微处理器的逻辑结构

Intel 8086/8088 微处理器（以下简称 Intel 8086/8088）属于高性能的 16 位微处理器，它们采用 HMOS 工艺制造，芯片中集成了 2.9 万只晶体管，其直接寻址空间为 1MB。其中，Intel 8086 的引脚为 16 位，Intel 8088 的引脚为 8 位。

要掌握一个微处理器的工作性能和使用方法，首先应该了解它的逻辑结构。所谓逻辑结构是指从程序员和用户的角度看到的内部结构，这种结构与微处理器内部的物理结构和实际布局是有区别的。按功能划分，Intel 8086 由总线接口单元（Bus Interface Unit，BIU）和执行单元（Execution Unit，EU）两部分组成。Intel 8086 的逻辑结构如图 2-1 所示。Intel 8088 的逻辑结构与 Intel 8086 类似，只是 Intel 8086 的指令队列为 6 字节，而 Intel 8088 的指令队列为 4 字节。

1. 总线接口单元

总线接口单元的功能是根据执行单元的请求，负责完成 CPU 与存储器、输入输出设备之间的数据传输。具体任务如下：

（1）总线接口单元负责从存储器的指定单元取指令，传输到指令队列中排队，或者直接传输到执行单元执行。

（2）负责从存储器指定单元或外设端口中读取指令规定的操作数传输到执行单元，或者将执行单元的操作结果传输到指定的存储单元或外设端口中。

（3）形成访问存储器的 20 位物理地址。

总之，总线接口单元的主要功能是，负责完成 CPU 执行指令时的全部外部总线（引脚）信息的传输。这些外部总线操作都必须有正确的地址和相应的控制信号，总线接口单元中的各个部件主要是围绕这一目标设计的。

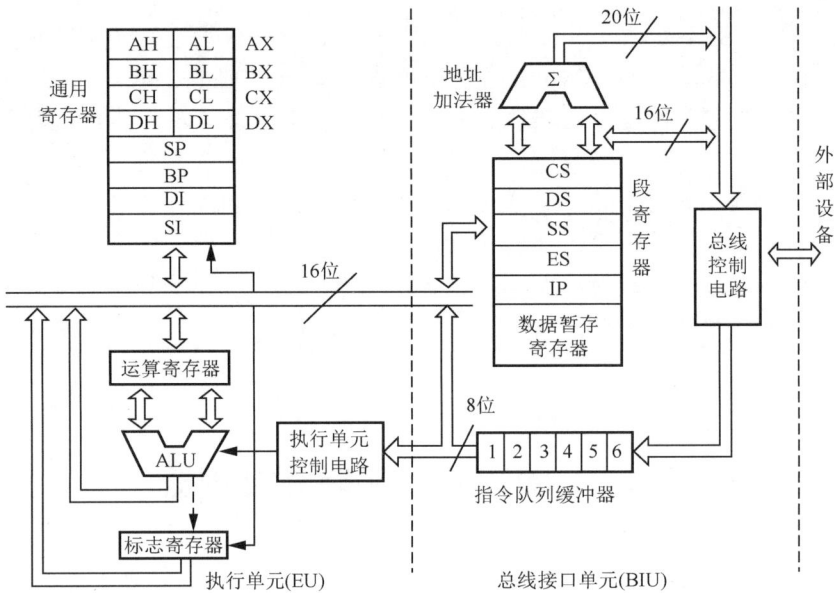

图 2-1　Intel 8086 的逻辑结构

总线接口单元内部设有 4 个段寄存器（代码段寄存器 CS、数据段寄存器 DS、堆栈段寄存器 SS 和附加段寄存器 ES）、20 位地址加法器、一个指令队列缓冲器、一个 16 位的指令指针寄存器 IP 和总线控制电路。

1）地址加法器和段寄存器

地址加法器和段寄存器用于实现从存储器逻辑地址到 20 位物理地址的转换。逻辑地址由 16 位段基地址（由段寄存器给出）与 16 位段内偏移地址（由指令给出）两部分组成。转换方法为段基地址左移 4 位加上偏移地址，形成 20 位物理地址。

2）指令队列缓冲器

Intel 8086 的指令队列缓冲器为 6 字节，当执行单元正在执行指令且不需要占用总线时，总线接口单元会自动预取下一条或几条指令，将读取的指令按先后顺序存入指令队列缓冲器中排队，然后由执行单元按顺序执行。

当执行单元执行转移、调用或返回指令时，自动清除指令队列缓冲器，并要求总线接口单元从新的地址重新开始取指令，新指令被填入指令队列缓冲器。

3）指令指针寄存器

指令指针寄存器（Instruction Point，IP）总是存放执行单元要执行的下一条指令的偏移地址。用户不能直接访问该寄存器。

4）总线控制电路与内部暂存寄存器

总线控制电路用于产生外部总线操作时的相关控制信号，而内部暂存寄存器（数据暂存寄存器）用于暂存总线接口单元和执行单元之间传输的信息。

2. 执行单元

执行单元的功能是，从总线接口单元的指令队列中取指令并执行。具体过程如下：

（1）从总线接口单元的指令队列中取指令，由控制器单元内部的指令译码器进行译码，并将译码信息传递到各个部件并发出相应的控制信号。

（2）对操作数进行算术或逻辑运算，并将运算结果的特征状态保存到标志寄存器中。

（3）控制总线接口单元中的部件与存储器或 I/O 接口进行数据转换，并提供访问存储器和 I/O 接口的有效地址。

执行单元包含 1 个 16 位的运算寄存器、8 个 16 位的通用寄存器、1 个 16 位的标志寄存器、1 个数据暂存寄存器和执行单元的控制电路。

执行单元中的各个部件通过一个 16 位的算术逻辑单元（ALU）总线连接在一起，在内部实现快速数据传输。值得注意的是，这个内部总线与 CPU 的外部总线是隔离的，即这两个总线有可能同时工作但互不干扰。执行单元对指令的执行是从取指令开始的，执行单元不直接与外部总线连接，它从总线接口单元的指令队列中取指令，当指令要求访问内存单元或外部设备时，执行单元就向总线接口单元发出操作请求，并提供访问地址和数据（对写操作），由总线接口单元完成相应操作。因此，执行单元主要完成两种类型的操作：算术/逻辑运算；计算指令要求寻址所在单元地址的 16 位偏移地址（也称偏移量）并传输到总线接口单元，由总线接口单元最后形成 20 位的物理地址。执行单元各组成部分的功能如下：

（1）算术逻辑单元（ALU）。算术逻辑单元可用于进行算术逻辑运算，也可按照指令的寻址方式计算出寻址单元 16 位偏移地址。算术逻辑单元只能运算，不能寄存数据。在运算时数据先传输到数据暂存寄存器中，再经算术逻辑单元的运算处理。运算结果经过内部总线传输到累加器、其他寄存器或存储单元中。

（2）标志寄存器（FLAGS）。该寄存器用来反映 CPU 最后一次运算结果的状态特征或存放控制标志。

（3）数据暂存寄存器。该寄存器用来协助算术逻辑单元完成运算，暂时存放参加运算的数据。

（4）通用寄存器组。它包括 4 个 16 位寄存器（见图 2-1 中的 AX、BX、CX、DX）、2 个 16 位地址指针（SP、BP）、2 个变址寄存器（SI、DI）。

（5）执行单元控制电路。该电路是控制定时与状态逻辑电路，接收从总线接口单元中的指令队列读取的指令，经过指令译码形成各种定时控制信号，对执行单元中的各个部件实现特定的定时操作。

　　总线接口单元和执行单元两部分是按流水线方式并行工作的，即取指令和执行指令可以重叠。在执行单元执行指令的过程中总线接口单元可以取多条指令到指令队列中排队，当执行单元执行完一条指令后，可以立即执行下一条指令，减少了 CPU 因等待取指令所需时间，提高了运算速度，降低了对存储器存取速度的要求。这是 Intel 8086/8088 的突出优点。

　　早期的 8 位 CPU 中，程序的执行是由取指令和执行指令这两个动作的顺序执行来完成的，在取指令期间 CPU 必须等待。

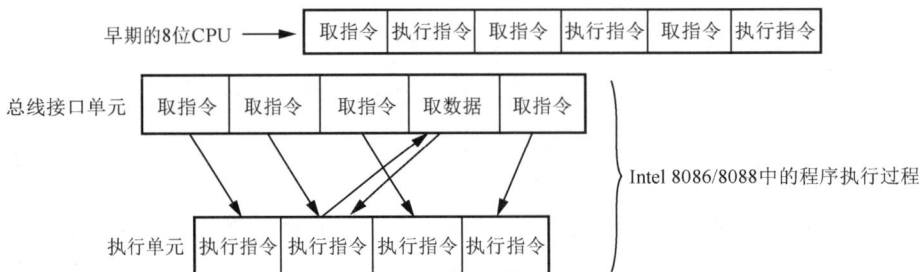

| 早期的8位CPU → | 取指令 | 执行指令 | 取指令 | 执行指令 | 取指令 | 执行指令 |

| 总线接口单元 | 取指令 | 取指令 | 取指令 | 取数据 | 取指令 |

Intel 8086/8088中的程序执行过程

| 执行单元 | 执行指令 | 执行指令 | 执行指令 | 执行指令 |

　　CPU（总线接口单元与执行单元）的工作过程如下：

　　执行单元向总线接口单元提出总线申请，总线接口单元响应请求，将第一条指令经过指令队列缓冲器直接传输给执行单元执行，执行单元将该指令译码，发出相应控制信息。数据在算术逻辑单元中进行运算，运算结果保留在标志寄存器中，当执行单元从指令队列中取指令，指令队列中出现空字节时，总线接口单元就从内存中读取后续的指令代码放入队列中；当执行单元需要数据时，总线接口单元根据执行单元给出的地址，从指定的内存单元或外设中读取数据供执行单元使用；当运算结束时，总线接口单元将运算结果送入指定的内存单元或外设。当队列空时执行单元就等待，直到有指令为止。若总线接口单元正在取指令时，执行单元发出访问总线请求，则必须等总线接口单元取指令完毕，请求才能得到响应。一般情况下，指令队列中的指令是按顺序执行的，当遇到跳转指令时，总线接口单元使指令队列复位，从新地址取指令，并立即传输给执行单元执行。

2.1.2　Intel 8086/8088 的内部寄存器

　　对于微机系统的用户来说，CPU 中的各个寄存器、存储器、I/O 接口是他们进行编程的基本活动"舞台"，而且大部分指令都在寄存器中实现对操作数的处理。因此，应该熟练掌握 CPU 内部寄存器的结构和功能。

　　Intel 8086/8088 内部有 14 个 16 位寄存器。按功能可分为三类：第一类是通用寄存器（8 个）、第二类是段寄存器（4 个）、第三类是控制字寄存器（2 个）。

　　1. 通用寄存器

　　通用寄存器可分为两类：数据暂存寄存器、地址指针和变址寄存器。

　　1）数据暂存寄存器

　　数据暂存寄存器包括 AX、BX、CX 和 DX 这 4 个 16 位的寄存器，对每个数据暂存寄存器既可以作为 16 位寄存器使用，又可根据需要，将高 8 位和低 8 位当作两个独立的 8 位寄存器使用。16 位寄存器主要用于存放 CPU 常用数据，也可用来存放地址。8 位寄存器（AH/AL 、BH/BL、CH/CL、DH/DL，见图 2-1）只能用于存放数据。

上述 4 个 16 位寄存器一般作为通用寄存器使用，但它们又有各自的习惯用法。

（1）AX（Accumulator）称为累加器，所有的输入输出指令都使用该寄存器与外设的接口传输信息。

（2）BX（Base）称为基地址寄存器，在计算内存地址时常用来存放基地址。

（3）CX（Count）称为计数寄存器，在循环和串操作指令中用作计数器。

（4）DX（Data）称为数据寄存器，在寄存器寻址的输入输出指令中，存放 I/O 接口的地址。在进行 16 位乘除法运算时，DX 与 AX 联合起来存放一个 32 位运算结果。

2）地址指针和变址寄存器

（1）设置地址指针和变址寄存器的目的。在指令执行过程中，经常需要在存储器中存取操作数。为了给出被寻址单元的地址，在指令中必须设置要访问操作数所存的存储单元的偏移地址，存储器的地址一般都比较长，若存储单元的地址完全由指令中的地址码表示，则必然加长指令的长度。因此，通常不采用在指令中直接给出存储器偏移地址的方法，一般将存放指令操作数存储单元的偏移地址放在某个专用寄存器中，并赋给那些能够用来存放存储器偏移地址的寄存器。这样，指令不用给出存储器偏移地址，只给出偏移地址寄存器就可以了。采用这种方法给出操作数地址，大大缩短了指令的长度。此外，还可以方便地通过修改寄存器中的内容，达到修改地址的目的，提高指令寻址的灵活性。

（2）地址指针和变址寄存器功能。地址指针和变址寄存器包括 SP、BP、SI 和 DI。这组寄存器在功能上的共同点：当对存储器操作数寻址时，它是形成 20 位物理地址的组成部分。在任何情况下，访问存储器的地址由段地址（存放在段寄存器中）和段内偏移地址两部分组成，而这 4 个地址指针和变址寄存器用于存放段内偏移地址的全部或一部分。

SP（Stack Pointer）堆栈指针寄存器和 BP（Base Pointer）基地址指针寄存器通常作为 16 位的地址指针寄存器使用。SP 特定指向堆栈段内的某一存储单元（字）的偏移地址。当进行堆栈操作时，默认使用的就是堆栈指针寄存器 SP。如果指令中无特别说明，那么用 BP 作地址指针寄存器时，它也是指向堆栈段内的某一存储单元。此时，其段地址由堆栈段寄存器 SS 提供。

SI（Source Index）和 DI（Destination Index）这两个变址寄存器用来存放段内偏移地址的全部或一部分。在字符串操作指令中，SI 用作源变址寄存器，DI 用作目的变址寄存器。

综上所述，通用寄存器主要用于暂存 CPU 执行程序的常用数据或地址，以便减少 CPU 在运行程序中通过外部总线访问存储器或输入输出设备获得操作数的次数，从而可以加快 CPU 的运算速度。因此，可以把它们看成设置在 CPU 工作现场的小型快速"存储器"。

2. 段寄存器

CS（Code Segment）称为代码段寄存器，SS（Stack Segment）称为堆栈段寄存器，DS（Data Segment）称为数据段寄存器，ES（Extra Segment）称为附加段寄存器。这些段寄存器用于存放段基值。

1）设置段寄存器的目的

在以 Intel 8086 作为 CPU 的微机系统中，需要用 20 位的物理地址访问 1MB 的存储空间，但是 Intel 8086 内部数据的直接处理能力和寄存器只有 16 位，只能直接提供 16 位地址，最大寻址存储空间仅为 64KB。如何用 16 位数据处理能力实现 20 位地址寻址呢？这里用 16 位的段寄存器和 16 位的偏移地址解决这一矛盾。为实现寻址 1MB 存储空间，在 Intel 8086/8088 中引入存储器分段概念。

存储器分段就是将 1MB 存储空间划分成若干独立的逻辑段，每个逻辑段最多由 64KB 连续单元组成。这里要求每个逻辑段的起始地址必须是被 16 整除的地址，即 20 位的段起始地址的低 4 位二进制码必须是 0,而把一个段起始地址剩下的高 16 位称为该段的段基值，存放在段寄存器中。显然，在 1MB 存储空间中，最多可以有 64K 个段基值。

存储器地址空间被划分成若干逻辑段后，每个存储单元的逻辑地址由两部分组成：段基值和偏移地址或有效地址。偏移地址是指一个存储单元与它所在段的基地址之间的距离。在 Intel 8086/8088 中，偏移地址用一个 16 位的无符号二进制数表示。所以一个段最大存储空间为 64KB，一个存储单元的逻辑地址表示例子如下。

例如，1800H：1234H

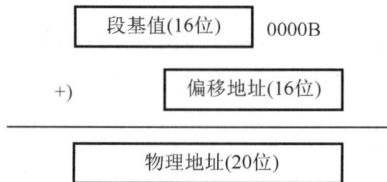

物理地址的计算公式：

在以 Intel 8086/8088 作为 CPU 的微机系统中，每个存储单元都有两种地址，即物理地址（Physical Address）和逻辑地址（Logical Address）。在 1MB 存储空间中，每个存储单元都有唯一的 20 位物理地址，而把程序设计中使用的地址称为逻辑地址。

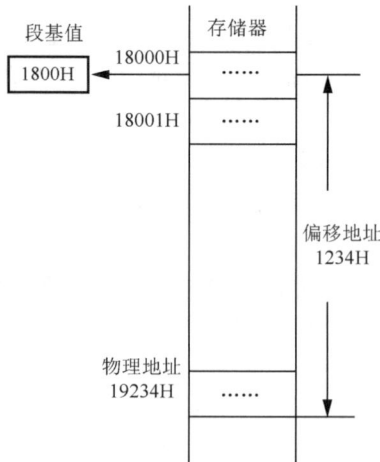

在程序设计中使用逻辑地址，不仅有利于程序的开始，而且对存储器的动态管理非常有利。由逻辑地址计算物理地址的方法如下：把段基值乘以 16（左移 4 位，对低位补 0），再加上偏移地址，就得到物理地址。公式如下：

$$物理地址=段基值×10H+偏移地址$$

$$段的起始地址$$

在 Intel 8086/8088 访问存储器时，对物理地址的计算是在总线接口单元中由地址加法器完成的。

2）段寄存器的功能

Intel 8086/8088 有 4 个 16 位的段寄存器，它们用于存放 CPU 当前可以访问的 4 个逻辑段的基地址。程序可以从这 4 个段寄存器给出的逻辑段中存取代码和数据。若要从别的段而不是从当前段中存取信息，程序必须首先改变对应的段寄存器的内容，将其设置成所要存取段的基值。

3）信息与段存储器和段寄存器的关系

段寄存器的利用不仅使存储空间扩大到 1MB，而且为信息按特征分段存储带来方便。存储器中的信息可分为程序、数据和计算机状态等信息。为了操作方便，存储器可相应地划分为程序区（用来存储程序的指令代码）、数据区（用来存储原始数据、中间结果和最终结果）、堆栈区（用来存储需要压入堆栈的数据或状态信息）。

段寄存器的分工：代码段寄存器 CS 划定并控制程序区，数据段寄存器 DS 和附加段寄存器 ES 控制数据区，堆栈段 SS 控制堆栈区。

3. 控制字寄存器

1）指令指针 IP

指令指针 IP 用于控制程序中指令的执行顺序，正常运行时，IP 中含有总线接口单元要取的下一条指令的偏移地址。一般情况下，每取一次指令代码，IP 就会自动加 1，从而保证指令顺序执行。IP 实际上是指令机器码存放单元的地址指针，IP 的内容可以被转移类指令强迫改写。当需要改变程序的执行顺序时，改写 IP 的内容即可。应当注意，用户编写的程序不能直接访问 IP，即不能取 IP 的值，也不能给 IP 设定值。

2）标志寄存器

标志寄存器是一个 16 位寄存器，Intel 8086/8088 只用了其中的 9 位，这 9 位包括 6 个状态标志位和 3 个控制标志位。

（1）状态标志记录了算术逻辑单元操作结果的特征标志。例如，结果是否为"0"，是否有进位、错位、结果是否产生溢出等。这些标志常常作为条件转移指令的测试条件，控制着程序的运行。标志寄存器如图 2-2 所示。

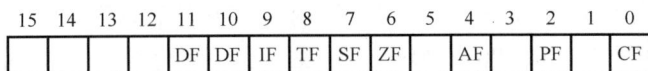

15	14	13	12	11	10	9	8	7	6	5	4	3	2	1	0
				DF	DF	IF	TF	SF	ZF		AF		PF		CF

图 2-2　标志寄存器

状态标志中用 6 位反映执行单元执行算术或逻辑运算以后的结果特征。这 6 位都是逻辑值，判断结果为逻辑真时，其值为 1；判断结果为逻辑假时，其值为 0。

CF（Carry Flag）进位标志位：CF=1，表示指令执行结果在最高位上产生了一个进位或借位；CF=0，表示无进位或借位产生。

PF（Parity Flag）奇偶标志位：PF=1，表示运算结果的低 8 位中有偶数个 1；PF=0，表示运算结果的低 8 位中有奇数个 1。

AF（Auxiliary Flag）辅助进位标志位：AF=1，表示运算结果的低 4 位产生了一个进位或借位；AF=0，表示运算结果的低 4 位无进位或借位产生。

ZF（Zero Flag）零标志位：ZF=1，表示运算结果为 0；ZF=0，表示运算结果不为 0。

SF（Sign Flag）符号标志位：SF=1，表示运算结果为负数，即运算结果的最高位为 1；SF=0，表示运算结果为正数，即运算结果的最高位为 0。

OF（Over Flow Flag）溢出标志位：OF=1，表示运算结果产生溢出；OF=0，表示运算结果无溢出。运算结果超出了计算机所能表示数的范围，会得出错误的结果，这种情况称为溢出。例如，字节运算的结果超出了 -128 ～ +127 的范围。产生错误结果的原因是溢出时数值的有效位占据了符号位。溢出产生的条件：最高位与次高位不同时产生进位或借位。

（2）控制标志是一种用于控制 CPU 工作方式或工作状态的标志，控制标志设置后，便对其后面的操作产生控制作用。控制标志包括跟踪标志（TF）、中断允许标志（IF）、方向标志（DF）。

TF（Trap Flag）跟踪标志位：TF=1，表示 CPU 按跟踪方式执行指令。

IF（Interrupt Flag）中断允许标志位：IF=1，表示打开可屏蔽中断，此时 CPU 可以响应可屏蔽的中断请求；IF=0，表示关闭可屏蔽中断，此时 CPU 不响应可屏蔽中断请求。

DF（Direction Flag）方向标志位：DF=1，表示串操作过程中地址会递减；DF=0，表示串操作过程中地址会递增。

2.1.3 Intel 8086/8088 的引脚信号

Intel 8086/8088 具有 40 个引脚，采用双列直插式封装形式。为了减少芯片引脚的数目，Intel 8086/8088 采用分时复用技术。正是由于使用这种分时复用的方法，才使得 Intel 8086/8088 可用 40 个引脚实现 20 位地址、16 位数据及许多控制信号和状态信号的传输。Intel 8086/8088 引脚信号如图 2-3 所示。

Intel 8086/8088 引脚定义大致可分为如下 5 类。

第一类：每个引脚只传输一种信息。例如，第 32 引脚 $\overline{\text{RD}}$ 读信号，低电平有效时表示正在对输入输出端口或存储器进行读操作，它需要配合第 28 引脚 M / $\overline{\text{IO}}$ 使用。

第二类：引脚电平高低代表不同的信号。例如，第 28 引脚 M / $\overline{\text{IO}}$ 在高电平时访问的是输入输出端口，在低电平时访问的是存储器。

第三类：引脚在 Intel 8086/8088 两种不同的工作方式下有不同的名称和定义。例如，第 29 引脚 $\overline{\text{WR}}$ / $\overline{\text{LOCK}}$ 在 Intel 8086/8088 工作在最小模式时传输 CPU 发出的写信号 $\overline{\text{WR}}$；在 Intel 8086/8088 工作在最大模式下时，该引脚是总线锁定信号 $\overline{\text{LOCK}}$。

第四类：引脚可以传输两种信息。这两种信息在时间上是可以分开的，因此可用一个引脚在不同时刻传输不同信息，一般这类引脚称为分时复用线。例如，第 35～38 引脚（$A_{19}/S_6 \sim A_{16}/S_3$）。这些引脚采用多路开关分时输出，在存储器操作的总线周期中，第一个时钟周期输出 20 位地址的高 4 位（$A_{16} \sim A_{19}$），其他时钟周期输出状态信号。

第五类：输入输出引脚分别传输不同的信息。例如，Intel 8086/8088 工作在最大模式下时，第 31 引脚 HOLO $\overline{RQ}/GT_0$ 输入总线请求，输出总线请求允许。

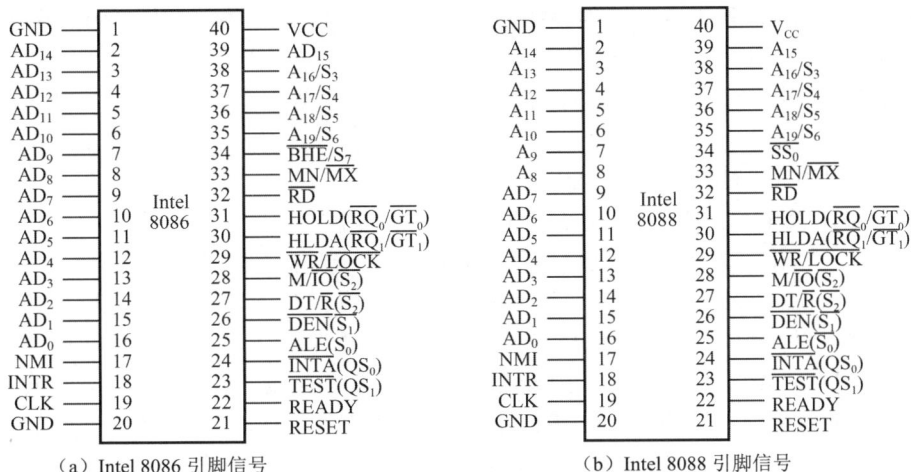

图 2-3　Intel 8086/8088 引脚信号

下面对 Intel 8086 各组引脚作简要进行说明。

1. 地址与数据信号引脚

（1）$AD_{15} \sim AD_0$（Address/Data Bus）：分时复用的地址/数据总线。传输地址时为三态（高电平、低电平和高阻抗）输出信号，传输数据时双向三态输入输出信号。

（2）$A_{19}/S_6 \sim A_{16}/S_3$（Address/Status Bus）：分时复用的地址/状态总线。用作地址总线时，$A_{19} \sim A_{16}$ 与 $AD_{15} \sim AD_0$ 一起构成访问存储器的 20 位物理地址。当 CPU 访问输入输出端口时，$A_{19} \sim A_{16}$ 保持低电平，对应"0"代码。S_3 和 S_4 表示正在使用的那个寄存器，S_4 和 S_3 的代码组合和对应的状态表 2-1。S_5 指示 IF 的当前状态，S_6 则始终输出低电平，对应"0"代码，以表示 Intel 8086 当前连接在总线上。当系统总线处于"保持响应"状态时，这些引脚呈高阻抗状态。

表 2-1　S_4 和 S_3 的代码组合和对应的状态

S_4	S_3	状　态
0	0	当前正在使用 ES
0	1	当前正在使用 SS
1	0	当前正在使用 CS 或未使用任何段寄存器
1	1	当前正在使用 DS

2. 读写控制信号引脚

读写控制信号用来控制 CPU 对存储器和输入输出设备的读写过程。

（1）$M/\overline{IO}$（Memory/IO）：存储器或输入输出端口访问选择信号，三态输出信号。当 $M/\overline{IO}$ 为高电平时，表示当前 CPU 正在访问存储器；当 $M/\overline{IO}$ 为低电平时，表示 CPU 当前正在访问输入输出端口。

（2）$\overline{RD}$（Read）：读信号，三态输出信号，低电平有效，表示当前 CPU 当前正在读存储器或输入输出端口。

（3）$\overline{WR}$（Write）：写信号，三态输出信号，低电平有效，表示当前 CPU 正在写存储器或输入输出端口。

以上 3 个引脚信号的常用组合如下。

$M/\overline{IO}=1$，$\overline{RD}=0$：CPU 请求读存储器（对存储器的读命令）。

$M/\overline{IO}=1$，$\overline{WR}=0$：CPU 请求写存储器（对存储器的写命令）。

$M/\overline{IO}=0$，$\overline{RD}=0$：CPU 请求读输入输出端口内的端口（对输入输出端口的读命令）。

$M/\overline{IO}=0$，$\overline{WR}=0$：CPU 请求写输入输出端口内的端口（对输入输出端口的写命令）。

（4）READY：准备就绪信号。由外部输入，高电平有效，表示 CPU 访问的存储器或输入输出端口已经准备好传输数据。READY 引脚信号无效时，表示 CPU 访问的存储器或输入输出端口还没有准备好传输数据。要求微处理器插入一个或多个等待状态，直到存储器或输入输出端口准备就绪，READY 引脚信号变成有效为止。

（5）$\overline{BHE}/S_7$（Bus High Enable/Status）：总线高位字节有效信号，三态输出信号，低电平有效。在非数据传输期间，该引脚用作 S_7，即用作状态信息。

Intel 8086 微处理器有 16 条数据总线。但是，存储器和输入输出端口都以 8 位二进制为一个基本单位。通常，该微处理器低 8 位的数据总线（$D_0 \sim D_7$）和偶地址的存储器或输入输出端口连接，这些存储器或输入输出端口称为偶体。高 8 位的数据总线（$D_8 \sim D_{15}$）和奇地址的存储器或输入输出端口连接，这些存储器或输入输出端口称为奇体。16 位微处理器与存储器的连接如图 2-4 所示。

$\overline{BHE}$ 引脚信号有效时，表示 CPU 正在使用高 8 位的数据总线对奇体存储器或输入输出端口进行访问。它与最低位地址码 A_0 配合表示当前数据总线上高低位字节的使用情况。$\overline{BHE}$ 和 A_0 编码的含义见表 2-2。

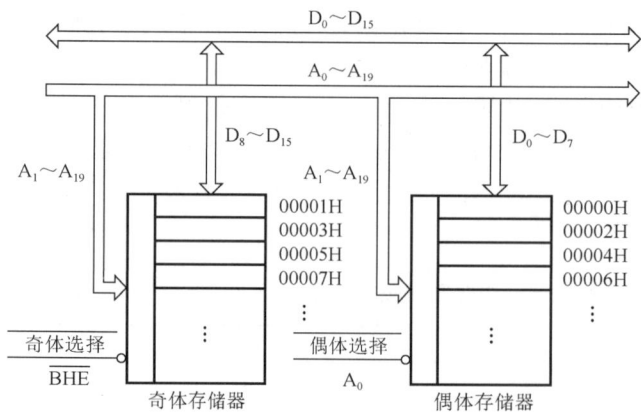

图 2-4　16 位微处理器与存储器的连接

表 2-2　$\overline{BHE}$ 和 A$_0$ 编码的含义

$\overline{BHE}$	AD$_0$	总线使用情况
0	0	在 16 位的数据总线上进行双字节传输
0	1	在高 8 位的数据总线上进行字节传输
1	0	在低 8 位的数据总线上进行字节传输
1	1	无效

（6）ALE（Address Latch Enable）：地址锁存允许信号，输出信号，高电平有效，表示当前地址/数据分时复用的引脚正在输出地址信号。

（7）$\overline{DEN}$（Data Eable）：数据允许信号，三态输出信号，低电平有效，表示当前地址/数据分时复用的引脚正在传输数据信号。进行直接存储访问（Direct Memory Access，DMA）传输时，$\overline{DEN}$ 引脚被置为高阻抗状态。

（8）DT / $\overline{R}$（Data Transmit/Receive）：数据发送/接收控制信号，三态输出信号。CPU 写数据到存储器或输入输出端口时，DT / $\overline{R}$ 引脚输出高电平；CPU 从存储器或输入输出端口读取数据时，DT / $\overline{R}$ 引脚输出低电平。

3．中断控制信号引脚

中断是外部设备请求 CPU 进行特殊处理的有效方法,中断控制信号引脚用于传输中断的请求和应答信号。

（1）INTR（Interrupt Request）：可屏蔽（Maskable）的中断请求信号，由外部输入，电平触发，高电平有效。当 INTR 引脚信号有效时，表示外设向 CPU 发出中断请求。CPU 在执行每条指令的最后一个时钟周期采样 INTR 引脚信号，若发现 INTR 引脚信号有效（为高电平），并且中断允许标志位 IF=1 时，CPU 就会在结束当前指令后，响应中断请求，进入中断响应周期。

（2）$\overline{INTA}$（Interrupt Acknowledge）：中断响应信号，向外部输出，低电平有效。该信号有效，表示 CPU 已经收到并且响应外部发来的 INTR 引脚信号，将通过 INTA 引脚向发出请求信号的设备（中断源）传输中断响应信号。外部设备可以通过数据总线传输中断类型数据码，以便获取相应中断服务程序的入口地址。

（3）NMI（Non-Maskable Interrupt request）：不可屏蔽中断请求信号，由外部输入，边沿触发，正跳变有效。不受"IF"的影响。CPU 一旦收到 NMI 的请求信号，就会在当前指令执行完后自动跳转到执行类型 2 的中断服务程序。显然，这是一种比 INTR 引脚信号级别高的中断请求。

4．DMA 控制引脚

DMA 传输是指无须经过 CPU，在内存储器和输入输出设备之间通过总线直接传输数据的一种技术。在大多数情况下，总线在 CPU 的控制下进行数据传输。若外部设备希望使用总线进行 DMA 传输，则要向 CPU 提出申请并获得许可。

（1）HOLD（Hold Request）：总线请求信号。由外部输入，高电平有效。当 CPU 以外的其他设备要求占用总线时，通过该引脚向 CPU 发出请求。

（2）HLDA（Hold Acknowledge）：总线请求响应信号。向外部输出，高电平有效。CPU 一旦测试到 HOLD 引脚发出的请求，就在当前总线周期结束后，使 HLDA 引脚信号有效，表示响应这一总线请求，立即让出总线使用权（所有三态总线信号引脚均处于高阻抗状态，从而不影响外部的存储器与输入输出设备交换数据）。在 DMA 传输期间，只要 CPU 不使用总线，CPU 内部的指令执行单元（EU）可以继续工作。HOLD 引脚信号变为无效的低电平后，CPU 恢复总线控制权重并将 HLDA 引脚置为低电平的无效状态。

5. 其他引脚

（1）V_{CC}（供电电源）：Intel 8086 只需要单一的+5V 电源，由 V_{CC} 引脚输入。

（2）CLK（Clock）：主时钟信号的输入引脚，由时钟发生器 8284 产生主时钟信号。Intel 8086 可使用的最高时钟频率随芯片型号不同而异，Intel 8086 的最高时钟频率为 5MHz，Intel 8086-1 的最高时钟频率为 10MHz，Intel 8086-2 的最高时钟频率为 8MHz。

（3）$MN/\overline{MX}$（Minimum/Maximum）：工作模式选择信号，由外部输入。当 $MN/\overline{MX}$ 引脚信号为高电平时，CPU 工作在最小模式；当 $MN/\overline{MX}$ 引脚信号为低电平时，CPU 工作在最大模式。

（4）RESET：复位信号，由外部输入，高电平有效。CPU 接收到 RESET 引脚信号后，停止正在进行的操作，并且将标志寄存器、段寄存器、指令指针 IP 和指令队列等复位到初始状态。RESET 引脚上的复位信号通常由计算机上的复位按钮产生。

（5）$\overline{TEST}$：测试信号，由外部输入，低电平有效。CPU 执行 WAIT（等待）指令时，每隔 5 个时钟周期对 $\overline{TEST}$ 引脚信号测试一次。若测试信号无效，则 CPU 处于等待状态。在测试信号有效后，CPU 执行 WAIT 指令的下一条指令。

2.1.4　Intel 8086/8088 的工作模式

为了适应各种场合，Intel 8086/8088 微处理器有两种工作模式，即最小模式和最大模式。最小模式是指，微机系统中只有一个 Intel 8086/8088 微处理器。在这种系统中 Intel 8086/8088 微处理器直接产生所有的总线控制信号，微机系统所需的外加总线控制逻辑部件最少。

最大模式是指微机系统中含有两个或多个微处理器，其中一个为主处理器，其他的称为协处理器，它们是协同主处理器工作的。和 Intel 8086/8088 匹配的协处理器有两个：一个是专用算术运算的协处理器 Intel 8087。微机系统有了此协处理器，就会大幅度提高系统算术运算速度；另一个是专用于输入输出操作的协处理器 Intel 8089，微机系统有了 Intel 8089 后，就会提高主处理器的效率，大大减少输入输出操作占用主处理器的时间。在最大模式下工作时，控制信号由总线控制器芯片 Intel 8288 提供。

Intel 8086/8088 微处理器的两种工作模式由 $MN/\overline{MX}$ 引脚连接的电平选择：当

MN / $\overline{\text{MX}}$ 引脚连接高电平时，该微处理器工作在最小模式；当 MN / $\overline{\text{MX}}$ 引脚接地时，该微处理器工作在最大模式。

1. 最小模式

Intel 8086 最小模式配置如图 2-5 所示。此时，微机系统主要由 Intel 8086、时钟发生器 8284、地址锁存器 8282 及数据收发器组成。微处理器及其外围芯片合称微处理器子系统。

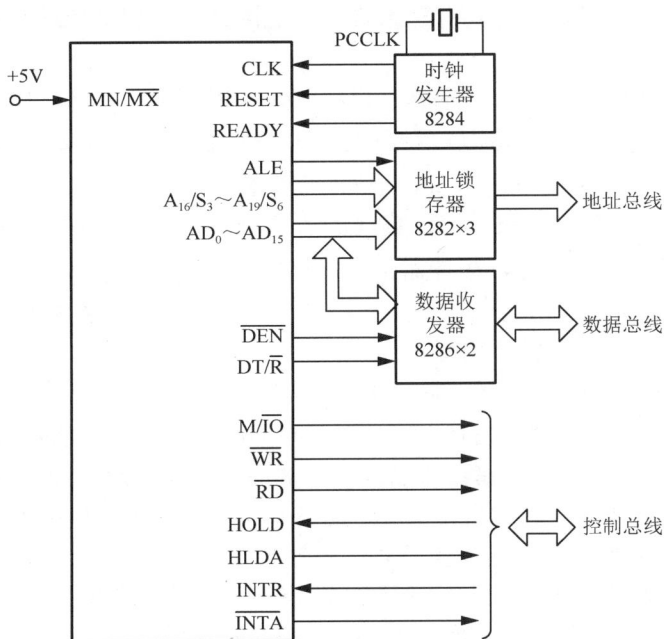

图 2-5　Intel 8086 最小模式配置

1）时钟发生器 8284

时钟发生器 8284 为 Intel 8086 微处理器工作提供条件：提供适当的时钟信号，对外界输入的控制/联络信号进行同步处理。在个人计算机中，时钟发生器 8284 通过外接晶体产生 14.31MHz 的时钟信号，并对这个信号 3 分频，产生占空比为 1/3 的 4.77MHz 时钟信号由 CLK 引脚输送到 Intel 8086。时钟发生器 8284 同时产生 12 分频的 1.1918MHz 的外部时钟信号 PCCLK，供其他外部设备使用。时钟发生器 8284 还对外部输入的 $\overline{\text{RESET}}$ 引脚信号和 READY 引脚信号进行同步，产生与 CLK 引脚信号同步的复位信号和准备就绪好信号并输送到 Intel 8086。

2）地址锁存器 8282

地址锁存器 8282 用来锁存 Intel 8086 输出的地址信号。地址锁存器 8282 是一个 8 位锁存器，它的引脚信号 STB 是锁存/选通信号。当 STB 引脚信号为高电平时，由 $DI_7 \sim DI_0$ 引脚输入的信号进入地址锁存器 8282；当 STB 引脚信号由高变低出现下降沿时，输入的地址被锁定，地址锁存器 8282 的状态不再改变。地址锁存器 8282 具有三态缓冲器，从

$DO_7 \sim DO_0$ 引脚输出三态。

在图 2-5 中，Intel 8086 的 ALE 引脚与 STB 引脚连接。这样，Intel 8086 在它的分时复用引脚 $AD_{15} \sim AD_0$ 和 $A_{19}/S_6 \sim A_{16}/S_3$ 上输出地址信号时，20 位地址被 3 个地址锁存器 8282 锁存。地址锁存器 8282 的输出地址成为系统地址总线。在 Intel 8086 访问存储器和输入输出设备的总线周期中，地址锁存器 8282 都会稳定地输出 20 位地址信号。

在最小模式下，地址锁存器 8282 还同时锁存了 Intel 8086 输出的 $\overline{BHE}$ 引脚信号并把它输送到控制总线。也可以用其他具有三态输出功能的锁存器代替地址锁存器 8282。

3）数据收发器 8286

数据收发器 8286 用来对微处理器与系统总线的连接进行控制，同时它还有增加系统总线驱动能力。数据收发器 8286 是一种三态输出的 8 位双向数据总线驱动器，具有很强的数据总线驱动能力。它有两组 8 位的双向输入输出数据总线，即 $A_7 \sim A_0$ 和 $B_7 \sim B_0$。

数据收发器 8286 有两个控制信号：数据传输方向的控制信号 T 和输出允许信号 $\overline{OE}$（低电平有效）。当 $\overline{OE}$ 为高电平时，缓冲器呈高阻抗状态，数据收发器 8286 在上述两个方向上都不能传输数据。当 $\overline{OE}$ 为低电平、控制信号 T 为高电平时，数据传输由 A 到 B；当控制信号 T 为低电平时，数据传输由 B 到 A。

数据收发器 8286 用作数据总线驱动器时，其控制信号 T 端与 Intel 8086 的数据收发信号 $DT/\overline{R}$ 端连接，用于控制数据的传输方向；$\overline{OE}$ 端与 Intel 8086 的数据允许信号 $\overline{DEN}$ 端连接，只有在 CPU 需要访问存储器或输入输出端口时才允许数据通过数据收发器 8286。两个地址锁存器 8282 的 $A_7 \sim A_0$ 引脚与 Intel 8086 的 $AD_{15} \sim AD_0$ 引脚连接，而输入输出数据总线 $B_7 \sim B_0$ 成为系统总线。

如果微机系统规模不大，并且不使用 DMA 传输（这意味着数据总线永远由 Intel 8086 独自控制），可以不使用数据收发器，将 Intel 8086 的引脚 $AD_{15} \sim AD_0$ 直接用作系统总线。

4）最小模式下的控制总线信号

最小模式下，所有的控制总线信号包括 HLDA 引脚信号等均由 Intel 8086 直接产生。外部产生的通过 INTR、NMI、HOLD 和 READY 等引脚发出的请求信号也直接输送到 Intel 8086。

由图 2-5 可知，$DT/\overline{R}$、$\overline{DEN}$ 和 ALE 引脚信号主要用于对外围芯片的控制。

最小模式下，常用的控制总线信号归纳如下：

① 控制存储器或输入输出端口读写的信号，包括 $M/\overline{IO}$、$\overline{BHE}$、$\overline{RD}$、$\overline{WR}$ 和 READY 引脚信号。

② 用于中断联络和控制的信号，包括 INTR、NMI、$\overline{INTA}$ 引脚信号。

③ 用于 DMA 传输联络和控制的信号，包括 HOLD、HLDA 引脚信号。

2. 最大模式

最大模式下，需要解决主处理器和协处理器之间的协调以及它们对系统总线的共享控制问题。因此，在硬件方面，增加了一个总线控制器 8288。由总线控制器 8288 对各个处理器发出的控制信号进行交换和组合，最终由总线控制器 8288 产生控制总线信号，而不是由微处理器直接产生的（这与最小模式不同）。系统总线信号的形成如图 2-6 所示。

（1）最大模式下的控制总线信号。从图 2-6 可以看出，由于存在多个处理器，地址锁存器 8282 使用的地址锁存信号 ALE 不再由 Intel 8086 直接发出，而是由总线控制器 8288 产生。类似地，地址锁存器 8286 使用的数据总线选通和收/发控制信号 DEN 和 DT / $\overline{\text{R}}$ 也由总线控制器 8288 产生。在最大模式下，数据收发器是必需的。总线控制器 8288 产生存储器的 3 种读写控制信号：

$\overline{\text{MRDC}}$（Memory Read Command）：存储器的读命令，相当于最小模式下的 M / $\overline{\text{IO}}$ =1 和 $\overline{\text{RD}}$ =0 两个信号的综合。在 IBM 微型计算机中，系统总线上的该信号即 $\overline{\text{MEMR}}$ 引脚信号。

$\overline{\text{MWTC}}$（Memory Write Command）和 $\overline{\text{AMWTC}}$（Advanced Memory Write Command）都是存储器的写命令，相当于最小模式下的 M / $\overline{\text{IO}}$ =1 和 $\overline{\text{RD}}$ =0 两个引脚信号的综合。它们的区别在于 $\overline{\text{AMWTC}}$ 引脚信号比 $\overline{\text{MWTC}}$ 引脚信号早一个时钟周期发出，这样，一些速度较慢的存储器就可以有更充裕的时间进行写操作。在 IBM 微型计算机中，系统总线上的该信号即 $\overline{\text{MEMW}}$ 引脚信号。

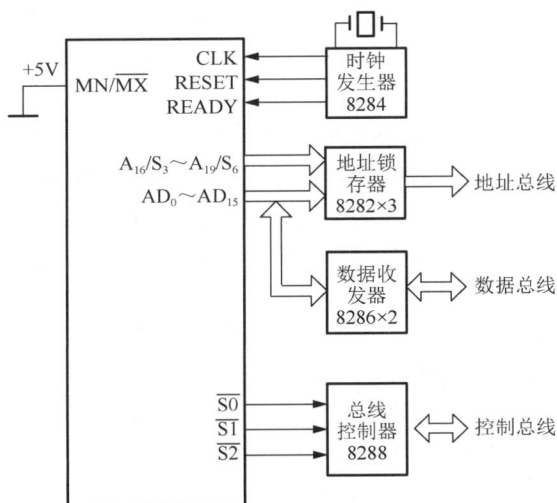

图 2-6　系统总线信号的形成

总线控制器 8288 还产生输入输出设备的 3 种读写控制信号：

$\overline{\text{IORC}}$（IO Read Command）为输入输出设备的读命令，相当于最小模式下的 M / $\overline{\text{IO}}$ =1 和 $\overline{\text{RD}}$ =0 两个引脚信号的综合。在 IBM 微型计算机中，系统总线上的该信号称为 $\overline{\text{IOR}}$ 信号。

$\overline{\text{IOWC}}$（IO Write Command）和 $\overline{\text{AIOWC}}$（Advanced IO Write Command）为输入输出设备的写命令，相当于最小模式下的 M / $\overline{\text{IO}}$ =1 和 $\overline{\text{WR}}$ =0 两个引脚信号的综合。同样，$\overline{\text{AIOWC}}$ 信号比 $\overline{\text{IOWC}}$ 信号早一个时钟周期发出，在 IBM 微型计算机中，系统总线上的该信号即 $\overline{\text{IOW}}$ 引脚信号。

（2）在最大模式下，外部的中断请求信号 NMI 和 INTR 直接输送到 Intel 8086。

Intel 8086 通过状态总线 $\overline{\text{S}}_0$、$\overline{\text{S}}_1$ 和 $\overline{\text{S}}_2$ 发出的中断应答信号，经总线控制器 8288 判断，

产生 $\overline{\text{INTA}}$ 引脚信号并输送到控制总线。

DMA 控制器的请求和应答信号通过 $\overline{\text{RQ}}/\overline{\text{GT}_0}$ 引脚和 $\overline{\text{RQ}}/\overline{\text{GT}_1}$ 引脚直接输送到 Intel 8086。

2.1.5　Intel 8086/8088 总线操作时序

时序是指计算机进行的各种操作在时间上的先后顺序。学习时序有助于理解计算机的工作过程，在研制、设计接口电路时，更应清楚地知道微处理器的工作时序，包括系统总线上的信号种类、它们的开始时间和延续时间，以便根据时序设计响应的电路。

1．时序的基本概念

1）时钟周期

在计算机中，微处理器的一切操作都是在系统主时钟 CLK 的控制下按节拍有序地进行的。系统主时钟一个周期信号所持续的时间称为时钟周期，其大小等于时钟频率的倒数，时钟周期是微处理器的基本时间计量单位。例如，若某微处理器的时钟频率 f=5MHz，则其时钟周期 T=1/f=1/5=200(ns)；若其时钟频率为 100MHz，则时钟周期为 10ns。

2）总线周期

微处理器通过外部总线对存储器或输入输出端口进行一次读写操作的过程称为总线周期。为了完成对存储器或输入输出端口的一次访问，微处理器需要先后发出存储器或输入输出端口地址，发出读或写操作命令，进行数据的传输。以上的每个操作都需要延续一个或几个时钟周期。因此，一个总线周期由若干个时钟周期组成。

3）指令周期

微处理器执行一条指令的时间（包括取指令和执行该指令所需的全部时间）称为指令周期。一个指令周期由若干总线周期组成。取指令需要一个或多个总线周期，若指令的操作数来自内存，则需要另一个或多个总线周期读取操作数；如果要把操作结果写到内存，还要增加总线周期。因此，不同指令的指令周期长度也不同。

2．系统的复位和启动

Intel 8086/8088 正常工作时，RESET 引脚应为低电平。当 RESET 引脚变为高电平时，Intel 8086/8088 进入复位状态；当 RESET 引脚恢复为正常的低电平时，Intel 8086/8088 进入正常工作阶段。

Intel 8086/8088 要求施加在 RESET 引脚上的正脉冲信号至少维持 4 个时钟周期的高电平。若是通电复位（冷启动），则要求复位正脉冲的宽度不少于 50μs。

RESET 引脚信号进入有效高电平状态时，Intel 8086/8088 就会结束现行操作，进入复位状态。在复位状态，Intel 8086/8088 进行初始化，内部的各个寄存器被置为初态：代码段寄存器 CS 自动置为全 1（0FFFFH），其他寄存器清零（0000H），指令队列清空。

Intel 8086/8088 复位时，代码段寄存器 CS 自动置为 FFFFH，指令指针 IP 被清零。因此，Intel 8086/8088 在复位后重新启动时，便从 FFFF0H 单元开始执行第一条指令。一般在 FFFF0H 单元存放一条无条件转移指令，转移到系统启动程序的入口处。这样，一旦启动 Intel 8086/8088 便自动进入系统启动程序。

复位时，由于标志寄存器被清零，使 IF 也为 0。这样，从 INTR 引脚进入的可屏蔽中断请求信号被屏蔽。因此，系统程序在适当位置要使用 STI 指令设置中断允许标志（使 IF 为 1），以便开放可屏蔽中断请求。Intel 8086/8088 复位时各寄存器的值见表 2-3。

表 2-3　Intel 8086/8088 复位时各寄存器的值

寄存器	值	寄存器	值
标志寄存器	0000H	DS	0000H
Ip	0000H	ES	0000H
指令队列	空	SS	0000H
CS	FFFFH	其余寄存器	0000H

3. 最小模式下的总线读写周期

前面已经介绍，Intel 8086/8088 与存储器或输入输出端口交换数据或取指令填充指令队列时，都需要通过总线接口单元执行总线周期，即进行总线操作。

按数据传输方向总线操作可分为总线读操作和总线写操作。前者是指微处理器从存储器或输入输出端口中读取数据，后者是指微处理器将数据写入指定存储器或输入输出端口。

1）最小模式下的总线读周期

图 2-7 是 Intel 8086/8088 在最小模式下的总线读周期的时序。在这个周期中，Intel 8086/8088（下文简称微处理器）完成从存储器或输入输出端口读取数据的操作。

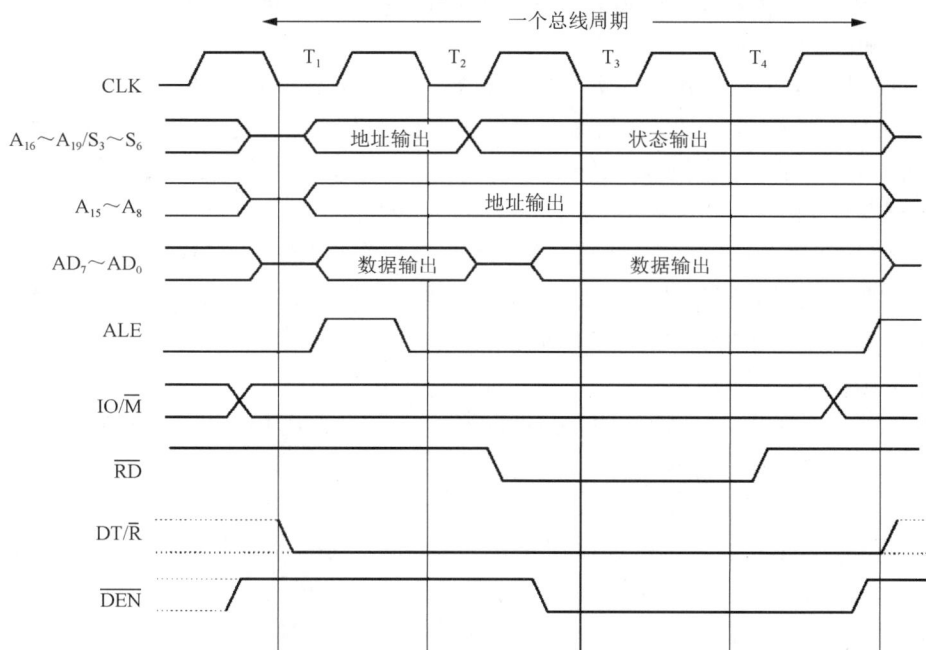

图 2-7　Intel 8086/8088 在最小模式下的总线读周期的时序

由图 2-7 可知，一个总线读周期由 4 个时钟周期（也称为状态，即 T_1 状态～T_4 状态）组成。各个状态下完成的操作如下。

（1）T_1 状态。$M/\overline{IO}$ 引脚信号首先在 T_1 状态有效。若 $M/\overline{IO}$ 引脚信号为高电平，则表示本状态下从内存读数据；若 $M/\overline{IO}$ 引脚信号为低电平，则从输入输出端口读数据。$M/\overline{IO}$ 引脚信号的电平一直保持到总线读周期结束，即保持到 T_4 状态结束。

在 T_1 状态的开始处，微处理器从分时复用的地址/状态总线（$A_{19}/S_6 \sim A_{16}/S_3$）和分时复用的地址/数据总线（$AD_{15} \sim AD_0$）发出读取存储器的 20 位地址或输入输出端口的 16 位地址。

为了锁存地址，微处理器在 T_1 状态从 ALE 引脚输出一个正脉冲信号作为地址锁存信号。ALE 引脚连接到地址锁存器 8282 的选通端 STB。在 T_1 状态结束时，$M/\overline{IO}$ 引脚信号和地址信号均已稳定有效，此时 ALE 引脚信号变为低电平，20 位地址被锁存入地址锁存器 8282。这样，在总线周期的其他状态，地址总线上稳定输出地址信号。

在 T_1 状态，若微处理器需要从内存的奇地址单元或奇地址的输入输出端口读取数据，则输出 $\overline{BHE}$（$=0$）信号，它表示高 8 位的数据总线上的数据有效。$\overline{BHE}$ 和 A_0 分别用奇偶体存储器或输入输出端口的选体信号（低电平有效）。

若微机系统中有数据收发器 8286，则要用到 $DT/\overline{R}$ 和 $\overline{DEN}$ 引脚信号，用于控制数据收发器 8286 的数据传输方向和数据选通。在 T_1 状态，$DT/\overline{R}$ 引脚输出低电平，表示本总线周期为读周期，此时数据收发器 8286 接收数据。

（2）T_2 状态。在该状态下地址信息被撤销，地址/状态总线 $A_{19}/S_6 \sim A_{16}/S_3$ 输出状态信号 $S_6 \sim S_3$，$\overline{BHE}/S_7$ 引脚输出状态信号 S_7。状态信号 $S_7 \sim S_3$ 要一直维持到状态 T_4，其中状态信号 S_7 未被赋予实际意义。

地址/数据总线 $AD_{15} \sim AD_0$ 进入高阻抗状态，为读取数据做准备。

读信号 $\overline{RD}$ 开始变为低电平，此信号输送到微机系统中的存储器和输入输出端口，但只对被地址信号选中的存储器或输入输出端口起作用，打开其数据缓冲器，将被读取的数据输送到数据总线。

$\overline{DEN}$ 信号在 T_2 状态开始变为低电平，用来开放数据收发器 8286，以便在读取的数据被输送到数据总线（对应 T_3 状态）之前就打开数据收发器 8286，让数据通过。$\overline{DEN}$ 引脚信号的有效低电平要维持到 T_4 状态中期结束。$DT/\overline{R}$ 引脚信号继续保持有效的低电平，即处于接收状态。

（3）T_3 状态。在 T_3 状态的开始，微处理器检测 READY 引脚信号。若 READY 引脚信号为高电平（有效）时，表示存储器或输入输出端口已经准备好数据，微处理器在 T_3 状态开始时读取该数据。若 READY 引脚信号为低电平，则表示微机系统中挂接的存储器或外设不能如期送出数据，要求微处理器在 T_3 和 T_4 状态之间插入一个或几个等待状态，即 T_w 状态。进入 T_w 状态后，微处理器在每个 T_w 状态的前沿（下降沿）采样 READY 引脚信号。若 READY 引脚信号为低电平，则继续插入等待状态。若 READY 引脚信号变为高电平，表示数据已出现在数据总线上，微处理器从 $AD_{15} \sim AD_0$ 引脚读取数据。

（4）T_4 状态。在 T_3（或 T_w）和 T_4 状态的下降沿，微处理器对数据总线上的数据进行采样，完成读取数据的操作。在 T_4 状态的后半周，数据被从数据总线上撤销。各个控制信号和状态信号处于无效状态，$\overline{DEN}$ 引脚信号为高电平（无效），表示数据收发器一个读周期结束。

综上可知，在总线读周期中，微处理器在 T_1 状态输送出地址及相关信号；在 T_2 状态发出读命令和数据收发器 8286 的控制命令；在 T_3（T_w）状态等待数据的出现；在 T_4 状态将数据读入微处理器。

2）最小模式下的总线写周期

图 2-8 为 Intel 8086/8088 在最小模式下的总线写周期时序。由该图可知，Intel 8086/8088 的总线写周期与总线读周期有很多相似之处。和读周期一样，基本写周期也包括 4 个状态，即 T_1、T_2、T_3 和 T_4 状态。当存储器或输入输出设备的响应速度较慢时，在 T_3 状态和 T_4 状态之间插入 1 个或几个等待状态 T_w。

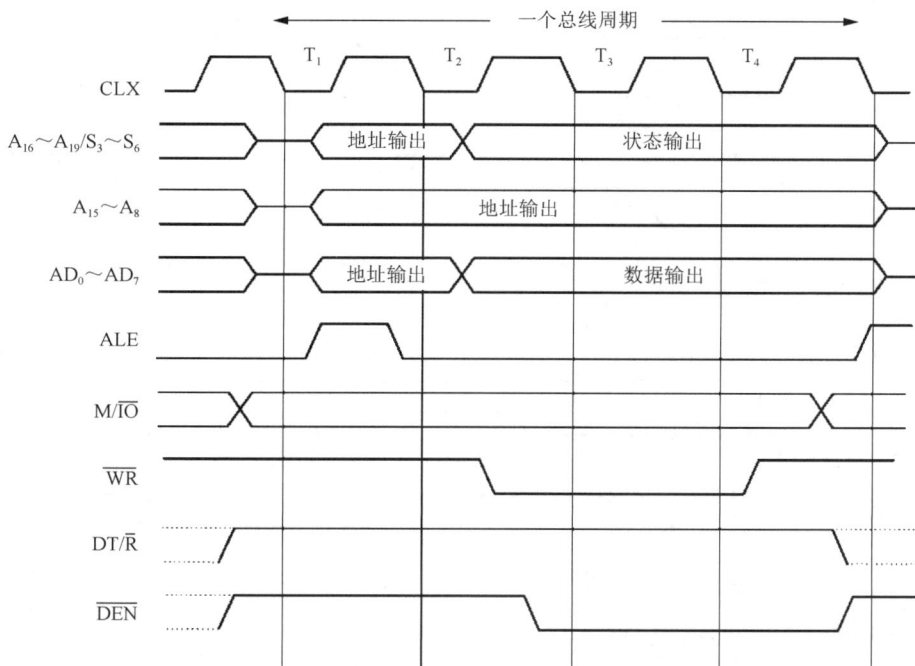

图 2-8　Intel 8086/8088 在最小模式下的总线写周期时序

在总线写周期中，由于从 $AD_{15} \sim AD_0$ 引脚输出地址（T_1）和输出数据（T_2）的方向是相同的，因此，在 T_2 状态不再需要像总线读周期那样维持一个时钟周期的高阻抗状态（见图 2-8 的 T_2 状态）作为缓冲。在总线写周期中，$AD_{15} \sim AD_0$ 引脚在发送完地址后便立即转入发送数据状态，当存储器或输入输出设备准备好时就可以从数据总线上读取这些数据。$DT/\overline{R}$ 引脚信号为高电平，表示本周期为写周期，控制数据收发器 8286 向外发送数据。在写周期中 $\overline{WR}$ 引脚信号有效，$\overline{RD}$ 引脚信号变为无效，但它们出现的时间相近。

4. 最大模式下的总线读写周期

最大模式下，Intel 8086/8088 的总线读写操作与最小模式下的读写操作基本相同。不同之处如下。

（1）最大模式下微处理器使用 S_0、S_1、S_2 输出总线控制命令。$S_0S_1S_2=111$，表示没有总线操作请求，称为"无源状态"。

（2）由总线控制器 8288 产生的存储器或输入输出端口读写命令在最小模式下为 M/$\overline{IO}$ 引脚信号与 $\overline{RD}$ 引脚信号、$\overline{WR}$ 引脚信号的组合，在最大模式下将读命令改为 $\overline{MRDC}$（存储器读命令）、$\overline{IORC}$（输入输出端口读命令），将写命令改为 $\overline{MWTC}$（存储器写命令）、$\overline{IOWC}$（输入输出端口写命令），或者是超前的存储器写命令 $\overline{AMWC}$ 和超前的输入输出端口写命令 $\overline{AIOWC}$。Intel 8086/8088 在最大模式下的总线读写时序如图 2-9 所示。

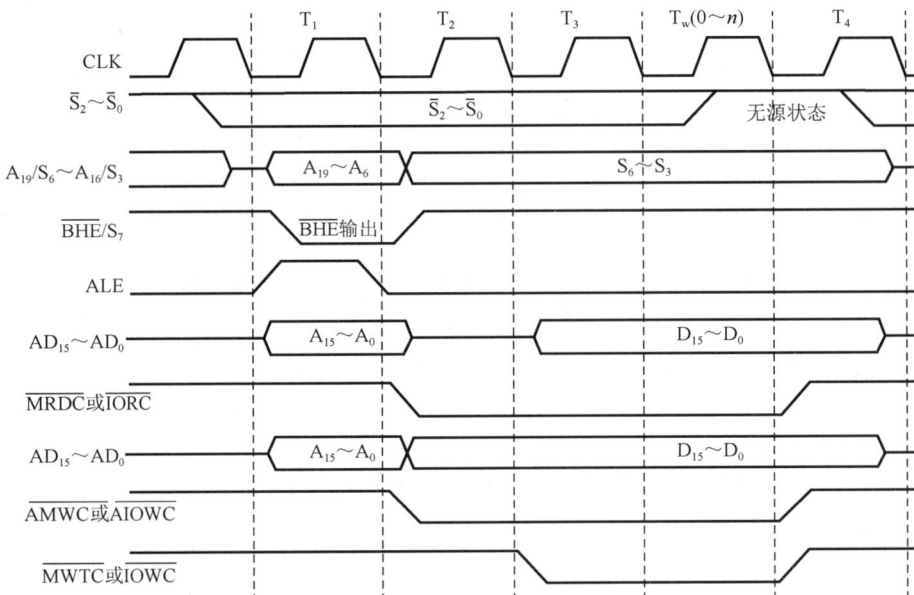

图 2-9　Intel 8086/8088 在最大模式下的总线读写周期

1）最大模式下的总线读周期

最大模式下，在每个总线周期开始之前的一段时间，S_2、S_1、S_0 状态信号被置为高电平（无源状态）。一旦这 3 个状态信号中任一个或几个从高电平变为低电平，就表示一个新的总线周期开始了。和最小模式一样，如果存储器或外设速度足够快，在 T_3 状态就已把输入数据输送到数据总线 AD_{15}～AD_0 上，微处理器在 T_3 状态便可读取数据，这时 S_2、S_1、S_0 状态信号全部变为高电平，进入无源状态，一直到 T_4 状态结束。进入无源状态，意味着微处理器又可启动一个新的总线周期。若存储器或外设速度较慢，则需要使用 READY 引脚信号进行联络，即在 T_3 状态开始前将 READY 引脚信号保持低电平（未就绪状态），和最小模式一样，在 T_3 状态和 T_4 状态之间插入 1 个或多个 T_w 状态进行等待。

最大模式下，微机系统可能存在多个处理器，总线控制器 8288 综合各个处理器的 S_2、S_1、S_0 状态信号，产生 ALE、$\overline{MRDC}$、$\overline{IORC}$ 引脚信号等，用来控制地址锁存器 8282 和数据收发器 8286，或者把这些数据输送到总线。

2）最大模式下的总线写周期

和总线读总线周期一样，在总线写周期开始之前，S_2、S_1、S_0 状态信号就已经按操作类型设置好了相应的电平。同样，也在 T_3（T_w）状态，这 3 个状态信号全部恢复为高电平，进入无源状态，从而为启动下一个新的总线周期做准备。

微处理器通过总线控制器 8288 产生两组写命令：一组是普通的存储器写命令 $\overline{MWTC}$ 和输入输出端口写命令 $\overline{IOWC}$，另一组是超前的存储器写命令 $\overline{AMWC}$ 和超前的输入输出端口写命令 $\overline{AIOWC}$，可供系统连接时选用。

5. 总线空闲状态（总线空操作）

如果微处理器内的指令队列已满，而且执行单元（EU）又未申请访问存储器或输入输出端口，那么总线接口单元（BIU）就进入空闲状态。

在空闲状态，虽然微处理器不对总线发出读写命令，但微处理器内部的操作仍在进行，即执行单元仍在工作。例如，算术逻辑单元（ALU）正在进行运算。从这一点来说，实际上总线空闲状态是总线接口单元对执行单元的一种等待。

除了上述介绍的各个总线周期，还有中断总线周期和 DMA 传输总线周期（在后面相关章节介绍）。

6. 一条指令的执行过程

微处理器工作的过程就是执行指令的过程。一条指令从准备执行到执行完毕，可以划分为 3 个阶段。

（1）取指令阶段。微处理器内的总线接口单元根据 CS:IP 计算指令的物理地址，执行总线读周期，读取该指令。

（2）等待阶段。被取的指令进入指令队列，排队等待执行。

（3）执行阶段。排在前面的指令执行完毕，被取的指令进入执行单元后被执行。若该指令需要访问存储器，则向总线接口单元发出请求，执行需要的总线读写周期，直到该指令的任务完成。

下面介绍某微处理器执行如下指令的过程。

CS:0238H　　0107H　　ADD　[BX],AX

该指令存放在代码段偏移地址 0238H 开始的位置。指令汇编后的机器语言为 0107H，01H 是它的第一字节，存放了 ADD 指令（表示要执行加法运算）的操作码和一些其他信息；07H 为第二字节，也称为"寻址方式"字节，存放了源操作数、目的操作数的寻址方式以及源操作数 AX 的编码。

该指令执行前相关寄存器和存储器的值见表 2-4。

表 2-4　指令"ADD [BX],AX"执行前相关寄存器和存储器的值

CS	IP	DS	BX	AX	代码段（CS）		数据段（DS）	
					0238H	0239H	0100H	0101H
1010H	0238H	0AA0H	0100H	5678H	01H	07H	20H	30H

该指令的执行过程如图 2-10 所示。

时钟周期	…	T_{m+0}	T_{m+1}	T_{m+2}	T_{m+3}	T_{m+4}	…	T_{n+0}	T_{n+1}	T_{n+2}	T_{n+3}	T_{n+4}	T_{n+5}	T_{n+6}	T_{n+7}	T_{n+8}	T_{n+9}	T_{n+10}
BIU		①	②取指令						④	⑤取操作数					⑦写操作数			
EU								③						⑥				

图 2-10　指令"ADD [BX],AX"的执行过程

1）取指令阶段

在 T_{m+0} 时钟周期，BIU 准备取指令，通过地址加法将 CS:IP 转换为物理地址 10338H。

在 T_{m+1}～T_{m+4} 时钟周期，BIU 执行总线读周期，将指令"ADD [BX],AX"的机器语言 0107H 读入指令队列。

2）等待阶段

在 T_{m+5}～T_{n-1} 时钟周期，指令在队列中等待执行。

3）执行阶段

在 T_{n+0} 时钟周期，EU 从指令队列取该指令，将它存入指令寄存器，随即对该指令进行译码。在得知目的操作数为存储器操作数后，向 BIU 发送相关信息。

在 T_{n+1} 时钟周期，BIU 根据收到的信息进行地址计算，将逻辑地址 DS:BX 转换成物理地址 0AB00H。

在 T_{n+2}～T_{n+5} 时钟周期，BIU 执行总线读周期，在 T_{n+4} 和 T_{n+5} 交界处将 0AB00H 和 0AB01H 两字节内容 20H、30H 读入微处理器。

在 T_{n+6} 时钟周期，EU 执行加法运算，得到和 8689H（DS:[BX]+AX=3020H+5678H）。

在 T_{n+7}～T_{n+10} 时钟周期，BIU 执行总线写周期，将 8689H 写入 0AB00H 和 0AB01H 两个字节中。

综上所述，假设该指令的取操作和其他指令的执行同时进行，那么 Intel 8086 为执行该指令一共花费 11 个时钟周期。其中，8 个时钟周期用于执行总线读写周期（T_{n+2}～T_{n+5}、T_{n+7}～T_{n+10}），读写操作数；3 个时钟周期分别用于以下操作：T_{n+0} 用于指令译码，T_{n+1} 用于计算操作数地址，T_{n+6} 用于加法运算。

2.2　Intel 80386 微处理器

2.2.1　Intel 80386 的内部结构

如果说，从 8 位微处理器到 16 位微处理器主要是总线的加宽，那么，从 16 位微处理器到 32 位微处理器则是在体系结构设计上的革新。32 位微处理器的问世是微处理器发展史的又一个里程碑。32 位微处理器普遍采用流水线技术、指令重叠技术、虚拟存储技术、片内存储管理技术、存储器分段技术和分页保护技术等。这些技术的应用使 32 位微处理器可以更有效地处理数据、文字、图像、图形、语音等各种信息，为实现多用户、多任务操作系统提供有力的支持。

Intel 80386 采用流水线工作方式，按功能划分其内部结构由六大部分组成：总线接口单元（BIU）、指令预取单元（IPU）、指令译码单元（IDU）、指令执行单元（EU）、分段单元（SU）、分页单元（PU）。Intel 80386 的逻辑结构如图 2-11 所示。其中，分段单元和分页单元统称存储器管理单元（Memory Management Unit，MMU）。

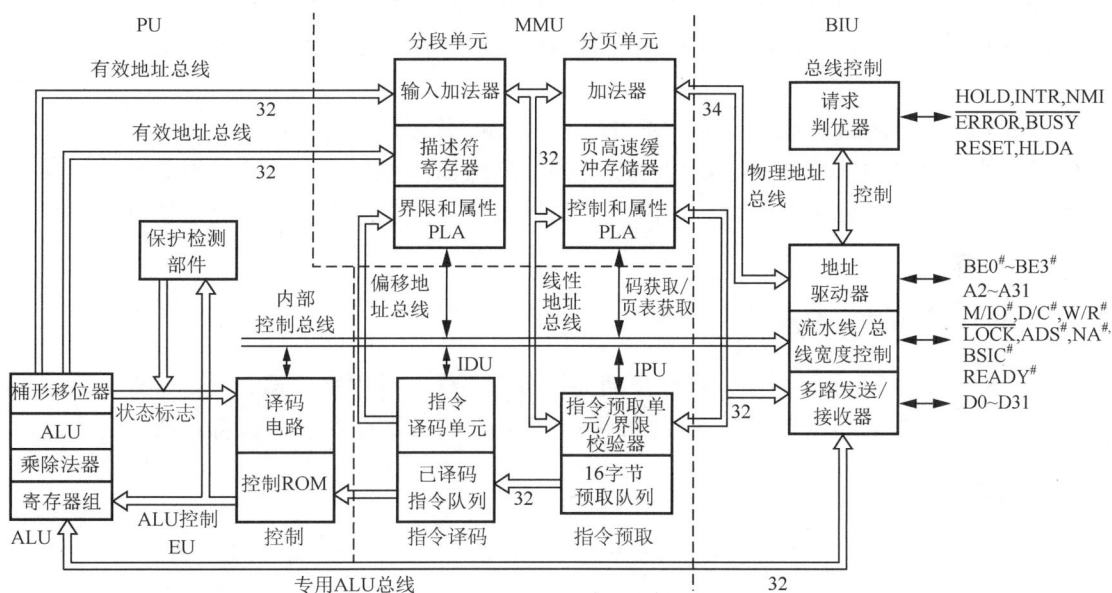

图 2-11　Intel 80386 的逻辑结构

总线接口单元（BIU）是微处理器与系统的接口。其功能如下：在取指令、取数据、分段单元请求和分页单元请求时，有效地满足微处理器对外部总线的传输请求。总线接口单元能接收多个内部总线请求，并能按优先级加以选择，最大限度地利用总线宽度，为这些请求服务。

指令预取单元（IPU）的职责是从存储器预先取指令。它是一个能容纳 16 条指令的队列。指令译码单元（IDU）的职责是从指令预取单元的指令队列中取指令字节，对它们进行译码后存入自身的已译码指令队列中，并且做好执行单元处理的准备工作。如果在预译码时发现转移指令，可提前通知总线接口单元取目标地址中的指令，取代原预取指令队列中的顺序指令。

执行单元（EU）由控制部件、数据处理部件和保护测试部件组成。控制部件中包含着控制 ROM、译码电路等微程序驱动机构。数据处理部件中有 8 个 32 位通用寄存器、算术逻辑单元（ALU）、一个 64 位桶形移位器、一个乘除法器和专用的控制逻辑，它负责执行控制部件所选择的数据操作。保护测试部件用于微程序控制下执行所有静态的与段有关的违章检验。执行单元中还有一条附加的 32 位内部总线及专门的总线控制逻辑，以确保指令的正确完成。

在由 Intel 80386 组成的微机系统中，存储器采用段、页式结构。页是按机械方式划分的，每 4KB 为 1 页，程序或数据均以页为单位进入实存。存储器按段来组织，每段包含若干页，段的最大容量可达 4GB。在 Intel 80386 中，分段单元根据执行单元的要求，完成有效地址的计算，以实现从逻辑地址到线性地址的转换。分页单元（PU）将分段单元产生的线性地址转换成物理地址，提供对物理地址空间的管理。一个任务最多可包含 16K 个段，因此 Intel 80386 可为每个任务提供 64TB 虚拟存储空间。为了加快访问速度，微机系统中还设置高速缓冲存储器（Cache），构成完整的高速缓冲存储器—主存储器—辅存储器的三级存储器体系。

Intel 80386 的存储器管理单元（MMU）和其中的各部件集成在同一芯片中，可以把从形成有效地址到产生线性地址和物理地址的各个步骤都重叠起来，充分利用流水线与并行执行的优点，并且简化了电路设计，降低了微机系统的复杂性和价格，提高了可靠性和运行速度。

2.2.2　Intel 80386 的寄存器

Intel 80386 有 34 个寄存器，它们按功能可分为 7 类：通用寄存器、段寄存器、系统地址寄存器、指令指针和状态寄存器、控制字寄存器、调试寄存器和测试寄存器。

1. 通用寄存器

Intel 80386 有 8 个通用寄存器，这些通用寄存器都是对 Intel 8086 通用寄存器的 32 位扩展，其用法与 Intel 8086 中的通用寄存器相似，支持 8 位、16 位、32 位操作。当进行 32 位操作时，在通用寄存器名称前面加字母 "E"。8 个通用寄存器的名称如下：EAX（累加器）、EBX（基地址）、ECX（计数）、EDX（数据）、ESP（栈指针）、EBP（基地址指针）、ESI（源变址）、EDI（目的变址）。

2. 段寄存器

Intel 80386 有 6 个 16 位段寄存器，其中 CS、SS、DS 和 ES 段寄存器与 Intel 8086 中

的段寄存器相似，新增加的 FS 和 GS 段寄存器是两个支持当前数据段的段寄存器。

在保护虚拟地址模式下，段寄存器称为段选择器，用来存放虚拟地址指示器中的段选择子，它与段描述符寄存器配合实现段寻址。为了实现存储器分段管理，Intel 80386 把每个逻辑段的 32 位基地址、段长界限值、属性等信息定义成一个称为段描述符的 8 字节共 64 位长的数据结构，把所有的段描述符设置成系统的段描述符表。

Intel 80386 有 6 个段描述符寄存器，它们与 6 个段寄存器一一对应。段描述符寄存器和段描述符的结构完全一样。64 位的段描述符寄存器对程序员是不可操作的。当一个段选择子被装入段寄存器，系统根据段选择子找到所对应的描述符项，同时装入对应的段描述符寄存器。这样，只要段选择子不变，就不需要到内存中查询段描述符表，从而加快段寻址的速度。

3. 系统地址寄存器

Intel 80386 有 4 个专用的系统表地址寄存器，即 GDTR、LDTR、IDTR 和 TR，用于保存在保护虚拟地址模式下所需要的有关信息。

Intel 80386 有 3 种描述符表，即全局描述符表（GDT）、局部描述符表（LDT）和中断描述符表（IDT）。前两个描述符表定义了系统中使用的所有（最多有 8K 个）段描述符，中断描述符表则包含 256 个中断服务程序入口的中断向量描述符。实际上，这些描述符表是长度为 8～64KB 的数组，段寄存器中的段选择子的高 13 位就是对应的描述符在表中的索引地址。

GDTR 和 IDTR 均为 48 位系统表地址寄存器，GDTR 用来存放全局描述符表的 32 位基地址和 16 位段长界限值，IDTR 存放局部描述符表的 32 位基地址和 16 位段长界限值。LDTR 和 TR 均为 16 位系统表地址寄存器，LDTR 存放局部描述符表的段选择子，而 TR 用来存放任务状态段表的段选择子。

4. 指令指针和标志寄存器

Intel 80386 有一个 32 位的指令指针 EIP 和一个 32 位的标志寄存器 EFLAGS。EIP 是 Intel 8086 IP 寄存器的扩展，它包含着待执行指令的 32 位偏移地址，该值总是相对 CS 所代表的段基地址而言的，它可直接寻址 4GB 的实存空间。

标志寄存器 EFLAGS 的低 12 位与 Intel 8086 的标志寄存器 FLAGS 一样,高 20 位增加了 4 个控制位。IOPL（I/O Privilege Level，$D_{13}D_{12}$）占 2 个位，表示输入输出特权级标志，0～3 共 4 级，仅用于保护方式，为输入输出设备选择特权级。NT（Nested Task，D_{14}）为任务嵌套标志，用于指出当前执行的任务是否与另一个任务嵌套。RF（Resume Flag，D_{16}）为恢复标志，调试失败后，通过将此位置"1"强迫程序继续执行，当指令顺利执行时，RF 自动清零。VM 标志（Virtual-8086 mode，D_{17}）为虚拟 Intel 8086 模式标志，若 VM 标志位被置"1"且 Intel 80386 已处于保护虚拟地址模式下，则 CPU 切换到虚拟 Intel 8086 模式。此时，对段的任何操作又回到实模式，如同在 Intel 8086 下运行一样。

5. 控制字寄存器

Intel 80386 有 4 个 32 位的控制字寄存器，即 $CR_0 \sim CR_3$。它们和系统地址寄存器一起保存着全局性的机器状态，主要供操作系统使用。

6. 调试寄存器

Intel 80386 有 8 个 32 位的调试寄存器，即 $DR_0 \sim DR_7$。其中，$DR_0 \sim DR_3$ 用于设置 4 个断点；DR_6 用于指示断点的当前状态；DR_7 用于设置允许或禁止断点调试的控制；DR_5 和 DR_4 保留，以备将来扩展用。

7. 测试寄存器

Intel 80386 有两个 32 位测试寄存器，即 TR_7 和 TR_6。其中，TR_7 用于保留存储器测试所得的数据；TR_6 为测试寄存器，存放测试控制命令。

Intel 80386 有 152 条指令，它们被分为 9 类：数据传输指令、算术逻辑运算指令、循环移位指令、串处理指令、位处理指令、控制转移指令、高级语言支持指令、操作系统支持指令和处理器控制指令。这些指令分别有 16 位和 32 位寻址方式，其中，16 位寻址方式与 Intel 8086 的寻址方式向下兼容。32 位寻址方式有一个重要的特点：通用寄存器都可作为基地址寄存器使用，通用寄存器（除 ESP 外）也可作为变址寄存器使用，并可乘以一个比例因子（1、2、4 或 8），特别方便对数组的处理。

2.2.3 Intel 80386 的工作模式

Intel 80386 有高性能的存储管理单元（MMU），有力地支持了 3 种工作模式：实地址模式、保护虚拟地址模式和虚拟 Intel 8086 模式。

1. 实地址模式

Intel 80386 在通电或复位初始化时进入实地址模式，这是一种为建立保护虚拟地址模式做准备的模式。它与 Intel 8086 相似，由 16 位段选择子左移 4 位与 16 位偏移地址相加得到 20 位物理地址，可寻址 1MB 存储空间。此时，段的基地址是在 4GB 物理存储空间的第一个 1MB 存储空间内。

2. 保护虚拟地址模式

Intel 80386 的保护虚地址模式是其最常用的工作模式，一般开机或复位后，先进入实地址模式并完成系统初始化，然后立即转入保护虚拟地址模式。也只有在保护虚拟地址模式下，Intel 80386 才能充分发挥其强大的功能。

Intel 80386 在保护虚拟地址模式下，存储器用虚拟地址空间、线性地址空间和物理地址空间 3 种方式描述，可提供 4GB 实地址空间，而虚拟地址空间高达 64TB。在保护虚拟地址模式下，Intel 80386 支持存储器的段页式结构，提供两级存储管理。

Intel 80386 支持两种类型的特权级保护：通过给每个任务分配不同的虚拟地址空间，可实现任务之间的完全隔离；在同一个任务内，定义 4 种执行特权级别，高特权级别的代码可以访问低特权级别的代码，由此实现了程序与程序之间、用户程序与操作系统之间的隔离与保护，为多任务操作系统提供了优化支持。

3. 虚拟 Intel 8086 模式

虚拟 Intel 8086 模式又称 V86 模式。Intel 80386 把标志寄存器中的 VM 标志位置 "1"，即可进入 V86 模式。执行一个 Intel 8086 程序，把 VM 标志位复位，即退出 V86 模式而进入保护虚拟地址模式，执行该保护模式下的 Intel 80386 程序。

一般情况下，Intel 80386 的实地址模式主要是为初始化使用的，它还可为运行保护虚拟地址模式所需的数据结构做好配置。真正运行 Intel 8086 程序往往用 V86 模式。Intel 80386 把它称为 VM86 任务。在 V86 模式下，实现虚拟化的方法是使有关存储器、输入输出指令进入陷阱处理，并且使一种称为虚拟机的监控程序对它们进行仿真。V86 模式下允许使用分页方式，将 1MB 存储空间分为 256 个页面，每页 4KB。

V86 模式是 Intel 80386 的一个重要特点，它可以使大量的 Intel 8086 程序有效地与 Intel 80386 保护虚拟地址模式下的程序并行运行，从而做到 Intel 8086 和 Intel 80386 的多任务并行操作。

2.2.4　Intel 80386 的存储器管理

Intel 80386 在保护虚拟地址模式下，采用分段、分页两级综合的存储管理，用分段管理组织其逻辑地址空间的结构，用分页管理其物理存储。Intel 80386 的分段单元把程序的逻辑地址变换为线性地址，进而由分页单元变换为物理地址。这种在段管理基础上的分页管理是 Intel 80386 所支持的全面、功能强大的一种存储管理方式。由于该微处理器内还设置高速缓冲存储器和其他功能部件，因此这种两级地址转换的速度很快。

1. 分段存储管理

Intel 80386 的段描述符为 8 字节，段基地址扩大到 32 位，段长界限值扩大到 1MB，增添了 4 位语义控制字段。Intel 80386 的段描述符格式如图 2-12 所示。

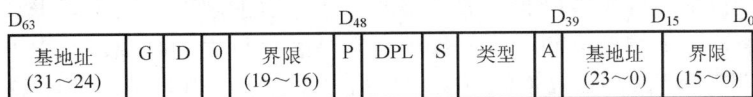

D_{63}				D_{48}					D_{39}		D_{15}	D_0
基地址 (31～24)	G	D	0	界限 (19～16)	P	DPL	S	类型	A	基地址 (23～0)	界限 (15～0)	

图 2-12　Intel 80386 的段描述符格式

Intel 80386 有两种主要的段类型，即系统段和非系统段（代码段和数据段）。段描述符中的 S 位（段位）用于判别某一给定段是系统段还是代码段或数据段。若 S 为 1，则给定段为代码段或数据段；若 S 为 0，则给定段为系统段。段描述符的各字段的意义如下：

基地址（32 位）	指出段基地址；
界限（20 位）	指出段长界限值，段最大可为 1MB；
P（1 位）	存在位，P 为 1，在内存中；P 为 0，不在内存中；
DPL（2 位）	描述符特权级，其值为 0～3；
S（1 位）	段描述符。S 为 0，表示系统描述符；
	S 为 1，表示代码段或数据段描述符；
类型（3 位）	指出段类型；
A（1 位）	已访问位，A 为 1，表示已访问过；
G（1 位）	组织位，G 为 1，表示段长度以页面为单位；
	G 为 0，表示段长度以字节为单位；
D（1 位）	代码段默认操作长度，D 为 1，表示 32 位代码段；
	D 为 0，表示 16 位代码段；
O（1 位）	备用段，考虑与将来的处理器兼容，这两位必须为 0。

Intel 80386 的虚拟地址指示器提供 48 位地址指针：16 位段选择符和 32 位的偏移地址。16 位段选择符由三字段组成：最低的 2 位为 RPL，表示请求者的特权级别，共有 4 级；其次的 1 位为 TI，它是描述符表的指示符，TI 为 1，表示选中局部描述符表 LDT；若 TI 为 0，表示选中全局描述符表 GDT；其余 13 位为描述符表的偏移地址，它和 TI 组合选中段描述符。

16 位段选择子中用 14 位作段描述符的寻址，加上偏移地址的 32 位寻址，Intel 80386 为每个任务可提供 14+32=46 位地址，即提供 64TB 逻辑地址的寻址能力。逻辑地址通过分段单元转换得到 32 位线性地址，可用来寻址 4GB 物理空间。

分段存储管理是指根据逻辑地址提供的段选择符和偏移地址，通过段选择符从描述符表中找到相应的描述符，从描述符中取得段的 32 位基地址，加上逻辑地址提供的 32 位偏移地址，形成 32 位的线性地址。分段存储管理的地址转换过程如图 2-13 所示。

分段单元使用保存在段描述符中的信息，实现保护校验。如果出现保护冲突，那么分段单元将出现一次事故跟踪。

2. 分页存储管理

Intel 80386 的物理存储器组织成若干页面，一般每个页面为 4KB。Intel 80386 分页采用页目录表、页表两级页变换机制：低一级的页表是页的映像，它由若干页描述符组成，每个页描述符指示一个物理页面；高一级的页目录表是页表的映像，它由若干页目录描述符组成，每个页目录描述符指示不同页表，由 Intel 80386 的页目录基地址寄存器 CR3 指示页目录表在存储器中的位置。Intel 80386 的页表和页目录表中最多可分别包含 2^{10} 个页描述符和页目录描述符，每个描述符均由 4 字节（32 位）组成，其格式也基本相同。其中，

P（D_0）为存在位，当页面或页表转入存储器时，P 为 1，否则，为 0。

R/W（D_1）为读写控制位，R/W 为 1，表示写；为 0，表示读。

U/S（D_2）为用户/监控位。其值为 1，表示用户操作；为 0，表示监控操作。

A（D_5）为访问位，对该页面或页表进行过读写访问时，A 为 1，否则，为 0。

D（D_6）为出错位，D 为 1，表示出错；为 0，表示未出错；

SYSTEM（$D_{11} \sim D_9$）为系统位，留给系统使用。

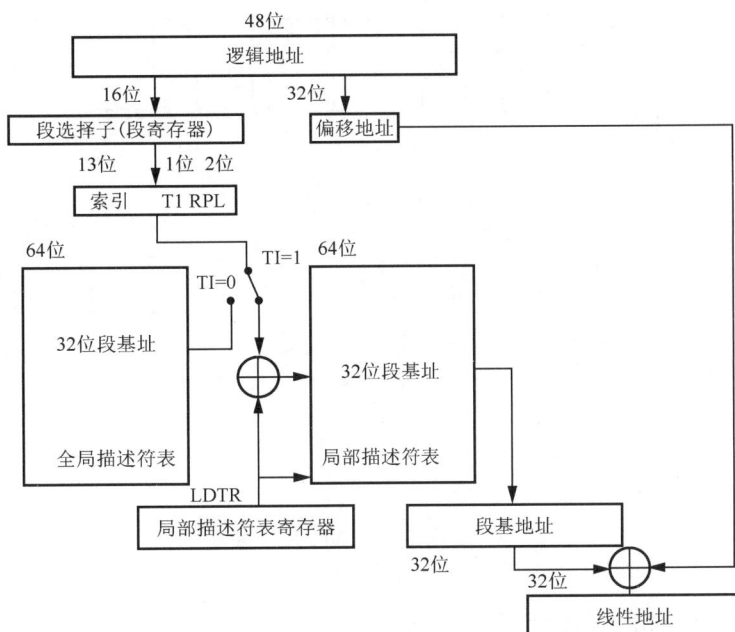

图 2-13　分段存储管理的地址转换过程

页面地址指针或页表地址指针（$D_{31} \sim D_{12}$）分别对应页面或页表的基地址。

Intel 80386 的页面和页表均起始于存储空间的 4KB 界限上，因此，页面地址和页表地址的低 12 位全为 0。在 Intel 80386 分页方式中，由 CR3 给出页目录表的基地址，利用 32 位线性地址的高 10 位，在页目录表的 1024 个页目录描述符中选定 1 个，从而获得对应页表的基地址；利用线性地址的中间 10 位，在对应页表的 1024 个页描述符中选定 1 个，得到页面地址；利用线性地址的最低 12 位，可在指定页面的 4KB 中选中一个物理存储器，这样就实现从线性地址到物理地址的转换，这种地址转换是标准的两级查表机制。Intel 80386 的分页机制如图 2-14 所示。

在这个分页机制中，通过页目录表可寻址多达 1K 个页表，每个页表可寻址多达 1K 个页面。因此，可寻址 1M 个页面，而一个页面有 4KB，即可寻址 Intel 80386 的整个物理空间 4GB。

3. 高速缓冲存储器管理

为了加快段内地址转换速度，在 Intel 80386 上有高速缓冲存储器（Cache），可把当前段描述符存入高速缓冲存储器中，在以后进行的地址转换中，就不用再访问描述符表，而只访问高速缓冲存储器，大大地提高地址转换的速度。

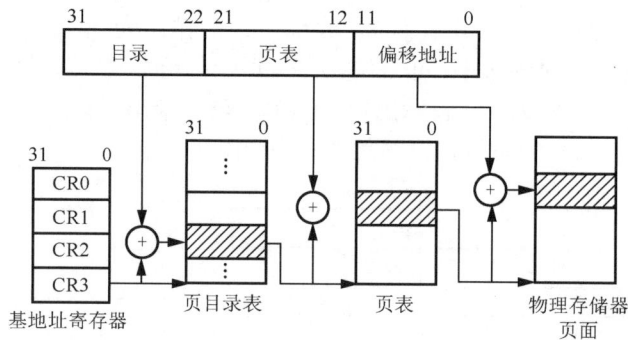

图 2-14　Intel 80386 的分页机制

分页机制也支持高速缓冲存储器，把最新、最常用的页表项目自动保存在称为转换后备高速缓冲存储器（TLB）中。TLB 可保存 32 个页表信息，32 个页与对应页的 4KB 相联系，这样就覆盖了 128KB 的存储器空间。对应一般的多任务系统来说，TLB 具有大约 98% 的命中率。也就是说，在处理器访问存储器过程中，只有 2% 必须访问两级查表机制。因此，加快了地址转换的速度。

2.3　高性能微处理器

2.3.1　Pentium 系列微处理器

1993 年 3 月，Intel 公司推出了第一代 Pentium（奔腾）微处理器。它拥有 32 位寄存器、64 位数据总线和 32 位地址总线、高性能浮点处理部件和多媒体处理（MMX）部件；采用 0.80μm 制造工艺，支持 60MHz 或 66MHz 的前端总线时钟频率，安全工作电压为 5V。Pentium 系列微处理器采用全新的设计，与 Intel 80486 相比，其内部结构也有很大改进，但是依然保持和 Intel 80x86 系列微处理器的二进制兼容性，在相同的工作模式下可以执行所有的 Intel 80x86 程序。其内部存储器管理单元（MMU）也与 Intel 80386 和 Intel 80486 兼容，可以在实地址模式引导下转换到保护虚拟地址模式和虚拟 Intel 8086 模式，其指令集包括 Intel 80486 的所有指令，并增加了新的指令。

1994 年推出的第二代 Pentium 微处理器支持 3.3V 的运行电压，芯片内部线径采用 0.50μm 甚至是 0.35μm 的制造工艺，该微处理器的时钟频率达到 75～200MHz，总线时钟频率为 50～66MHz。第二代 Pentium 微处理器配备了 16KB 的一级高速缓冲存储器，首次运用两个独立的一级高速缓存，8KB 的高速缓冲存储器用于数据，8KB 的高速缓冲存储器用于指令，采用 Socket 5 和 IA32 架构。

第三代 Pentium 微处理器增加了 57 条 MMX 指令集，主要用于多媒体和网络通信。随着微处理器的制造工艺的发展，微处理器已采用 0.35μm 的制造工艺，运行电压变成 2.8V，这就要求主板进行结构上的改变，以支持此新的运行电压。也就是说，要对主板增加一个电压调整器。第三代 Pentium 微处理器（也称 Pentium MMX 微处理器）的一级高速缓冲存储器容量也增加到 32KB。

Pentium MMX 微处理器在 Socket 7 的架构下工作于 166～233MHz 的时钟频率，它的总线时钟频率为 66MHz。早期 Pentium 系列微处理器的逻辑结构如图 2-15 所示。

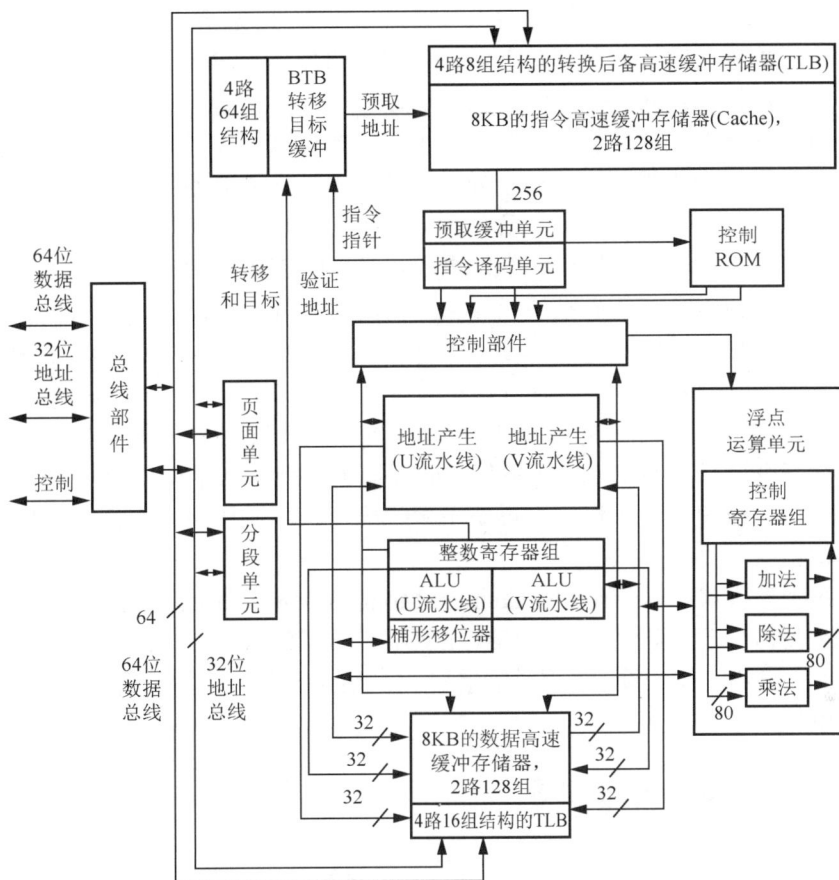

图 2-15　早期 Pentium 系列微处理器的逻辑结构

2.3.2　Pentium 系列微处理器的技术特点

除了具有与 Intel 80x86 系列微处理器完全兼容的特点，Pentium 系列微处理器在结构体系上还有一些新的技术特点。

（1）Pentium 系列微处理器内的高速缓冲存储器（Cache）采用分离式结构。Cache 分为两个组相连的 8KB 指令 Cache 和 8KB 数据 Cache。这种将内部高速缓冲存储器（Cache）分开的做法使各自的 Cache 能够加快执行速度，减少等待时间及搬移数据的次数和时间，从而提高整体性能。

（2）Pentium 系列微处理器采用了 RISC 技术。Pentium 系列微处理器虽然属于 CISC 微处理器，但在执行单元的设计中采用较多的 RISC 技术。例如，Pentium 系列微处理器具有超标量指令流水线功能，超标量指令流水线的基本思想是 RISC 技术的重要内容之一。一个微处理器中有多个指令执行单元时，Intel 公司称之为超标量结构。Pentium 系列微处理器有两个执行单元，这些执行单元也称为流水线，用于执行微机程序指令。每个执行单元都有自己的算术逻辑单元、地址生成电路及数据高速缓冲存储器接口。

（3）Pentium 系列微处理器具有高性能的浮点运算。根据测试结果，Pentium 系列微处理器中的浮点运算单元的运算速度是 Intel 80486 中的两倍，Pentium 系列微处理器中的浮点运算已高度流水线化，并与整数流水线相结合。

（4）具有分支指令预测功能。在指令流水线的处理过程中，分支指令（转移指令）有相当大的破坏作用。为此在 Pentium 系列微处理器中设立了能预测分支指令的分支目标缓冲器（Branch Target Buffer，BTB）。若预测无分支指令，则继续按顺序指令；若预测到分支指令，则可在分支指令进入指令流水线之前，预取分支指令的目的地址，并且允许在分支指令生效前预取新指令，从而不使指令流水线陷入混乱或停滞。

（5）数据总线位宽增加。Pentium 系列微处理器内部数据总线为 32 位，但它与内存进行数据交换的外部数据总线为 64 位，使数据总线位宽度增加了一倍。另外，Pentium 系列微处理器还支持多种类型的总线周期，在突发模式下，可以在一个总线周期内传输 4 个 64 位数。

（6）常用指令固化。在 Pentium 系列微处理器中，把一些常用指令（如 MOV、INC、DEC、PUSH 等）改由硬件操作，不再使用微代码（也称微程序）操作，使指令的执行速度进一步加快。

（7）系统管理模式（System Management Mode，SMM）优化。最显著的应用就是电源管理，它可以使微处理器和系统外围部件在暂不工作时休眠一定时间，只须按任意键就可唤醒它们，使之继续工作。通过使用引脚信号，SMM 甚至能完全控制整个系统，包括基本输入输出系统和 RAM。

2.3.3 Pentium 系列微处理器的发展

1. Pentium Pro

Pentium Pro 核心架构的代号为 P6，它也是 Pentium II、Pentium III 所使用的核心架构。Pentium Pro 具有 36 条地址总线，可寻址 64GB 的地址空间。Pentium Pro 具有 16KB 的一级高速缓冲存储器，时钟频率为 150～200MHz，其系统总线时钟频率为 60 MHz 或 66MHz，采用 Socket 8 架构。

Pentium Pro 使用了一项称为"动态执行"的创新技术，这是继超标量体系结构之后的又一次突破。Pentium Pro 主要用于工作站和服务器。

2. Pentium II

Pentium II 是 Intel 公司在 1997 年 5 月推出的微处理器。它基于 Pentium Pro 使用的微处理器架构，它的 16 位单元处理能力得到优化，并被加入 MMX 指令集。与第一代 Pentium 及 Pentium Pro 微处理器不同，Pentium II 使用一种插槽式设计。

3. Pentium III

Pentium III 仍使用 32 位的 IA-32 架构，于 1999 年 2 月推出。它与 Pentium II 非常相似，不同处是 SSE 指令的扩充，以及在每个芯片的制造过程中加入了有争议的序号。与 Pentium II 一样，Pentium III 也有低阶的 Celeron 版本和高阶的 Xeon 版本。Pentium III 最后被 Pentium 4 所取代，Pentium III 的改进设计就是现在的 Pentium M。

4. Pentium 4

Pentium 4 是 Intel 公司推出的第 7 代微处理器，它是继 Pentium Pro 之后重新设计过的微处理器，新的架构称作 NetBurst。因为是全新设计的产品，所以与 Pentium Pro 的关联度很小。值得注意的是，Pentium 4 有 400MHz 的前端总线时钟频率，该总线其实是时钟频率为 100MHz 的 4 条并列总线。因此，理论上该总线可以传输比一般总线多 4 倍的容量。

2.3.4　多核微处理器

1. 多核微处理器简介

多核微处理器是指在一个微处理器中集成两个或多个完整的计算引擎（内核）。多核技术的开发源于计算机工程师的实践，他们在实践中认识到，仅仅提高单核微处理器的速度会产生过多热量且无法带来相应的性能改善，先前的微处理器产品就是如此。

多核微处理器就是指在基板上集成有多个单核 CPU，早期的 Pentium Dual 双核微处理器需要北桥芯片控制任务的分配，两个核心存在抢二级高速缓冲存储器的情况，后期的酷睿（Core）微处理器集成了任务分配系统，再搭配操作系统，就能真正同时处理两个任务。当执行速度太快时，如果其中一个 CPU 死机，那么另一个 CPU 还可以继续处理关机、关闭软件等任务。

多核微处理器的出现，似乎带来了新的希望。早在 20 世纪 90 年代末，就有众多业界人士呼吁用单芯片多处理器（CMP）技术替代复杂性较高的单线程 CPU。随后，IBM、惠普、Sun 等高端服务器厂商相继推出了多核服务器 CPU。不过，由于这类服务器价格高、应用面窄，并未引起大众的注意。直到 AMD 公司抢先推出 64 位微处理器后，Intel 公司才想起利用"多核"这一武器进行"帝国反击战"。2005 年 4 月，Intel 公司仓促推出简单封装了双核的 Pentium D 和 Pentium 4 至尊版 840。AMD 公司在其后也发布了双核微处理器。但真正的"双核元年"，则被认为是 2006 年。这一年的 7 月 23 日，Intel 公司基于酷睿（Core）架构的微处理器正式发布。2006 年 11 月，Intel 公司又推出面向服务器、工作站和高端个人计算机的至强（Xeon）5300 和酷睿双核和四核至尊版系列微处理器。与上一代台式计算机的微处理器相比，Core 2 双核处理器的性能提高 40%，功耗反而降低 40%。AMD 公司也宣布对自己的产品双核 Athlon64 X2 微处理器进行大降价。由于功耗已成为用户在性能之外考虑的首要因素，因此以上两大微处理器巨头在宣传多核微处理器时，都强调其"节能"效果。Intel 公司发布了功耗仅为 50W 的低电压版四核至强微处理器，而 AMD 公司的 Barcelona四核微处理器的功耗没有超过95W。

Core i7（酷睿 i7，内核代号：Bloomfield）微处理器是Intel公司于 2008 年推出的 64 位四核 CPU，它沿用 x86-64 指令集，并以 Intel Nehalem 微架构为基础，Core i7 用于取代 Core 2 系列微处理器。

2. IA-32 与 IA-64 架构

IA-32 架构（Intel Architecture, 32-bit）常被称为 i386、x86-32 或 x86 架构，它是由 Intel 公司推出的指令集架构，至今 Intel 公司最受欢迎的微处理器仍然采用此架构。它是 x86 架构的 32 位元延伸版本，首次应用在Intel 80386中。x86-64 架构兼容 x86-32 架构，可在同一时间内处理 64 位的整数运算，支持 64 位逻辑定址，同时提供转换为 32 位定址选项；但数据操作指令默认为 32 位和 8 位，提供转换为 64 位和 16 位的选项；支持常规用途寄存器，如果是 32 位运算操作，就要将结果扩展成完整的 64 位。这样，指令就有"直接执行"和"转换执行"的区别，其指令字段是 8 位或 32 位，可避免字段过长。x86-32 架构微处理器的寻址空间限制在 4GB 内存。

IA-64 架构就是 Intel 公司推出的 64 位指令集架构，在 Intel 公司采用了 x86 指令集之后，它又转而寻求更先进的 64 位微处理器，Intel 公司这样做的原因是，它想摆脱容量巨大的 x86 架构，从而引入灵活性大且功能强大的指令集，于是采用并行指令处理（EPIC）技术的 IA-64 架构便诞生了。Intel 公司在 1999 年推出的 Itanium（安腾）微处理器是 IA-64 系列微处理器中的第一款，这款微处理器一般用于高端应用，运行的系统一般是 UNIX 系统。IA-64 系列微处理器最大的缺陷是，它们缺乏与 x86 微处理器的兼容性，AMD 公司考虑顾客需求，加强 x86 指令集的功能，使这套指令集可同时支持 64 位的运算模式，因此 AMD 公司把它们的结构称之为 x86-64。

按照摩尔定律（CPU 以 18 个月为一个更新换代周期）的预测，更新后的微处理器将会以前所未有的功能展现在我们面前。

习题与思考题

2-1　Intel 8086 地址总线引脚数量是多少？数据总线引脚数量是多少？寻址空间是多少？

2-2　Intel 8086/8088 的功能结构包括哪两部分？它们的主要功能是什么？

2-3　逻辑地址与物理地址有什么区别？如何将逻辑地址转换为物理地址？

2-4　写出下列逻辑地址的段基地址、偏移地址和物理地址。

（1）2314H:0035H　　　（2）1FD0H:000AH　　　（3）1234H:0088H

2-5 设（CS）=2025H，（IP）=0100H，则当前将要执行指令的物理地址是多少？

2-6　Intel 8086 中的标志寄存器包含哪些标志位？试说明各个标志位的作用。

2-7　设一个 16 字的数据区，它的起始地址为 70A0H:DDF6H（段基地址：偏移地址），求这个数据区的首字单元和末字单元的物理地址。

2-8　设（AH）＝03H，（AL）＝82H，试指出将 AL 和 AH 中的内容分别相加与相减后，标志位 CF、AF、OF、SF、IF 和 PF 的状态。

2-9　Intel 80486 内部有哪些主要部件？它有哪几种工作模式？

2-10　Intel 80486 的存储器最大可寻址空间是多少？虚拟存储空间是多少？两者有何区别？

第3章　微机指令系统

教学提示

　　本章介绍 Intel 8086/8088 微处理器能够执行的各种指令。微处理器在执行许多指令时需要进行数据处理，而这些数据通常在内存中存放。要从内存中找到需要的数据，就需要找到这些数据在内存中的地址，本章第 2 节介绍微处理器寻找内存中数据地址的 7 种方式，进而介绍各种指令的用法。本章是对第 2 章内容的进一步拓展，同时又为第 4 章汇编语言程序设计做好铺垫。

　　本章学习的重点是掌握微处理器寻找操作数地址的 7 种方式及各种指令的使用方法。

3.1　微机指令与指令格式

1. 微机指令

　　微机指令是指使计算机执行各种操作的命令，它是计算机的控制信息。通常情况下，一条指令对应一种基本操作，一台计算机能执行多少种操作就应该有多少条指令。

2. 微机指令系统

　　一台微机所能执行的全部指令的集合称为这台微机的指令系统。微机指令系统功能的强弱在很大程度上决定了这类计算机智能的高低，它集中反映微处理器的硬件功能和属性。不同类的微处理器由于其内部结构各不相同，因此它们也就具有不同的指令系统。

　　Intel 8086/8088 指令系统共 90 多种基本命令，按照功能可分为以下 6 类。

　　（1）数据传输指令。

　　（2）算术运算指令。

　　（3）逻辑运算和移位指令。

　　（4）串操作指令。

　　（5）控制转移指令。

　　（6）微处理器控制指令。

　　前 4 种类型指令属于数据操作类指令，用于数据传输和数据处理；后两种类型指令属于控制类指令，用于改变程序流向与控制微处理器的工作状态。

3. 微机指令格式

微机指令的一般格式由两部分组成，如图 3-1 所示。第一个组成部分为指令，第二个组成部分是操作数。操作数是微机进行数据加工的材料，根据指令完成的任务，可能有两个或者一个操作数，也可能没有。

指令	操作数

图 3-1　微机指令的一般格式

3.2　寻　址　方　式

寻址方式是指微处理器在执行一条指令过程中寻找操作数有效地址（Effective Addressing, EA）的方法。通常一条指令的操作数包括源操作数、目的操作数和结果操作数等。这些操作数可存放在计算机的不同部件中，如存放在微处理器内部的寄存器、存储器或输入输出端口中，也可以是指令代码的一部分。操作数地址又包括寄存器地址、存储器地址和输入输出端口地址。

1. 立即寻址

采用立即寻址（Immediate Addressing）方式时，位于指令操作码后面的操作数部分不代表操作数地址，而是参加操作的数本身。这种操作数称为立即数。

例如：MOV　　BL,10H
　　　　MOV　　AX,3100H

第一条指令是将 10H 传输到 BL 寄存器中，该指令中的 10H 是 8 位二进制立即数，即00010000B。第二条指令是将 3100H 这个立即数传输到累加器 AX 中，该指令中的 00H 传输到 AL，31H 传输到 AH。立即寻址执行过程如图 3-2 所示。

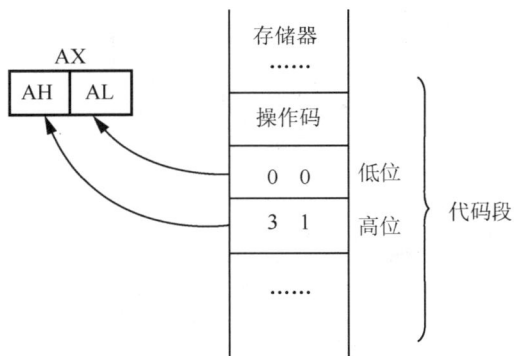

图 3-2　立即寻址执行过程

采用立即寻址方式时，操作数（立即数）作为指令的一部分跟随在指令后面，存放在内存的代码段。由于指令在执行过程中，操作数作为指令的一部分直接从总线接口单元的指令序列中读取，不需占用总线周期，因此这种寻址方式执行速度较快。立即寻址方式主要用于给寄存器或存储单元赋初值。

2. 寄存器寻址

采用寄存器寻址（Register Addressing）方式时，指令所需操作数在 CPU 的某些寄存器中。这些寄存器可以是 8 位的通用寄存器 AL、AH、BL、BH、CL、CH、DL 或 DH，也可以是 16 位的通用寄存器 AX、BX、CX、DX，还可以是地址指针、变址寄存器及段寄存器。

例如：MOV   SS,AX

该指令将作为累加器使用的 AX 的内容传输给堆栈段寄器 SS。寄存器寻址执行过程如图 3-3 所示。采用寄存器操作数执行指令时，在 CPU 内部完成操作，不需要占用总线周期存取操作数，这就使得指令执行速度很快。寄存器寻址主要用于存取位于寄存器中的数据。

图 3-3　寄存器寻址执行过程

3. 直接寻址

直接寻址（Direct Addressing）指令的操作数在某存储单元中，指令中直接给出操作数 16 位的偏移地址。这个偏移地址也称为有效地址（Effective Addressing，EA），它与指令的操作码一起存放在内存的代码段，也是低 8 位在前高 8 位在后。但是操作数一般存放在内存的数据段。这时操作数的物理地址为 63100H。

操作数的物理地址 =（DS）× 10H + EA

例如：MOV   AX,[3100H]

直接寻址执行过程如图 3-4 所示。

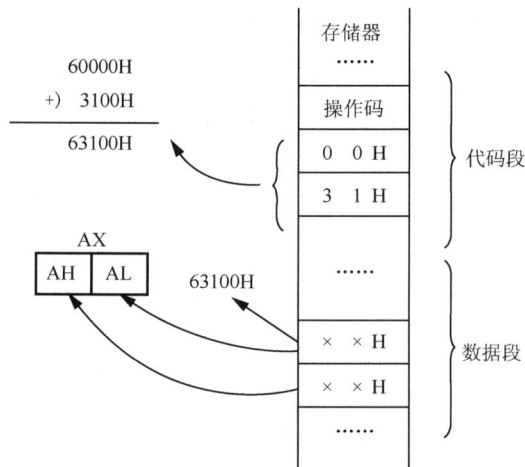

图 3-4　直接寻址执行过程

这种直接寻址方式与前面介绍的立即寻址方式的区别：

（1）从指令的汇编语言的表示形式来看，在直接寻址指令中，对于表示有效地址的 16 位二进制数必须加上方括号。

（2）从指令的功能来看，在直接寻址指令中，不是将本例的 3100H 传输到累加器 AX 中，而是将一个偏移地址为 3100H 的存储单元中的内容传输到 AX 中。

如果没有特别说明，那么直接寻址指令的操作数一般在内存的数据段，即隐含的段寄存器为数据段寄存器 DS。在此例中，如果 DS=6000H，那么该内存单元的物理地址为 63100H。

Intel 8086/8088 允许段超越，即允许使用 CS、SS 或 ES 作为段寄存器。此时，需要在指令中特别标明，即在有关段寄存器后面加上冒号并放在相关操作数前。

例如：MOV　　AX,ES:[1100H]

直接寻址方式主要用于存取位于存储器中的简单变量。

4. 寄存器间接寻址

寄存器间接寻址（Register Indirect Addressing）指令中的操作数在某一存储单元中，操作数的偏移地址存放于寄存器 BX、BP、SI 和 DI 中的一个。间接寻址与前面讨论过的寄存器寻址方式不同，指令中寄存器中的内容不是操作数，而是操作数的有效地址（EA），操作数本身则存放在存储器中。

寄存器间接寻址可用的寄存器（也称间址寄存器）有四个：SI、DI、BX 和 BP，但若选择其中不同的间址寄存器，则涉及的段寄存器也有所不同。

1）选择 SI、DI、BX 作为间址寄存器

当选择 SI、DI、BX 作为间址寄存器时，操作数一般在数据段。此时，将 DS 左移 4 位再加上间址寄存器的内容即可得到操作数物理地址。

操作数的物理地址 =（DS）× 10H + EA =（DS）× 10H +（BX、SI 或 DI）

例如：MOV　　BX,[DI]

若 DS=6000H，DI=2000H，存储单元物理地址 =（DS）× 10H + EA =（DS）× 10H +（DI）= 62000H。寄存器间接寻址执行过程示例一如图 3-5 所示。

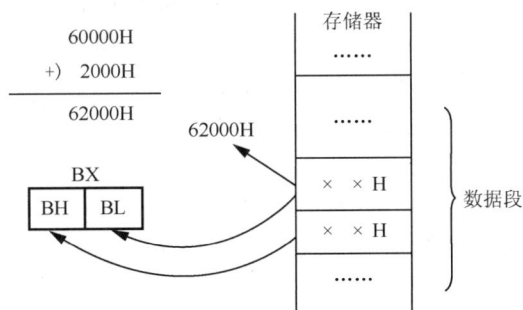

图 3-5　寄存器间接寻址执行过程示例一

2）选择 BP 作为间址寄存器

当选择 BP 作为间址寄存器时，操作数一般在堆栈段。此时，将 SS 左移 4 位再加上 BP 的内容即可获得操作数的物理地址。

操作数的物理地址 ＝（SS）× 10H ＋ EA ＝（SS）× 10H ＋（BP）

书写汇编语言指令时，对用作间址的寄存器必须加上方括号，以免与一般的寄存器寻址指令混淆。

例如：MOV   [BP],AX

若 SS=1000H，BP=3000H，则存储单元物理地址 ＝（SS）× 10H ＋ EA ＝（SS）× 10H ＋（BP）= 13000H。寄存器间接寻址执行过程示例二如图 3-6 所示。

用 SI、DI、BX 或者 BP 作为间址寄存器时，允许段超越。

例如：MOV   ES:[SI],BX

　　　MOV   AX,DS:[BP]

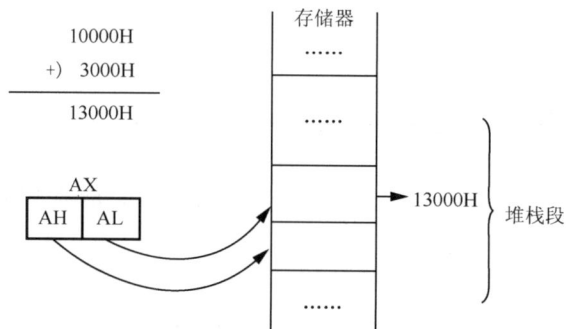

图 3-6　寄存器间接寻址执行过程示例二

5. 变址寻址

变址寻址（Indexed Addressing）指令中的操作数在某一存储单元中，将规定的变址寄存器的内容加上指令中给出的位移量（Displacement）即可得到操作数的偏移地址。

Intel 8086/8088 中的变址寄存器有两个，即源变址寄存器 SI 和目的变址寄存器 DI，位移量是 8 位或 16 位的二进制数。一般情况下，操作数在内存的数据段，但也允许段超越。

操作数的物理地址 ＝（DS）× 10H ＋ EA ＝（DS）× 10H ＋（SI 或 DI）

例如：MOV BX,[SI+3100H]

若 DS=6000H，SI=2200H，存储单元的物理地址 ＝（DS）× 10H ＋ EA ＝（DS）× 10H ＋（SI）= 65300H。变址寻址执行过程如图 3-7 所示。

变址寻址常用于存取表格或一维数组中的元素。例如，某数据表的首址（有效地址）为 TABLE，若欲读取该表中的第 10 个数据（其有效地址为 TABLE+9）并存放到 AL 寄存器中，则用以下指令实现。

MOV   SI,09

MOV   AL,[SI+TABLE]

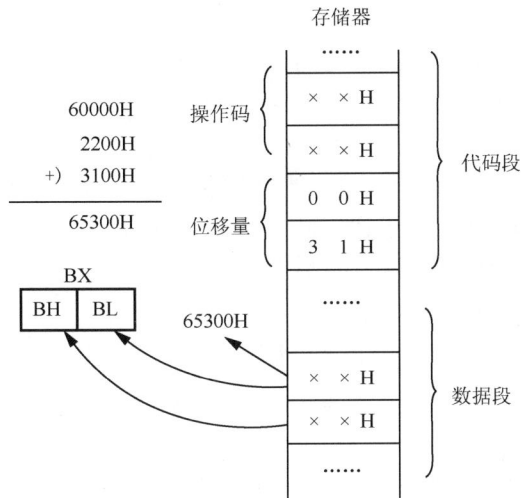

图 3-7　变址寻址执行过程

在汇编语言中，变址寻址可以表示成几种略为不同的形式。例如，以下写法都是代表同一条指令的。

```
MOV    AL,TABLE[SI]
MOV    AL,[SI]+TABLE
MOV    AL,[SI+TABLE]
```

6. 基地址寻址

基地址寻址（Based Addressing）与变址寻址类似，不同之处在于指令中使用基地址寄存器 BX 和基地址指针寄存器 BP。基地址寻址执行过程如图 3-8 所示。

（1）当使用基地址寄存器 BX 时，一般情况下操作数在数据段，即段地址存放在数据段寄存器 DS 中。

（2）当使用基地址指针寄存器 BP 时，操作数常存放在堆栈段，即段地址存放在堆栈段寄存器 SS 中。

例如：MOV　　SI,DATA[BX]

　　　MOV　　BLOCK[BP],AX

上述指令中的 DATA 和 BLOCK 均是位移量。假设第二条指令中的 BLOCK = 2500H，BP = 3300H，则第二条指令的执行情况见图 3-8。其中，SS = 1000H，操作数物理地址见图 3-8。

同样，基地址寻址也允许段超越。与变址寻址一样，基地址寻址的汇编指令也可以用几种不同的形式表示。

7. 基地址-变址寻址

基地址-变址寻址（Based Indexed Addressing）方式是基地址寻址和变址寻址方式的结合。指令中规定了一个基地址寄存器（BX 或 BP）和一个变址寄存器（SI 或 DI），同时还给出一个 8 位或 16 位的位移量，将三者的内容相加，就得到操作数的有效地址。至于段寄存器，通常由所用的基地址寄存器决定。当使用基地址寄存器 BX 存放基地址时，段地址一般存放在数据段寄存器 DS 中；当使用基地址寄存器 BP 时，段地址一般存放在堆栈段寄存器 SS 中，当然，指令中标明段超越的除外。

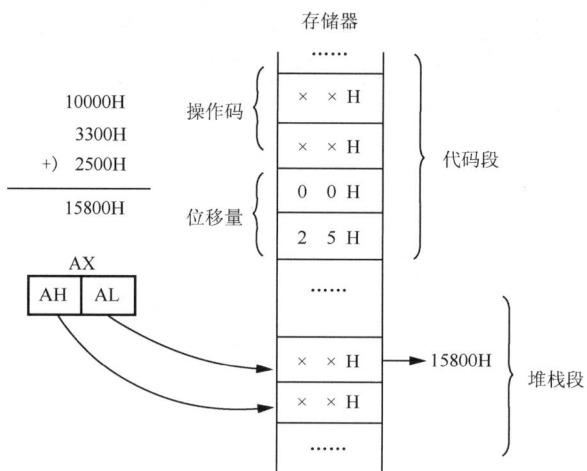

图 3-8　基地址寻址执行过程

例如：MOV　　AX,Count[BX][SI]

基地址-变址寻址执行过程如图 3-9 所示。若 Count=64H，BX=A500H，SI=2200H，DS=6000H，则操作数物理地址见图 3-9。

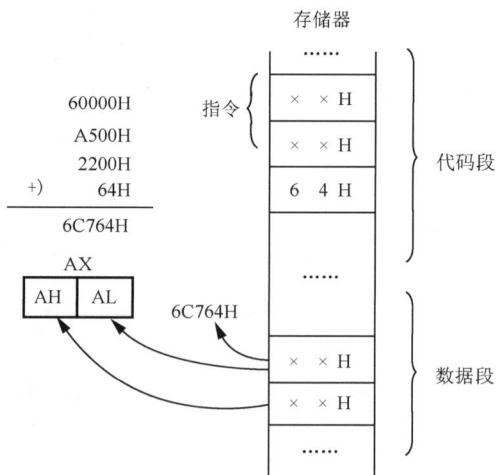

图 3-9　基地址-变址寻址执行过程

注意：不允许将两个基地址寄存器或两个变址寄存器合在一起使用。

```
MOV    AX, Count[BX][BP]    ×
MOV    BX, Count[SI][DI]    ×
```

利用基地址-变址寻址方式访问二维数组非常方便。例如，若用基地址寄存器存放数组的首地址（有效地址），变址寄存器和位移量分别存放数组行与列的值，则利用基地址-变址寻址方式，可直接访问二维数组中指定行和列的元素。

在以上 7 种寻址方式中，所要寻找的操作数为以下 3 种类型。

1）立即数操作数

立即数操作数只能作为源操作数而不能作为目的操作数，因为立即数具有固定的数值，不会因指令的执行而发生变化。此时，目的操作数必须是寄存器操作数或存储器操作数。

2）寄存器操作数

寄存器操作数可以存放在 Intel 8086/8088 的通用寄存器、地址指针和变址寄存器或段寄存器中。

（1）所有的寄存器既可以用作源操作数，又可以作为目的操作数。

（2）不能简单地将一个立即数传输到段寄存器中，对于特别代码段寄存器 CS，不需要赋初值。

（3）某些指令规定只能使用指定的操作数寄存器，有些指令从汇编形式看似乎没有指出操作数，但实际上隐含着某些寄存器操作数。

3）存储器操作数

（1）存储器操作数可以分别作为源操作数或目的操作数，但不允许这两个操作数同时为存储器操作数。

（2）对于存储器操作数的有效地址，可以直接在指令中给出，也可用间接的方式给出。

（3）为了寻找操作数的物理地址，还必须确定操作数所在段，即确定有关的段寄存器。

在以上 3 种类型操作数中，从指令的执行速度来看，寄存器操作数指令的执行速度最快，立即数操作数指令次之，存储器操作数指令最慢。其中的原因如下：执行单元（EU）执行寄存器操作数时，可以简捷地从 CPU 内部寄存器取得操作数而不需要访问内存，因此执行速度最快；而立即数操作数作为指令的一部分，在取指令时被总线接口单元取出并放入指令队列中，执行时也不需要访问内存；而存储器操作数为了取得操作数，首先在总线接口单元中算出 20 位物理地址，然后再执行存储器读写操作，其指令执行速度最慢。

3.3　Intel 8086/8088 指令系统

指令系统是计算机硬件与软件的桥梁，是汇编语言的基础。本节介绍 Intel 8086/8088 指令系统。在实际工作中使用指令的助记符而不使用指令的机器码。Intel 8086/8088 指令的机器码在附录 B 进行简要说明。

Intel 8086/8088 的指令按功能可分为 6 类：数据传输指令、算术运算指令、逻辑运算/移位指令、串操作指令、控制转移指令和微处理器控制指令。前 4 种指令属于数据操作类指令，用于数据的传输与处理；后两种指令用于改变程序流向和 CPU 的工作状态。

3.3.1 数据传输指令

CPU 在进行算术运算和逻辑运算操作时都需要有操作数，数据的传输是一种最基本、最主要的操作，因此数据传输指令是程序中使用最频繁的指令。观察各种实用程序，不难发现在程序中使用了大量的数据传输指令。CPU 在处理实际问题时往往需要将原始数据、中间结果、最终结果及其他各种信息在 CPU 的寄存器和存储器之间多次传输。

数据传输指令用于控制数据信息在计算机各组成部件之间的传输操作，可以实现寄存器与寄存器、寄存器与存储器、寄存器与输入输出端口之间的数据传输操作。数据传输指令按功能可分为四组：通用数据传输指令、输入输出指令、目标地址传输指令和标志位传输指令。

由于数据在传输过程中不发生变化，没有新的结果，因此执行这类指令时，不影响标志寄存器（标志传输指令 SAHF 和 POPF 除外）。

1. 通用数据传输指令

通用数据传输指令（General Purpose Transfer）包括 MOV（一般传输）、PUSH 和 POP（堆栈操作）、XCHG（变换）和 XLAT（查表转换指令）。

1）MOV（Movement）

指令格式：MOV   DST,SRC;(DST)←(SRC)

功能：将源操作数 SRC 的内容传输到目的操作数 DST 中。将目的操作数写在前面，源操作数写在后面，二者之间用逗号隔开。

MOV 指令是最普通、最常用的数据传输指令，其特点如下：

（1）既可以传输字节操作数（8 位），也可以传输字操作数（16 位）。

（2）可以用各种寻址方式传输操作数。

（3）可以实现以下各种数据传输操作。

① 寄存器与寄存器/存储器之间的数据传输操作。

② 从立即数到寄存器/存储器的数据传输操作。

③ 寄存器/存储器与段寄存器之间的数据传输操作。

例如：

```
MOV  SI , BX              ;从寄存器到寄存器
MOV  DS, AX               ;从通用寄存器到段寄存器
MOV  AX, DS               ;从段寄存器到通用寄存器
MOV  AL, 5                ;从立即数到寄存器，对目的操作数采用立即寻址
```

```
MOV   BYTE PTR [2400H], 5   ; 从立即数到存储器, 对目的操作数采用直接寻址
MOV   WORD PTR [BX], 5      ; 从立即数到存储器, 对目的操作数采用寄存器间接寻址
MOV   [2400H], AX           ; 从寄存器到存储器, 对目的操作数采用直接寻址
MOV   [BX + 5], CX          ; 从通用寄存器到存储器, 对目的操作数采用基址相对寻址
MOV   AX, [SI + 5]          ; 从存储器到寄存器, 对源操作数采用变址相对寻址
MOV   AX, [2400H]
MOV   DS, AX                ; 从存储器到段寄存器, 借助通用寄存器中转
MOV   AX, [BX + SI + 5]     ; 从存储器至寄存器, 对源操作数采用基址变址寻址
```

使用以上指令时需要注意以下几点：

a.　源操作数和目的操作数不能同时为存储器操作数。

例如：MOV　[2400H], [DX]　　　　错误

b.　两操作数的位数、类型和属性要明确、一致。

例如：MOV　AX, CL　　　　　　错误

　　　MOV　DL, 68A5H　　　　错误

　　　MOV　BX, 23A5672H　　 错误

例如：MOV　[AX], 10H　　　　 错误

分析：因为计算机不知道用多少字节存储数据 10, 可用运算符 PTR 指定或修改存储器操作数的类型, 即 BYTE PTR、WORD PTR、DWORD PTR。

```
MOV   BYTE PTR [AX], 10H     正确
MOV   WORD PTR [AX], 10H     正确
MOV   DWORD PTR [AX], 10H    正确
```

但是 "MOV　AX, 10" 是正确的, 该指令执行结果是 AX=0010H, 全部高位字节置 0。

c. 代码段寄存器（CS）、指令指针寄存器（IP）和立即数不能作为目的操作数, 通常不要求用户利用数据传输指令改变 CS、IP 的内容, 但 CS 可作为源操作数。

d. 立即数不能直接传输到段寄存器。当要给段寄存器赋值时, 常借助于通用寄存器。

例如：MOV　AX, 68A5H

　　　MOV　DS, AX

e. 不允许两个段寄存器直接传输数据。

例如：MOV　CS, DS　　　　　错误

2）PUSH（Push Word Onto Stack）和 POP（Pop Word Off Stack）

PUSH 和 POP 是用于对堆栈操作的指令。

（1）堆栈的概念。堆栈是在内存（一般在 RAM）中开辟的一端固定另一端活动的存储空间, 用于存放 CPU 的寄存器或存储器中暂时不用的数据。堆栈的活动端称为栈顶, 固定端称为栈底。堆栈在内存中的位置由堆栈段寄存器 SS 指定, 它表示堆栈段的起始地址。堆栈指针寄存器 SP 又称堆栈指示器, 它始终指向栈顶元素, 它与堆栈段起始地址之间的偏移地址可用来表示堆栈的大小。

把数据从栈顶按顺序推入堆栈，这一过程称为进栈（PUSH）；把栈顶数据从堆栈中取出，这一过程称为出栈（POP）。在进栈时，其地址从高到低变化；在出栈时，其地址从低到高变化。按照堆栈的定义，可以把堆栈想象成一个开口朝上的容器。假设 SS = 9000H，SP = FE00H，则堆栈存储过程如图 3-10 所示。

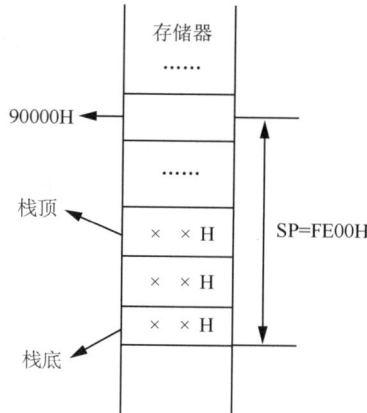

图 3-10　堆栈存储过程

（2）堆栈的特点。从堆栈中读写数据与其他段相比有如下特点。

① 用 PUSH 指令向堆栈中存放数据时，数据总是从高位地址开始逐渐向低位地址方向增长的，而不像内存中的其他段，是从低位地址向高位地址存放数据的。

② 遵循"后进先出"的原则。凡是用 PUSH 指令最后推入堆栈的数据，在用 POP 指令弹出时，优先出栈。

③ 由于栈顶是活动的，为了指示现在堆栈中存放数据的位置，通常设置一个指针，即堆栈指针寄存器 SP，它始终指向栈顶。这样，堆栈中数据的进出都由堆栈指针寄存器 SP "指挥"。当将 1 字节数据推入堆栈时，堆栈指针寄存器 SP 中的内容自动减 1，向上浮动并指向新的栈顶；当 1 字节数据从堆栈中弹出时，堆栈指针寄存器 SP 中的内容自动加 1，向下浮动并指向新的栈顶。

（3）堆栈的操作。堆栈有建栈、进栈和出栈 3 种基本操作。

① 建栈。建栈，即建立堆栈，就是指规定栈底在 RAM 存储器中的位置，用户可通过传输指令将栈底的地址设置在堆栈指针寄存器 SP 和堆栈段寄存器 SS 中。这时栈中无数据，栈底与栈顶重叠，是一个空栈。

例如：

```
MOV     AX,3000H
MOV     SS,AX       ; 初始化 SS
MOV     SP,64H      ; 初始化 SP
```

② 进栈。进栈就是把数据推入堆栈的操作。在 Intel 8086/8088 中，进栈或出栈操作都是以字节为单位的，即每次在堆栈中存取数据均占 2 字节（先存入高位字节，再存入低位字节）。

指令格式：PUSH　　SRC

指令功能：PUSH 指令将一个 16 位的源操作数推入堆栈，而目标地址为当前的栈顶，即由堆栈指针寄存器 SP 指示的单元。源操作数可以是通用寄存器、段寄存器或存储器。

例如：PUSH　　AX

进栈可分为以下两步。

第一步：先将堆栈指针寄存器 SP 的内容减 1，即栈顶向低位地址方向移动一个单元并指向新的栈顶（一个空单元），然后把高位字节数据推入栈顶，即（（SP）-1）←AH。

第二步：将堆栈指针寄存器 SP 的内容减 1，然后把低位字节数据推入当前栈顶，即（（SP）-1）←AL。

进栈如图 3-11 所示。

③ 出栈。出栈就是从栈顶弹出 1 字的数据并把它传输回通用寄存器、段寄存器或字存储单元中。

指令格式：POP　　DST

指令功能：POP 指令将堆栈 SP 指示的栈顶两字节数据传输到目的操作数的 DST。

例如：POP　　BX

出栈如图 3-12 所示。

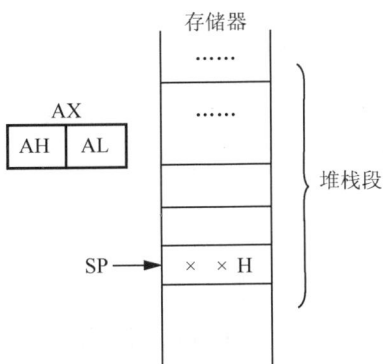

图 3-11　进栈

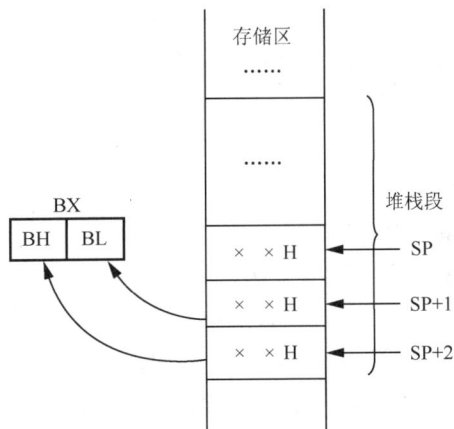

图 3-12　出栈

出栈的操作顺序与进栈的操作顺序相反。

第一步：先将堆栈中的低位字节数据推出堆栈输送到寄存器或存储器中，然后把堆栈指针寄存器 SP 的内容加 1，栈顶向地址方向移动一个单元，即 BL←（SP）。

第二步：将堆栈中的高位字节数据推出栈堆，堆栈指针寄存器 SP 的内容加 1 并指向新的栈顶，即 BH←（（SP）+1）。

需要注意以下几点。

① 进栈与出栈作为互逆操作，在编程中用户应将 PUSH 和 POP 两条指令成对使用，以便达到"栈平衡"。

② PUSH 和 POP 的操作数可能有以下 3 种情况。

a. 寄存器（包括数据寄存器及地址指针和变址寄存器）操作数。

b. 段寄存器（代码段寄存器 CS 除外，PUSH　CS 指令格式是合法的，POP　CS 指令格式是非法的）操作数。

c. 存储器操作数。

③ 无论哪一种操作数，其类型必须是字操作数（16 位）。

④ 除了堆栈指针寄存器 SP，通常基地址指针寄存器 BP 涉及的段寄存器也是堆栈段寄存器 SS。因此可利用 BP，并使用基地址寻址指令访问堆栈中的内容。

（4）堆栈的用途。

① 保护断点地址和相关寄存器。在调用子程序或发生中断时，用推入堆栈的方法保护断点的地址，当子程序返回或中断返回时将断点地址从堆栈中弹出，以便继续执行主程序。与此同时，堆栈还能够暂时保存有关寄存器的内容。

② 利用堆栈作为缓冲器。当寄存器不够用而需要同时在同一寄存器中存放两个以上参数时，可以利用堆栈作为缓冲器。例如，当用两个 LOOP 指令执行双重循环时，16 位的通用寄存器 CX 既是内循环的操作数，也是外循环的操作数。当执行内循环时，可以将 CX 中的外循环操作数推入堆栈，然后把内循环操作数写入 CX，内循环完成时再将外循环操作数从堆栈中弹出并输送到 CX。

【例 3.1】将累加器 AX 与 16 位的通用寄存器 BX 中的内容进行交换。

程序如下：

```
PUSH AX
PUSH BX
POP  BX
POP  AX
```

3）XCHG（Exchange）

指令格式：XCHG　DST,SRC

指令功能：将 2 字节或字数据进行交换，交换指令的源操作数和目的操作数均可以是寄存器或存储器操作数，但两者不能同时为存储器操作数。此外，段寄存器的内容不能参加交换。

例如：交换指令

```
XCHG  CL, BL           ;寄存器之间的字节交换
XCHG  BX, DX           ;寄存器之间的字交换和字操作
XCHG  [SI], BX         ;寄存器与存储器之间的字交换和字操作
```

使用上述指令时应注意以下两点：

（1）段存储器操作数与立即数操作数不能作为操作数。

（2）不能在两个存储单元之间直接交换数据，必要时可通过寄存器中转。

例如：将数据段中的变量名分别为 DATA1 和 DATA2 的两个字单元互换。

程序如下：

```
MOV  AX, DATA1
XCHG AX, DATA2
MOV  DATA1, AX
```

4）XLAT

指令格式：XLAT src _ table

指令功能：该指令是字节的查表转换指令。它将偏移地址为 EA=BX+AL 所对应的存储单元中 1 字节数据输送到累加器 AL，从而实现 AL 中 1 字节的代码转换，即（BX+AL）→（AL）。

为了实现查表转换，首先将表的首地址传输到 16 位的通用寄存器 BX 中，将元素的序号输送到 AL。

【例 3.2】通过查 7 段显示码表，将任意十进制数转换成对应的 7 段显示码。

首先，建立转换表，将该表定位到某个逻辑段的一片连续地址中，并将表起点地址的偏移地址输送到 BX 中。其次，将待转换的十进制数在表中的序号输送到 AL 中，执行 XLAT 指令。

程序如下：

```
MOV  BX , OFFSET TABLE          ;TABLE 表示起点偏移地址
MOV  AL,05H
XLAT TABLE
HLT                             ;停机
```

2．输入输出指令

在微机中，除了 CPU 和存储器进行频繁的数据传输，还有一个需要经常进行数据交换的部件，即输入输出设备。和内存单元有地址一样，输入输出设备也有地址，称为端口（Port）地址。在 Intel 80x86 系列微型计算机中，输入输出设备的地址空间和存储器的地址空间是独立的，输入输出端口的读写需要专门的指令完成，即输入输出指令（Input and Output）。

输入输出指令共有两条，即输入指令 IN 和输出指令 OUT。输入输出指令用来完成累加器（AX 或 AL）与输入输出端口之间的数据传输功能。

在 Intel 8086/8088 指令系统中，输入输出指令是对输入输出端口的寻址，可采用直接寻址与间接寻址两种方式。

直接寻址：输入输出端口地址以 8 位立即数方式在指令中直接给出，所寻址的端口号只能在 0～255 范围内。

间接寻址：该寻址方式类似寄存器间接寻址，16 位的输入输出端口地址存放在 16 位的通用寄存器 DX 中，即通过 DX 间接寻址，可寻址的端口总数达到 64KB（0000H～FFFFH）。

1）IN（Input Byte or Word）

指令格式：IN 累加器，端口（地址）

指令功能：将指定端口中的内容输送到累加器 AX 或 AL 中，可以用一个 8 位的立即数给出输入端口地址，也可以将该端口地址存放在 16 位的通用寄存器 DX 中。

当 IN 指令中的目的操作数为 AL 时，从端口输入 1 字节数据。若目的操作数为 AX，则从端口输入 1 字的数据。输入指令的具体形式有以下 4 种。

```
IN  AL,20H        ;AL←（端口20H）
IN  AX,30H        ;AX←（端口30H）
IN  AL,DX         ;AL←（端口DX）
IN  AX,DX         ;AX←（端口DX）
```

例如：输入指令

```
IN   AL, 80H      ;从端口地址为80H的外部设备输入1字节数据到AL
```

例如：从地址为 340H 的端口输入 1 字节数据到 AL。

程序如下：

```
MOV DX,340H       ;将端口地址340H送入DX
IN AL,DX          ;从该端口输入1字节数据到AL
```

2）OUT（Out Byte or Word）

指令格式：OUT 端口（地址），累加器

指令功能：将累加器 AX/AL 中的内容输送到指定的端口。可以用一个 8 位的立即数给出输出端口地址，也可以将该输出端口地址存放在 16 位的通用寄存器 DX 中。输出指令的具体形式有以下 4 种。

```
OUT 80H,AL        ;（端口80H）← AL
OUT 80H,AX        ;（端口80H）← AX
OUT DX,AL         ;（端口DX）← AL
OUT DX,AX         ;（端口DX）← AX
```

例如：输出到端口。

程序如下：

```
OUT  43H, AL      ;将AL中的内容输出到地址为43H的端口
OUT  DX, AX       ;将AX中的内容输出，端口地址存放在DX中
OUT  280H, AL     ;错误！端口地址超出直接寻址规定的地址范围
OUT  20H, [SI]    ;错误！输出指令的源操作数只能是累加器
OUT  BX, AL       ;错误！间接寻址只能使用DX作为间址寄存器
```

3. 目标地址传输指令

Intel 8086/8088 提供了 3 条目标地址传输指令（Address-Object Transfer）用于传输地址码，包含 LEA、LDS 和 LES 条指令可传输操作数的段地址（用于写入远地址指针）或偏

移地址（近地址指针）。

1）LEA（Load Effective Address）

指令格式：LEA　DST,SRC

指令功能：把用于指定操作数 SRC（它必须是存储器操作数）的 16 位偏移地址（有效地址）传输到一个目标地址 DST 指定的 16 位通用寄存器中。

该命令常称为装入有效地址命令。

例如：LEA　BX,[SI+1000H]

设 SI=2000H，DS=4000H，LEA 指令执行过程如图 3-13 所示，存储器的物理地址为 43000H。

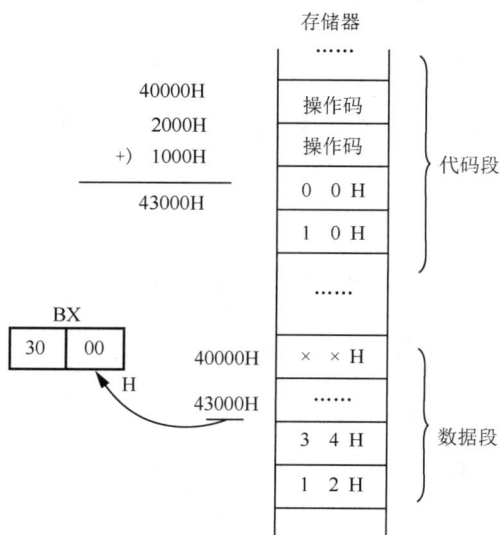

图 3-13　LEA 指令执行过程

例如：LEA 指令用于读取地址。

```
LEA    BX, BUFFER              ;将 BUFFER 的偏移地址输入 BX
LEA    DX, [BP][SI]            ;将 BP+SI 的值输入 DX
LEA    AX, 20[BP][DI]          ;将 BP+DI+20 的值输入 AX
```

注意：LEA 指令与 MOV 指令的区别，比较下面两条指令：。

```
LEA    BX,Buffer       （Ⅰ）
MOV    BX,Buffer       （Ⅱ）
```

第（Ⅰ）条指令是将存储器 Buffer 的偏移地址输送到 BX 中，第（Ⅱ）条指令是将存储器 Buffer 的内容输送到 BX 中。当然，也可用 MOV 指令得到存储器的偏移地址。

例如，以下两条指令的执行结果相同。

```
LEA    BX,Buffer
MOV    BX,Offset Buffer
```

其中，Offset 是一个分析运算符，它指出 Buffer 的偏移地址。

2）LDS（Load Pointer Using DS）

指令格式：LDS   DST,SRC

指令功能：输送一个 32 位的远地址指针，包括一个偏移地址和一个段地址，前者被输送到指定寄存器，后者被输送到段寄存器 DS 中。

该指令常称为装入地址指令。

LDS 指令与 LEA 指令的区别如下。

（1）LEA 指令用于读取是存储器的偏移地址，而 LDS 指令用于读取存储器的内容。

（2）LEA 指令传输 16 位偏移地址，而 LDS 指令传输 32 位地址（既有偏移地址也有段地址）。

例如：LDS   SI,[DI+1000H]

设 DS=3000H，DI=2000H，LDS 指令执行过程如图 3-14 所示。

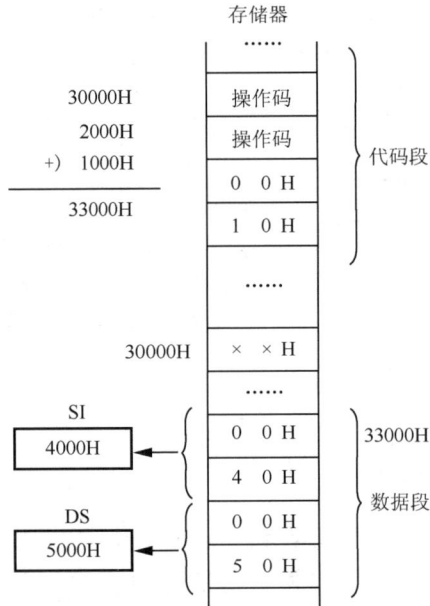

图 3-14   LDS 指令执行过程

该执行指令后，物理地址为 33000H 单元开始的 4 字节中的前 2 字节（4000H 偏移地址）被输送到源变址寄存器 SI 中，后 2 字节（段基地址 5000H）被输送到数据段寄存器 DS 中，取代它的原值 3000H。

3）LES（Load Pointer Using ES）

LES 指令与 LDS 指令类似，也是用于执行装入一个 32 位的远地址指针，只是目的操作数隐含使用附加段寄存器 ES，但源操作数仍使用数据段寄存器 DS。

4. 标志位传输指令

标志寄存器的存取操作指令共 4 条，指令的操作数均采用隐含方式。

1）LAHF（Load AH from Flags）

指令格式：LAHF

指令功能：把标志寄存器的低 8 位输送到 8 位的通用寄存器中 AH 中，即把符号标志位 SF、零标志位 ZF、辅助进位标志位 AF、奇偶标志位 PF、进位标志位 CF 输送到 AH 的第 7、6、4、2、0 位。

LAHF 指令对标志寄存器各位均无影响。

2）SAHF（Store AH into Flags）

指令格式：SAHF

指令功能：将 8 位的通用寄存器 AH 中的内容输送到标志寄存器 FLAGS 的低位字节中。

3）PUSHF（Push Flags onto Stack）

指令格式：PUSHF

指令功能：将 16 位的标志寄存器 FLAGS 的内容推入堆栈。

4）POPF（Pop Flags off Stack）

指令格式：POPF

指令功能：将栈顶 16 位的字数据弹出并输送到标志寄存器 FLAGS 中。

PUSHF 指令和 POPF 指令往往成对使用，用于保护调用过程发生之前标志寄存器的值，以及从调用过程返回后再恢复这些标志位状态。例如，下面的程序段中就成对使用 PUSHF 指令和 POPF 指令。

```
PUSH  AX          ;保护 AX
PUSH  CX          ;保护 CX
PUSHF             ;保护 FLAGS
CALL  YYY         ;调用过程 YYY
POPF              ;恢复 FLAGS
POP   CX          ;恢复 CX
POP   AX          ;恢复 AX
```

3.3.2　算术运算指令

Intel 8086/8088 能够对字节、字、双字进行算术运算，算术运算包括加法、减法、乘法和除法。算术运算指令包括加法指令、减法指令、乘法指令、除法指令及转换指令。

算术运算指令大都对标志位有影响，不同的指令影响不同。加法指令和减法指令将根据运算结果修改大部分标志位（SF、ZF、AF、PF、CF 和 OF），但加 1 和减 1 指令不影响进位标志位（CF）。乘法指令将改变标志位 CF 和 OF，除法指令使大部分标志位状态不确定，转换指令（CBW、CWD）对标志位没有影响。

1. 加法指令

加法指令包括普通加法（ADD）指令、带进位加法（ADC）指令和加 1 指令（INC），此外，还有调整指令，即 ASCII 调整（AAA）指令和十进制调整（DAA）指令。

1）ADD

指令格式：ADD   DST,SRC

指令功能：将源操作数和目的操作数相加，运算结果保存在目的操作数中，源操作数中原有内容不变，即（DST）+（SRC）→（DST）。普通加法指令影响大多数标志位。

注意：（1）目的操作数和源操作数不能同时为存储器操作数。

（2）不能对段寄存器进行算术运算。

【例 3.3】判断下面指令是否正确？用"√"符号表示正确，用"×"符号表示错误。

```
ADD     AX,CX                          ;(√)
ADD     AL,CL                          ;(√)
ADD     DS,CX                          ;(×)
ADD     CX,55H                         ;(√)
ADD     [BX],DI                        ;(√)
ADD     [BX],[DI]                      ;(×)
ADD     BX, DL                         ;(×)
```

例如：ADD 加法指令。

```
MOV  AL, 7EH              ;AL=7EH
MOV  BL, 5BH              ;BL=5BH
ADD  AL, BL              ;AL=7EH+5BH=0D9H
```

执行以上 3 条指令后，各标志位的状态如下：SF=1，CF=0，OF=1，ZF=0，PF=0，AF=1。由于运算结果超过 8 位符号数所表示的范围，因此 OF=1，表示发生溢出。又由于最高位并未产生进位，因此 CF=0。

对于带符号数，如果 8 位数相加的结果超出范围（-128～+127），或者 16 位数相加的结果超出范围（-32768～+32767），则发生溢出，标志位 OF 置"1"，即 OF=1；对于无符号数，若 8 位数相加的结果超过 255，或者 16 位数的相加结果超过 65535，即最高位产生进位，则标志位 CF 置"1"，即 CF=1。例如，执行下面的一个程序段：

```
MOV   AL,2EH
MOV   CL,6CH
ADD   AL,CL
```

运算结果为 9AH，标志位 SF=1，ZF=0，AF=1，OF=1，PF=1，CF=0。

2）ADC（Add With Carry）

指令格式：ADC   DST,SRC

指令功能：带进位加法（ADC）指令的操作过程与 ADD 指令基本相同，唯一不同的是标志位 CF 的原状态参与加法运算,待运算结束后标志位 CF 将重新根据运算结果置成新的状态,即（DST）+（SRC）+（CF）→DST

应用场合:ADC 指令主要用于多字节数据的加法运算。若低位字节相加时产生进位,则在下一次高位字节相加时将这个进位加进去。

例如:若两个 32 位的数的起始地址分别存放在变址寄存器 SI 和 DI 中,低位字节存放在低位地址,要求将两个 32 位的数相加,运算结果存放在变址寄存器 SI 所指向的存储空间。

程序如下:

```
MOV    AX, [SI]
ADD    AX, [DI]              ;将低 16 位相加,若发生进位,则 CF=1
MOV    [SI], AX              ;将低 16 位相加的结果存放在 SI 所指向的存储空间
MOV    AX, [SI+2]
ADC    AX, [DI+2]            ;将高 16 位和低 16 位的进位标志位相加
MOV    [SI+2], AX            ;保存高 16 位相加的结果
```

3）INC（Increment by 1）

指令格式:INC　DST;（DST）←（DST）+1

指令功能:将目的操作数加 1 后输送到目的操作数中。

目的操作数可以是 8 位或 16 位的通用寄存器和存储器操作数,但不能是段寄存器操作数。指令将影响大多数标志位,如 SF、ZF、AF、DF、OF,但对进位标志位 CF 没有影响。例如:

```
INC    AL                   ;（AL）←（AL）+1
INC    SI                   ;（SI）←（SI）+1
INC    BYTE PTR[BX][SI]     ;存储器中的值加 1,字节操作
INC    WORD PTR[BX]         ;存储器中的值加 1,字操作
```

例如:设数据段和附加段的基地址均为 3000H,将数据段中首地址为 BUFFER1 的 200 字节数据传输到附加段首地址为 BUFFER2 的内存单元中,程序如下:

```
    MOV    AX, 3000H
    MOV    DS, AX               ;建立数据段
    MOV    ES, AX               ;建立附加段
    LEA    SI, BUFFER2          ;建立源数据指针
    LEA    DI, BUFFER1          ;建立数据目的地址指针
    MOV    CX, 200              ;设置计数器
LP: MOV    AL, [SI]             ;取数
    MOV    ES:[DI], AL          ;送数
    INC    SI                   ;调整指针
    INC    DI
    DEC    CX                   ;调整计数器
    JNE    LP                   ;判断,若 CX≠0,则转移至标号 LP 处
    INT    20H                  ;返回 DOS
```

4）AAA（ASCII Adjust for Addition）

AAA 指令是加法的 ASCII 调整指令，在 ADD 指令之后使用。它的汇编指令后面不写操作数，但实际上隐含累加器 AL 和 AH 的操作数。

AAA 指令在加法运算时对非压缩的 BCD 码进行调整。若 AL 中的低 4 位大于 9，或者 AF=1，则对 AL 进行加 06H 的调整，同时将 AH 中的值加 1，CF=1，AF=1（该进位应进到 AH 中，即 AH 中的值加 1），然后再将 AL 中的高 4 位清零。

【例 3.4】要求使用 AAA 指令计算 7 + 8。

```
MOV AX, 0007H          ;(AL)=07H,(AH)=00H
MOV BL, 08H            ;(BL)=07H
ADD AL, BL             ;(AL)=0FH
AAA                    ;(AL)=05H, (AH)=01H, (CF)=(AF)=1
```

7+8=15 的运算结果以不压缩的 BCD 码存放，个位存放在寄存器 AL 中，十位存放在寄存器 AH 中。

5）DAA（Decimal Adjust for Addition）

DAA 指令针对压缩的 BCD 码进行调整。其汇编指令同样不带操作数，但隐含寄存器 AL 操作数。与 AAA 指令不同的是，DAA 指令只对 AL 中的内容进行调整，不会改变其中的内容。

若 AL 的低 4 位大于 9，或者 AF=1，则将 AL 的内容加 06H 进行调整，并将 AF 置位；若 AL 的内容大于 9FH，或者 CF=A，则将 AL 的内容加 60H 进行调整，并将 CF 置位。DAA 指令一般跟在 ADD 指令或 ADC 指令之后配合使用。DAA 指令将影响大多数标志位，如 SF、ZF、AF、PF、CF 和 OF。

【例 3.5】要求使用 DAA 指令计算 7 + 8。

程序如下。

```
MOV AX,0007H           ;(AL)=07H, (AH)=00H
MOV BL,08H             ;(BL)=08H
ADD AL,BL              ;(AL)=0FH
DAA                    ;(AL)=15H, (AH)=00H, (AF)=1, (CF)=0
```

7+8=15 的运算结果以压缩的 BCD 码存放在寄存器 AL 中，AH 中的内容不发生变化。

2. 减法指令

Intel 8086/8088 共 7 条减法指令，即普通减法（SUB）指令、带借位减法（SBB）指令、减 1（DEC）指令、求补（NEG）指令和比较（CMP）指令，以及减法的 ASCII 调整（AAS）指令和十进制调整（DAS）指令。

1）SUB（Subtraction）

指令格式：SUB　　DST,SRC

指令功能：将目的操作数减去源操作数后的运算结果送到目的操作数中。指令对 SF、

ZF、AF、PF、CF 和 OF 有影响。

例如：SUB 减法指令。

```
SUB   AL, 45H               ;将 AL 中的内容减去 45H，结果被送回 AL 中
SUB   BX, DI                ;将 BX 中的内容减去 DI 中的内容，结果被送回 BX 中
SUB   DX, [2345H]          ;将 DX 中的内容减去存储器操作数，结果被送回 DX 中
SUB   [2345H], AX          ;将存储器的内容减去 AX，结果被送回存储器中
SUB   DATA[SI][BX], 0234H  ;将存储器操作数减去立即数，结果被送回存储器中
```

当无符号数中的较小数减去大数时，会产生借位，此时进位标志位 CF 置 "1"。当带符号数中的较小数减去较大数时得到负值，则符号标志位 SF 置 "1"，带符号数相减时，如果结果溢出，则标志位 OF 置 "1"。

【例 3.6】已知 AL=56H，BL=0CH，计算 AL−BL 的结果。

经计算，各标志位状态如下：CF=0，ZF=0，SF=0，OF=0，PF=0，AF=1。

2）SBB（Subtraction with Borrow）

指令格式：SBB　DST,SRC

指令功能：SBB 指令执行带借位的减法操作，也就是说，先将目的操作数减去源操作数，再减去进位标志位 CF，并将结果送回目的操作数中。SBB 指令对标志位的影响与 SUB 指令相同。

指令用途：主要用于多字节减法。

例如：完成 4 字节减法。

程序如下：

```
MOV   AX, [SI]
SUB   AX, [DI]        ;将低 16 位相减，若有借位，则 CF=1
MOV   [SI], AX        ;将低 16 位相减的结果存放于 SI 及 SI−1 所指向的存储空间，
MOV   AX, [SI+2]      ;将被减数高 16 位存放到 AX 中
SBB   AX, [DI+2]      ;将高 16 位相减同时减去低 16 位的进位
MOV   [SI+2], AX      ;保存高 16 位相减的结果
```

3）DEC（Decrement by 1）

指令格式：DEC　DST

指令功能：将目的操作数减去 1，运算结果被送回目的操作数中。DEC 指令影响大多数标志位，如 SF、ZF、AF、DF、OF，但对进位标志位 CF 没有影响。

该指令操作数的类型与 INC 指令一样，可以是字节或字类型的寄存器（段寄存器除外）操作数或存储器操作数。在循环程序中，常常利用 DEC 指令修改循环次数，如下面的程序段：

```
      MOV   CX, 30H
KKK:DEC   CX
      JNZ   KKK
```

```
        HLT
```

例如：DEC 指令。

```
DEC    AL                        ;将 8 位寄存器中的内容减去 1
DEC    CX                        ;将 16 位寄存器中的内容减去 1
DEC    BYTEPTR  [BUFFER]         ;将存储器操作数减去 1，字节操作
DEC    WORDPTR  [BP][SI]         ;将存储器操作数减去 1，字操作
```

4）NEG（Negate）

指令格式：NEG　DST

指令功能：用"0"减去目的操作数，运算结果被送回目的操作数中。

目的操作数可以是 8 位或 16 位的通用寄存器或存储器操作数。NEG 指令影响大多数标志位，如 SF、ZF、AF、DF、CF 及 OF。

NEG 指令把目的操作数当成一个带符号数，若源操作数是正数，则执行 NEG 指令应可以得到绝对值相等的负数（用补码表示）；若源操作数是负数（用补码表示），则执行 NEG 后可以得到负数的绝对值。

【例 3.7】执行 NEG 指令后，AL 的值为多少？

设 AL=10100000B，执行 NEG AL 指令，得到 AL=01100000B。

设 AL=01010100B，执行 NEG AL 指令，得到 AL=10101100B。

5）CMP（Compare）

指令格式：CMP　DST,SRC

指令功能：将目的操作数与源操作数相减，运算结果不被送回目的操作数中。执行该指令后的运算结果会影响标志位 SF、ZF、AF、DF、CF 及 OF，但目的操作数和源操作数均不发生变化。

CMP 指令的源操作数可以是立即数、寄存器或存储器操作数，目的操作数只能是寄存器或者存储器操作数。在程序中，经常利用 CMP 指令决定程序的流向。

例如：CMP 指令。

```
CMP    AL, 34H
CMP    AX, DX
CMP    [SI], AX
CMP    AX, [SI+208H]
CMP    DATA1, 205H
```

CMP 指令主要用于比较两个数之间的关系。

（1）判断两个数是否相等。若两个数相等，则相减结果为 0，使 ZF=1。因此，根据标志位 ZF 的检测结果，就可以判断两个数是否相等。

（2）比较两个数的大小。在程序设计中经常需要比较两个数的大小，然后根据比较结果转到不同的程序段去执行。但对于无符号数和带符号数，需分别进行判断。例如，对 11111111 和 00000000 进行比较，若这两个数为无符号数，则 11111111(255)>00000000(0)；

若这两个数为带符号数，则 11111111(-1)<000000000(0)。因此，分两种情况执行 CMP 指令：

① 当 A 和 B 为无符号数时，使用指令格式 CMP　A，B。

若 CF=0，表示不需要借位，则 A>=B；若 CF=1；表示需要借位，则 A<B。

② 当 A 和 B 为带符号数时，需要标志位 SF 和 OF 两者一起确定（标志位 CF 不参与），即执行 CMP　A，B 指令。

当 OF=0，SF=0 时，A>B；当 SF=1 时，A<B。

当 OF=1，SF=0 时，A<B；当 SF=1 时，A>B。

当 OF+SF=0，A>B；当 OF+SF=1，A<B。

6）AAS（ASCII Adjust for Subtraction）

AAS 指令是用于减法的 ASCII 调整指令，跟在 SUB 指令之后使用。其汇编指令不带操作数，但实际上隐含累加器 AL 和 AH 操作数。

AAS 指令在减法运算时对非压缩的 BCD 码进行调整。若 AL 中的低 4 位大于 9，或者 AF=1，则将 AL 中的内容减去 06H 进行调整，同时将 AH 中的内容减去 1。

【例 3.8】使用 SUB 指令计算 15-8 的结果。

程序如下：

```
MOV AX,0105H          ;AH=01H,AL=05H
MOV CL,08H            ;CL=08H
SUB AL,CL            ;AL=05H-08H=0FDH
AAS                 ;AL=07H, AH=00H
```

7）DAS（Decimal adjust for substraction）

DAS 指令是减法的十进制调整指令，实际上，DAS 指令针对压缩的 BCD 码进行调整。其汇编指令同样不带操作数，但隐含寄存器 AL 操作数。与 AAS 指令不同的是，DAS 指令只对 AL 中的内容进行调整，不会改变 AH 中的内容。

若 AL 中的低 4 位大于 9，或者 AF=1，则将 AL 中的内容减去 06H 进行调整，并将 AF 置位；若 AL 中的内容大于 9FH，或者 CF=1，则将 AL 中的内容减去 60H 进行调整，并将 CF 置位。DAS 指令一般跟在 SUB 指令或 SBB 指令之后配合使用。DAS 指令影响大多数标志位，如 SF、ZF、AF、PF、CF 和 OF。

【例 3.9】使用 SUB 指令计算 85-39 的结果。

程序如下：

```
MOV AL,85H           ;AL=85H
MOV BL,39H           ;BL=39H
SUB AL,BL           ;AL=4CH
DAS                 ;AL=46H
```

3. 乘法指令

Intel 8086/8088 可通过执行一条指令完成乘法或除法运算。乘法指令（Multiplication）

共三条：无符号数乘法（MUL）指令、带符号数乘法（IMUL）指令和乘法的 ASCII 调整（AAM）指令。

1）MUL（Multiplication Unsigned）和 IMUL（Integer Multiplication）

指令格式：MUL   SRC

            IMUL   SRC

指令功能：MUL 指令是无符号数的乘法指令，可完成两个 8 位或 16 位二进制数相乘的功能。IMUL 指令是带符号数的乘法指令，可完成两个 8 位或 16 位带符号二进制数相乘的功能。乘法指令对标志位 CF 和 OF 有影响，但对标志位 SF、ZF、AF 和 PF 的状态不确定。

乘法指令的特点如下：

（1）被乘数隐含在累加器 AL 或 AX 中，指令中由 SRC 指定的源操作数作乘法。

（2）当两个 8 位数相乘时，相乘结果是 16 位乘积，存放在 AX 中；当两个 16 位数相乘时，相乘结果是 32 位乘积，存放在 DX 和 AX 中。其中，DX 用于存放高位字节，AX 用于存放低位字节。

（3）若乘积的高位（字节乘法为 AH，字乘法为 DX）不为 0，则 CF 和 OF 都置"1"，表示 AH 或 DX 中含有乘积的有效数字，否则，CF 和 OF 都置"0"，而其他状态标志位不确定。

（4）乘法指令使有些运算程序变得简单、方便。需要注意的是，乘法指令与除法指令执行速度慢，因而常用移位指令替代。

例如：乘法指令。

```
MOV   AL, 14H          ;AL=14H(十进制数 20)
MOV   CL, 05H          ;CL=05H(十进制数 5)
MUL   CL               ;AX=0064H(十进制数 100)
```

因为乘积高位 AH=0，所以标志位 CF=OF=0。

例如：

```
MOV   AX, 03E8H        ;AX=03E8H(十进制数 1000)
MOV   BX, 07DAH        ;BX=07DAH(十进制数 2010)
IMUL  BX               ;执行结果 DX=001EH，AX=0AB90H
```

以上指令完成带符号数(+1000)和(+2010)的乘法运算，得到乘积结果(+20100000)。此时，DX 中乘积的高位包含乘积的有效数字，因此标志位 CF=OF=1。

2）AAM（ASCII Adjust for Multiply）

AAM 指令是乘法的 ASCII 码调整指令，其汇编指令后面不带操作数，但隐含寄存器 AL 和 AH 操作数。

指令格式：AAM

指令功能：AAM 指令用于两个非压缩的 BCD 码相乘结果的十进制数调整。执行 AAM 指令后乘积存放在寄存器 AX 中，AH 的低 4 位用于存放乘积的高位，AL 的低 4 位用于存放乘积的低位。

具体的操作过程如下：将寄存器 AL 中的结果除以 10，所得商即高位十进制数，将所得商存放在 AH 中；所得余数为低位十进制数，将所得余数存放在 AL 中。执行 AAM 指令后，将根据 AL 中的结果改变标志位 SF、ZF 和 PF 的状态，但对 AF、CF 和 OF 的状态不确定。

【例 3.10】使用 AAM 指令计算 6×5。

程序如下：

```
MOV AL,06H              ;AL=06H
MOV BL,05H              ;BL=05H
MUL BL                  ;AX=001EH
AAM                     ;AH=03H,AL=00H,SF=0,ZF=0,PF=1
```

4. 除法指令

Intel 8086/8088 有 3 条除法指令，即无符号数除法（DIV）指令、带符号数除法（IDIV）指令和除法的 ASCII 码调整（AAD）指令。

1）DIV（Division Unsigned）和 IDIV（Integer Division）

指令格式：DIV　　SRC

　　　　　　IDIV　　SRC

指令功能：DIV 指令和 IDIV 指令使用的数据类型不同，相除结果也不同，但操作类似。

使用除法指令时需要注意的事项如下。

（1）必须将一个 16 位数除以一个 8 位数，或者将一个 32 位数除以一个 16 位数，而不允许两个字长相等的数相除。

（2）在 DIV 指令或 IDIV 指令中，一个操作数（被除数）隐含在累加器 AX（字节除法）或 DX:AX（字除法）中，另一个操作数（除数）SRC 必须是寄存器或存储器操作数。

（3）当 AX 除以 SRC 时，执行 DIV 指令或 IDIV 指令后，所得商放在 AL 中，所得余数放在 AH 中。当 DX:AX 除以 SRC 时，执行除法指令后，所得商放在 AX 中，所得余数放在 DX 中。

（4）除法指令同样可用移位指令替代，因为移位指令执行速度快。

例如：被除数是 32 位无符号数，存放在 DX 和 AX 中；除数为 16 位无符号数，存放在 CX 中，实现除法运算的程序段如下：

```
MOV   AX, 0F05H         ;AX=0F05H
MOV   DX, 068AH         ;DX=068AH
MOV   CX, 08E9H         ;CX=08E9H
DIV   CX                ;执行结果：商 AX=0BBE1H，余数 DX=073CH
```

例如：IDIV 指令。

```
MOV   AX, -2000            ;AX=OF830H(-2000 的补码)
CWD                       ;将 AX 中的 16 位数扩展为 32 位数(DX=OFFFFH)
MOV   BX, -421            ;BX=-421(补码为 0FE5BH)
IDIV  BX                  ;商 AX=4,余数 DX=0FEC4H(-316 补码)
```

2）AAD（ASCII adjust for division）

指令格式：AAD

指令功能：AAD 指令对除法运算进行 ASCII 码调整，该指令与其他的调整指令不同，它是在除法运算前进行相应的调整操作。

具体操作如下：先将 AH 中的高位十进制数乘以 10，再与 AL 中的低位十进制数相加，并且使 AH 中的内容清零，结果保留在 AL 中。

【例 3.11】使用 AAD 指令计算 35÷3 的结果

程序如下：

```
MOV AX,0305H              ;AH=03H,AL=05H
MOV BL,03H                ;BL=03H
AAD                       ;AL=23H
DIV BL                    ;AL=0BH,AH=02H
AAM                       ;AH=01H,AL=01H
```

以上几条指令执行完后余数丢失了。若需要保留余数，则应在执行 DIV 指令之后和执行 AAM 指令调整之前，将余数暂存到另一个寄存器中。

5. 转换指令

在算术运算指令中，两个操作数的字长应该符合规定的关系。例如，在加法、减法、乘法运算指令中，要求两个操作数的字长必须相等。在除法指令中，被除数的字长必须是除数的双倍字长。因此，有时需要将一个 8 位二进制数扩展为一个 16 位二进制数，或将一个 16 位二进制数扩展成 32 位二进制数。

1）CBW（Convert Byte to Word）

指令格式：CBW

指令功能：将字节数据转换成字数据。

2）CWD（Convert Word to Doubleword）

指令格式：CWD

指令功能：将字节数据转换成字节数据。

3）转换方法

（1）对于无符号数，扩展字长比较简单，只需在高位添加足够的 0 即可。

（2）对于带符号数，分正数和负数两种情况。

① 正数。扩展字长时，应在高位添加 0。

② 负数。扩展字长时，应在高位添加 1。

【例 3.12】 已知两个无符号数 AL=55H，CX=1234H，如何计算 AL+CX 的结果？

程序如下：

```
MOV AL,55H                    ;AL=55H
CBW                           ;AX=0055H
MOV CX,1234H                  ;CX=1234H
ADD AX,BX
```

3.3.3　逻辑运算/移位指令

逻辑运算/移位指令对 8 位或 16 位寄存器或存储器中的内容按位进行逻辑运算或移位操作，前者使用逻辑运算指令，后者使用移位指令。

1. 逻辑运算指令

Intel 8086/8088 的逻辑运算指令包括 AND（逻辑"与"）、TEST（测试）、OR（逻辑"或"），XOR（逻辑"异或"）和 NOT（逻辑"非"）5 条指令。其中，NOT 指令对所有标志位不产生影响，其余 4 条指令对标志位的影响均相同。这些指令将根据各自的逻辑运算结果影响标志位 SF、ZF 和 PF 的状态。同时，标志位将 CF 和 OF 置"0"，使 AF 的状态不确定。

1）AND（Logical AND）

指令格式：AND　DST,SRC

指令功能：将目的操作数与源操作数按位进行"与"运算，运算结果被送回目的操作数中。

对操作数的要求如下：

（1）源操作数可以是 8 位或 16 位的通用寄存器操作数、存储器操作数或立即数。

（2）目的操作数只允许是寄存器操作数或存储器操作数。

（3）源操作数和目的操作数不能同时为存储器操作数。

例如：

```
AND    AL, 11011111B        ;寄存器操作数与立即数
AND    AX, BX               ;寄存器操作数与寄存器操作数
AND    SI, MEM—NAME         ;寄存器操作数与存储器操作数
AND    [BX][SI], 0FFFFH     ;存储器操作数与立即数
```

指令用途：

（1）AND 可用于屏蔽某些不关心的位而保留感兴趣的位，也就是说，可将待屏蔽的位和"0"进行逻辑"与"运算，而将需要保留的位和"1"进行逻辑"与"运算。

例如：将寄存器 AL 中的高 4 位清零，低 4 位保持不变。

程序如下：

```
MOV  AL, 10110101B          ;AL=10110101B
AND  AL, 0FH                ;AL=0000 0101B,保留低 4 位,高 4 位清零
```

（2）利用"AND AL，11011111B"指令，可将 AL 中的小写英文字母（用 ASCII 码表示）转换成大写字母。

【例3.13】从键盘接收一个小写英文字母并将它转换成大写英文字母。

程序段如下：

```
……
MOV AH,07H
INT 21H
AND AL,11011111B
……
```

2）TEST（Test or Non-Destructive Logical AND）

指令格式：TEST DST，SRC

指令功能：它执行字节或字数据的逻辑"与"运算，"与"运算的结果不被送回目的操作数中，运算结果反映在标志位 SF、ZF、PF 状态上。

TEST 指令对操作数的要求与逻辑"与"状态相同。

指令用途：TEST 指令常用于位测试，它与条件转移指令一起共同完成对待定位状态的判断，并实现相应的转移。

【例3.14】从某一端口（设端口地址为 60H）取得一个 8 位的二进制数，现在欲测试其最低位是否为"1"，若不为"1"，则执行 NEXT 标号后面的程序。

程序段如下：

```
        ……
        IN   AL, 60H
        TEST AL, 01H
        JNZ  NEXT
        ……
NEXT:   ……
        HLT
```

3）OR（Logical Inclusive OR）

指令格式：OR DST,SRC

指令功能：将目的操作数与源操作数进行逻辑"或"运算，运算结果被送回目的操作数中。对操作数的要求与逻辑"与"运算相同。

指令用途：

（1）将寄存器或存储器中某些特定的位置"1"，也就是说，将需要置"1"的位和"1"进行逻辑"或"运算，而将保持不变的位与"0"进行逻辑"或"运算。

例如：将 AH 和 AL 中的最高位置"1"，而保持 AX 中的其余位不变。

程序如下：

```
OR AX, 8080H
```

可以用 OR 指令将非压缩的 BCD 码转换成相应的十进制数的 ASCH 码。

例如：将数字转换成 ASCII 码。

程序如下：

```
MOV   AL, 09H          ;AL=09H
OR    AL,30H           ;AL=39H, 即 9 的 ASCH 码
```

（2）AND 指令与 OR 指令有一个共同特性：若将一个寄存器中的内容与该寄存器本身进行逻辑"与"运算或逻辑"或"运算，则寄存器中的内容不会改变，但寄存器中的内容将影响标志位 SF、ZF、PF，并且将 CF 与 OF 清零。

【例 3.15】判断数据段中某字数据的偏移地址为 SI，试判断该数据是否为零。若为零，则执行 ZERO 标号后面的指令。

```
      ......
      MOV   AX, [SI]
      OR    AX, AX
      JZ    ZERO
      ......
ZERO: ......
      HLT
```

4）XOR（Logical Exclusive OR）逻辑"异或"指令

指令格式：XOR　DST,SRC

指令功能：将目的操作数与源操作数进行"异或"运算，运算结果被送回目的操作数中。操作数要求与逻辑"与"运算相同。

指令用途：

（1）将寄存器或存储器中的某些位取反。为此，可将欲求"反"的位置"1"进行"异或"运算，将要求保持不变的位和"0"进行"异或"运算。

（2）将寄存器中的内容清零。

【例 3.16】写出将 AX 清零的指令。

方法 1：MOV　AX,0000H　　　　方法 2：XOR　AX,AX

方法 3：SUB　AL,AL　　　　　方法 4：AND　AX,0000H

5）NOT（Logical NOT）

指令格式：NOT　DST

指令功能：将源操作数按位取反。NOT 指令对标志位没有影响。

操作数要求：操作数可以是 8 位或 16 寄存器或存储器操作数。

【例 3.17】已知 AX 中存放着一个 16 位的二进制负数，试求 AX 的绝对值，并将结果存放在寄存器 BX 中。

程序段如下：

```
      ......
```

```
NOT   AX
ADD   AX, 01H
MOV   BX, AX
……
```

2. 移位指令

移位指令分为算术移位和逻辑移位。算术移位是指带符号移位，在移位过程中必须保持符号位不变。逻辑移位是指无符号移位，总是用"0"填补空出的位。

Intel 8086/8088 的移位指令包括逻辑左移（SHL）指令、算术左移（SAL）指令、逻辑右移（SHR）指令算术右移（SAR）指令等。其中 SHL 指令和 SAL 指令完全相同，移位指令的操作对象可以是一个 8 位或 16 位的寄存器或存储器，移位操作可以是向左或向右移一位，也可以移多位。当要求移多位时，移位数必须存放在寄存器 CL 中，即指令中规定的移位数不允许是 1 以外的常数或 CL 以外的其他寄存器。

1）SHL/SAL（Shift Logical Left/Shift Arithmetic Left）

指令格式：SHL   DST,1;   SAL   DST,1

      SHL   DST,CL;   SAL   DST,CL

指令功能：将目的操作数顺序左移 1 位或左移由寄存器 CL 指定的位数。

SHL/SAL 指令将影响 CF 和 OF 两个标志位，如果移位次数为 1，并且移位后目的操作数的最高位与 CF 不相等，则溢出标志位 OF=1，否则，OF=0。

对于逻辑移位指令，将一个无符号数左移一位相当于该数乘以 2。因此，可用逻辑左移指令完成某些常数的乘法。

2）SHR（Shift Logical Right）

指令格式：SHR   dest,1

      SHR   dest,CL

指令功能：将目的操作数右移 1 位或右移由寄存器 CL 指定的位数。

具体操作如下：当逻辑右移 1 位时，操作数的最低位移到进位标志位 CF，最高位补"0"。

SHR 指令执行过程示意：0 ⟶ [dest →] ⟶ [CF]

指令用途：逻辑右移 1 位的操作数相当于将寄存器或存储器中的无符号数除以 2，因此，可利用 SHR 指令完成除以某些常数的除法运算。

【例 3.18】已知（AL）=06H，求执行下列指令后（AL）的值。

执行"SHL AL,1"指令后，(AL)=0CH。

执行"SHR AL,1"指令后，(AL)=03H。

3）SAR（Shift Arithmetic Right）

指令格式：SAR   DST,1

      SAR   DST,CL

指令功能：将带符号数向右移一位或 CL 位。

指令用途：SHR 指令也适用于带符号数除以 2 的运算指令，该指令执行过程示意如下。

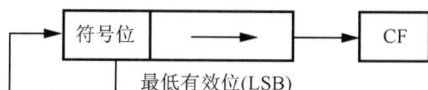

例如：用 SAR 指令进行除法计算。

程序如下：

```
MOV   AL, 10000001B              ;10000001B 为-127 的补码
SAR   AL, 1                      ;AL=0C0H(-64 的补码)，CF=1(余数为 1)
```

用除法指令进行相同的操作。

程序如下：

```
MOV   AL,10000001B              ;10000001B 为-127 的补码
CBW                             ;进行符号扩展，AX=0FF81H
MOV   CL, 2
IDIV  CL                        ;AL=0C1H(-63 的补码)，AH=0FFH(余数为-1)
```

3．循环移位指令

循环移位是指将从目的操作数一端移出来的位移至目的操作数的另一端。循环移位就是一种将目的操作数首尾相连的移位，从目的操作数移出来的位不会丢失。

Intel 8086/8088 指令系统中有 4 条循环移位指令，分为不带进位循环移位指令与带进位循环移位指令两类。循环左移位（ROL）指令和循环右移位（ROR）指令属于不带进位循环移位指令，带进位循环左移位（RCL）指令和带进位循环右移位（RCR）指令属于带进位循环移位指令。

1）ROL（Rotate Left）

指令格式：ROL　dest,1

　　　　　ROL　dest, cl

指令功能：ROL 指令将目的操作数中的每一位向左移动一位，把最高位移入最低位，同时把最高位移入 CF，而 CF 中原来的值丢失。

2）ROR　（Rotate Right）

指令格式：ROR　dest,1

　　　　　ROR　dest, cl

指令功能：ROR 指令将目的操作数中的每一位向右移动一位，把最低位移入最高位，同时把最低位移入 CF，而 CF 中原来的值丢失。

【例 3.19】已知（AL）=24H，求执行下列指令后(AL)的值。

执行"ROL　AL,1"指令后，(AL)=48H，CF=0

执行"ROR　AL,1"指令后，(AL)=12H，CF=0

3）RCL (Rotate Left Through Carry)

指令格式：RCL   dest,1

RCL   dest, cl

指令功能：RCL 指令将目的操作数连同进位标志位一起循环左移，把标志位 CF 移入目的操作数最低位，把目的操作数最高位移入 CF。

4）RCR (Rotate Right Through Carry)

指令格式：RCR   dest,1

RCR   dest, cl

指令功能：RCR 指令将目的操作数连同进位标志位一起循环右移，把标志位 CF 移入目的操作数最高位，把目的操作数最低位移入 CF。

3.3.4 串操作指令

微机经常要对单独由字节或字组成的一组数据或信息进行处理。Intel 8086/8088 把位于存储器中的由字节或字组成的一组数据或字符序列称为字符串。

Intel 8086/8088 有一组十分有用的串操作指令，这些指令的操作对象不止是单字节或字内容，还包括内存中地址空间连续的字节串或字串。在每次操作后能够自动修改地址指针，为下一次操作做准备。还可以给串操作指令加上重复前缀，此时串操作指令规定的操作将一直重复下去，直到完成规定的循环次数为止。

串操作指令共 5 条：串传输（MOVS）指令、串比较（CMPS）指令、串扫描（SCAS）指令、串装入（LODS）指令、串送存（STOS）指令。

串操作指令的特点如下：

（1）总是用源变址寄存器 SI 寻址源操作数，用目的变址寄存器 DI 寻址目的操作数。源操作数通常在现行的数据段，隐含数据段寄存器 DS，但也允许段超越。目的操作数通常在现行的附加段，隐含附加段寄存器 ES，不允许段超越。

（2）每次操作后修改地址指针，是增量还是减量取决于方向标志位 DF。当 DF=0 时，地址指针增量。也就是说，进行字节操作时，将地址指针寄存器中的内容加 1；进行字操作时，将地址指针寄存器中的内容加 2。

（3）有的串操作指令可以被加上重复前缀 REP，则指令规定的操作重复进行，重复循环的次数由寄存器 CX 决定。

若给串操作指令加上重复前缀 REP，则微处理器按以下步骤进行控制。

① 首先检查寄存器 CX，若 CX=0，则退出串操作指令。

② 执行一次字符串基本操作。

③ 根据方向标志位 DF 修改地址指针寄存器中的内容。

④ 将 CX 中的值减去 1。

⑤ 转至下一次循环，重复以上步骤。

（4）若串操作指令的基本操作影响零标志位 ZF（如 CMPS、SCAS），则可以给该指令加上重复前缀 REPE（REPZ）或 REPNE（REPNZ）。此时，操作重复进行的条件（CX≠0）还要求 ZF 中的值满足前缀中的规定（加重复前缀 REPE 时，要求 ZF=1；加重复前缀 REPNE 时，要求 ZF=0）。

（5）在串操作指令中可以写上操作数，也可以只在指令助记符后加上字母"B"（字节操作）或"W"（字操作）。加上字母"B"或"W"后，指令助记符后面不允许写上操作数。

1. MOVS（MOV String）

指令格式：[REP]　MOVS　　　[ES:]dest-string，[sreg:]string

[REP]　MOVSB

[REP]　MOVSW

指令功能：将 1 字节或字内容从由源变址寄存器 SI 寻址的存储器的某个区域传输到由目的变址寄存器 DI 寻址的另一个区域，然后根据方向标志位 DF 自动修改地址指针寄存器中的内容。如果指令所处理的元素是字节数据，则 SI 和 DI 每处理一次传输操作，地址指针寄存器中的内容就加 1；如果指令所处理的元素是字数据，则 SI 和 DI 每处理一次传输操作，地址指针寄存器中的内容就加 2。

说明：

（1）串操作数指令中给出了源操作数和目的操作数。此时，指令执行字节操作还是字操作取决于这两个操作数定义的类型。

（2）如果在指令中采用 SI 和 DI 表示操作数，必须采用类型运算符 PTR 说明操作对象的类型。

（3）串操作指令通常与重复前缀联合使用。这样不仅可以简化程序，而且提高微处理器的运行速度，但必须事先在寄存器 CX 中存放要传输数据串的长度（用来控制指令结束）。

（4）MOVS 指令不影响标志位。

如何修改方向标志位 DF 的值呢？可使用以下两条指令。

（1）CLD。

指令格式：CLD

指令功能：将方向标志位 DF 的值置"0"。

说明：在串操作指令中，CLD 指令可使地址自动增量。

（2）STD。

指令格式：STD

指令功能：将方向标志位 DF 的值置"1"。

说明：在串操作指令中，STD 指令可使地址自动减量。

例如：将数据段中首地址为 BUFFER1 的 200 字节数据传输到段首地址为 BUFF-ER2 的内存单元中，程序如下：

```
LEA   SI, BUFFER1              ;将源串首地址传输到 SI 中
LEA   DI, BUFFER2              ;将目的串首地址传输到 DI 中
```

```
MOV   CX, 200                        ;将串的长度传输到 CX 中
CLD
REP   MOVSB                          ;连续传输 200 字节
HLT
```

2. CMPS（Company String）

指令格式：[REPE/REPNE]　CMPS　　　　[sreg:]src-string，dest-string

[REPE/REPNE]　CMPSB

[REPE/REPNE]　CMPSW

指令功能：该指令使两个字符串（包含多个字符）中的相应元素逐个比较（相减），但不将结果送回目的操作数中，而反映在标志位上。CMPS 指令对标志位 SF、ZF、AF、CF 和 OF 都有影响。

说明：

（1）CMPS 指令与其他指令的格式不同，CMPS 指令中的源操作数在前，而目的操作数在后。

（2）该指令主要用于比较两个字符中是否相同。若带有前缀 REPE 或 REPZ，则表示串未结束（CX≠0）且两个字符串相等（ZF=1）时继续比较，每比较一次，CX 中的内容减 1。CMPS 指令用于寻找两个不相等的字符，应将 SI 和 DI 进行修正使它们指向所要寻找的不相等的字符。

（3）若带有前缀 REPNE/REPNZ，则表示串未结束且两个字符串不相等时（ZF=0）继续比较，每比较一次 CX 中的内容减 1。如果想寻找两个字符串中第一个相等的字符，也需将 SI 和 DI 中的内容进行修正。

（4）两个字符串类型必须相同，同为字节或字。

例如：比较两个 20 字节的字符串，找出其中第一个不相同字符的地址。若这两个字符串完全相同，则转到 SAME 标号后面的程序，进行处理，这两个字符串的首地址分别为 STR1 和 STR2。

```
LEA   SI, STR1                       ;将源串首地址输送到 SI 中
LEA   DI, STR2                       ;将目的串首地址输送到 DI 中
MOV   CX, 20                         ;将串的长度输送到 CX 中
CLD                                  ;清除方向标志位 DF，地址增量
REPE  CMPSB                          ;如相同，重复进行比较
JCXZ  SAME                           ;(CX)=0，则转到 SAME 标号后面的程序
DEC   SI
DEC   DI
HLT
SAME:……
```

3.　SCAS（Scan String）

指令格式：［REPE/REPNE］　SCAS　　　［ES：］dest-string

　　　　　　［REPE/REPNE］　SCASB

　　　　　　［REPE/REPNE］　SCASW

指令功能：将累加器 AL/AX 中的内容与字符串中的元素逐个进行比较，比较结果反映在标志位上。

说明：

（1）该指令格式中只有一个操作数，用来表示目的串的符号地址。其中的 SCASB 表示按字节进行扫描，SCASW 表示按字进行扫描。

（2）该指令主要用于在字符串中查找指定的子串。若用 REPE/REPZ 前缀表示串未扫描结束（CX≠0）且所指元素与累加器 AL/AX 中的值相等时继续扫描。每扫描一次，累加器 AL/AX 中的值自动减 1。

（3）该指令在执行前必须设置 ES:DI 指向目的串。

（4）该指令影响标志位。

4.　LODS（Load String）

指令格式：LODS　　　［sreg：］src-string

　　　　　　LODSB

　　　　　　LODSW

指令功能：该指令将一个字符串的字节或字数据逐个装入累加器 AL/AX 中。

说明：

（1）该指令格式中只有一个源操作数，用来表示源串的符号地址。其中的 LODSB 表示按字节装入，LODSW 表示按字装入。

（2）该指令执行前必须设置 DS:SI 指向源串。

（3）不带前缀。

5.　STOS（Store String）

指令格式：［REP］　STOS　　　［ES：］dest-string（Ⅰ）

　　　　　　［REP］　STOSB（Ⅱ）

　　　　　　［REP］　STOSW（Ⅲ）

指令功能：将累加器 AL/AX 中的值输送到字符串中的某个位置。

说明：

（1）指令格式（Ⅰ）中只有一个目的操作数，用来表示目的串的符号地址。其中的 STOSB 表示按字节进行存储，STOSW 表示按字进行存储。

（2）执行指令前，必须设置 ES:DI 指向目的串。

（3）该指令不影响标志位。

3.3.5 控制转移指令

前面介绍的数据传输指令、算术运算指令、逻辑运算/移位指令、串操作指令都用于数据的传输、加工和处理，它们对数据的操作有非常重要的意义。在 Intel 8086/8088 指令系统中还有一组指令用于控制程序的流程，程序流程对指令的执行次序和执行方向有影响，这类指令称为程序转移指令。

在 Intel 8086/8088 程序中，指令的执行顺序是由代码段寄存器 CS 和指令指针寄存器 IP 的内容决定的。一般情况下，指令是按顺序执行的，如果要改变程序的正常执行顺序，就必须修改 IP 中的内容，或者同时修改 IP 和 CS 中的内容。于是，程序发生转移。程序转移指令通过修改 IP 和 CS 中的内容，以引起程序执行顺序的变化。当程序发生转移时，存放在指令队列缓冲器中的指令被清除。总线接口单元将根据转移指令给出的 CS 和 IP 的值从存储器中取一条新指令，经指令队列直接送到执行单元。

Intel 8086/8088 指令系统中还有一组指令用于控制程序的转移，这些指令有的只修改 IP 中的内容，有的同时修改 IP 和 CS 中的内容。这组控制程序转移的指令可分为 4 组：转移指令、循环控制指令、过程调用与返回指令和中断指令，除了中断指令，其他指令均不影响标志位。

1. 转移指令

转移是一种将程序的执行从一处改换到另一处最直接的方法。转移指令包括无条件转移指令和条件转移指令。

1）无条件转移指令

指令格式：JMP　目标标号

指令功能：JMP 指令使程序无条件地转移到由目标标号指定的地址执行。

说明：当目标标号在当前代码段内时，称为段内转移，这组指令只修改 IP 中的内容；当目标标号在其他代码段内时，称为段间转移，这组指令同时修改 IP 和 CS 中的内容。

（1）段内直接短转移指令。

指令格式：JMP　Short-label

指令功能：该指令的操作数是一个短标号，该标号在本段内。转移的有效地址为当前 IP 中的内容与指令中指定的 8 位（−128～+127）的位移量之和。

（2）段内直接转移指令。

指令格式：JMP　Near-label

指令功能：该指令的操作数是一个近标号，该标号在本段内。转移的有效地址为当前 IP 中的内容与指令中指定的 16 位（−32768～32767）的位移量之和。相对位移量可正可负，执行指令的地址（有效地址）是将指令指针寄存器 IP 中的内容加上相对位移量 Disp，代码段寄存器 CS 中的内容不变。

（3）段内间接转移指令。

指令格式：JMP　Reg16 / Mem16

指令功能：该指令的操作数是一个 16 位的寄存器或者存储器操作数。该指令的操作是用指定的寄存器或存储器中的内容作为目标偏移地址取代当前 IP 中的内容，以实现程序的转移。

【例 3.20】JMP　AX

设当前 CS=1200H，IP=5800H，AX=1100H，在执行该指令时，IP←(AX)=1100H，执行 JMP 指令时，使 CPU 转移到物理地址为 13100H 的单元执行程序。

（4）段间直接转移指令。

指令格式：Far-label

指令功能：该指令的操作数是一个远标号，该标号在另一个代码段内。转移的有效地址为将标号的偏移地址取代当前 IP 中的内容，同时将标号的段地址取代 CS 中的内容，使程序控制转移到另一代码段内指定的标号处。

（5）段间间接转移指令。

指令格式：JMP　Mem32

指令功能：该指令的操作数是一个 32 位的存储器操作数。该指令的操作是用指定存储器中第一个字内容替换当前 IP 中的内容，将存储器中第二个字内容替换当前 CS 中的内容，执行该指令后 CPU 根据 IP 和 CS 中新的内容执行相关程序。

2）条件转移指令

指令格式：Jxx　目标标号

指令功能：其中的 xx 是测试条件。执行该指令时以 CPU 中的标志寄存器标志位的状态为测试条件，决定是否控制程序转移。

条件转移指令的执行过程如下。

第一步：测试规定的条件。

第二步：若该条件满足要求，则转移到目标地址；否则，继续按顺序执行指令。

说明：

① 条件转移指令只有一个操作数，用于指明转移的目标地址，但它与无条件转移指令操作数的规定不同，条件转移指令必须是一个短标号。

② 除了 JCXZ 指令，其他条件转移指令都将标志寄存器标志位的状态作为测试条件。因此，首先应执行影响有关标志位状态的指令，然后才能用条件转移指令测试这些标志寄存器的标志位状态，以确定程序是否转移。CMP 指令和 TEST 指令是常用的两条指令，它们常与条件转移指令配合使用。

在 Intel 8086/8088 指令系统中有 19 条条件转移指令，根据测试条件的不同，这些条件转移指令的分类如下。

（1）与标志寄存器的标志位状态无关的条件转移指令，只有 1 条。

指令助记符为 JCXZ，条件 CX=0。

（2）与标志寄存器的标志位状态有关的条件转移指令，共 18 条。根据测试条件中标志位目的不同，这组指令又分为两个小组指令。

① 单测试条件转移指令，共 10 条（见表 3-1）。根据单个标志寄存器标志位的状态判断转移的条件转移指令。

表 3-1　单测试条件转移指令

指令助记符	指令功能	转移条件
JE/JZ	等于/零转移	ZF=1
JNE/JNZ	不等于/非零转移	ZF=0
JC	进位转移	CF=1
JNC	无进位转移	CF=0
JS	负转移	SF=1
JNS	正转移	SF=0
JP/JPE	偶转移	PF=1
JNP/JPO	奇转移	PF=0
JO	溢出转移	OF=1
JNO	不溢出转移	OF=0

② 复合测试条件转移指令，共 8 条。这组条件转移指令根据两个或两个以上标志寄存器的标志位状态判断是否转移。根据所测试操作数类型的不同，复合测试条件转移指令分为无符号数条件转移指令和带符号数条件转移指令两种（见表 3-2）。

表 3-2　复合测试条件转移指令

指令助记符	指令功能	转移条件	备注
JA/JNBE	高于/不低于不等于转移	CF=0　AND　ZF=0	无符号数
JAE/JNB	高于等于/不低于转移	CF=0　OR　ZF=1	无符号数
JB/JNAE	低于/不高于不等于转移	CF=1　AND　ZF=0	无符号数
JNB/JNA	低于等于/不高于转移	CF=1　OR　ZF=1	无符号数
JG/JNLE	大于/不小于不等于转移	SF=OF　AND　ZF=0	带符号数
JGE/JNL	大于等于/不小于转移	SF=OF　OR　ZF=1	带符号数
JL/JNGE	小于/不大于不等于转移	SF≠OF　AND　ZF=0	带符号数
JLE/JNG	小于等于/不大于转移	SF≠OF　OR　ZF=1	带符号数

2. 循环控制指令

循环控制指令实际上是一组增强型的条件转移指令，它也是根据测试条件和标志寄存器的标志位状态判断是否控制程序转移。

在 Intel 8086/8088 指令系统中有 4 条循环控制指令，它们都隐含使用寄存器 CX 作为循环计数器。因此，这些指令是以 CX 中的内容控制循环过程的。

1）LOOP

指令格式：LOOP　目标标号

指令功能：将寄存器（循环计数器）CX 中的值减 1 后送回 CX 中，若 CX≠0，则转移到目标标号指定的地址继续循环；否则，结束循环，执行下一条指令。

因此，LOOP 指令相当于两条指令的组合。

$$\text{LOOP} \quad \text{目标标号} \Rightarrow \begin{cases} \text{DEC} & \text{CX} \\ \text{JNZ} & \text{目标标号} \end{cases}$$

由于 LOOP 循环指令同时完成减 1 与转移的测试操作，因此简化了循环程序的循环控制部分，即用一条指令完成两条以上指令的功能。

例如：已知 5 位同学的"微机原理及应用"课程考试成绩分别为 87 分、93 分、68 分、74 分、56 分，假设这些成绩已存入附加段首地址为 BUFFER 的内容单元中，试编程找出这些成绩中的最高分，并将其存入 TOP1 单元。

程序如下：

```
LEA   BX, BUFFER
MOV  AL, [BX]
MOV  CX, 5
NT: INC   BX
CMP  AL, [BX]
JC   NET
LOOP  NT
NET:MOV  AL, [BX]
LOOP  NT
MOV  TOP1, AL
```

【例 3.21】在附加段首地址为 BUFFER 的内存数据区中存放着 100 字节带符号数，试编程统计其中的正元素、负元素及零的个数，并分别将统计结果存入 PLUS、MINUS 和 ZERO 三个字节存储单元中。

程序如下：

```
        ......
        XOR BL,BL
        MOV PLUS,BL
        MOV MINUS,BL
        MOV ZERO,BL
        LEA SI, BUFFER
        MOV CX, 100
WW:     MOV AL,[SI]
        AND AL,AL
        JS K1
        JZ K2
```

```
        INC PLUS
        JMP TT
        K1:     INC MINUS
        JMP TT
K2:     INC ZERO
TT:     INC SI
        LOOP WW
        ……
```

2）LOOPE/LOOPZ（Loop if equal/Loop if zero）

指令格式：LOOPE/LOOPZ   short-label

指令功能：先将 CX 中的内容减 1，再送回 CX 中，若 CX≠0 且 ZF=1，则循环，否则，执行下一条指令。

说明：这是一条复合条件的循环指令，既要满足 CX≠0 还要满足"相等"或"等于零"的条件，才能循环。

3）LOOPNE/LOOPNZ（Loop if not equal/Loop if not zero）

指令格式：LOOPNE/LOOPNZ   short-label

指令功能：先将 CX 中的内容减 1，再送回 CX 中，若 CX≠0 且 ZF=0，则循环，否则，执行下一条指令。

说明：这是一条复合条件的循环指令，既要满足 CX≠0 还要满足"不相等"或"不等于零"的条件，才能循环。

4）JCXZ

指令格式：JCXZ   short-label

指令功能：JCXZ 指令不对寄存器 CX 的内容进行操作，只根据 CX 中的内容控制转移。当 CX=0 时，程序转向目标标号处。

3．过程调用与返回指令

在某一程序中，如果有一些程序段需要在不同的地方多次反复出现，就可以将这些程序段设计成过程（相当于子程序），在需要时调用。过程结束后，再返回原来调用的程序段。采用这种方法，可以使程序的总长度大大缩短，有利于实现模块的程序设计，使程序的编写、阅读和修改都比较方便。

1）CALL（Call a procedure）

指令格式：CALL   过程名

指令功能：该指令执行时，首先把主程序的断点地址（过程调用指令的下一条指令地址）推入堆栈保存，然后将目标地址（过程的首地址）装入 IP 中或同时 IP 和 CS 中，以控制 CPU 能够转移到目标过程执行被调用的过程。执行过程调用指令对标志位无影响。

CALL 指令执行过程如图 3-15 所示。

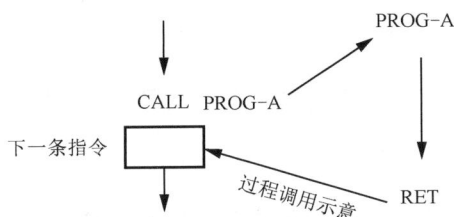

图 3-15 CALL 指令执行过程

2）RET（过程返回指令）

过程的最后一条指令必须是返回指令。

指令格式：RET

　　　　　RET　n

指令功能：从堆栈中弹出由 CALL 指令推入堆栈的断点地址值，送回 IP 中或同时送回 IP 和 CS 中，使 CPU 返回到主程序的断点继续执行指令。过程返回指令对标志位无影响。

说明：过程调用指令 CALL 与过程返回指令 RET 成对使用。

4. 中断指令

Intel 8086/8088 可在程序中安排一条中断指令，以引起一个中断过程，这种中断称为软件中断。

1）INT（Interrupt）

指令格式：INT　n

指令功能：执行中断类型号为 n 的中断服务程序。

n 被称为中断类型号（0～255），共 256 种中断类型。执行过程：首先将标志寄存器推入堆栈，清除 IF 和 TF 中的内容，然后将 CS 中的内容推入堆栈，将中断类型号 n 乘以 4 得到中断矢量地址，中断矢量地址的第二个字数据被送回 CS 中。将 IP 中的内容推入堆栈，并将中断矢量的第一个字数据输送到 IP 中，执行相应的中断服务程序。

2）INTO（Interrupt If Overflow）

INTO 指令称为溢出中断指令，其指令助记符无操作数，执行过程同"INT　n"格式的指令。

3）IRET（Interrupt Return）

IREF 指令称为中断返回指令，通常是中断服务程序的最后一条指令。IRET 指令将推入堆栈的段地址和偏移地址弹出，使程序控制返回到原来发生中断的地方，同时恢复段寄存器。

3.3.6 微处理器控制指令

Intel 8086/8088 微处理器控制指令共 12 条，可以用于修改标志寄存器标志位，使 CPU 暂停运行或等待等操作。微处理器控制指令主要分为以下 3 种指令。

1. 标志位操作指令

Intel 8086/8088 微处理器的标志位操作指令共 7 条，用来设置或改变标志寄存器标志位的状态。

1）CLC (Clear carry flag)

该指令是清进位标志位指令，其功能是将 CF 置"0"。

2）STC (Set carry flag)

该指令是置进位标志位指令，其功能是将 CF 置"1"。

3）CMC（Complement carry flag）

该指令用于对进位标志位取反。

4）CLD（Clear direction flag）

清除方向标志位。该指令的操作目的是将 DF 置"0"。

5）STD（Set direction flag）

置方向标志位。该指令的操作目的是将 DF 置"1"。

6）CLI（Clear interrupt flag）

清中断允许标志位。该指令的操作目的是将 IF 置"0"。

7）STI (Set interrupt enable flag）

置中断允许标志位。该指令的操作目的是将 IF 置"1"。

2. 同步控制指令

Intel 8086/8088 微处理器（主处理器）在最大模式下工作时可与协处理器一起构成多处理器系统。当主处理器需要协处理器帮助它完成某个任务时，主处理器可使用同步控制指令向协处理器发出请求信号，在它们接收这一请求信号后，主处理器才能继续执行程序。Intel 8086/8088 指令系统中有 3 条同步控制指令。

1）ESC（Escape）

指令格式：ESC　ext_op , src

指令功能：使某个协处理器从 Intel 8086/8088 的程序中取一条指令中的一个存储器操作数。主处理器在执行 ESC 指令时，除了访问一个存储器操作数并把它存放在总线上，不进行其他任何操作。

协处理器平时处于查询状态，一旦查询到主处理器执行 ESC 指令且发出交权命令，被选中的协处理器便开始工作，根据 ESC 指令的要求完成相应的操作。待协处理器操作结束时，便在 $\overline{\text{TEST}}$ 引脚向主处理器送回一个有效的低电平信号，当主处理器测试到 $\overline{\text{TEST}}$ 有效时才能继续执行后续指令。

2）WAIT（Wait while $\overline{\text{TEST}}$ pin not asserted）

指令格式：WAIT

指令功能：该指令完成主处理器与协处理器或外部硬件的同步。

WAIT 指令通常用在主处理器执行完 ESC 指令后，用来等待外部事件，即等待 $\overline{\text{TEST}}$ 引脚的有效信号。如果 Intel 8086/8088 的 $\overline{\text{TEST}}$ 引脚信号无效（高电平），则 WAIT 指令使主处理器处于等待状态，重复执行 WAIT 指令。如果 $\overline{\text{TEST}}$ 引脚信号有效（低电平），则主处理器不再执行 WAIT 指令，继续执行后续指令。

WAIT 指令与 ESC 指令成对使用，它们之间可以插入一个程序段，也可以相连。

3）LOCK (Lock bus)

指令格式：LOCK　某指令

指令功能：当 Intel 8086/8088 工作在最大模式下时，该指令使主处理器在执行 LOCK 指令后面的指令时保持一个总线封锁信号 $\overline{\text{LOCK}}$。该信号禁止其他协处理器对总线进行访问。

LOCK 是指令前缀而不是一条单独的指令，不能单独使用，可位于任何指令前。

3．其他控制指令

1）NOP（No operation）

指令格式：NOP

指令功能：该指令空操作指令。主处理器执行 NOP 指令时，不执行任何操作，并且占用 3 个时钟周期，并且使指令指针寄存器 IP 中的内容加 1。主处理器执行完 NOP 指令后，接着执行后续指令。

NOP 指令对标志位没有影响。

2）HLT (Halt)

指令格式：HLT

指令功能：执行 HLT 指令后，主处理器处于暂停状态。

当主处理器执行 HLT 指令时，实际上是用软件的方法使主处理器暂停工作。在 RESET 引脚上施加复位信号、在 NMI 信号端有非屏蔽中断请求产生，或者当 IF=1，在 INTR 输入端有可屏蔽中断请求产生时，主处理器会退出暂停状态。HLT 指令对标志位也没有影响。

思考与练习

3-1　指出下列指令中的源操作数和目的操作数的寻址方式。

（1）MOV BX,1000H 源操作数：立即寻址；目的操作数：寄存器寻址

（2）MOV AL,[BX] 源操作数：寄存器间接寻址；目的操作数：寄存器寻址

（3）MOV [DI+1000H],BX 源操作数：寄存器寻址；目的操作数：寄存器相对寻址

（4）MOV [1000H],CX 源操作数：寄存器寻址；目的操作数：直接寻址

3-2　假定 DS=1000H，SS=9000H，SI=100H，BX=20H，BP=300H，请指出下列指令中的源操作数是什么寻址方式？若源操作数位于存储器中，其物理地址是多少？

（1）MOV CX,[1000H]　　　　　（2）MOV AX,100H

（3）MOV AX,[BX]　　　　　　（4）MOV BL,CL

（5）MOV AL,[BP+5]　　　　　　（6）MOV AL,[BP+SI+2]

3-3　指出下列指令中的错误并改正。

（1）MOV BL,30A0H　　　　　　（2）MOV 0010H,AL

（3）XCHG AL,BX　　　　　　　（4）MOV [AX],3456H

（5）PUSH AL　　　　　　　　　（6）POP CS

（7）MOV DS,1000H　　　　　　（8）MOV [BX],[1000H]

（9）LDS（BX）,[1000H] LDS　　（10）LEA BX,CX LEA

3-4　已知（AX）=4A0BH,[1020H]单元中的内容为260FH,写出下列每条指令单独执行后的结果。

（1）MOV AX,1020H;

（2）XCHG AX,[1020H];

（3）MOV AX,[1020H];

（4）LEA AX,[1020H];

3-5　试用几条简单的指令完成将寄存器 AL 中的无符号数乘以 12 的操作，要求只能用移位、加法及 MOV 指令。

3-6　试用 CMP 指令和条件转移指令实现下列判断。

（1）AX 和 CX 中的内容为无符号数：若（AX）>（CX），则转移到 BIGGER 标号执行；若（AX）<（CX），则转移到 LESS 标号执行。

（2）BX 和 DX 中的内容为无符号数：若（BX）>（DX），则转移到 BIGGER 标号执行；若（BX）<（DX），则转移到 LESS 标号执行。

第4章 汇编语言及其程序设计

教学提示

前 3 章介绍了微处理器的内部结构、工作原理及指令系统，本章是这些前述知识的综合应用。汇编语言是面向机器的语言，其程序设计有特殊性。本章主要介绍汇编语言的语法规则、汇编语言语句的组成、伪指令的使用方法和汇编程序的基本设计方法。本章是后续微机系统应用的基础。

学习本章时，需要重点掌握汇编程序的段式结构、伪指令的使用方法、汇编程序的调试及汇编语言程序设计思路，难点是灵活运用系统功能调用。

4.1 汇编语言概述

程序设计语言是实现人机信息交换（对话）的基本工具，可分为机器语言、汇编语言、高级语言。这三种语言的特点如下。

（1）机器语言（Machine Language）用二进制数表示指令和数据。它的优点是执行速度快，占用内存少；缺点是不直观，不易理解和记忆，因此编写、阅读和修改机器语言程序都比较烦琐。

（2）汇编语言（Assembly Language）弥补了机器语言的不足，它用助记符书写指令和地址数据，也可用符号表示。与机器语言相比，编写、阅读和修改汇编语言程序都比较方便，不易出错，并且其程序的执行速度和机器语言的执行速度差不多，但需要用汇编程序对其进行汇编。

汇编语言同机器语言一样，都是面向具体计算机的语言。也就是说，不同的 CPU 具有不同的汇编语言。

（3）高级语言（High Level Language）不针对具体的计算机，通用性强。用高级语言编程时，不需要了解计算机内部的结构和原理。对于非计算机专业的人员来说比较容易掌握。它的优点是高级语言程序易阅读、易编写，相对比较简短，被大量用于科学计算和事务处理，如 C 语言、BASIC 语言、FORTRAN 语言。它的缺点是用高级语言编写的程序必须"翻译"成机器语言，计算机才能执行。所需的系统软件称为编译程序或解释程序，这些编译程序或解释程序比汇编程序复杂得多，需占用较多的内存空间，影响程序的执行速度。

对程序执行速度要求较高而内存容量又有限的场合，用汇编语言编写程序，而对其他场合可用高级语言编写程序。

4.2 汇编语言源程序的结构及组成

4.2.1 汇编语言源程序的基本结构

一个汇编语言源程序是由若干程序段组成的，这些程序段只能是数据段、堆栈段、附加段中的一个、若干或全部。在这些程序段中，代码段是必不可少的。每个程序段以 SEGMENT 语句开始，以 ENDS 语句结束。整个源程序的结束用 END 语句。

对应每个程序段，都有专门的段寄存器存储数据。源程序的基本模式如下。

```
DATA   SEGMENT                          ;定义数据段
ARRAY  DB   0, 1, 2, 3, 4, 5, 6         ;变量定义
DATA   ENDS
SSEG   SEGMENT  STACK                    ;定义堆栈段
    DB   100 DUP ( ? )                   ;开辟堆栈空间
SSEG   ENDS
ESEG   SEGMENT                           ;定义附加段
NUM    DB   'Hello World!'               ;字符串定义
ESEG   ENDS
CODE   SEGMENT                           ;定义代码段
    ASSUME  CS: CODE, DS: DATA, SS: SSEG, ES: ESEG
START: MOV   AX, DATA                    ;初始化数据段
       MOV   DS, AX
       MOV   AX, SSEG                    ;初始化堆栈段
       MOV   SS, AX
       MOV   AX, ESEG                    ;初始化附加段
       MOV   ES, AX
       ……
       <伪指令语句系列>
       ……
       MOV   AH, 4CH                     ;返回操作系统
       INT   21H
CODE   ENDS
       END   START
```

说明：汇编语言源程序中的段与微处理器管理的存储器的段既有联系又在概念上有所区别。微处理器对存储器的管理是分段进行的，因而在汇编语言程序中也要求分段组织指令、数据和堆栈等，以便将源程序汇编成目标程序分别装入存储器相应的段中。以 Intel

8086/8088 微处理器（以下简称 CPU）为例，它有 4 个段寄存器（DS、ES、SS 和 CS），因此 CPU 按照 4 个物理段对存储器进行管理，即按数据段、附加段、堆栈段和代码段进行管理。任何时候 CPU 只能访问这 4 个物理段，而在汇编语言程序中设置段的自由度比较大。例如，一个汇编语言源程序可以有多个数据段或多个代码段等。一般来说，汇编语言源程序中段的数目可根据实际而定。为了与 CPU 管理的存储器物理段相区别，将汇编语言源程序中的段称为逻辑段。

【例 4.1】实现两个十进制数求和的汇编语言源程序。

```
DATA    SEGMENT                      ;数据段开始
  X       DB    6                    ;定义字节变量
  Y       DB    126                  ;定义字节变量
  SUM    DB    ?                     ;定义字节存储空间
DATA    ENDS                         ;数据段结束
CODE    SEGMENT                      ;代码段开始
  ASSUME  CS: CODE, DS: DATA         ;指示段与段寄存器的关系
START:  MOV   AX , DATA              ;给 AX 赋值
        MOV   DS , AX                ;设置 DS
        MOV   AL, X
        ADD   AL , Y                 ;实现 X+Y
        MOV   SUM , AL               ;将结果存入 SUM 中
        MOV   AH, 4CH                ;设置 DOS 功能调用功能号
        INT   21H                    ;执行 DOS 功能调用，返回 DOS
CODE    ENDS                         ;代码段结束
END  START                           ;程序结束，表明源程序从 START 语句处开始执行
```

从上述程序中可以明显地看出段式结构。其中 DATA 与 CODE 分别为两个数据段和代码段的名字；每个段有明显的起始语句与结束语句，这些语句称为"段定义"语句；汇编语言源程序由语句组成。

4.2.2　汇编语言语句的类型和组成

一般来说，一个汇编语言源程序是由一行一行的语句组成的。汇编语言源程序中的语句主要有两种类型：指令性语句和指示性语句。汇编语句一般由以下 1～4 部分组成，中括号内为可选项。

[名字]　操作码/伪指令　[操作数][；注释]

指令性语句是能产生目标程序的语句，这些目标程序可供 CPU 执行并完成特定操作。指令性语句主要由指令组成，示例如下。

例如：

```
START: MOV   AX, DATA               ;给 AX 赋值
```

指示性语句也称伪操作语句，是一种不产生目标程序的语句，它仅仅在汇编过程中告

诉汇编程序应如何进行汇编。指示性语句主要由伪指令组成，示例如下。

例如：

```
    X    DB    6                    ;定义字节变量
```

指令和伪指令的区别如下。

（1）执行的对象不同。

① CPU 指令是给 CPU 的命令，在程序运行时由 CPU 执行。每条指令对应 CPU 的一种特定操作，如前面所学的数据传输指令、加法指令等。

② 伪指令是汇编程序的命令，在汇编过程中由汇编程序进行处理，如定义数据类型、分配存储区、定义段及过程等。

（2）执行的效果不同。

① 在汇编以后，每条 CPU 指令产生一一对应的目标程序。

② 伪指令汇编后不产生对应的目标程序。

1. 名字

汇编语言语句的第一个组成部分是名字（Name）。变量名、常量名、段名、宏名和过程名等统称为名字。名字的命名规则如下。

（1）组成名字的合法字符有字母（不分大小写）、数字和特殊符号（"？"、"："、"@"、"_"、"$"），如 "SUM"、"Sum" 和 "sum" 表示同一名字。

（2）名字的有效长度小于 31 个西文字符。

（3）名字以字母开头。

（4）不能把保留字用作名字，如 MOV、ADD、DB 和 END 等均为保留字。

1）指令性语句的名字

指令性语句的名字写在指令之前，其名字之后有冒号 "："，常称为标号，标号在代码段中定义，它实质是指令的符号地址，但并非每条指令语句都有标号。若一条指令前面有一个标号，则程序的其他地方就可以引用这个标号。

标号有 3 种属性：段、偏移地址和类型。

标号的段属性是定义标号程序段的段地址，当程序中引用一个标号时，该标号段应在寄存器 CS 中。

标号的偏移地址：标号所在段的起始地址到定义该标号的地址之间的字节数。偏移地址是一个 16 位的无符号数。

标号的类型有两种：NEAR 和 FAR。前者可以在段内引用，地址指针寄存器为 2 字节，后者可以在段间引用，地址指针寄存器为 4 字节。

2）指示性语句的名字

与指令性语句中的标号不同，这些指示性语句中的名字并不是任选的，有些指示性语句前面必须有名字，有些指示性语句不允许有名字，也有一些指示性语句的名字是任选的。总之，不同的指示性语句对于是否有名字有不同的规定。

指示性语句名字后面通常不跟冒号，这是它和标号的一个明显区别。很多情况下，指示性语句中的名字是变量名，变量名代表存储器中一个数据区的名字。

变量也有 3 种属性：段、偏移地址和类型。

变量的段属性是变量所代表数据区所在段的段地址，由于数据区一般在存储器的数据段中，所以变量的段值常常放在寄存器 DS 和 ES 中。

变量的偏移地址：变量所在段的起始地址与变量地址之间的字节数。

变量的类型有 BYTE（字节）、WORD（字）、DWORD（双字）、QWORD（四字）、TBYTE（十字节等），表示数据区中存取操作对象的大小。

2．助记符和伪指令

汇编语言语句的第二部分是助记符或伪指令。指令性语句中的第二部分是 Intel 8086/8088 指令的助记符，共 90 余条。指示性语句中的第二部分是伪指令，伪指令在程序中的作用是定义变量类型、定义段及命令汇编程序结束汇编等。这些都是由汇编程序来完成的。

3．操作数

汇编语言语句中的第三部分是操作数（Operand）。对于 CPU 指令，可能有单操作数或双操作数，也可能是无操作数；对于伪指令，则可能有多个操作数，当操作数不止一个时，互相之间用逗号隔开。

常量、变量、标号、寄存器和表达式等可以作为操作数。

（1）常量。常量（Constant）是具有一定值的量，并且其值不能改变。汇编语言程序中的常量有数字常量、字符常量和符号常量。

① 数字常量。数字常量的表现形式有十进制数、八进制数、十六进制数和二进制数等，例如，23D、86Q、0F5H 和 01100010B 均为数字常量。

② 字符常量。字符常量用单引号括起来，如 '5'、'A' 和 'a' 等，字符常量在操作中体现出的值是其 ASCII 码值。

③ 符号常量。用名字标识的常量称为符号常量。以符号代替常量，可增加程序的可读性及通用性。例如，Count = 16，源程序后面出现 Count 时，其值都为 16。

（2）变量。变量（Variable）由数据定义伪指令（Data Definition Pseudo-Op）定义，变量代表存储器中某个数据区的名字。因此在指令中变量可作为存储器操作数。

（3）标号。由于标号（Label）代表一条指令的符号地址，因此可作为转移指令、过程调用和循环控制等指令的操作数。

（4）寄存器。Intel 8086/8088 中的寄存器操作数可作为操作数。

（5）表达式。汇编语言语句中的表达式（Expression）按性质可分为两种：数值表达式和地址表达式。

数值表达式产生一个数值结果，只有大小，没有属性。地址表达式不仅是一个单纯的数值，而且是一个表示存储器地址的变量或标号，它有 3 种属性：段、偏移地址和类型。

表达式中常用的运算符有以下几种。

（1）算术运算符。算术运算符可用于数值表达式，运算结果是一个数值。算术运算符有 5 种："+"、"−"、"*"、"/" 和 MOD（求余）。其中的 MOD 运算符用于将两个整数相除后取余数。地址表达式中只能用 "+"、"−" 两种运算符。

例如：NUMBER DB 12H, 34H, 56H, 78H

　　　MOV   AX , NUMBER+1   ; NUMBER+1 为地址表达式

（2）逻辑运算符。逻辑运算符只用于数值表达式，以便对数值进行按位逻辑运算，从而得到一个数值结果。逻辑运算符包括 AND（与）、OR（或）、NOT（非）和 XOR（异或）。表达式中的逻辑运算符是在汇编过程中完成的，注意逻辑运算符与逻辑指令的区别。对地址进行逻辑运算无意义。

例如：CONST EQU 0FH

　　　;助记符中的 AND 在目标程序中执行，表达式中的 AND 在汇编过程中执行

　　　AND   AL, CONST AND 78H

（3）关系运算符。关系运算符用于数的比较，关系运算符有 EQ（等于）、NE（不等于）、LT（小于）、GT（大于）、LE（小于或等于）等。

必须是两个数值参与关系运算，或者同一个段中的两个存储单元地址参与关系运算，但运算结果只可能是两个特定的数值之一：当关系成立时，运算结果为 0FFFFH；当关系不成立时，运算结果为 0。

（4）分析运算符。分析运算符用于分析一个标号或存储器操作数的属性，如段、偏移地址和类型等。

① OFFSET。利用运算符 OFFSET 可得到一个标号或变量的偏移地址。

② SEG。利用运算符 SEG 可得到一个标号或变量的段值。

③ TYPE。运算符 TYPE 的运算结果是一个数值，这个数值与存储器操作数属性对应。若是变量，则汇编语言程序将回送该变量以字节表示的类型：DB 为 1，DW 为 2，DD 为 4，DQ 为 8，DT 为 10。若是标号，则汇编语言程序将回送代表该标号类型的数值：NEAR 为 −1，FAR 为−2。

④ LENGTH。如果一个变量已用重复操作符 DUP 说明其变量的个数，那么利用运算符 LENGTH 可得到变量的个数。

⑤ SIZE。如果一个变量已用重复操作符 DUP 说明，那么利用运算符 SIZE 可得到分配给该变量的字节数。显然，SIZE = TYPE * LENGTH。

（5）合成运算符。合成运算符用来建立或改变已定义变量、内存操作数或标号的类型。合成运算符有 PTR、THIS 和 SHORT。合成运算符可以规定操作数的某个属性，如类型。

① PTR。格式：类型 PTR 变量/标号，返回值：具有规定类型的变量或标号。

运算符 PTR 在重新指定变量类型时使用。

例如：DATAW　DW　1122H, 3344H, 5566H

　　　MOV　AX, DATAW

　　　MOV　AX, BYTE　PTR　DATAW;临时改变 DATAW 变量的字属性为字节属性

运算符 PTR 在指定内存操作数的类型时使用。

例如：MOV　AL, BYTE　PTR　[BX]　　;内存操作数为字节属性

　　　MOV　AX, WORD　PTR　[BX]　　;内存操作数为字属性

运算符 PTR 与 EQU 一起定义一个新变量时使用。

例如：DATAW　DW　1122H, 3344H, 5566H

　　　DATAB　EQU　BYTE　PTR　DATAW　;变量 DATAW 和 DATAB 的起始地
　　　　　　　　　　　　　　　　　　　址相同

　　　MOV　AX, DATAW　　　　　　　　;进行字存取时可用变量 DATAW

　　　MOV　AL, DATAB　　　　　　　　;进行字节存取时可用变量 DATAB

② THIS。运算符 THIS 可以像 PTR 一样建立一个指定类型的地址操作数，该操作数的段地址和偏移地址与紧靠它的下一个存储单元地址相同。

例如：DATAB　EQU　THIS　BYTE　　　　　;变量 DATAB 为字节类型

　　　DATAW　DW　1122H, 3344H, 5566H;变量 DATAB 和 DATAW 的起始地址相同

③ SHORT。运算符 SHORT 用于 JMP 指令，指明是短转移。

（6）其他运算符。

① 方括号[ ]。

例如：MOV　AX, [1000H]　　　　　　　;方括号中的数据为有效地址，默认为
　　　　　　　　　　　　　　　　　　　数据段

② 段超越。

例如：MOV　AX, ES: [1000H]　　　　　;读取的数据在附加段中

③ 字节分离运算符 High 和 Low。

使用字节分离运算符 High 和 Low 时，将分别得到一个数值或地址表达式的高位字节和低位字节。

4. 注释项

注释项用来说明一段程序、一条或几条指令的功能，注释项为可选项，不会影响程序的执行。对编程者而言，注释项是一种"备忘录"。好的注释，使程序容易阅读，便于维护。注释项前面应加分号"；"。

4.3　伪　指　令

伪指令语句是一种说明（指示）性语句，仅仅在汇编过程中告诉汇编程序如何汇编。例如，告诉汇编程序已写出的汇编语言源程序有几个段？段的名称是什么？是否采用过

程？汇编到某段时是否需要留出存储空间？应留多大存储空间？是否要用到外部变量等？通俗地说，伪指令语句是一种汇编程序在汇编时用来控制汇编过程及向汇编程序提供汇编相关信息的指示性语句。与指令性语句不同的是，伪指令语句本身并不直接产生可供计算机执行的目标程序。

宏汇编程序 MASM 提供几十种伪指令，它们可以分为以下 8 类。

（1）处理器方式伪指令。

（2）数据定义伪指令。

（3）符号定义伪指令。

（4）段定义伪指令。

（5）过程定义伪指令。

（6）模块定义和结束伪指令。

（7）宏定义伪指令。

（8）模块连接伪指令。

4.3.1　处理器方式伪指令

处理器方式伪指令用于设置 CPU 的方式。处理器方式伪指令的格式是在处理器名称前加一个点号，如.8086。处理器方式伪指令.8086 将通知汇编程序只汇编 Intel 8086/8088 的指令。此时，若在源程序中出现 Intel 80286/80386 指令，将提示错误。若不写任何处理器方式伪指令，则汇编程序默认为.8086 方式。

一般情况下，各种处理器方式伪指令置于整个汇编语言源程序的开头，用于设定汇编语言源程序的指令系统。

4.3.2　数据定义伪指令

数据定义伪指令用于定义一个变量的类型，给存储器赋初值，或者仅仅给变量分配存储单元，不赋予特定的值。

数据定义伪指令包括 DB、DW、DD、DQ 和 DT，分别用来定义类型，如字节（DB）、字（DW）、双字（DD）、4 字（DQ）和 5 字（DT）。

指令格式：[变量名]　伪指令　[操作数 1，操作数 2，…]

指令功能：为数据分配存储单元，建立变量与存储单元之间的联系。

说明：

（1）括号中的变量名为可选项。

（2）变量名后面没有冒号。

（3）操作数可以不止一个，如有多个操作数，用逗号隔开。

注意：数据定义伪指令 DW 后面的操作数每个占 2 字节。在内存中存放时，采用小端模式，即低位字节占用低位地址，高位字节占用高位地址。汇编时，为每个操作数分配两个存储单元。

大端模式是指将较高位的有效字节存放在较低位的存储器地址中，将较低位的有效字节存放在较高位的存储器地址中。采用大端模式进行数据存放符合人类的正常思维，而采用小端模式进行数据存放有利于计算机处理。

有的处理器系统采用大端模式进行数据存放，Intel 80x86 系列微处理器都采用小端模式进行数据存放。大端模式与小端模式的差别体现在一个微处理器的寄存器、指令集和系统总线等各个层次中。

数据定义伪指令操作数的说明如下：

（1）数据定义伪指令后面的操作数可以是常数、表达式或字符串。

（2）每项操作数的值不能超过由数据定义伪指令定义的数据类型限定的范围。例如，数据定义伪指令 DB 定义数据类型为字节，则其范围分两种情况：无符号数的数据类型限定范围为 0～255，带符号数的数据类型限定范围为 −128～+127。字符串必须放在单引号中，另外，超过两个字符的字符串只能用数据定义伪指令 DB。

（3）除了常数表达式和字符串，问号"？"也可以作为数据定义伪指令的操作数。此时，仅给变量分配相应的存储单元，不赋予变量某个确定的值。

（4）当同样的操作数重复多次时，可用重复操作符 DUP，其格式为

$$n\quad DUP（初值，[初值]）$$

其中，圆括号中的内容为重复的内容，n 为重复次数。若用"n　DUP（？）"作为数据定义伪指令的唯一操作数，则汇编程序产生一个相应的数据区，但不赋予任何初值。

例如：

```
DATAB  DB  67, 12H, 'A', ?
DATAW  DW  1122H, 5678H, ?
DATAS  DB  'Hello', '1122', 6 DUP（0），3 DUP(1,2 DUP(3))
```

4.3.3　符号定义伪指令

在编写源程序时，程序设计人员常把某些常数、表达式等用一个特定符号表示，这样会给编写源程序带来很多方便。

符号定义伪指令是指给一个符号重新命名或定义新的类型等。这里的符号是指汇编语言中的变量名、标号名、过程名、寄存器名及指令助记符等。

常用的符号定义伪指令有 EQU、"="（等号）和 LABEL。

1）EQU

指令格式：名字　EQU　表达式

指令功能：用名字代替表达式的值。

说明：指令格式中的表达式可以是一个常数、符号、数值表达式或地址表达式。

指令用途：

（1）利用 EQU 伪指令，可以用一个名字代表一个数值，或者用一个较短的名字代表一个较长的名字。

（2）若源程序中需要多次引用一个表达式，则可以利用 EQU 伪指令对它赋给一个名字，以代替源程序中的表达式，从而使源程序更加简洁，易于阅读。当要修改此表达式时，只需修改一次。

注意：EQU 伪指令不允许对同一个符号重复定义。

2）"="（等号）

指令格式：名字　=　表达式

指令功能：用名字代替表达式的值。

说明："="（等号）伪指令的功能与 EQU 伪指令基本相同，其主要区别在于它可以对同一个名字重复定义。

3）LABEL

指令格式：变量/标号　LABEL　类型

指令功能：定义变量或标号的类型，而变量或标号的段属性和偏移地址属性由该语句所处的位置确定。

说明：在定义中，若是变量，则其类型可以是 BYTE、WORD、DWORD 等；若是标号则其定义类型只能是 NEAR 或 FAR 类型。

使用 LABEL 伪指令，可以使一个数据区兼有 BYTE 和 WORD 两种属性。这样，在以后的程序中可以根据不同需要，分别以字节为单位或以字为单位存取其中的数据。

使用 LABEL 伪指令，也可以将一个属性已定义的 NEAR，或者后面有冒号（隐含属性为 Near）的标号再定义为 FAR。

例如：

```
DATAW   LABEL  WORD
DATAB   DB  10H，20H，30H     ；DATAW 与 DATAB 指向相同的数据区
```

4.3.4　段定义伪指令

Intel 8086/8088 微处理器对存储器的管理是分段进行的，因而源程序中也要求分段组织指令、数据和堆栈等，以便将源程序汇编成为目标程序后分别装入存储器的相应段中。

段定义伪指令的功能就是把源程序划分为逻辑段，便于汇编程序在相应段名下生成目标程序，同时也便于连接程序，组合、定位后生成可执行程序。常用的段定义伪指令有 SEGMENT/ENDS 和 ASSUME 等。

1）SEGMENT/ENDS（程序段定义伪指令）

指令格式：段名　　SEGMENT　　[定位类型][组合类型][类别]

　　　　　　　　　……

　　　　　　段名　　ENDS

指令功能：用来定义程序中的一个段，指明当前数据或指令在哪一个程序段上。

说明：

（1）SEGMENT 伪指令位于一个逻辑段的开始部分，而 ENDS 伪指令则表示一个逻辑段的结束。在汇编语言源程序中，这两个伪指令总成对出现，并且两者前面的段名必须一致。SEGMENT 后面括号中的内容为可选项。

（2）定位类型用来指定段的地址边界。定位类型可以是 BYTE（段可从任何地址开始）、WORD（段的起始地址应为偶地址）、PARA（段的起始地址应为 16 的倍数）和 PAGE（段的起始地址应为 256 的倍数）。

（3）组合类型告诉汇编程序当各逻辑段装入存储器时应如何组合。组合类型可以是 PRIVATE（默认值，连接时不与其他模块中的同类别名段合并）、PUBLIC（连接时与其他模块中的同类别名段合并）、STACK（功能同 PUBLIC，但只用于堆栈段，汇编及连接后系统自动为 SS 及 SP 分配值）、COMMON（为各模块相同类别名的段指派同一基地址）、MEMORY（功能同 PUBLIC，装在所有同类别名段最后）和 AT exp（段地址为表达式 exp 的值）。

（4）类别主要用于控制段的存放次序，必须用单引号括起。

以上指令格式中的 3 个选项的顺序必须符合格式中的规定，这些可选项是给汇编程序和 Link 连接程序的命令。

宏汇编程序 MASM 或小编程序 ASM 可将源程序汇编成二进制目标程序（.OBJ）。但是由于目标程序中的地址是浮动的，因此必须通过 Link 连接程序进行连接。只有将地址最终确定下来，才可得到可执行程序（.EXE）。浮动地址的含义是指对源程序进行汇编时，先把每个逻辑段的开始地址都设为零，因而汇编后一个逻辑段中所有指令、数据等的偏移地址实际上只是相对本段开始处的偏移地址。将来装入内存时，每个段将被安排从某一实际的存储器物理地址开始，该段内所有的指令或数据等的地址也将据此浮动。因此，源程序汇编以后所得到的未经连接的目标程序中的地址是浮动的。

2）ASSUME（指定段寄存器伪指令）

在代码段中的可执行指令前必须有指定段寄存器的伪指令 ASSUME，它主要用来指出源程序中各逻辑段应通过哪个段寄存器寻址。在一个源程序中，至少应该有一个 ASSUME 伪指令指出段寄存器 CS 对应的程序代码段。

指令格式：ASSUME　段寄存器名：段名[，段寄存器名：段名…]

指令功能：该伪指令用来告诉源程序中所定义的段由哪个寄存器寻址。段寄存器可以是 CS、DS、ES、SS，段名是程序中由 SEGMENT 所定义的段之名。

说明：

（1）ASSUME 伪指令明确指出了源程序中逻辑段与物理段之间的关系。当汇编一个逻辑段时，即可利用相应的段寄存器寻址该逻辑段中的指令或数据。

（2）ASSUME 伪指令只是告诉汇编程序段与段寄存器之间的关系，并没有给段寄存器赋初值，必须在源程序中用指令给段寄存器赋初值。DS、ES 的值必须在源程序段中用指令语句进行赋值，而 CS、SS 由系统负责设置。

4.3.5 过程定义伪指令

在程序设计中，常把具有一定功能的程序段设计成一个子程序。汇编程序用过程构造子程序。过程定义伪指令是由 PROC 和 ENDP 这两个伪指令助记符完成的。PROC 伪指令用来表示过程的开始，ENDP 伪指令用来表示过程的结束。

指令格式：过程名　PROC　[类型]

　　　　　　　　　……

　　　　　　　　　RET

　　　　　过程名　ENDP

指令功能：用来定义一个过程。

说明：

（1）当一个程序被定义为过程后，在程序中的其他地方就可以用 CALL 指令来调用这个过程。CALL 格式如下：

CALL　过程名

（2）过程名实际上是过程入口的符号地址，它和标号一样，有 3 种属性：段、偏移地址和类型。过程名由用户自己定义。

（3）过程名的类型为 NEAR 或 FAR，表示该过程是段内调用或段间调用，默认为 NEAR。当用 CALL 指令调用该过程时，由类型决定是段内调用还是段间调用。

（4）在子程序中，RET 为过程返回主程序的出口语句，该语句不可默认。

（5）PROC 和 ENDP 伪指令必须成对出现，它们组成一个完整的过程定义。

（6）若过程名的类型为 NEAR，则只能被它所在代码段中的 CALL 指令调用。

4.3.6 模块定义和结束伪指令

1）NAME

指令格式：NAME　模块名

指令功能：为源程序中的目标程序指定一个模块名。

说明：如果源程序中没有 NAME 伪指令，那么汇编程序将 TITLE 伪指令定义的标题名前的 6 个字符作为模块名；如果源程序中既没有 NAME 伪指令，也没有 TITLE 伪指令，那么汇编程序将源程序中的文件名作为目标程序的模块名。

2）END

指令格式：END　[起始地址]

指令功能：END 伪指令表示源程序的结束。

说明：该指令中的起始地址为可选项，表示第一条要执行指令的地址。它可以是标号。如果多个程序模块连接，那么只有主程序需要使用标号，其他子模块只用 END 指令，而不必指定标号。

4.3.7　宏定义伪指令

1．宏定义伪指令的特点

如果源程序中需要多次使用同一个程序段，就可以将这个程序段作为一个宏定义伪指令。在每次需要时，即可简单地用宏定义伪指令名代替（称为宏调用），从而避免重复书写，使源程序更加简洁、易读。

显然，利用子程序（过程）也能将某些需要多次调用的指令编写成一个程序段。在需要的地方调用这个过程，从而使源程序易于实现模块化，增强源程序的可读性。

从某种意义上说，"宏定义"与"过程"有相似之处，也可以将构成一条宏定义伪指令程序段定义为一个过程，但两者有明显的区别。

（1）宏调用语句由宏汇编程序 MASM 中的宏处理程序识别并完成相应的处理，而调用过程用的 CALL 指令由 CPU 执行。

（2）汇编语言在汇编过程中要将宏定义伪指令所代替的程序段汇编成相应的机器语言，并插入源程序的目标程序中，每次调用均要插入，使用宏调用不能缩短目标程序的长度，但被定义的过程经汇编后的代码是与主程序分开而独立存在的，其目标程序在存储器中只保留一段，因此采用过程调用能有效缩短目标程序的长度，即节省内存空间，而宏定义伪指令没有这个优点。

（3）过程调用时需要保留程序的断点和现场，待执行完毕还要恢复现场和断点，这些操作需要耗费 CPU 的时间，而宏调用则不需要这些操作。因此，过程调用可以节省程序占用的存储空间，但降低了程序的执行速度；而宏调用不能节省存储空间，却有较快的执行速度。

（4）在每次宏调用时，允许修改有关参数，使得同一条宏定义伪指令在各次调用中可完成不同的操作；而过程一旦被定义，一般不允许修改。因此，任何一个过程在各次调用中完成相同的功能。

从上述特点可以看出，在需要多次执行的程序段比较长，对执行速度要求不高，并且不要求修改参数的情况下，宜采用过程调用方式；若要求多次执行的程序段比较短，或希望在各次调用中能修改某些参数时，宜采用宏调用方式。

2．MACRO/ENDM

指令格式：宏名　MACRO　[形式参数 1，形式参数 2，…]

$$\left.\begin{array}{c} \vdots \end{array}\right\} 宏体（指令序列）$$

ENDM

指令功能：宏定义伪指令格式中的宏名可以像指令一样在程序中被引用。

说明：

（1）MACRO 是宏定义符，它将一个宏定义伪指令名定义为宏定义阵中包含的程序段。

ENDM 表示宏定义结束，前面不要加指令名。

（2）进行一次宏定义，可以多次利用宏定义伪指令名进行宏调用，但必须先定义后引用。

（3）宏定义伪指令允许带参数，此时宏定义伪指令具有较强的通用性，宏定义中的参数称为形式参数（Dummy Parameter）或称为哑元。当形式参数不止一个时，它们之间用"，"号隔开。

（4）宏调用时，应在宏定义伪指令名后面写上相应的实际参数（Actual Parameter），称为实元。

4.3.8　模块连接伪指令

当一个源程序较大时，可把整个源程序划分为几个相对独立又相互联系的模块，单独汇编后用连接程序将这些目标模块连接在一起，形成一个统一的可执行程序文件。由于每个模块都和其他模块相关联，允许相互访问，可能 A 模块的变量或标号被 B 模块使用，因此必须在编程时加以说明，否则，在汇编时就会产生错误。当某一个模块被单独汇编时，必须用伪指令告知汇编程序该模块使用了哪些外部符号名及其类型，同时也要告知汇编程序该模块中所定义的标号和变量，哪些可以作为一个标识符被其他模块使用，这就需要用 PUBLIC 和 EXTRN 伪指令加以说明。

1）EXTRN

指令格式：EXTRN　符号名 1：类型 [符号名 2：类型，…]

指令功能：指明本模块中引用了哪些外部的符号名及其类型。

说明：在定义符号时，必须给出其类型。类型可以是 BYTE、WORD、DWORD、NEAR 和 FAR 等。其类型必须与其他模块定义该符号时的类型保持一致。

2）PUBLIC

指令格式：PUBLIC　符号名 1 [符号名 2，…]

指令功能：指明本模块中所定义的变量、标号和符号常量可以被其他模块引用。

说明：符号名是本模块中所定义的变量、标号和符号常量。

4.4　汇编程序的功能及源程序的编辑、汇编和连接过程

4.4.1　汇编程序的功能

汇编程序的主要功能是将由汇编语言（助记符）编写的源程序翻译成用机器语言（二进制码）编写的目标程序。汇编程序的功能如图 4-1 所示。

其中，目标程序文件就是机器语言文件，在目标程序文件中的地址数据还是浮动的（相对的），因此它不能直接运行；列表文件包含程序的逻辑地址、代码程序与源程序对照清单；交叉索引文件包含符号定义行号和引用行号。

输出

汇编语言
源程序文件
(.ASM)

翻译

汇编程序
(MASM或ASM)

目标程序文件(.OBJ)

列表文件(.LST)

交叉索引文件(.CRF)

输入

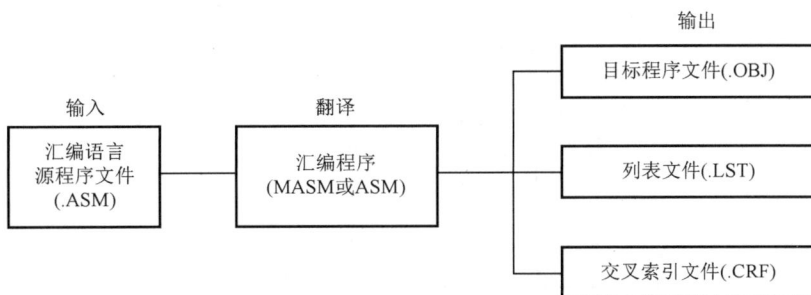

图 4-1　汇编程序的功能

4.4.2　源程序的编辑、汇编和连接过程

汇编语言源程序一般要经过编辑、汇编（MASM、ASM）、连接（Link）和调试（Debug）等步骤。汇编语言源程序实现的流程如图 4-2 所示。

从具体问题到编程解决问题，一般需要经过以下 6 个步骤。

（1）分析问题，抽象出描述问题的数学模型。

（2）确定解决问题的算法或算法思想。

（3）绘制流程图或结构图。

（4）分配存储空间及相应的寄存器。

（5）编写程序，排除语法错误。

（6）上机调试。

绘制流程图十分必要，它使解题思路清晰，有利于理解和编程程序，还有利于修改程序和减少错误等。流程图是程序算法的图形描述，它用图形的方式把待解决问题的先后次序和程序的逻辑结构直观、形象地描述出来。流程图以时间为线索把程序中具有一定功能的各部分有机地联系起来，形成一个完整的体系。

流程图中的矩形框作为工作框，用来说明一个程序的功能；菱形图作为逻辑框图，用于判断，以决定程序的转向，因此它总是引出两个箭头，表示在不同条件下的不同去向；椭圆框用来表示程序的开始或结束；圆框用来表示流程图之间的互相连接，以便画图和阅读。

1. 建立源程序文件

用编辑软件建立源程序文件，常用的编辑工具有 Edit.com、Quickbasic、C 语言、记事本、WORD 等。无论采用何种编辑工具，生成的文件都必须是纯文本文件，所有字符为半角，并且文件扩展名为.ASM。

2. 汇编

用汇编程序对源程序文件（.ASM）进行汇编，产生目标程序文件（.OBJ）等。汇编程序的主要功能是检查源程序的语法，给出错误信息；产生目标程序文件；展开宏定义伪指令。

```
                        ┌─────────┐
                        │   开始   │
                        └─────────┘
                             │
                    ┌─────────────────┐
                    │  编程源程序文件   │
                    └─────────────────┘
                             │
                      ┌─────────────┐
                      │   文件存盘    │
                      └─────────────┘
                             │
                ┌───────────────────────────┐
                │  用户用MASM汇编源程序文件      │
                │         (.ASM)            │
                └───────────────────────────┘
                             │
                   ┌───────────────────┐
                   │   生成目标程序文件    │
                   │      (.OBJ)       │
                   └───────────────────┘
                             │
                        ◇ 有无语法错? ◇ ──── Y ────┐
                             │ N                   │
                   ┌───────────────────┐           │
                   │  用Link连接目标程序文件 │         │
                   │      (.EXE)       │           │
                   └───────────────────┘           │
                             │                     │
                        ◇ 有无语法错? ◇ ──── Y ────┤
                             │ N                   │
                ┌───────────────────────────┐     │
                │  在DOS状态下执行.EXE文件      │     │
                └───────────────────────────┘     │
                             │                     │
                        ◇ 程序运行有错 ◇ ──→ ┌──────────┐
                             │ N            │ 调试文件   │
                             │←─────── Y ───│ (Debug)  │
                             │              └──────────┘
                        ◇ 是否再编辑? ◇ ──── Y ────┘
                             │ N
                        ┌─────────┐
                        │   结束   │
                        └─────────┘
```

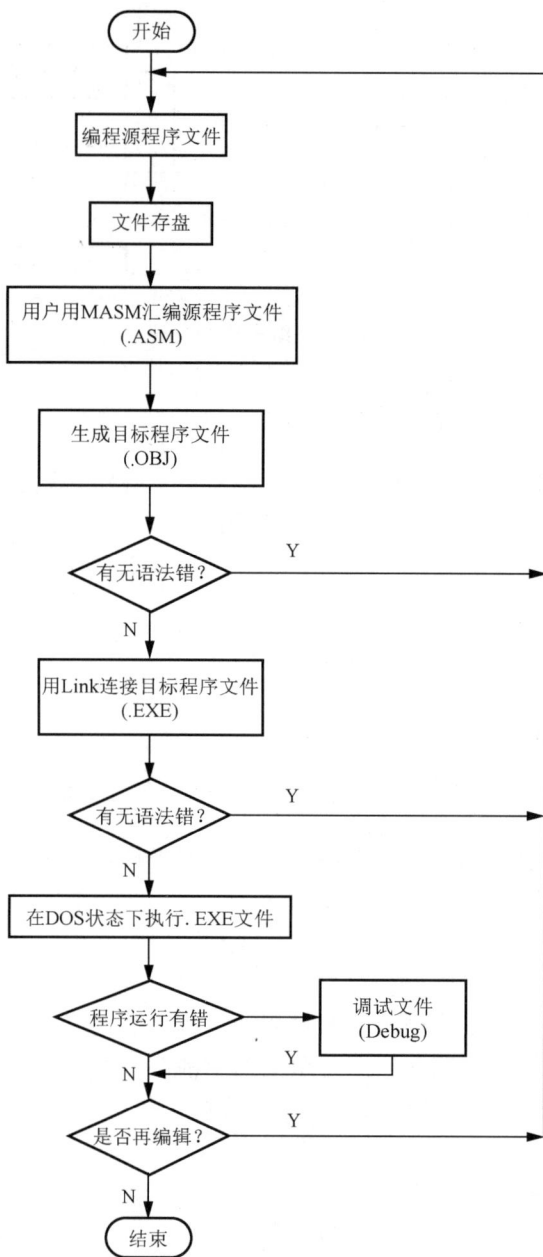

图 4-2　汇编语言源程序实现的流程图

3. 程序连接

汇编程序产生的二进制目标程序文件（.OBJ）并不是可执行程序，还需要用连接程序把它转换为可执行程序文件（.EXE）。

4. 执行程序

建立可执行程序文件（.EXE）后，只需在命令提示符下输入文件名，即可运行程序。若程序能够运行但不能得到预期结果，则需要静态或动态查错。静态查错通过阅读分析源程序，以发现错误；动态查错需要使用调试工具完成。

5. 程序调试

有时静态查错不容易发现问题，尤其是碰到复杂程序时。这时就需要使用调试工具进行动态查错，即通过运行程序，以发现错误。当程序结果不能在屏幕上显示时，也需要调试工具查看结果。

Debug 是专为宏汇编程序设计的一种调试工具，是用户必须掌握的一种调试工具。Debug 提供了 18 条子命令，利用它们可以对程序进行汇编和反汇编，可以观察和修改内存及存储器的内容，可以执行跟踪程序并观察每一步执行结果。

程序调试过程如下：

（1）用鼠标单击"开始"菜单（针对 Windows 操作系统），单击"运行"选项。

（2）在"运行"窗口中输入"cmd"，按 Enter 键，进入命令提示符。

（3）在命令提示符中编译汇编语言源程序并连接*.OBJ 文件。

```
C:\>D:    ↓（按 Enter 键）
D:\ >CD  MASM ↓
D:\MASM>MASM  SY1.ASM↓
D:\MASM>LINK  SY1.OBJ↓
```

（4）在命令提示行中运行并调试汇编程序。

```
D:\MASM>SY1.EXE    ↓（按 Enter 键）
D:\MASM>DEBUG  SY1.EXE ↓
```

早期的程序开发都是依靠单一功能的各个独立工具软件一步一步完成的，初学者掌握此过程十分必要。熟练掌握汇编语言源程序开发的基本步骤后，可以采用集成开发环境提高程序的开发效率。集成开发环境是指将编辑、汇编、连接和调试工具软件集成在一个功能强大的软件包中，给程序设计人员提供一个较理想的开发平台。进入该环境后程序设计人员就能方便自如地在编辑、汇编、连接和调试之间实现切换，从而大大提高应用程序的开发效率。

适应目前 Windows 环境的汇编语言集成开发软件有多种产品，由于其应用目标是一致的，在使用方法上大同小异。常用的集成开发环境有 FASM（未来汇编）、MASMPlus、RadASM、"Masm for Windows 集成实验环境"等，网上都有免费的资源下载。集成开发环境安装后一般都提供详细的使用说明，方便用户掌握使用方法。

4.5 汇编程序设计方法及应用

4.5.1 概述

程序（Program）是为实现特定目标或解决特定问题而用机器语言编写的命令序列集合。为了使程序结构良好、易于阅读和便于维护，应当在程序设计过程中严格遵守结构化程序设计的要求。

结构化程序设计的主要思想如下：采用自顶向下、逐步求精的程序设计方法；使用 3 种基本控制结构构造程序，任何程序都可由顺序、分支、循环 3 种基本控制结构构造。结构化程序设计理论认为，随着计算机运算速度的提高和内存价格的下降，软件的设计和维护成本在系统中所占的比重越来越大。因此，过分追求节省时间和空间而采用若干小技巧以致破坏程序易读性和易维护性的方法是不可取的。保持良好的程序结构应当作为程序设计的首要考虑。

程序设计时，应先考虑总体，后考虑细节；先考虑全局目标，后考虑局部目标。对复杂问题，应设计一些子目标作为过渡，逐步细化，并采用模块化的设计思想。模块化是把程序要解决的总目标分解为子目标，再进一步分解为具体的小目标，把每个小目标称为一个模块。在汇编语言源程序设计中可将子过程视为一个子模块。

汇编语言本身并不是结构化的程序设计语言，但在进行汇编程序设计时应坚持运用结构化程序设计的方法。

4.5.2 顺序结构程序设计

顺序结构程序又称简单程序。在顺序结构程序中无程序跳转指令、无循环指令，所有指令都按其书写顺序逐条执行，程序的执行路径从上到下只有一条。因此编写顺序结构程序时，只要依照步骤写出相应的指令即可。

【例4.2】将存储单元 A 中 2 位压缩 BCD 码转换成相应的 ASCII 码，然后存入存储单元 B 和 C 中。

说明：得到低位 BCD 码的方法是屏蔽操作数的高 4 位，保留其低 4 位；得到高位 BCD 码的方法是将操作数右移 4 位后屏蔽操作数的高 4 位，保留其低 4 位。

程序如下：

```
DSEG    SEGMENT
   A      DB     56H              ;2 位压缩 BCD 码
   B      DB     ?
   C      DB     ?
DSEG    ENDS
CSEG    SEGMENT
```

```
        ASSUME  CS：CSEG, DS：DSEG
        START: MOV    AX,  DSEG               ;给 AX 赋值
               MOV    DS,  AX                 ;设置 DS
               MOV    AL,  A
               AND    AL,  0FH                ;屏蔽操作数的高 4 位, 取低位 BCD 码
               OR     AL,  30H                ;将低位 BCD 码转换成 ASCII 码
               MOV    B,   AL                 ;存入存储单元 B 中
               MOV    AL,  A
               MOV    CL,  4
               SHR    AL,  CL                 ;将高位 BCD 码移入 AL 的低 4 位
               AND    AL,  0FH
               OR     AL,  30H
               MOV    C,   AL
               MOV    AH,  4CH
               INT    21H                     ;执行 DOS 功能调用, 返回 DOS
        CSEG   ENDS
        END    START
```

4.5.3 分支程序设计

分支程序是指在程序的运行过程中要求计算机作出一些判断，并根据判断选择不同的处理。在 Intel 8086/8088 指令系统中，判断的依据主要是运算结果及运算标志寄存器中的状态位。

分支程序结构分为双分支和多分支两种结构。双分支结构一般由以下 3 部分组成。

（1）条件产生语句。在计算机进行判断之前，必须要有条件产生语句，如算术运算指令、比较指令等，通过它们影响标志寄存器 SF、CF、OF、ZF 等的标志位状态，为条件测试做准备。

（2）条件测试语句。利用条件转移指令进行测试。若满足条件，则跳转到标号处；若不满足条件，则按顺序执行条件测试语句下面的指令。执行分支程序后必须保证程序按顺序执行。

（3）标号。在分支程序段前设置标号，以便于跳转。

【例4.3】比较两个无符号数的大小，把较大的数存入 MAX 单元中。

说明：绘制流程图，并根据流程图编写程序。例 4.3 的流程图如图 4-3 所示。

程序如下：

```
DATA    SEGMENT
```

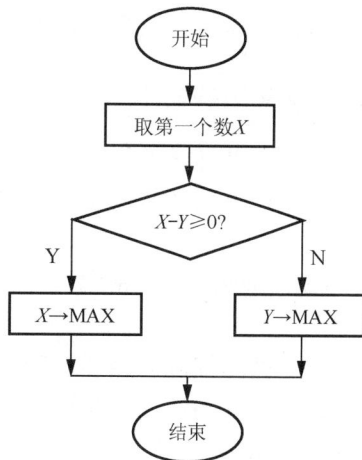

图 4-3　例 4.3 的流程图

```
        NUM    DB     60H,66H
        MAX    DB     ?
        DATA   ENDS
        CODE   SEGMENT
            ASSUME    CS: CODE, DS: DATA
        START:    MOV      AX,DATA
                  MOV      DS,AX
                  MOV      AL,NUM        ;取第一个数
                  CMP      AL,NUM+1      ;将两数相减并比较大小
                  JNC      BIG           ;若第一个数大，则跳转 BIG 处
                  MOV      AL,NUM+1
            BIG:  MOV      MAX,AL        ;保存较大数
                  MOV      AH,4CH
                  INT      21H
        CODE   ENDS
                  END      START
```

多分支结构中有多个条件，这些条件之间存在两种情况：

（1）在所有条件中，只可能有一个条件成立，这些条件称为"相异性条件"。

（2）在所有条件中，可能有两个以上甚至所有条件都成立，这些条件称为"相容性条件"。

对于相异性条件，需要保证各个条件所对应的分支程序段互斥执行，即对特定的输入信号只能选择分支程序中的一个运行。对于相容性条件，需要注意条件判定的次序，一旦找到成立的条件，就执行相应的程序段，其后的条件是否成立就不需要判断了。设计多分支程序的关键是如何按条件对多分支进行判断，从而根据不同的条件转移指令转到不同的入口执行，常用方法有转移表法、地址表法和逻辑分解法 3 种。

4.5.4　循环结构设计

这里，循环是指程序段在一定条件下重复执行。循环结构一般由三部分组成。

（1）设置循环初值。为程序操作、地址指针寄存器、循环计数器、结束条件等设置初值。

（2）循环主体。完成程序的基本操作，使用循环结构的目的就是为了重复执行这段程序。

（3）循环控制。循环控制包括修改循环计数值和检测循环结束条件等，保证在循环条件满足时进入循环，在循环条件不满足时退出循环，执行循环体外的后续语句。

【例 4.4】试编程找出 10 个无符号字节整数的数组中的最大数。

说明：首先建立一个数据指针，使之指向数据区的首地址，取第一个数取存放在某个寄存器中（如 AL）与下一个数相比较，若下一个数大，就将它存放在 AL 中，替换原来的数；然后调整数据指针，将 AL 中的数与数据指针所指的数进行比较。重复上述步骤，两两比较，直到存放在 AL 中的数是最大数为止。例 4.4 的流程图如图 4-4 所示。

程序如下：

```
DATA    SEGMENT
   ARRAY  DB      25, 56, 78, 8, 76
          DB      90, 96, 33, 21, 06
   COUNT  DW      $ - ARRAY
DATA    ENDS
CODE    SEGMENT
   ASSUME   CS : CODE, DS: DATA
START:   MOV     AX, DATA
         MOV     DS, AX
         MOV     BX, OFFSET  ARRAY
                         ;设置数据指针首地址
         MOV     CX, COUNT   ;设置计数器初值
         DEC     CX          ;设置比较次数
         MOV     AL, [BX]    ;取数存放在 AL 中
AGAIN:   INC     BX          ;指向数据区下一个数据
         CMP     AL, [BX]    ;将两数相比较
         JNB     NEXT        ;若 AL≥[BX]，则转到 NEXT
         MOV     AL, [BX]    ;否则，把较大数送入 AL 中
NEXT:    DEC     CX          ;是否全部数据比较完成
         JNZ     AGAIN       ;否，则转到 AGAIN 处
         MOV     AH, 4CH
         INT     21H
CODE    ENDS
         END     START
```

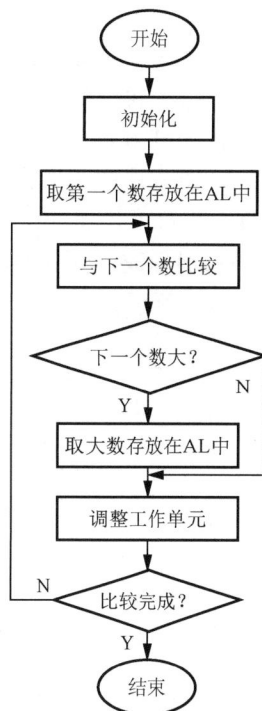

图 4-4 例 4.4 的流程图

【例 4.5】设从 TABLE 地址开始的内存数据区存放一个列表，表长在 LEN 单元，该表中数据为带符号字节数据，用冒泡排序将该表中数据从小到大排序。

说明：排序的目的是为检索提供方便，一组数据按照由小到大的顺序排列，称为升序；反之，称为降序。排序的方法很多，如交换排序、选择排序、快速排序等。下面介绍冒泡排序的基本思想。

（1）对 N 个数中的相邻两个数进行比较，若两个数为正序，则保持它们的原位序，若两个数为逆序，则交换它们的位置；共比较 $N-1$ 次，经比较后得到的最小数（升序）冒到

N 个数的顶部或最大数沉到 N 个数的底部，成为有序序列。

（2）将剩余无序的 $N-1$ 个数按步骤（1）进行第二轮两两比较，比较次数为 $N-2$。

（3）每完成一轮两两比较，有序序列中数的个数增 1，无序序列中数的个数减 1，共进行 $N-1$ 轮两两比较，所有数均归于有序序列，排序结束。

源程序中引入的交换标志 DX 的初值为 0，在每轮比较过程中，只要发生过数据交换，DX 就置"1"。每轮比较后检查该交换标志，若 DX 等于初值，说明未发生过交换，有序表已形成，无须继续循环，排序结束；否则，还要进一步排序比较。例 4.5 的流程图如图 4-5 所示。

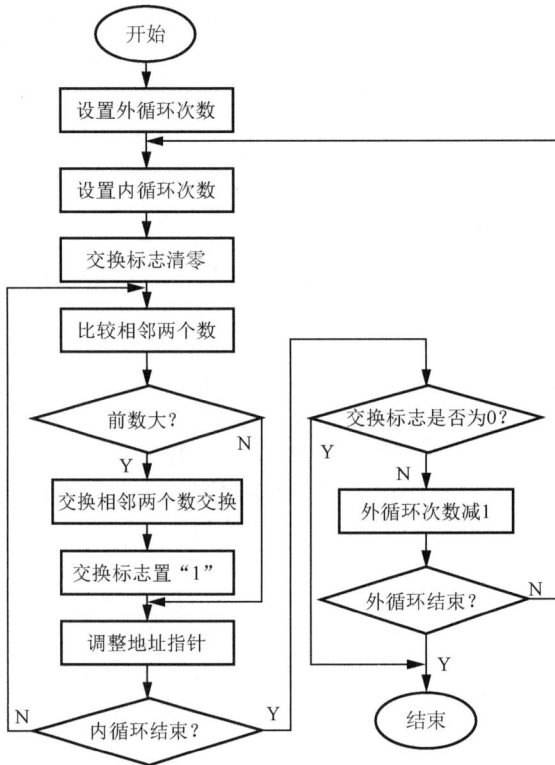

图 4-5　例 4.5 的流程图

程序如下：

```
DSEG  SEGMENT
  ARRAY    DB   23, 54, 62, -12, 83, -53, 0, 36
  LEN      EQU  $- ARRAY
DSEG ENDS
CSEG SEGMENT
  ASSUME  CS: CSEG, DS:DSEG
START:  MOV AX,  DSEG
        MOV DS,  AX
```

```
        MOV  BX,  LEN-1              ;将比较轮数送入 BX
LP:     MOV  SI,  LEN-1              ;比较起始位置并送入 SI
        MOV  CX,  BX                 ;比较次数计数并送入 CX
        MOV  DX,  0                  ;交换标志清零
LP1:    MOV  AL,  ARRAY [SI]         ;比较相邻两个数
        CMP  AL,  ARRAY [SI-1]
        JGE  NEXT                    ;当大于或等于时跳转
        MOV  AH,  ARRAY [SI-1]       ;否则，交换相邻两个数
        MOV  ARRAY [SI-1], AL
        MOV  ARRAY [SI], AH
        MOV  DX,  1                  ;交换标志置"1"
NEXT:   DEC  SI                      ;修改地址，指向数组中低位地址元素
        LOOP LP1                     ;判断内循环是否结束
        CMP  DX,  0                  ;需要下一轮吗
        JZ   OVER                    ;数组已排序好，转到程序结束处
        DEC  BX                      ;外循环所有轮是否结束
        JNZ  LP                      ;若未完成，则继续
OVER:   MOV  AH,  4CH
        INT  21H                     ;返回 DOS
CSEG    ENDS
        END  START
```

4.5.5 子程序设计

如果在一个程序中的多个地方或在多个程序中都要用到同一个程序段，就可以把该程序段独立出来，以供其他程序调用，这个程序段称为"子程序"或"过程"。子程序是供其他程序调用且相对固定的程序段，调用子程序的程序体称为"主程序"或"调用程序"。

采用子程序结构，具有以下优点。

（1）简化程序设计过程，大量节省程序设计时间。

（2）缩短程序长度，节省汇编程序的运行时间和程序所占的存储单元。

（3）增加程序的可读性，便于修改程序。

在程序设计中，一个程序可以调用某个子程序，该子程序可以调用其他子程序，这就形成子程序嵌套。子程序嵌套调用的层次不受限制，其嵌套层数称为"嵌套深度"。

在子程序中使用堆栈保护断点，堆栈操作的特性（后进先出）能自动保证各个层次子程序断点正确地进栈和返回。因此，在子程序中使用 PUSH、POP 指令时要格外小心，以免造成子程序无法正确地返回。

【例 4.6】利用堆栈，以子程序嵌套的方法，编程求 $N!$ 的值。

说明：以 AX 作为出口参数并存放阶乘值，即 $(N-1)! \leqslant 0FFFFH$。子程序中的 BX 有两个作用：保存并恢复原始数据；保存并恢复求连乘积时所需的乘数 N, $N-1$, …,

3，2。不能把堆栈区设置得过小，否则，会限制递归调用子程序的次数。例 4.6 求阶乘示意如图 4-6 所示。当程序执行到 EXIT 时，堆栈空间示意图如图 4-7 所示。

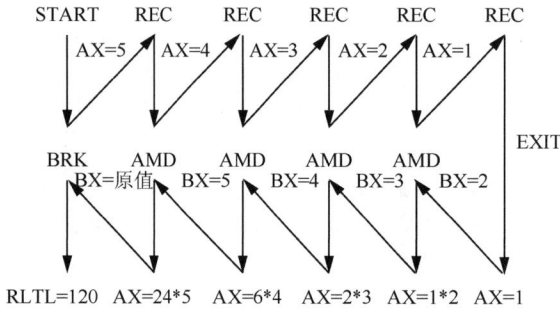

图 4-6　例 4.6 求阶乘示意

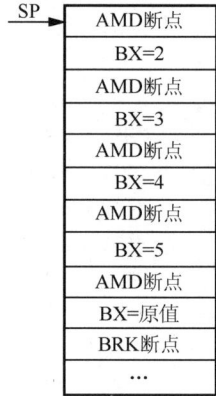

图 4-7　堆栈空间示意

程序如下：

```
DSEG    SEGMENT
        N       DW      5           ;此变量要送入 AX 中，应定义为字类型
        RLTL    DW      ?           ;存放运算结果的低 16 位
        RLTH    DW      ?           ;存放运算结果的高 16 位
DSEG    ENDS
SSEG    SEGMENT  STACK  'STACK'     ;声明组合类型后系统自动为 SS 及 SP 分配值
        DW   100 DUP (?)
SSEG    ENDS
CSEG    SEGMENT
        ASSUME   CS : CSEG,DS: DSEG,SS: SSEG
START:  MOV     AX, DSEG
        MOV     DS, AX
        MOV     AX, N
        CALL    REC                 ;调用求阶乘的递归子程序
BRK:    MOV     RLTL,AX             ;将运算结果的低 16 位送入 RLTL
        MOV     RLTH,DX             ;将运算结果的高 16 位送入 RLTH
        MOV     AH, 4CH
        INT     21H
REC     PROC    NEAR
        PUSH    BX                  ;递归调用时 BX（5、4、3、2）依次压入堆栈
        MOV     BX, AX
        CMP     AX,1
        JZ      EXIT
        DEC     AX
        CALL    REC                 ;递归调用
```

```
AMD:    MUL    BX                      ;AX * BX→DX AX
EXIT:   POP    BX
        RET
REC     ENDP
CSEG    ENDS
        END    START
```

【例 4.7】 试编程实现两个无符号数的相加，并将相加结果显示在屏幕上。

说明：源程序包括模块 a 和模块 b，分别编译模块 a 和模块 b，并把生成的两个 OBJ 文件连接成一个可执行文件。各模块内的 PUBLIC 语句与 EXTRN 语句应该相互照应。在 EXTRN 语句中出现的符号应在其他模块的 PUBLIC 语句中找到，并且类型一致，否则，在连接文件时会出错。多目标文件（.OBJ）连接格式为 D:\MASM>LINK　A.OBJ+B.OBJ。

```
;模块 a：源文件名 A.ASM
PUBLIC   SUM                           ;模块 b 引用的变量
EXTRN    PROC2: NEAR                   ;本模块引用的模块 b 定义过程
DATA     SEGMENT   PUBLIC 'DATA'
   ARRAY    DW      166H, 288H         ;定义两个无符号数据
   SUM      DW      ?                  ;定义字类型变量，用于保存运算结果
DATA     ENDS
SSEG     SEGMENT   STACK
         DW      100 DUP ( ? )         ;声明 200 字节堆栈空间
   TOS    LABEL     WORD
SSEG     ENDS
CODE     SEGMENT   PUBLIC 'CODE'
         ASSUME    CS:CODE, DS:DATA, SS:SSEG
START:  MOV       AX, DATA
        MOV       DS, AX
        MOV       AX, SSEG
        MOV       SS, AX
        MOV       SP, OFFSET  TOS      ;SP 指向栈顶
        MOV       SI, OFFSET ARRAY     ;将无符号数首地址输入 SI
        CALL      PROC1                ;调用本模块的求和子程序
        MOV       AH, 4CH              ;返回 DOS
        INT       21H
PROC1   PROC      NEAR                 ;实现两个无符号数的相加
        PUSH      DX
        PUSH      BX
        PUSH      AX
        PUSH      SI
        PUSH      CX
        MOV       AX, [SI]             ;将首个无符号数送入 AX
```

```
            ADD      AX,  [SI+2]          ;将两个无符号数相加
            MOV      SUM, AX              ;将相加结果送入 SUM
            CALL     PROC2                ;调用 b 模块中的显示子程序
            POP      CX
            POP      SI
            POP      AX
            POP      BX
            POP      DX
            RET
     PROC1  ENDP
     CODE   ENDS
            END      START
;模块 b：源文件名 B.ASM
PUBLIC  PROC2                             ;模块 a 引用的过程
EXTRN   SUM:WORD                          ;本模块引用的由模块 a 定义的变量
CODE   SEGMENT    PUBLIC 'CODE'
        ASSUME    CS:CODE
PROC2  PROC       NEAR
        MOV       BX,  SUM                ;将相加结果送入 BX 中待用
        MOV       CH,  4                  ;循环执行 4 次
AGAIN: MOV        CL,  4
        ROL       BX,  CL                 ;将高 4 位循环移入低 4 位
        MOV       AL,  BL
        AND       AL,  0FH                ;移入的低 4 位保留，其他位清零
        ADD       AL,  30H                ;低 4 位转换成 ASCII 码
        CMP       AL,  3AH                ;判断是否为 0～9 的 ASCII 码
        JL        NEXT                    ;若是 0～9 的 ASCII 码，则跳转
        ADD       AL,  07H                ;转换成 A～F 的 ASCII 码
NEXT:   MOV       DL,  AL                 ;入口参数 DL ＝ 输出字符
        MOV       AH,  2                  ;2 号功能为显示输出
        INT       21H                     ;DOS 功能调用
        DEC       CH                      ;循环次数减 1
        JNZ       AGAIN                   ;循环 4 次退出
        RET
PROC2  ENDP
CODE    ENDS
        END
```

4.5.6 宏定义及其应用

宏是源程序中一个有独立功能的程序段。只需在汇编语言源程序中定义一次宏，便可以多次反复调用。调用时，只需要一条宏指令即可。

【例 4.8】实现无符号数组的求和。

说明：当源程序被汇编时，汇编程序对每个宏调用进行宏扩展。宏调用中实参数之间用逗号隔开。实参数是形式参数的实际代替，实参数和形式参数的顺序一致。原则上，实参数的个数应和形式参数的个数相等。若实参数的个数大于形式参数的个数，则在替换时对多余的实参数不予考虑。若实参数的个数小于形式参数的个数，则将多余的形式参数作为空（字符）或零（数字）处理。

```
SUM_W  MACRO  OP1,OP2                    ;数组元素连续相加宏指令
   NEXT: ADD    OP1, [OP2]
         ADD    OP2, 2
         LOOP   NEXT
         ENDM
   EXIT   MACRO                          ;返回 DOS 宏指令
MOV    AH,4CH
         INT    21H
         ENDM
   DSEG   SEGMENT
    ARRAY  DW     1, 2, 3, 4, 5, 6, 7, 8, 9, 10
    COUNT  DW     ($-ARRAY)/2
     SUM  DW     ?
   DSEG ENDS
   CSEG SEGMENT
       ASSUME   CS: CSEG,  DS: DSEG
   START: MOV    AX, DSEG
         MOV    DS, AX
         LEA    SI, ARRAY               ;取数组的首地址
         MOV    CX, COUNT               ;取数组中元素的个数
          XOR     AX, AX                ;AX 清零
         SUM_W  AX, SI                  ;数组求和宏调用
         MOV    SUM, AX
         EXIT
   CSEG ENDS
         END    START
```

4.5.7　系统功能调用

1. 概述

磁盘操作系统（Disk Operation System，DOS）和基本输入输出系统（Basic Input and Output System，BIOS）为用户提供了两组系统服务程序。用户程序可以调用这两组系统服务程序。在调用时有如下特点。

（1）与过程调用不同，不用 CALL 指令。

（2）与宏调用不同，不用这些系统服务的名称，而采用软中断指令"INT　n"。

（3）用户程序不必与这些服务程序的代码连接。

使用 DOS 和 BIOS 调用的程序简单、清晰，可读性好，而且代码紧凑，调试方便。

IBM PC 与 PC/XT 的 BIOS 包括系统测试程序、初始化引导程序、部分矢量装入程序及外部设备的服务程序，由于这些程序固化在 ROM 中，只要计算机通电就可以调用它们。

IBM PC 及 PC/XT 的 DOS 负责管理微机系统的所有资源，协调微机各组成部分的操作，其中包括大量可供用户调用的服务程序，完成设备及磁盘文件的管理。DOS 含有 3 个模块，即 Command.com、Msdos.sys、IO.sys，这 3 个模块可单项调用。用户可通过两种途径使用 DOS 功能：第一种途径是普通用户从键盘输入命令，DOS 的 Command.com 模块接收、识别、处理输入的命令；第二种途径是高级用户通过用户程序调用 DOS 和 BIOS 中的服务程序。当然，高级用户需要对操作系统有较深入的了解。

一般来说，用户程序通过以下 4 种方式控制微机的硬件。

（1）使用高级语言提供的功能控制。高级语言一般提供一些输入输出语句及使用方法，但高级语言的输入输出语句较少，执行速度慢。

（2）使用 DOS 提供的程序控制硬件。DOS 用户提供的输入输出程序近百种，而且是在较高层次上提供的，不需要用户对硬件了解太多。使用 DOS 调用的程序可移植性好，输入输出功能多，编程简单，调试方便，但执行效率较低。

（3）使用 BIOS 提供的程序控制硬件。BIOS 在较低层次上为用户提供一组输入输出程序，要求用户对硬件有相当程度的了解。BIOS 驻留在 ROM 中，独立于任何操作系统，使应用 BIOS 调用的汇编语言、C 语言和 PASAL 语言的可移植性较差。当 DOS 和 BIOS 提供的功能相当时，用户应当首选 DOS 调用，但 BIOS 调用效率高，并且 BIOS 调用中的一部分功能是 DOS 没有的。

（4）直接访问硬件。这就要求用户对微机的硬件和外设非常熟悉。这种方式只用于两种情况：为获得较高的效率和为获得 DOS 和 BIOS 中不支持的功能。显然，直接访问硬件的程序可移植性差，在一个厂商生产的计算机上可以运行的程序在另一个厂商生产的兼容机上可能无法运行。

2. DOS 功能调用

Intel 8086/8088 指令系统中有一种软中断指令"INT n"。每执行一条软中断指令，就调用一个相应的中断服务程序。

当 n=5～1FH 时，调用 BIOS 中的服务程序；当 n=20H～3FH 时，调用 DOS 中的服务程序。其中的 INT 21H 是一个具有多种功能的服务程序，一般称为 DOS 功能调用。INT 21H 是一个具有将近 90 个子功能的中断服务程序，这些子功能的编号称为功能号。INT 21H 服务程序的功能大致可分为 4 个方面，即设备管理、目录管理、文件管理和其他功能。

（1）设备管理主要包括键盘输入、显示输出、打印机输出、串行设备输入输出、初始化磁盘、取剩余磁盘空间等。

（2）目录管理主要包括查找目录项、查找文件、置/取文件属性、文件设备等。

（3）文件管理主要包括打开、关闭、读写/删除文件等。

（4）其他功能包括终止程序、置/取中断矢量、分配内存、置/取日期及时间等。

DOS 功能调用的方法如下。

（1）根据需要的功能调用，设置入口参数。

（2）把功能号送入寄存器 AH。

（3）发软中断指令"INT　21H"。

（4）可根据有关功能调用的说明取得出口参数。

下面介绍 INT　21H 服务程序的主要功能。

（1）键盘输入。有关键盘的 DOS 功能调用的功能号有 1、7、8、A、B、C。功能包括键盘状态检验、单字符输入、字符串输入等。

① 键盘状态检验。DOS 功能调用的 0BH 号功能可以检验是否有字符输入。如果有字符输入，那么按下键盘上的键时，AL=0FFH，否则，AL=00H。

有时要求程序保持运行状态，而不是无限期等待键盘输入。当需要用户按任意键使程序结束或退出循环时，必须使用 0BH 号功能调用。相关程序示例如下。

```
KKK:
    …
        MOV AH, 0BH
        INT 21H              ; 检查键盘状态
        INC AL
        JNE KKK              ; 若无字符输入，则循环
        RET                  ; 若有字符输入，则停止循环返回
```

② 单字符输入。使用功能号 1、7、8 都可以直接接收输入的字符。程序中常利用这些功能回答程序中的提示信息，或者选择菜单中的可选项，以执行不同的程序段。其中，功能号 7、8 有不回显的特性，可输入需要保密的信息。

这种情况下，没有入口参数，出口参数 AL=输入字符的 ASCII 码。

③ 字符串输入。用户程序经常需要从键盘上接收一串字符。0AH 号功能可以接收输入的字符串并将其存入内存中用户定义的缓冲区。缓冲区的第一个字节为用户定义的最大输入字符数，若用户输入的字符数（包括回车符）大于此数，则微机系统报警响铃，并且光标不再右移，直到输入回车符为止。缓冲区的第二个字节为实际输入字符数（不包括回车符），由 DOS 自动填入，从第三个字节开始存放输入的字符。显然，缓冲区的大小等于最大字符数加 2。用户定义的输入字符串的缓冲区如图 4-8 所示。

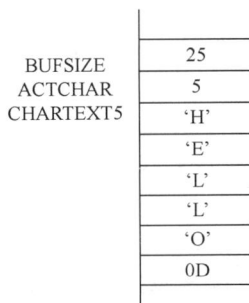

BUFSIZE	25
ACTCHAR	5
CHARTEXT5	'H'
	'E'
	'L'
	'L'
	'O'
	0D

图 4-8　用户定义的输入字符串的缓冲区

例如：

```
DATA      SEGMENT
BUFSIZE   DB 25
ACTCHAR   DB ?
CHARTEXT  DB 25 DUP(?)
          DB "$"
   …
CODE      SEGMENT
    …
          MOV DX,OFFSET BUFSIZE      ; DS:DX 指向缓冲区首地址
          MOV AH,0AH
          INT 21H                    ; 输入字符串
          …
```

（2）显示器（CRT）输入。功能号2、6、9是关于显示器的 DOS 功能调用。

使用功能9时，需要注意两点：

① 被显示的字符串必须以"$"为结束符。

② 当显示由功能 0A 输入的字符串时，DS:DX 应指向用户定义缓冲区的第三个字节，即输入的第一个字符的存储单元。

例如：

```
DATA      SEGMENT
BUFSIZE   DB 50
ACTCHAR   DB ?
CHARTEXT  DB 50 DUP(20H)
          DB "$"
   …
    DATA      ENDS
CODE      SEGMENT
    …
          MOV DX, OFFSET BUFSIZE     ; DS:DX 指向缓冲区首地址
          MOV AH, 0AH
          INT 21H                    ; 输入字符串,放入缓冲区
          …
MOV DX, OFFSET  CHARTEXT
          MOV AH,09H
          INT 21H                    ; 显示输入的字符串
```

（3）返回操作系统。这是 4CH 号功能调用，其格式如下：

```
MOV    AH，4CH
INT    21H
```

它没有入口参数，执行结果是结束当前正在执行的程序。

例如：接收键盘输入并在屏幕上显示。若按"Esc"键，则退出程序。

```
CSEG  SEGMENT
      ASSUME  CS: CSEG
START:  MOV    AH,  01H          ;功能号为 01H 的功能是键盘输入并回显
INPUT:  INT    21H
        CMP    AL,  1BH          ;"Esc"键的 ASCII 码是 1BH
        JZ     OVER              ;按"Esc"键时，返回 DOS
        JMP    INPUT
OVER:   MOV    AH,  4CH
        INT    21H
CSEG  ENDS
      END   START
```

例如：输出 MESS 中的字符串，按"Esc"键退出程序。

```
DSEG  SEGMENT
    MESS  DB      'HuaBeiShuiYuan!$'   ;显示信息
    DSEG  ENDS
    CSEG  SEGMENT
        ASSUME  CS: CSEG,  DS:DSEG
START:  MOV    AX,  DSEG
        MOV    DS,  AX
        LEA    DX,  MESS
        MOV    AH,  9
        INT    21H
        MOV    AH,  07H          ;功能号为 07H 的功能是键盘输入无回显
INPUT:  INT    21H
        CMP    AL,  1BH          ;"Esc"键的 ASCII 码是 1BH
        JZ     EXIT              ;按"Esc"键，退出程序
        JMP    INPUT
EXIT:   MOV    AH,  4CH
        INT    21H
CSEG  ENDS
      END   START
```

3. BIOS 功能调用

BIOS 独立于 DOS，它可与任何操作系统一起工作。它的主要功能是驱动系统所配置的外部设备，如磁盘驱动器、显示器、打印机及异步通信接口等。通过 INT 10H～INT 1AH 向用户提供服务程序入口，使用户无须对硬件有深入了解就可完成对输入输出设备的控制与操作。下面介绍基本的 BIOS 功能调用，即键盘输入输出（中断类型 16H）和显示调用

（中断类型 10H）。

1）键盘输入输出

当用户按键时，键盘接口会得到一个被按键的扫描码，同时产生一个中断请求。如果键盘中断是允许的，并且 CPU 处于中断状态，那么 CPU 通常会响应中断请求并转入键盘中断处理程序。

键盘中断处理程序首先从键盘接口取得被按键的扫描码，然后根据扫描码判别用户所按的键并做相应的处理。键盘输入输出程序以 16H 号中断处理程序的形式存在。它提供若干功能，每个功能有一个编号。在调用键盘输入输出程序时，把功能编号送入寄存器 AH，然后发出中断指令 INT 16H。调用返回后，从有关寄存器中读取出口参数。

2）显示器输出

显示器的显示模式分为图形显示模式和文本显示模式。图形显示模式以像素为单位，较复杂；文本显示模式以字符为单位，较易掌握。文本显示模式下，显示器的屏幕被划分为 80 列和 25 行，因此每屏最多可显示 2000（80×25 的积）字符。字符通常是指字母、数字、普通符号（如运算符）和一些特殊符号（如菱形块）；用行号和列号组成的坐标定位屏幕上的每个可显示位置，左上角的坐标规定为（0,0），向右增加列号，向下增加行号，得到右下角的坐标（79, 24）。显示器的显示属性分为单色显示和彩色显示。屏幕上显示的每个字符在存储器中占 2 字节，1 字节存储空间用于保存字符的 ASCII 码，1 字节存储空间用于保存字符的属性。字符的属性确定每个要显示字符的特性。在单色显示时，字符属性包括闪烁、反相和亮度等显示特性；在彩色显示时，字符属性还包括前景色和背景色。在彩色显示时的属性字节中，RGB 分别表示红、绿、蓝，I 表示亮度，BL 表示闪烁。位 0 到位 3 组合成 16 种前景色，亮度和闪烁只能用于前景色。当 I 位为 1 时，表示高亮度；当 I 位为 0 时，表示普通亮度。当 BL 为 1 时，表示闪烁；当 BL 为 0 时，表示不闪烁。彩色显示时的属性字节如图 4-9 所示。

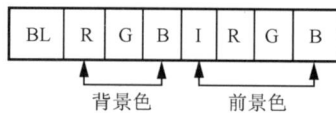

BL	R	G	B	I	R	G	B

背景色　　　前景色

图 4-9　彩色显示时的属性字节

彩色显示时的属性字节的典型值如下：01H（黑底蓝字）、04H（黑底红字）、07H（黑底白字）、0EH（黑底黄字）、0FH（黑底亮白字）、70H（白底黑字）、74H（白底红字）、87H（黑底灰白闪烁字）、0F4H（白底红闪烁字）。

【例 4.9】采用 BIOS 功能调用在屏幕上用多种属性显示字符串。

说明：先用一种属性在屏幕上显示指定信息，然后按一个键换一种属性显示，当按下"ESC"键时，返回 DOS。

显示子程序为 ECHO，先调用 BIOS 显示程序的 2 号功能，把光标定位到指定位置，然后利用 BIOS 显示程序的 0EH 号功能逐个显示字符串中的字符。由于该显示模式不含属性，因此先调用 9 号功能把指定属性写到显示字符串的位置。

程序如下：

```
ROW=5                                        ;常量定义，显示信息的行号
COLUM=10                                     ;显示信息的列号
ESCKEY=1BH                                    ;"ESC"键的 ASCII 码
DSEG  SEGMENT
    MESS  DB       'HuaBeiShuiYuan!'         ;显示信息
MESS_LEN  =        $ - OFFSET  MESS          ;显示信息的长度
    COLORB  DB     07H,01H,0FH,70H,74H       ;颜色属性
    COLORE  LABEL    BYTE
DSEG  ENDS
CSEG  SEGMENT
      ASSUME   CS: CSEG, DS:DSEG, ES:DSEG
 START: MOV      DI,  OFFSET COLORB-1        ;颜色指针初值
NEXTC:  MOV      AX,  DSEG
        MOV      DS,  AX                     ;设置数据段的段值
        MOV      ES,  AX                     ;ES 指向数据段
        INC      DI                          ;调整颜色指针
        CMP      DI,  OFFSET COLORE          ;是否超过指定的颜色
        JNZ      NEXTE                       ;若没有超过，则跳转
        MOV      DI,  OFFSET COLORB          ;若超过，则重新指定为第一种颜色
NEXTE:  MOV      BL,  [DI]                   ;取颜色
        MOV      SI,  OFFSET  MESS           ;取显示信息指针
        MOV      CX,  MESS_LEN               ;取显示信息长度
        MOV      DH,  ROW                    ;设置显示开始的行号
        MOV      DL,  COLUM                  ;设置显示开始的列号
        CALL     ECHO                        ;调用显示子程序
        MOV      AH,  0                      ;设置 0 号功能为从键盘读字符
        INT      16H                         ;执行 INT  16H 的 0 号功能
        CMP      AL,  ESCKEY                 ;是否为"ESC"键
        JNZ      NEXTC                       ;不是，继续循环
        MOV      AH,  4CH                    ;结束程序，返回 DOS
        INT      21H
;子程序入口参数包括 DS:SI = 字符串首地址
;CX=字符串长度，BL=属性，DH=显示开始的行号，DL=显示开始的列号
    ECHO  PROC    NEAR
        JCXZ     ECHO2                       ;若字符串长度为 0，则结束
        MOV      BH,  0
        MOV      AH,  2                      ;设置光标位置
        INT      10H
        MOV      AL,  20H                    ;用指定属性写一个空格
        MOV      AH,  9                      ;AL=字符 ASCII 码，BL=字符属性
        INT      10H                         ;写字符至当前光标处
```

```
          MOV     AH,  0EH
ECHO1:    MOV     AL,  [SI]
          INC     SI
          INT     10H                        ;逐个显示字符
   CALL   DELAY                              ;调用延时子程序
          LOOP    ECHO1
ECHO2:    RET
ECHO ENDP
DELAY  PROC   NEAR                           ;延时子程序
          PUSH   BX
          PUSH   CX
          MOV    BX,  500
WAIT0:    MOV    CX,  0FFFFH
WAIT1:    LOOP   WAIT1
          DEC    BX
          JNZ    WAIT0
          POP    CX
          POP    BX
          RET
DELAY  ENDP
   CSEG   ENDS
          END    START
```

【例 4.10】将用户编写的显示系统时间的中断服务子程序驻留在内存中，通过定时器中断（向量号为 1CH）定时调用中断服务子程序，以显示系统的时间。同时，可以在命令提示符下运行并调试其他程序，实现多任务操作。

说明：本程序综合运用了 DOS 功能调用和 BIOS 功能调用。程序中将用户编写的定时器中断服务子程序的入口地址写入中断向量表中，在定时器中断定时显示系统的时间。IBM PC/AT 中的定时器时钟中断是由硬件电路产生的，中断类型号为 08H，只要计算机正常启动，定时器时钟中断就会每秒发生 18.2 次。定时器时钟中断服务子程序要调用一次 INT 1CH 指令，该指令为定时器定时软中断指令。在 BIOS 中，INT 1CH 中断服务子程序中只有一条 IRET 中断返回指令，用户可利用它完成周期性任务。注意，当 1CH 中断发生时，执行用户中断服务子程序后必须调用一次原中断服务子程序，才能完成周期性任务。中断概念的理解可参考后续章节。

程序如下：

```
CODE  SEGMENT
          ASSUME   CS:CODE, DS:CODE
START:  JMP   GOSET                    ;程序开始跳转到标号 GOSET 处执行
OLDCUR  DW      ?
OLD1C   DW      2 DUP(?)
```

```
NEWINT1C: PUSHF                          ;中断服务子程序的入口地址，定时显示时间
          PUSH    AX
          PUSH    BX
          PUSH    CX
          PUSH    DX
          XOR     BH,  BH                 ;BH 清零
          MOV     AH,  3                  ;INT 10H 的 3 号功能为读光标位置
          INT     10H                     ;BH=页号，返回参数 DH/DL=行/列
          MOV     CS:OLDCUR,  DX          ;将光标位置保存在 OLDCUR 单元中
          MOV     AH,  2                  ;INT 10H 的 2 号功能为设置光标位置,BH=页号
          XOR     BH,  BH                 ;清零，表明为 0 页
          MOV     DX,  0146H              ;DH/DL=行/列,设置显示的时间在 1 行/70 列
          INT     10H
          MOV     AH,  2                  ;INT  1AH 的 2 号功能为读电池供电时钟时间
          INT     1AH                     ;出口参数为 CH:CL:DH=时:分:秒
          PUSH    DX
          PUSH    CX
          POP     BX                      ;将 CX 推入堆栈的值弹出并送入 BX
          PUSH    BX
          CALL    SHOWBYTE                ;此处调用功能为显示小时
          CALL    SHOWCOLON               ;显示 ':'
          POP     BX
          XCHG    BH,  BL                 ;BL 中的值为分钟值
          CALL    SHOWBYTE                ;此处调用功能为显示分钟
          CALL    SHOWCOLON               ;显示 ':'
          POP     BX                      ;将 DX 推入堆栈的值弹出并送入 BX
          CALL    SHOWBYTE                ;BL 中的值为秒值
          MOV     DX,  CS:OLDCUR          ;恢复保存在 OLDCUR 单元中的光标位置
          MOV     AH,  2
          XOR     BH,  BH
          INT     10H
          POP     DX
          POP     CX
          POP     BX
          POP     AX
CALL    DWORD PTR CS:OLD1C                ;OLD1C 中为 1CH 的原中断向量交还控制权
          IRET                            ;中断返回指令
SHOWBYTE    PROC    NEAR                  ;将 BX 中的值转换为 ASCII 码后显示在屏幕上
          PUSH    BX
          MOV     CL,  4
          MOV     AL,  BH                 ;BH 中的值可以是当前时:分:秒
          SHR     AL,  CL
```

```
                ADD     AL,  30H        ;计算 ASCII 码
                CALL    SHOW            ;在光标位置显示字符和属性
                CALL    CURMOVE         ;子程序的功能为读当前光标并后移
                POP     BX
                MOV     AL,  BH
                AND     AL,  0FH
                ADD     AL,  30H
                CALL    SHOW
                CALL    CURMOVE
                RET
SHOWBYTE    ENDP
SHOWCOLON   PROC    NEAR            ;显示 ':'
                MOV     AL,':'
                CALL    SHOW
                CALL    CURMOVE
                RET
SHOWCOLON   ENDP
CURMOVE     PROC    NEAR            ;读当前光标并后移
                PUSH    AX
                PUSH    BX
                PUSH    CX
                PUSH    DX
                MOV     AH,  3          ;INT  10H 的 3 号功能为读光标位置
                MOV     BH,  0
                INT     10H
                INC     DL              ;列增 1，光标后移
                MOV     AH,  2          ;INT  10H 的 2 号功能为设置光标位置
                INT     10H
                POP     DX
                POP     CX
                POP     BX
                POP     AX
                RET
CURMOVE     ENDP
SHOW        PROC    NEAR            ;子程序的功能为在光标位置显示字符和属性
                PUSH    AX
                PUSH    BX
                PUSH    CX
                MOV     AH,  09H        ;INT  10H 的 9 号功能为在光标位置显示字符和属性
                MOV     BX,  1FH        ;1FH 为属性值，显示的字符为白底蓝字
                MOV     CX,  1          ;BH=显示页，AL/BL=字符/属性，CX=字符重复次数
                INT     10H
```

```
        POP     CX
        POP     BX
        POP     AX
        RET
SHOW ENDP
GOSET:  PUSH    CS
        POP     DS              ;DS 指向代码段
        MOV     AX, 351CH       ;取中断向量，AH=35H 的功能为获取中断向量
        INT     21H             ;入口参数 AL=中断类型号，出口参数 ES:BX=中断向量
        MOV     OLD1C, BX       ;将中断向量（CS:IP）保存在 OLD1C 单元中
        MOV     BX, ES
        MOV     OLD1C+2, BX     ;中断向量的高 16 位
        MOV     DX, OFFSET NEWINT1C     ;NEWINT1C 为中断服务程序的入口地址
        MOV     AX, 251CH       ;AH=25H 的功能是设置中断向量
        INT     21H             ;出口参数 DS:DX=中断向量
        MOV     DX, OFFSET GOSET
        SUB     DX, OFFSET START        ;计算代码段相对偏移地址
        MOV     AX, 3100H       ;AH=31H 的功能是终止程序并驻留
        INT     21H             ;AL=返回码，DX=驻留区大小
CODE    ENDS
        END     START
```

4.6　汇编语言程序与 C/C++ 语言程序的接口

汇编语言可以直接管理内存和内部寄存器，直接控制硬件接口，相应的目标程序紧凑，运行速度快，但是程序开发周期长，不具有通用性和可移植性。高级语言 C/C++ 既具有高级语言的优点，又具有低级语言的优点，功能富，表达能力强，使用灵活方便，活用于编写系统软件和应用软件。因此，将高效的汇编语言与可移植的 C/C++ 语言有机地结合起来，取长补短，可编写出高质量程序。

C/C++ 语言程序调用汇编语言程序是通过其工作区中的堆栈区变量表传递参数的。汇编语言程序与 C/C+ 语言程序的接口通常有两种方法：内嵌模块方法与外调模块方法。

1. 内嵌模块方法

内嵌模块方法是指在 C/C++ 语言程序中嵌入汇编语言程序段。这种方法简单，只需要在 C/C++ 语言程序的_asm{}模块中嵌入汇编语言程序段。

例如，用汇编语言与 C++ 语言混合编程，以便在屏幕上显示字符串。

程序如下：

```
#include <stdio.h>
Char const *message-'hello world!'
```

```
Char   *output;
Void   main (void)
     {
_asm  MOV  EDX, message        //由 EDX 存放字符串地址
_asm HOV out, EDX
Prinft ("message  is %s", output);
     }
```

2. 外调模块方法

外调模块方法是指将汇编语言程序作为一个独立的过程保存，并将过程的标号用 PUBLIC 伪指令声明所调用的子程序标号为公共标号，提供给 C++语言程序调用。调用时，需要用 EDTRN 伪指令声明所调用的子程序标号为外部标号，指明该标号的类型。

外调模块方法的编程结构如下：

```
PUBLIC  _SUBPROC
    _SUBPROC  PROC  FAR
            ...
                 RET
_SUBPROC  ENDP
         END
```

C/C++语言程序调用的格式如下：

```
EXTRN  _SUBPROC: FAR
     ...
     _SUBPROC ( )    ; 在 C/C++语言程序中调用汇编过程调用函数
```

C/C++语言程序与汇编语言程序连接的方法如下：用 C 语言编译程序将 C/C++语言程序编译成.OBJ 目标文件，用汇编程序将汇编语言程序汇编成.OBJ 目标文件，然后用 Link 连接程序把目标文件连接在一起。例如，A 为 C/C++语言程序的目标文件 A.OBJ，B 为汇编语言程序的目标文件 B.OBJ，则可以通过 C:\>link A+B，将两者连接成 A.EXE。

3. C/C++语言程序调用汇编语言程序的规则

C/C+语言程序调用汇编语言程序的规则如下：

（1）参数进栈的顺序与它们出栈的顺序相反。

（2）在参数进栈后，微处理器将当前的 CS 和 IP 中的值推入堆栈。

（3）在汇编语言程序中，若用 BP 作为参数指针寄存器，则 BP 中的值推入堆栈。

（4）汇编语言程序的最后一条指令应该是不带参数的 RET。

（5）对与 C/C++语言程序共享名称的汇编语言程序，都必须在前面加下画线。

（6）在 C/C++语言程序中，对于普通参数，传递其变量值；对于数组，传递其首元素的地址。

（7）若 C/C++语言程序是在 SMALL、COMPACT 或 TINY 存储模式下进行编译的，则汇编语言程序将过程设为 NEAR，否则，设为 FAR。

另外，在 VC++ 6.0 环境中只能编写 32 位的应用程序，在汇编模块程序中不能使用 DOS 功能调用指令和 BIOS 功能调用指令，因为这些功能调用只适合 16 位的应用程序。

思考与练习

4-1　根据以下定义：

VAR1 DB 4

VAR2 DB 10

CNST1 EQU 12

试指出下列指令的错误原因：

（1）MOV CNST1,CX

（2）MOV VAR1,AX

（3）CMP VAR1,VAR2

（4）CNST1 EQU 24

4-2　某人定义了如下数据段：

```
DATA  SEGMENTAT 1000H
ORG 100H
VAL1  DB  11H
VAL2  DW  22H, 33H
VAL3  DB  5 DUP (44H)
DATA  ENDS
```

试指明该数据段中偏移地址从 100H 到 109H 的各存储单元的内容。

4-3　定义一个数据段，画出数据存储示意图，并说明该数据段共多少字节单元。

```
DATA SEGMENT
D1 DB 12,0,'A',-6
D2 DW 1234H,65H
D3 DB 3 DUP(3,0,5)
DATA ENDS
```

4-4　定义数据段如下：

```
DATA SEGMENT
DA1 DW 2437H,14A2H
DA2 DB 'ABCD'
DA3 DD 10 DUP （?）
DATA ENDS
```

试写出执行以下指令后的结果。

（1）MOV BX,DA1；

（2）MOV SI,OFFSET DA1；

（3）MOV AL,TYPE DA1；

（4）MOV AL,[DA2+02H]；

（5）MOV AL,LENGTH DA3；

（6）MOV AL,SIZE DA3；

4-5　利用查表法计算平方值。已知 0～9 的平方值连续存在以 SQTAB 开始的存储区，求 SUR 单元内容 X 的平方值，并存放在 DIS 单元中。假定 $0 \leqslant X \leqslant 9$ 且为整数。提示：建立平方表，通过查表完成平方值。

4-6　试编写程序段，以实现符号函数。提示：变量 X 的符号函数可表示为

$$Y = \begin{cases} 1, & X > 0 \\ 0, & X = 0 \\ -1, & X < 0 \end{cases}$$

所编写的程序段可通过对符号标志位的判别，以确定执行哪一分支。

4-7　设从 BUFF 地址开始的内存单元中依次存放着 30 个 8 位无符号数，求它们的和，并把所求和存放在 SUM 单元中，试编写程序。

第 5 章 存 储 器

教学提示

存储器是微机系统的重要组成部分，有了存储器，计算机才有信息记忆功能。本章主要介绍存储器的种类、性能评价指标、工作原理，以及存储器与微机系统的连接。

本章的学习重点是存储器的分类、工作原理，地址译码器的工作原理，存储器与微机系统的连接。

本章的难点是地址译码器的工作原理，以及存储器与微机系统的连接。

5.1 概 述

存储器是微机系统的记忆设备，它用来存放计算机的程序指令、要处理的数据、运算结果，以及各种需要计算机保存的信息。存储器是计算机中不可缺少的一个重要组成部分。

存储器由一些能够表示二进制数"0"和"1"状态的物理器件组成，这些物理器件本身具有记忆功能，如电容、双稳态电路等。这些具有记忆功能的物理器件构成多个存储元（例如，一个电容就是一个存储元），每个存储元可以保存一个二进制位的信息。若干存储元就构成一个存储单元。通常一个存储单元由 8 个存储元构成，可存放 8 个二进制位的信息（1 字节）。许多存储单元组织在一起就构成存储器。

存储器中存储单元的总数称为存储器的存储容量。显然，存储容量越大，能够存放的信息就越多，计算机的信息处理能力也就越强。存储容量的单位为字节（B）、千字节（KB）或兆字节（MB），如 64KB、128MB 等。Intel 8088/8086 微处理器可以访问的内存容量为 1MB。

存储器有两种基本操作——读操作和写操作。读操作是指从存储器中读取信息，不破坏存储单元中原有的内容，因此读操作是非破坏性的操作。写操作是指把信息写入（存入）存储器，新写入的数据将覆盖原有的内容，所以写操作是破坏性的操作。

5.1.1 存储器的分类

根据计算机的存储器体系结构划分，或者根据存储器是设在主机内还是设在主机外，分为内存储器和外存储器两大类。

内存储器（简称内存）是计算机主机的组成部分之一，用来存储当前正在使用的或经常使用的程序和所需要的数据，中央处理器（CPU）可以直接访问内存并与其交换信息。而外部存储器（简称外存）刚好相反，外存用于存放相对来说不经常使用的程序和数据。CPU 不能直接访问外存，而必须通过专门的设备和机制对它进行读写操作（如磁盘驱动器等），这是外存与内存之间的本质区别。当需要执行某程序时，系统将这些程序从外存读取放入内存，然后 CPU 访问内存以执行该程序。相对外存而言，内存的容量小，存取速度快。外存容量一般都很大，但存取速度相对慢。

对内存要求是速度快、容量大，以加快程序的执行速度，但是内存空间的大小受制于 CPU 地址总线的位数。例如，Intel 8086/8088 微机系统的 CPU 地址总线是 20 位，所以该系统的最大直接寻址空间是 2^{20}，即 1MB。因此，存储器使用的存储介质有半导体器件、磁性材料、光盘等。以下重点讨论用于构成内存的半导体存储器。

按照工作方式的不同，半导体存储器可以分为随机存取存储器（RAM）和只读存储器（ROM）。

1. RAM

按制造工艺的不同，RAM 可以分为双极型半导体 RAM 和金属氧化物半导体（MOS）RAM。

1）双极型半导体 RAM

双极型半导体 RAM 的主要优点是存取时间短，通常为几纳秒到几十纳秒。与金属氧化物半导体 RAM 相比，其集成度低，功耗大，而且价格也较高。因此，双极型半导体 RAM 主要用于要求存取时间非常短的特殊应用场合。

2）金属氧化物半导体 RAM

金属氧化物半导体 RAM 分为静态随机存取存储器（SRAM）和动态随机存取存储器（DRAM）。

（1）SRAM。SRAM 的存储单元由双稳态触发器构成。双稳态触发器有两个稳定的状态，可用来存储一位二进制信息。只要不断电，其存储的信息就可以始终稳定地存在，因此称为静态随机存取存储器。SRAM 的主要特点是存取时间短（几十纳秒到几百纳秒），外部电路简单，便于使用。常见的 SRAM 存储容量为 1～64KB。SRAM 的功耗比双极型半导体 RAM 低，价格也比较便宜。

（2）DRAM。DRAM 的存储单元以电容存储信息，电路简单，但电容总会漏电，时间长了，其中存放的信息就会丢失或出现错误，因此需要对这些电容定时充电。这个充电过程称为"刷新"，即定时将存储单元中的内容读取后再写入。由于需要刷新，所以这种 RAM 称为动态随机存取存储器。

DRAM 的存取速度与 SRAM 的存取速度差不多，其最大的特点是集成度非常高。此外，它还具有功耗低，价格比较便宜等优点。

由于金属氧化物半导体 RAM 集成度高，存取速度能满足各种类微机的要求，而且其价格也比较便宜，因此现在微机中的内存主要由金属氧化物半导体 DRAM 组成。

2. ROM

根据制造工艺的不同，ROM 分为掩模式 ROM、可编程 ROM（PROM）、可擦除的 PROM（EPROM）等。在 ROM 工作时只能进行读操作，不能进行写操作。断电后，不会丢失所存储的内容。

1）掩模式 ROM

掩模式 ROM 是芯片制造商根据 ROM 要存储的信息对芯片图形（掩模）通过二次光刻生产出来的，因此称为掩模式 ROM。其存储的内容固化在芯片内，用户可以读取其中的内容，但不能改变其中的内容。这种芯片存储的信息稳定，成本最低，适用于存放一些可批量生产且固定不变的程序或数据。

2）PROM

若用户根据自己的需要确定 ROM 中的存储内容，则可使用 PROM。PROM 允许用户对其进行一次编程——写入数据或程序。编程之后，信息就永久地固定。用户可以读取其中的内容，但再也无法改变其中的内容。

3）可擦除的 PROM

掩模式 ROM 和 PROM 中存放的信息只供用户读取但不能修改，这给用户带来很多不便，因此又出现了两类可擦除的 ROM。这类芯片允许用户通过一定的方式多次写入数据或程序，也可修改和擦除其中存储的内容，并且写入的信息不会因断电而丢失。这些特性使可擦除的 PROM 在系统开发、科研等领域得到了广泛应用。

根据擦除方式的不同，可擦除的 PROM 分为两类：一类是通过紫外线照射（照射约 20min）擦除，这种用紫外线擦除的 PROM 称为 EPROM；另一类是通过电子方式（通常是施加一定的电压）擦除，这种 PROM 称为 EEPROM。在擦除内容后仍可以重新对它进行编程，写入新的内容。擦除和重新编程都可以多次进行。但有一点要注意，尽管用户可以对 EPROM 或 EEPROM 芯片读取内容，也可对其编程写入和擦除，但它们和 RAM 还是有本质区别的。首先，它们不能够像 RAM 芯片那样随机快速地写入和修改，它们的写入需要一定条件（这一点将在后面详细介绍）；其次，RAM 中的内容在断电之后会丢失，而 EPROM 或 EEPROM 不会丢失内容，其中的内容一般可保存几十年。

4）快擦型存储器

快擦型存储器（FLASH）简称闪存，因其可以快速重新编程使其内容频繁变化而得名。FLASH 存储信息密度高、存取速度快、成本低、不挥发，可以块擦除、单一供电，得到广泛应用。

半导体存储器分类见表 5-1。

表 5-1　半导体存储器分类

RAM / ROM	分 类	特 点	应用场合
SRAM	SB SRAM	即同步 SRAM，对它的所有操作均在统一的时钟控制下同步操作，一般支持突发操作	高速缓冲存储器（Cache） 二级高速缓冲存储器
	Multi-SRAM	具有多个数据端口的 SRAM	数据共享
	FIFOSRAM	按先进先出方式存储信息的 SRAM	缓冲器
	PSRAM	即类 SRAM，这类存储器是在 DRAM 的基础上集成动态刷新逻辑，对外表现为 SRAM 的不需刷新的特性	特定场合
DRAM	FPMDRAM	采用快速页模式，快速操作时维持行地址不变，由连续的 CAS 信号对不同的列地址进行操作	计算机的主存储器
	EDODRAM	这类存储器采用扩展数据输出模式，省略了用于行地址建立和保持的时间及行列地址复合时间，提高了访问速度	
	SDRAM	对存储器访问的所有操作均在统一的时钟控制下同步进行	
	RDRAM	采用 Rambus 信号标准，允许多个设备同时以极高的带宽随机寻址存储器，进行高速数据传输	
ROM	MASKROM	即掩模式 ROM。厂商根据用户要求制造掩模，封装后其中的信息不能改写	计算机固化程序/数据的存储器
	OTPROM	即一次性可编程 ROM，用户一次性编程写入，写入后不能改写	
	EPROM	可多次用紫外线全部擦除，再编程改写	
	EEPROM	能以字节为单位多次在线用电擦除、改写	
	FLASH	以块为单位多次在线用电擦除和改写，集成度高	

5.1.2　存储器的主要技术指标

1. 存储容量

存储器的存储容量用"存储单元个数×每个存储单元的位数"表示。例如，SRAM 芯片 Intel 6264 的存储容量为 8K×8b，即它有 8K 个存储单元（1K=1024），每个存储单元存储 8 位（1 字节）二进制数；再如，DRAM 芯片 NMC 41257 的存储容量为 256K×1b，即它有 256K 个存储单元，每个存储单元存储 1 位二进制数。半导体器件厂商为用户提供了许多种不同存储容量的存储器芯片，用户在组装计算机内存系统时，可以根据要求加以选用。当然，当计算机的内存确定后，选用存储容量大的芯片，可以减少芯片用量，这样不仅使电路连接简单，而且可以降低功耗。

半导体存储器的存储容量取决于存储单元的个数和每个存储单元包含的位数。存储容量可以用下面的式子表示：

$$存储容量（S）=存储单元数（P）×数据位数（i）$$

存储单元数与存储器的地址总线条数（k）的关系式为 $P=2^k$。数据位数一般等于存储器数据总线的条数。存储器的容量与地址总线条数、数据总线的位数的关系式为 $S=2^k \times i$。

例如，Intel 6264 是一个 8K×8b 的互补金属氧化物半导体 SRAM 芯片，说明它有 8 条数据总线，8192 个储存单元，地址总线的条数 $k=\log_2 8192=13$；再如，一个存储器有 20 条地址总线和 8 条数据总线，它的单元数为 $2^{20}=1M$，则存储容量为 1M×8b（1MB）。

2. 存取时间和存取周期

存取时间又称存储器访问时间，即启动一次存储器操作（读或写）到完成该操作所需要的时间，其上限值称为最大存取时间。CPU 在读写存储器时，其读写时间必须大于存储器的最大存取时间。如果不能满足这一点，那么微机无法正常工作。超高速存储器的最大存取时间小于 20ns，中速存储器的最大存取时间为 100～200ns，低速存储器的最大存取时间为 300ns 以上。

存取周期是指连续启动两次独立的存储器操作间隔时间的最小值。若令存取时间为 t_A，存取周期为 T_C，则 $T_C \geqslant t_A$。

3. 可靠性

计算机要正确运行，必然要求存储器具有很高的可靠性。主存储器发生的任何错误都会使计算机不能正常工作，而存储器的可靠性直接与构成它的芯片有关。目前所用的半导体存储器的平均故障间隔时间（MTBF）为 $5 \times 10^6 \sim 1 \times 10^8$h。

4. 功耗

功耗不仅涉及消耗功率的大小，也关系到芯片的集成度。对于在特殊场合下（如野外作业的微机系统），使用功耗低的存储器构成多级存储器结构，不仅可以降低对电源容量的要求，而且还可以提高存储器结构的可靠性。存储器的制造工艺有很多种，其中互补金属氧化物半导体（CMOS）存储器能够很好地满足低功耗的要求，但是存储容量小且速度慢，会降低系统的运行效率。一般来说，功耗和速度是成正比的。从功耗、速度及存储容量等各方面衡量，CMOS 存储器是适中的存储器。

5.2　随机存取存储器

对随机存取存储器（RAM）的存储单元内容，可按需随时读取、写入及修改，并且存取的速度与存储单元的位置无关。这种存储器在断电时将丢失其存储内容，因此主要用来存放当前运行的程序、各种输入输出数据、中间运算结果及堆栈等。随机存取存储器（RAM）分为静态随机存取存储器（SRAM）和动态随机存取存储器（DRAM）。本节从应用角度出发，以几种常用的典型存储器为例，详细介绍两类金属氧化物（MOS）SRAM 和 DRAM 的特点、外部特性及其应用。

5.2.1　存储系统结构

　　一个存储元只能存储一个二进制位的信息，要存储多个二进制位的信息就需要将这些单个的存储元有机地排列，再加上一些外围设备。存储系统结构如图 5-1 所示。

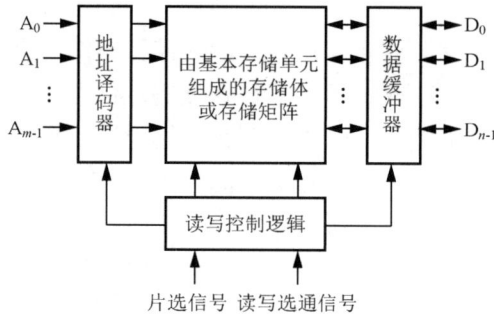

图 5-1　存储系统结构

图 5-2 所示为 16K×1b 的 SRAM 的工作原理。

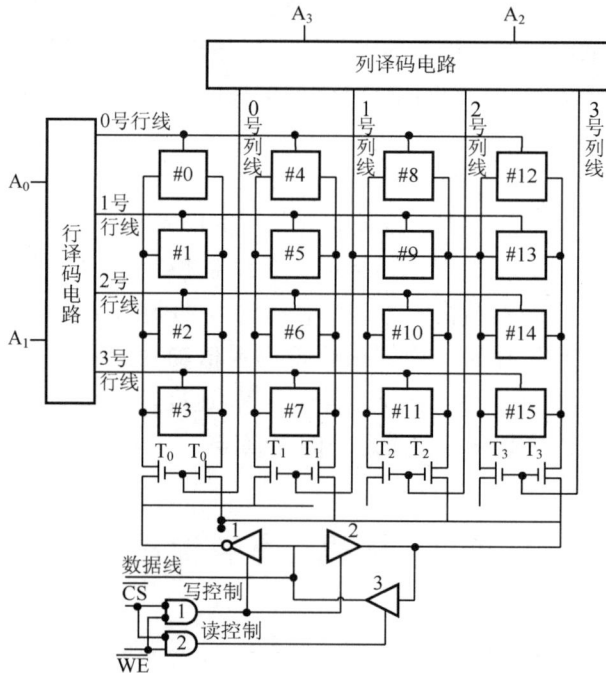

图 5-2　16K×1b 的 SRAM 的工作原理

一般情况下，一个存储系统由以下几部分组成。

1. 基本存储单元

一个基本存储单元可以存放一个二进制位的信息，其内部具有两个稳定且相互对立的状态，并能够在外部对其状态进行识别和改变。由不同类型的基本存储单元组成的存储器的类型也不同。

2. 存储体

一个基本存储单元只能保存一个二进制位的信息，若要存放 $M \times N$ 个二进制位的信息，则需要 $M \times N$ 个基本存储单元。由这些基本存储单元按一定的规则排列构成的阵列称为存储体或存储矩阵。

3. 地址译码器

存储器是由许多存储单元构成的，每个存储单元一般存放 8 个二进制位的信息。为了区分每个存储单元，必须给这些存储单元编号，即给这些存储单元分配不同的地址。地址译码器的作用就是接收 CPU 送来的地址信号并对它进行译码，选择与此地址码对应的存储单元，以便对该存储单元进行读写操作。

4. 片选与读写控制电路

片选信号用于实现存储器的选择。对于一个存储器来说，只有当片选信号有效时才能对其进行读写操作。片选信号一般由地址译码器的输出信号及一些控制信号形成，而读写控制电路用来控制存储器的读写操作。

5. I/O 电路

I/O 电路位于系统总线与被选中的存储单元之间，用来控制信息的读取与写入。必要时，I/O 电路还可用来对 I/O 信号进行驱动及放大处理。

6. 集电极开路或三态输出缓冲器

为了扩充存储器的容量，常常将几个 RAM 芯片的数据总线并联使用或与双向的数据总线连接。这时，就要用到集电极开路或三态输出缓冲器。

7. 其他外围电路

对不同类型的存储器，有时还需要一些特殊的外围电路，如 DRAM 中的预充电及刷新操作控制电路等，这也是存储系统的重要组成部分。

5.2.2 静态随机存取存储器

1. 基本存储单元

静态随机存取存储器（SRAM）的基本存储电路（存储元）一般是由 6 个金属氧化物半导体场效应晶体管（简称 MOS 管）组成的双稳态电路（VT_1 截止，VT_2 导通为状态 "1"；VT_2 截止，VT_1 导通为状态 "0"）。SRAM 基本存储电路如图 5-3 所示。

在图 5-3 中，VT_3、VT_4 是负载晶体管，VT_1、VT_2 是工作晶体管，VT_5、VT_6、VT_7、VT_8 是控制晶体管，其中 VT_7、VT_8 被所有存储元共用。

在写操作时，若要写入 "1"，则 I/O=1，$\overline{I/O}$ =0，X 地址选择线为高电平，使 VT_5、VT_6 导通，同时 Y 地址选择线也为高电平，使 VT_7、VT_8 导通，要写入的内容经 I/O 端和 $\overline{I/O}$ 线进入，通过 VT_7、VT_8 和 VT_5、VT_6 与 A、B 端连接，使 A= "1"，B= "0"，这样就迫使 VT_2 导通，VT_1 截止。当输入信号和地址选择信号消失后，VT_5、VT_6、VT_7、VT_8 截止，VT_1、VT_2 保持被写入的状态不变。这样，只要不断电，写入的信息 "1" 就能保持不变。写入信息 "0" 的原理与此类似。

读操作时，若某个存储元被选中（X、Y 地址选择线均为高电平），则 VT_5、VT_6、VT_7、VT_8 都导通。于是，存储元的信息被送到 I/O 端和 $\overline{I/O}$ 线上。I/O 端和 $\overline{I/O}$ 线被连接到一个差动放大器，从其电流方向，即可判断出所存信息是 "1" 还是 "0"。

SRAM 的使用很方便，在微机领域有极其广泛的应用。常用的有 Intel 2114、Intel 6116、Intel 6264、Intel 62256、Intel 62812 等。下面以典型的 Intel 6264 为例，说明它的外部特征及工作过程。

2. Intel 6264 的引脚及其功能

Intel 6264 是一个 8K×8b 的互补金属氧化物半导体 SRAM，其引脚如图 5-4 所示。它有 28 个引脚，包括 13 条地址总线、8 条数据总线及 4 条控制总线，它们的含义分别如下。

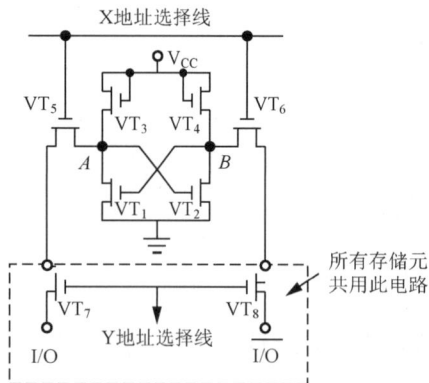

图 5-3　SRAM 的基本存储电路

图 5-4　Intel 6264 的引脚

（1）$A_0 \sim A_{12}$——13 条地址总线。一个存储器地址总线的多少决定其有多少个存储单元。13 条地址总线上的地址信号编码范围为 $0 \sim 2^{13}$，共 8192（8K）个。也就是说，这 13 条地址总线上的信号经过存储器的内部译码，可以决定选择 8K 个存储单元中的哪一个。在与微机系统连接时，这 13 条地址总线通常接到系统总线的低 13 位上，以便 CPU 能够寻址存储器中的各个单元。

（2）$D_0 \sim D_7$——8 条双向数据总线。对 SRAM 来说，数据总线的条数决定其中的每个存储单元的二进制位的位数，8 条数据总线说明 Intel 6264 的每个存储单元中可存储 8 位二进制数，即每个存储单元有 8 位。使用时，这 8 条数据总线与微机系统的数据总线连接。当 CPU 存取 Intel 6264 中的某个存储单元时，读取和写入的数据都通过这 8 条数据总线传输。

（3）$\overline{CS_1}$，CS_2——片选信号线。当 $\overline{CS_1}$ 为低电平、CS_2 为高电平（$\overline{CS_1} = 0$，$CS_2 = 1$）时，Intel 6264 被选中，CPU 才可以对其进行读写操作。对于不同类型的存储器，其片选信号的数量不一定相同，但要选中该存储器，必须使所有的片选信号同时有效。

事实上，一个微机系统的内存空间是由若干存储器组成的，某个存储器映射到内存空间的哪一个位置（处于哪一个地址范围）是由高位地址信号决定的。微机系统的高位地址信号和控制信号通过译码产生片选信号，将存储器映射到所需要的地址范围上。Intel 6264 有 13 条地址总线（$A_0 \sim A_{12}$），Intel 8086/8088 有 20 条地址总线，因此，这里的高位地址信号就是 $A_{13} \sim A_{19}$。

（4）$\overline{OE}$——输出允许信号。只有当 $\overline{OE}$ 为低电平时，CPU 才能够从存储器中读取数据。

（5）$\overline{WE}$——写允许信号。当 $\overline{WE}$ 为低电平时，允许将数据写入存储器；而当 $\overline{WE} = 1$，$\overline{OE} = 0$ 时，允许从该存储器读取数据。

（6）其他引脚。V_{CC} 引脚连接 5V 电源，GND 引脚是接地端，NC 引脚表示空端。

3. Intel 6264 的工作过程

Intel 6264 的操作方式由 $\overline{WE}$、$\overline{OE}$、$\overline{CS_1}$ 和 CS_2 引脚共同作用决定。Intel 6264 的引脚功能见表 5-2。

表 5-2　Intel 6264 的引脚功能

$\overline{WE}$	$\overline{CS_1}$	CS_2	$\overline{OE}$	$D_0 \sim D_7$
0	0	1	×	写入
1	0	1	0	读取
×	0	0	×	三态输出
×	1	1	×	（此时处于高阻抗状态）
×	1	0	×	

读取数据时，地址输总线 $A_{12} \sim A_0$ 送来的地址信号经过地址译码器被输送到行列地址译码器，经译码后选中一个存储单元（其中有 8 位存储位），由 $\overline{WE}$、$\overline{OE}$、$\overline{CS_1}$ 和 CS_2 构成读取逻辑（$\overline{WE} = 1$、$\overline{OE} = 0$、$\overline{CS_1} = 0$，$CS_2 = 1$），打开右边的 8 个三态门，被选中的存储单元的 8 位数据经输入输出电路和三态门被输送到 $D_7 \sim D_0$ 并输出。Intel 6264 的读周期时序如图 5-5 所示。

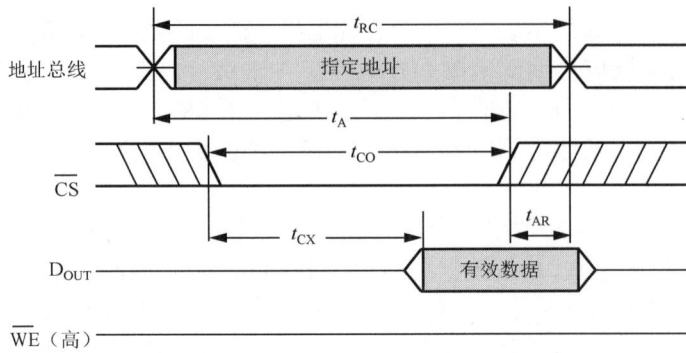

图 5-5　Intel 6264 的读周期时序

其中，t_A——读取时间，即从识别地址有效到数据读取有效所用的时间。

　　t_{CO}——从识别 $\overline{CS}$ 片选信号有效到稳定输出数据所用的时间。一般情况下，$t_A > t_{CO}$。

　　t_{CX}——从识别片选信号到数据输出有效所用的时间。一般情况下，$t_{CX} < t_A$。

　　t_{AR}——读恢复时间。输出数据有效之后，存储器不能立即输入新的地址，以启动下一次读操作，因为存储器在输出数据后需要一定时间进行内部操作，所以这段时间称为读恢复时间。

　　t_{RC}——存储器的读周期，是指启动一个读操作到启动下一次内存操作（读操作或写操作）之间所需要的时间。

$$t_{RC} = t_A + t_{AR}$$

　　写入时，选中某一存储单元的方法同上。不过，这时 $\overline{WE} = 0$，$\overline{OE} = 0$ 或 1、$\overline{CS_1} = 0$，$CS_2 = 1$，打开左边的三态门。从 $D_7 \sim D_0$ 端输入的数据经三态门和输入数据控制电路被输送到输入输出电路，从而写到存储单元的 8 个存储元中。Intel 6264 的写周期时序如图 5-6 所示。

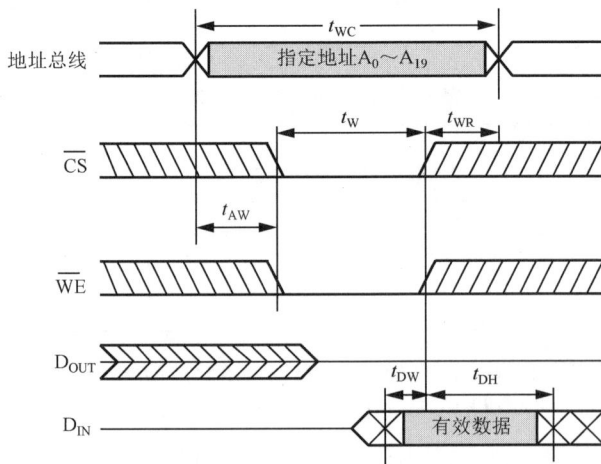

图 5-6　Intel 6264 的写周期时序

其中，t_{WC}——写周期时间。

　　t_{AW}——地址建立时间，表示从地址出现到稳定的时间。

　　t_W——写脉冲宽，表示控制信号维持低电平的时间。

　　t_{DW}——数据有效时间。

　　t_{DH}——数据保持时间。

　　t_{WR}——写操作恢复时间，表示存储器完成内部操作所需的时间。

当不执行读写操作时，$\overline{CS_1} = 1$，CS_2 处于任意状态，或 $\overline{CS_1} = 1$，$CS_2 = 1$，即片选处于无效状态，三态门呈高阻抗状态，从而使存储器与系统总线"脱离"。

5.2.3　动态随机存取存储器

　　动态随机存取存储器（DRAM）和静态随机存取存储器不同，DRAM 的基本存储电路利用电容存储电荷的原理保存信息，由于电容中的电荷会逐渐泄漏，所以必须对 DRAM 进行定时刷新，使泄漏的电荷得到补充。DRAM 的基本存储电路形式主要有六管、四管、三管和单管等，这里介绍四管和单管 DRAM 基本存储电路。

1.　四管 DRAM 基本存储电路

　　四管 DRAM 基本存储电路是将六管 RAM 基本存储电路中的负载晶体管 VT_3、VT_4 去掉而形成的。

　　六管 RAM 基本存储电路依靠 VT_1 和 VT_2 存储信息，电源 V_{CC} 通过 VT_3、VT_4 向 VT_1、VT_2 补充电荷，所以 VT_1 和 VT_2 上存储的信息可以保持不变。实际上，由于 MOS 管的栅极电阻很高，泄漏电流很小，即使去掉 VT_3、VT_4 和电源 V_{CC}，VT_1 和 VT_2 栅极上的电荷也能维持一定的时间，因此可以由 VT_1、VT_2、VT_5、VT_6 构成四管 DRAM 基本存储电路，如图 5-7 所示。

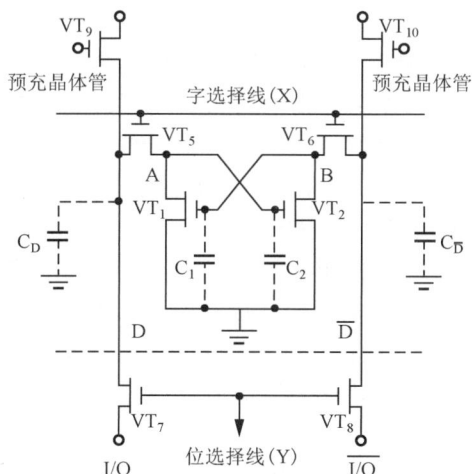

图 5-7　四管 DRAM 基本存储电路

在该电路中，VT_5、VT_6、VT_7、VT_8 仍为控制管，当字选择线（X）和位选择线（Y）都为高电平时，该基本存储电路被选中，VT_5、VT_6、VT_7、VT_8 都导通，则 A、B 端与位线 D、$\overline{D}$ 分别导通，再通过 VT_7、VT_8 与外部数据总线 I/O、$\overline{I/O}$ 导通，就可以进行读写操作了。同时，在列选择线上还连接 2 个公共的预充晶体管 VT_9 和 VT_{10}。

当进行写操作时，若要写入"1"，则在 I/O 端施加高电平，在 $\overline{I/O}$ 线施加低电平，并通过导通的 VT_5、VT_6、VT_7、VT_8 4 个晶体管，把高、低电平分别施加在 A、B 端，将信息存储在 VT_1 和 VT_2 的栅极电容中。在行、列选通信号消失后，VT_5、VT_6 截止，依靠 VT_1、VT_2 的栅极电容的存储作用在一定时间内可保留之前写入的信息。

当进行读操作时，先发出预充信号使 VT_9、VT_{10} 导通，由电源对电容 C_D 和 $C_{\overline{D}}$ 进行预充电，使它们达到规定的电源电压。此时，行、列选择线为高电平，使 VT_5、VT_6、VT_7、VT_8 导通，存储在 VT_1 和 VT_2 中的信息经 A、B 端向 I/O 端、$\overline{I/O}$ 线输出。若原来的信息为"1"，即电容 C_2 上存有电荷，VT_2 导通、VT_1 截止，则电容 $C_{\overline{D}}$ 中的预充电荷先通过 VT_6 再经 VT_2 泄漏，于是 I/O 端输出"0"，$\overline{I/O}$ 线输出"1"。同时，电容 C_D 中的电荷通过 VT_5 向电容 C_2 补充电荷，因此读操作过程也是刷新的过程。

2. 单管 DRAM 基本存储电路

单管 DRAM 基本存储电路只有一个电容和一个 MOS 管，是最简单的存储元结构，如图 5-8 所示。

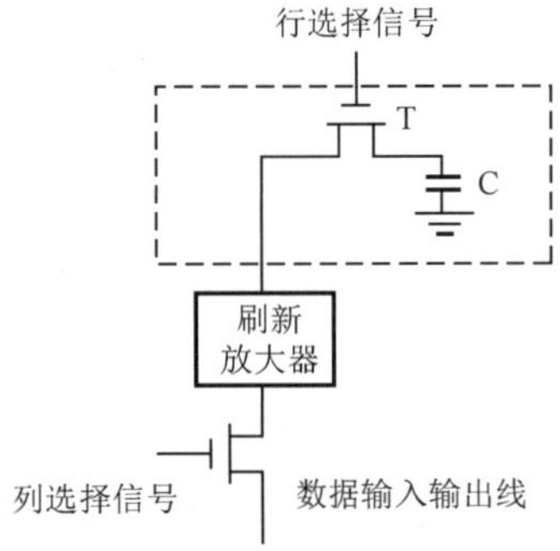

图 5-8　单管 DRAM 基本存储电路

在该电路中，存放的信息是"1"还是"0"，取决于电容 C 中有没有电荷。在保持状态下，行选择线为低电平，VT 截止，使电容 C 基本没有放电回路（当然，还有一定的电荷泄漏），其中的电荷可暂存数毫秒或维持无电荷的"0"状态。

对由这样的基本存储电路组成的存储矩阵进行读操作时，若某一行选择线为高电平，则位于同一行的所有基本存储电路中的 VT 都导通。于是，刷新放大器读取对应电容 C 上的电压值，但只有列选择信号有效的基本存储电路才受到驱动，从而输出信息。刷新放大器的灵敏度很高，放大倍数很大，并且能将读取的电容电压值转换为逻辑"0"或逻辑"1"。在读操作过程中，被选中行上的所有基本存储电路中的电容都受到影响。为了在读取信息之后仍能保持原有的信息，刷新放大器在读取这些电容电压值之后立即进行重写。

在进行写操作时，行选择信号使 VT 处于导通状态。此时，若列选择信号也为"1"，则此基本存储电路被选中。于是，由数据输入输出线送来的信息通过刷新放大器和 VT 被输送到电容 C。

在上面介绍的两种 DRAM 基本存储电路中，四管 DRAM 基于存储电路用的晶体管较多，使芯片的集成度较低，但其外围电路比较简单。读操作过程就是刷新过程，不必为刷新增加外部逻辑电路。单管 DRAM 基于存储电路将结构简化到最低程度，因而芯片集成度高，但要求的读写外围电路较复杂一些，适用于大容量存储器。

3. DRAM 的刷新

DRAM 是利用电容 C 中充积的电荷存储信息的。当电容 C 有电荷时，其电压值为逻辑 "1"，没有电荷时，其电压值为逻辑 "0"。由于任何电容都存在漏电现象，因此过一段时间电容中的电荷流失，信息也就丢失。因此需要周期性地对电容进行充电，以补充泄漏的电荷。通常，把这种补充电荷的过程称为刷新或再生。随着工作温度的增高，电容放电速度会变快，刷新时间间隔一般要求在 1～100ms。当工作温度为 70℃时，典型的刷新时间间隔为 2ms，因此 2ms 内必须对存储的信息刷新一遍。尽管对各个基本存储电路在读操作或写操作时都进行了刷新，但对存储单元的访问具有随机性，无法保证一个存储器中的每个存储单元都能在 2ms 内进行一次刷新。因此，需要系统地对存储器进行定时刷新。

对整个存储系统来说，各个存储器芯片可以同时刷新。对每个 DRAM 芯片来说，按行刷新，每次刷新一行，所需时间为一个刷新周期。若某个存储器有若干个 DRAM 芯片，其中容量最大的一个 DRAM 芯片的行数为 128，则在 2ms 之内至少应安排 128 个刷新周期。

在存储器刷新周期中，将一个刷新地址计数器提供的行地址发送给存储器，然后执行一次读操作，便可完成对被选中行的各个基本存储电路的刷新。每刷新一行，刷新地址计数器的值加 1，所以它可以按顺序提供所有的行地址。因为每行中各个基本存储电路的刷新是同时进行的，因此不需要列地址。此时，DRAM 芯片内各个基本存储电路的数据总线为高阻抗状态，与外部数据总线完全 "隔离"。因此，尽管刷新了读操作过程，但读取的数据不会被输送到数据总线上。

4. DRAM 举例

这里介绍一个动态随机存取存储器——Intel 2164A。Intel 2164A 的存储容量为 $64K \times 1b$，它采用单管 DRAM 基本存储电路，每个存储单元只有一位数据。Intel 2164A 的内部结构示意如图 5-9 所示。

Intel 2164A 的存储体本应构成 1 个行列大小为 256×256 的存储矩阵，为提高工作速度（需减少行/列线上的分布电容），将上述存储矩阵分为 4 个行列大小为 128×128 的存储矩阵，给这 4 个存储矩阵配备 128 个读取放大器，各有一套 I/O 电路（读写控制）。64KB 容量本需 16 位地址，但 Intel 2164A 的引脚只有 8 条地址总线。为了满足容量要求，地址总线 A_0～A_7 需要分时复用。首先，在行地址选通信号 $\overline{RAS}$ 的控制下，先将 8 位行地址送入行地址锁存器，该锁存器提供 8 位行地址，即 RA_7～RA_0，译码后产生两组行选择线，每组 128 条。其次，在列地址选通信号 $\overline{CAS}$ 的控制下，将 8 位列地址送入列地址锁存器，该锁存器提供 8 位列地址，即 CA_7～CA_0，译码后产生两组列选择线，每组 128 条。行地址 RA_7 与列地址 CA_7 选择 4 个行列大小为 128×128 的存储矩阵之一。因此 16 位地址是分成两次送入芯片的，对于某一个地址码，只有一个行列大小为 128×128 的存储矩阵和它的 I/O 电路被选中。$A_0 \sim A_7$ 这 8 条地址总线还用于在刷新时提供行地址，因为刷新是按行进行的。Intel 2164A 的引脚与逻辑符号如图 5-10 所示。

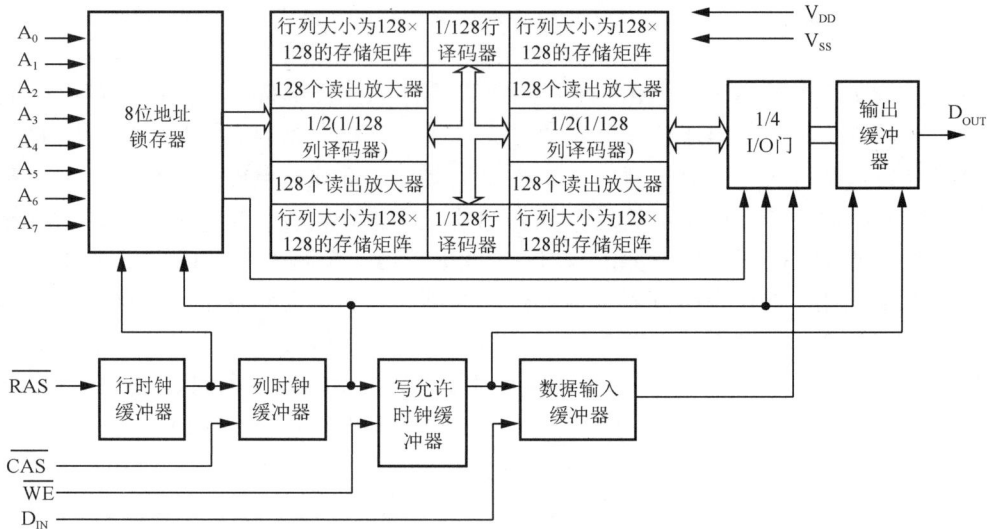

图 5-9 Intel 2164A 的内部结构示意

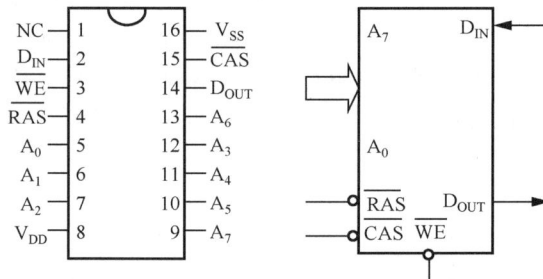

图 5-10 Intel 2164A 的引脚与逻辑符号

1）读操作时序

在 Intel 2164A 的读操作过程中，它要接收来自 CPU 的地址信号，经译码选中相应的存储单元，然后把其中保存的一个二进制位的信息通过 D_{OUT} 数据输出引脚输送到数据总线。

Intel 2164A 的读操作时序如图 5-11 所示。从该图可以看出，读周期是在行地址选通信号 $\overline{RAS}$ 有效时开始的，要求行地址先于 $\overline{RAS}$ 有效，并且必须在 $\overline{RAS}$ 有效后保持一段时间。同样，为了保证列地址的可靠锁存，列地址也应领先于列地址选通信号 $\overline{CAS}$ 有效，并且列地址也必须在 $\overline{CAS}$ 有效后保持一段时间。

要从指定的存储单元中读取信息，必须在 $\overline{RAS}$ 有效后使 $\overline{CAS}$ 也有效。由于从 $\overline{RAS}$ 有效到指定存储单元的信息读取并被输送到数据总线需要一定的时间，因此存储单元中信息读取的时间与 $\overline{CAS}$ 开始有效的时刻有关。

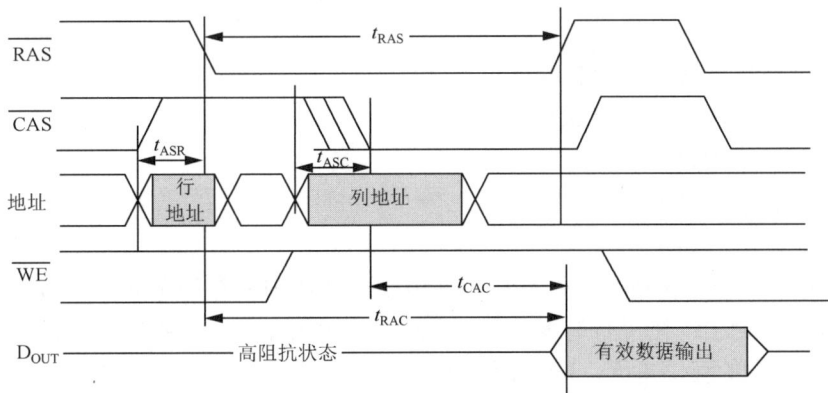

图 5-11 Intel 2164A 的读操作时序

其中,

t_{ASR}——行地址选通信号建立时间;

t_{ASC}——列地址选通信号建立时间;

t_{CAC}——从 CAS 信号有效到数据输出的时间;

t_{RAC}——从 RAS 信号有效到数据输出的时间。

Intel 2164A 存储单元中信息的读写操作由信号 $\overline{WE}$ 控制。为实现读操作,要求信号 $\overline{WE}$ 无效,并且必须在 $\overline{CAS}$ 有效前变为高电平。

2)写操作时序

在 Intel 2164A 的写操作过程中,它同样通过地址总线接收 CPU 发送的行/列地址信号,选中相应的存储单元后,把 CPU 通过数据总线发送的数据信息保存到相应的存储单元中。Intel 2164A 的写操作时序如图 5-12 所示。

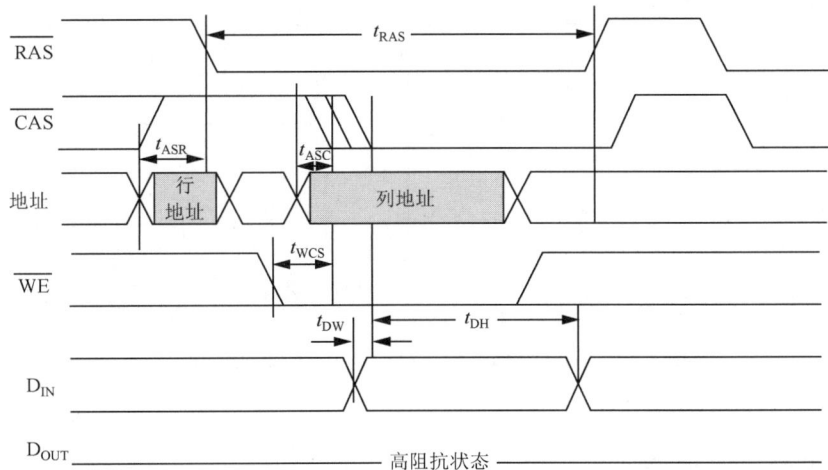

图 5-12 Intel 2164A 的写操作时序

其中，

  t_{ASR}——行地址选通信号建立时间；

  t_{ASC}——列地址选通信号建立时间；

  t_{WCS}——写周期时间；

  t_{DW}——数据建立时间；

  t_{DH}——数据保持时间。

Intel 2164A 在进行读操作时，$\overline{WE}$ 为高电平，被选中的存储单元的内容经三态输出缓冲器从 D_{OUT} 引脚输出；在进行写操作时，$\overline{WE}$ 为低电平，D_{IN} 引脚输出的信息经数据输入缓冲器写入被选中的存储单元。Intel 2164A 没有片选信号，实际上，它用行/列地址选通信号 $\overline{RAS}$ 和 $\overline{CAS}$ 作为片选信号。可见，片选信号已分解为行地址选通信号与列地址选通信号两部分。

  3）读操作—修改—写操作时序

读操作—修改—写操作类似读操作与写操作的组合，但它并不是简单地由两个单独的读周期与写周期组合的，而是在 $\overline{RAS}$ 和 $\overline{CAS}$ 同时有效的情况下由信号 $\overline{WE}$ 控制的，先实现读操作，待修改之后再实现写操作。Intel 2164A 的读操作—修改—写操作时序如图 5-13 所示。

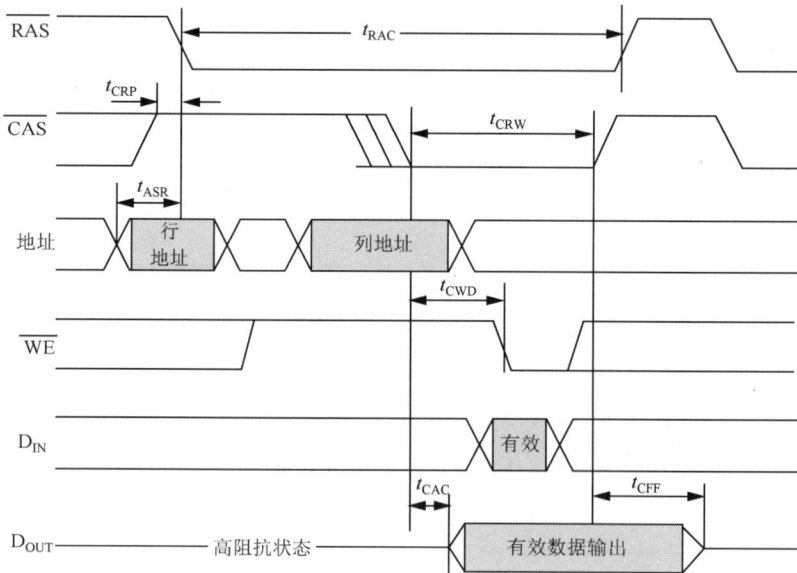

图 5-13 Intel 2164A 的读操作—修改—写操作时序

其中，

  t_{RAS}——RAS 信号有效时间；

  t_{CRP}——RAS 信号预充电时间；

  t_{CRW}——从读操作到写操作的延迟时间；

t_{ASR}——行地址选通信号建立时间；

t_{CWD}——从 CAS 信号有效到写信号有效的延迟时间；

t_{CAC}——从 CAS 信号有效到数据输出的时间；

t_{CFF}——CAS 信号无效后数据总线恢复高阻抗状态的时间。

4）刷新操作时序

Intel 2164A 芯片内部有 4×128 个读取放大器，在进行刷新操作时，该芯片只接收从地址总线发送的行地址（其中 RA_7 不起作用），由 $RA_0 \sim RA_6$ 这 7 条行地址总线在 4 个存储矩阵中各选中一行，共选中 4×128 个存储单元，分别将其中保存的信息输送到 4×128 个读取放大器中，经放大后再写入原存储单元，即可实现 512 个存储单元的刷新操作。这样，经过 128 个刷新周期就可完成整个存储体的刷新。Intel 2164A 中的 $\overline{RAS}$ 有效刷新操作时序如图 5-14 所示。

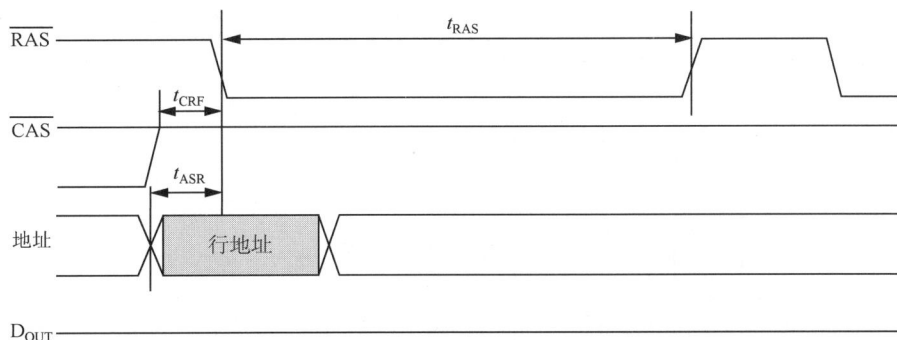

图 5-14　Intel 2164A 中的 $\overline{RAS}$ 有效刷新操作时序

其中，

t_{CRF}——从 CAS 信号有效到 RAS 信号有效的延迟时间。

5.3　只读存储器

由于 RAM 在断电后容易丢失其中保存的信息，所以它不适用于某些场合，而只读存储器（ROM）的结构简单，集成度高，在断电后其中保存的信息不会丢失。ROM 是一种非易失性器件，可靠性比较高，因此它一般用于存放一些固定的程序，如监控程序、BIOS程序等。下面介绍几种不同类型 ROM 的结构和工作原理。

5.3.1　掩模式只读存储器

掩模式只读存储器（Mask ROM，MROM）芯片中的内容是由生产厂家按用户要求在该芯片的生产过程中写入的，写入后其存储内容不能修改。MROM 是采用二次光刻掩模工艺制成的，首先要制作一个掩模板，然后通过掩模板曝光，在芯片上刻出图形。制作掩模板的工艺较复杂，生产周期长，因此生产第一个 MROM 芯片的费用很大，而复制同样的 ROM 就很便宜了。MROM 适用于大批量生产，不适用于科学研究。MROM 采用双极型、MOS 型电路主要应用于家电产品等。程序被生产厂家写入 MROM 后只允许读取不允许修改。用户在使用时只要根据需要，选择地址就可以调用这些程序。

MROM 的存储单元可以是二极管、三极管及场效应晶体管。下面以场效应晶体管为例，说明数据的存储情况。

图 5-15 所示是采用双极型电路的 MROM 结构示意，它采用单译码结构，地址总线 A_1A_0 在译码后有 4 种状态，输出 4 条选择线，分别选中 4 个存储单元，每个存储单元有 4 位的输出信息。在此存储矩阵中，若行和列的交点处连接了场效应管，则表示存储 "0" 信息；若没有连接场效应晶体管，则表示存储 "1" 信息。若地址总线 A_1A_0＝00，则选中 0 号存储单元，即字线 0（存储单元 0）为高电平，若有场效应晶体管与其连接（如位线 D_2 和 D_0），其相应的场效应晶体管导通，位线输出内容为 0，而位线 1 和位线 3 没有通过场效应晶体管与字线连接，则输出内容为 1。因此，存储单元 0 输出内容为 1010。采用双极型电路的 MROM 各个存储单元的内容见表 5-3。

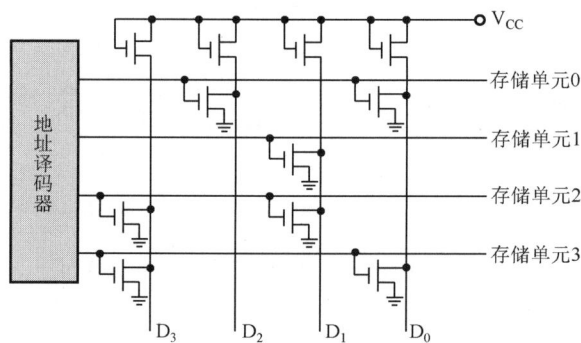

图 5-15　采用双极型电路的 MROM 结构示意

表 5-3　采用双极型电路的 MROM 各个存储单元的内容

位 存储单元	D_3	D_2	D_1	D_0
0	1	0	1	0
1	1	1	0	1
2	0	1	0	1
3	0	1	1	0

5.3.2　可编程只读存储器

可编程只读存储器（PROM）出厂时各存储单元内容全为 0，用户可用专门的 PROM 写入设备将信息写入，这种写入是破坏性的。因此，对这种存储器只能进行一次编程。根据写入原理，PROM 的类型可分为两类：结破坏型和熔丝型。图 5-16 所示为熔丝型 PROM 的一个存储元示意。

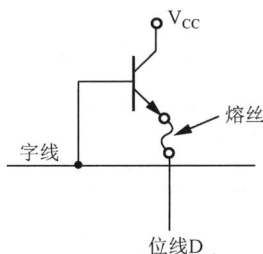

图 5-16 熔丝型 PROM 个存储元示意

在图 5-16 中，基本存储电路由一个三极管和一段熔丝组成，可存储一个二进制位的信息。出厂时，每段熔丝都与位线连接，存储的内容都是"0"信息。如果用户在使用前根据程序的需要，利用编程器对选中的基本存储电路通以 20～50mA 的电流将熔丝熔断，则该存储元将存储信息"1"。由于熔丝熔断后无法再接通，所以对 PROM 只能进行一次编程。

写入时，按给定地址译码选通字线，根据写入信息的不同在位线上施加不同的电位，若要对 D_i 位写入"0"，则对应位线 D_i 悬空（或连接较大电阻），使流经被选中的基本存储电路的电流很小，不足以熔断熔丝，该位仍保持"0"状态；若要写入"1"，则给位线 D_i 施加负电位(-2V)，瞬间通过被选中的基本存储电路的电流很大，致使熔丝熔断，即可改写为"1"。PROM 在正常只读状态下工作时，施加到字线上的电位是比较低的脉冲电位，但足以开通存储元中的晶体管。这样，被选中的存储单元中的信息就一并被读取。若存储信息为"0"，则对应位线有电流；若存储信息为"1"，则对应位线无电流。在只读状态，工作电流将很小，不会造成熔丝熔断，即不会破坏原有信息。

5.3.3 可擦除、可再编程只读存储器

PROM 虽然可供用户进行一次编程，但仍有局限性。而可擦除、可再编程只读存储器在实际应用中得到广泛应用。这种存储器利用编程器写入信息后，便可作为只读存储器使用。

可擦除、可再编程只读存储器中的内容擦除方式包括紫外线擦除（如 EPROM）和电擦除（如 EEPROM）。

EPROM 的全称是 Erasable Programmable Read-Only Memory，该芯片可被重复擦除和写入信息，解决了 PROM 只能进行一次编程的弊端。已封装好的 EPROM 芯片正面有一个玻璃窗口，透过该窗口可以看到其内部的集成电路。

EPROM 的擦除是对整个芯片进行的，不能只擦除个别存储单元或个别位，擦除时间较长，并且擦除和写入均需离线操作，使用起来不方便。紫外线透过玻璃窗口照射一定的时间，可以将芯片内的数据擦除。擦除时，将芯片放入擦除器的小盒中，用紫外线照射芯片约 20min。若读取的各个存储单元内容均为 FFH，说明原信息已全部被擦除，恢复

到出厂状态。一个编程后的 EPROM 芯片可以保持其数据大约 10～20 年，并能无限次读取。在写入信息后，要以不透光的贴纸或胶布把玻璃窗口封住，以免受到周围的紫外线照射而使其中的信息受损。

近年来，能够在线擦除和写入的 EEPROM 芯片得到广泛应用。EEPROM 的全称是 Electrically Erasable Programmable Read-Only Memory，在微机断电后其中的数据不丢失，用户可在计算机中或使用专用设备擦除已有信息，重新编程。EEPROM 常用在网卡中，用来存放硬件设置数据。EPROM 虽然已经实现了可以反复擦写，但是当写错信息时，就需要将 EPROM 芯片中的所有信息全部擦除，重新写入相关信息，而 EEPROM 可对以字节为单位的信息进行擦除和重写，大大提高使用的方便性。

1. EPROM 芯片

EPROM 芯片有多种型号，一般都是以 27 开头的。常用的有 Intel 2716（2K×8b）、Intel 2732（4K×8b）、Intel 2764（8K×8b）、Intel 27128（16K×8b）、Intel 27256（32K×8b）等。下面以 Intel 2716 为例，介绍其性能及工作方式。

1）Intel 2716 的内部结构和外部引脚

Intel 2716 采用 NMOS（NPN 型场效应晶体管）工艺制造，双列直插式 24 引脚封装。其引脚、逻辑符号及内部结构如图 5-17 所示。

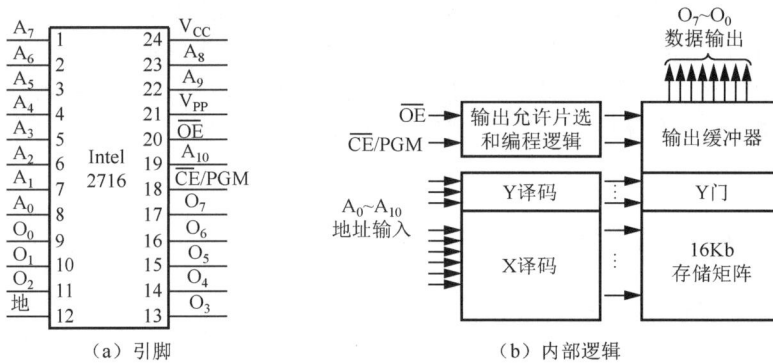

（a）引脚　　　　　　　　（b）内部逻辑

图 5-17　Intel 2716 的引脚逻辑符号及内部结构

在图 5-17 中，A_0～A_{10} 为 11 条输入地址总线。其中的 7 条输入地址总线用于行译码，4 条输入地址总线用于列译码。O_0～O_7 为 8 位的数据总线，编程写入时它们是输入线，正常读取时它们是输出线。$\overline{OE}$ 为控制信号引脚，输入低电平有效，用于允许数据输出。$\overline{CE}$/PGM 为片选信号/编程控制信号。该引脚为双重功能控制总线。作为片选信号 $\overline{CE}$ 时，低电平有效；当对 Intel 2716 进行编程时，它为编程控制信号 PGM，用于引入编程脉冲。V_{PP} 为编程电源，在编程写入时，V_{PP}＝+25V；正常读取时，V_{PP}＝+5V。V_{CC} 为工作电源电压，其值为+5V。

2）Intel 2716 的工作模式

Intel 2716 的工作模式见表 5-4。

表 5-4 Intel 2716 的工作模式

工作模式＼引脚	$\overline{CE}$/PGM	$\overline{OE}$	V_{PP}	数据总线状态
读取模式	0	0	+5V	D_{OUT}（输出）
未选中模式	—	1	+5V	高阻抗状态
待机模式	1	—	+5V	高阻抗状态
编程模式	约 52ms 脉宽的正脉冲	1	+25V	D_{IN}（输入）
校验编程内容模式	0	0	+25V	D_{OUT}
禁止编程模式	0	1	+25V	高阻抗状态

（1）读取模式。当 $\overline{OE}$ =0 时，在此模式下可以将被选中的存储单元的内容读取。

（2）未选中模式。当 $\overline{OE}$ =1 时，不论 PGM 的状态如何，Intel 2716 均未被选中，数据总线处于高阻抗状态。

（3）待机（备用）模式。当 $\overline{CE}$/PGM＝1 时，Intel 2716 处于待机模式。这种模式和未选中模式类似，但其功耗由 525mW 下降到 132mW，下降约 75%，所以该模式也称为功率下降模式。这时数据总线处于高阻抗状态。

（4）编程模式。当 V_{PP}＝+25V 时，在 $\overline{CE}$/PGM 引脚施加约 52ms 脉宽的正脉冲时，可以将数据总线上的信息写入指定的地址单元。此时，数据总线为输入状态。

这里需要特别指出，根据芯片的制作工艺和内部构造的不同，对 EPROM 芯片的编程可以采用不同脉宽的编程脉冲，一般分为以下两种模式。

① 标准编程模式。对采用双极型电路的小容量芯片，如 Intel 2716 和 Intel 2764 等，采用标准的 52ms 脉宽（脉冲宽度）。标准编程是式就是每次给出一个编程负脉冲就写入 1 字节的数据。早期的 EPROM 采用的都是标准编程模式。这种模式有两个严重的缺点：一是编程脉冲的脉宽太大（52ms），使得编程时间过长，对于容量大的 EPROM，其编程时间长得令人难以接受。例如，64KB 的 EPROM 编程时间将近 1 个小时；二是不安全，脉宽太大会使芯片的功耗过大而损坏。

② 快速编程模式。快速编程模式下的工作过程与标准编程模式下的工作过程一样，只是编程脉冲的脉宽较小。例如，MOS 型芯片 Intel 27C40 的编程脉冲的脉宽仅为 100μs。它的工作过程如下：先用 100μs 脉宽的编程脉冲依次写入所有要编程的单元，然后从头校验所写入的字节。若不正确，则重新写入此编程单元。写入后再校验，直至写入的字节正确。若连续 10 次仍不能正确写入字节，则认为该芯片已损坏。最后，从头到尾对每个编程单元校验一遍，若全部正确，则编程完成。

可以优化快速编程。根据不同的型号芯片，选择可用的编程电源使编程单元的第一个编程脉冲的脉宽为 25μs。如果校验通过，就编第二个地址数，若不能通过校验，则将第二个编程脉冲的脉宽改为 50μs；如果再次校验仍未通过，则再次加大编程脉冲的脉宽，使之达到 100μs，以此类推。经过 12 次加倍后，编程脉冲的脉宽达到 62.4ms。若最后一次编程失败，则认为该芯片永久失效，不可再用。

（5）校验编程内容模式。此模式与读取模式基本相同，只是在该模式下 $V_{PP}=+25V$。在编程后，可将 Intel 2716 中的信息读取，与写入的内容进行比较，以验证写入内容是否正确。此时，数据总线为输入状态。

（6）禁止编程模式。此模式禁止将数据总线上的信息写入 Intel 2716。

另外，EPROM 芯片允许擦除的次数超过上万次。一块新的或擦除过的 EPROM 芯片存储单元的内容都是 FFH。当对使用过的 EPROM 进行编程时，需要先将该芯片放到专门的擦除器上进行擦除操作。擦除器利用紫外线照射该芯片上的玻璃窗口，一般照射 15～20min 就可以擦除干净其存储单元的内容。

当需要对 Intel 2716 写入信息时，通过专用的 EPROM 编程器对该芯片进行编程。此时，该芯片要与电路隔离，在编程器上进行操作。

2. EEPROM 芯片

EEPROM 芯片的特性使其使用场合非常多。这里介绍其中的 Intel 2816 芯片。

1）Intel 2816 的引脚

Intel 2816 是存储容量为 2K×8b 的 EEPROM 芯片，它有 24 个引脚，使用单一的+5 V 电源。Intel 2816 的引脚如图 5-18 所示。

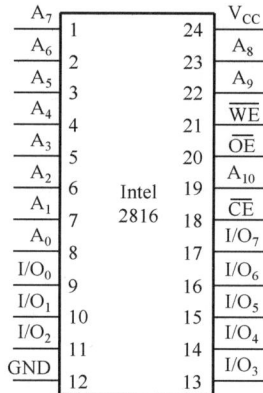

图 5-18　Intel 2816 的引脚

其中，

$A_0 \sim A_{10}$ 为地址总线，用于选择该芯片内的 2K 个存储单元。

$I/O_0 \sim I/O_7$ 为数据总线，作为数据的输入输出通道。

$\overline{CE}$ 为片选信号，低电平有效。当 $\overline{CE}=0$ 时，表示 CPU 选中该芯片。

$\overline{OE}$ 为输出允许信号。

$\overline{WE}$ 为写操作允许信号。

当 $\overline{CE}=0$，$\overline{OE}=0$，$\overline{WE}=1$ 时，可将选中的地址单元中的数据读取。

当 $\overline{CE}=0$，$\overline{OE}=1$，$\overline{WE}=0$ 时，可将数据总线上的数据写入指定的存储单元。

2）Intel 2816 的工作模式

Intel 2816 有 6 种工作模式，见表 5-5。

表 5-5 Intel 2816 的工作模式

引脚 \ 工作模式	$\overline{CE}$	$\overline{OE}$	V_{PP}/V	数据总线状态
读取工作模式	低电平	低电平	+4～+6	输出状态
待机（备用）工作模式	高电平	—	+4～+6	高阻抗状态
字节擦除工作模式	低电平	高电平	+21	输入信号为高电平
字节写入工作模式	低电平	高电平	+21	输入状态
整片擦除工作模式	低电平	+9～+15V	+21	输入信号为高电平
擦写禁止工作模式	高电平	—	+4～+22	高阻抗状态

（1）读取模式。当 $\overline{CE}=0$，$\overline{OE}=0$，并且 V_{PP} 端被施加+4～+6V 电压时，Intel 2816 处于正常的读取模式。此时，数据总线为输出状态。

（2）待机（备用）模式。当 $\overline{CE}=1$，$\overline{OE}$ 为任意状态，并且 V_{PP} 端被施加+4～+6V 电压时，Intel 2816 处于待机模式。与 Intel 2716 芯片一样，待机模式下芯片的功耗将下降。

（3）字节擦除模式。当 $\overline{CE}=0$，$\overline{OE}=1$，数据总线（I/O_0～I/O_7）端被施加高电平且 V_{PP} 端被施加幅度为+21 V、脉宽为 9～15ms 的脉冲时，Intel 2816 处于以字节为单位的擦除模式。

（4）字节写入模式。当 $\overline{CE}=0$，$\overline{OE}=1$，V_{PP} 端被施加幅度为+21V、脉宽为 9～15ms 的脉冲时，来自数据总线（I/O_0～I/O_7）的数据字节可被写入 Intel 2816 的存储单元中。可见，字节写入和字节擦除模式实际上是同一种操作，只是在字节擦除模式中，写入的信息为 FFH 而已。

有些 EEPROM 在写入数据时可以采取整页写入模式。整页写入模式即自动写入一页信息。在写入时，地址信息中包括所写入页的编号和页内的内存单元寻址，要求被写入的内存单元是连续的。Intel 2816 不具备这个功能。

（5）整片擦除模式。当 $\overline{CE}=0$，数据总线（I/O_0～I/O_7）都为高电平，$\overline{OE}$ 端被施加+9～+15V 电压及 V_{PP} 端被施加幅度为+21V、脉宽为 9～15ms 的脉冲时，约经过 10ms 可擦除整片内容。

（6）擦写禁止模式。当 $\overline{CE}=1$，V_{PP} 端被施加+4～+22V 电压时，不管 $\overline{OE}$ 是高电平还是低电平，Intel 2816 都进入擦写禁止模式，其数据总线（I/O_0～I/O_7）处于高阻抗状态，内部存储单元与外界隔离。特别需要注意的是，在单字节改写前，必须先进行单字节擦除，不能直接将改写的数据送入未经擦除的字节单元中。

5.3.4 闪存

闪存是一种快擦型存储器，它是不使用电池供电且高速耐用的非易失性半导体存储器，它具有性能好、功耗低、体积小、质量小等特点，广泛应用于便携机存储器，但价格较贵。

闪存具有 EEPROM 的特点，又可在计算机内进行擦除和编程，它的读取时间与 DRAM 相似，而写操作时间与磁盘驱动器时间相当。闪存有 5V 或 12V 两种供电方式。对于便携机来说，用 5V 电源更合适。闪存操作简便，编程、擦除、校验等工作均已被编成程序，可由配有闪存系统的 CPU 予以控制。

闪存可替代 EEPROM，在某些应用场合还可取代 SRAM，尤其是对于需要配备电池后援的 SRAM 系统，使用闪存后可省去电池。闪存的非易失性和快速读取的特点能满足固态盘驱动器的要求，同时可替代便携机中的 ROM，以便随时写入最新版本的操作系统。闪存还可应用于激光打印机、条形码阅读器、各种仪器设备及计算机的外部设备中。

5.4　存储器与微机系统的连接

微机系统的规模、应用场合不同，对其中的存储器的容量、类型的要求也不同。一般情况下，需要用不同类型、不同规格的存储器，通过适当的硬件连接构成所需要的存储器容量，这就是本节需要讨论的内容。

5.4.1　存储器的扩展

一个微机系统的存储器容量取决于地址总线的位数，一般都远大于单个存储器的容量。每个存储器的容量都是有限的，而且其字长有时也不能满足微机系统对字长的要求。因此，微机系统的存储器需要扩展。对存储器进行扩展与连接时要考虑两方面问题：一是如何用容量较小、字长较短的存储器组成满足微机系统容量要求的大容量存储器；二是扩展后的大容量存储器如何与微机系统连接。

存储器的扩展包括位扩展、字扩展和字位同时扩展 3 种。

1．位扩展

位扩展是指存储器的字（单元）数满足要求而位数不够，需对每个存储单元的位数进行扩展。

【例 5.1】将存储容量 8K×1b 的 RAM 芯片通过扩展构成 8KB 的多层级存储器。

分析：由于扩展后的存储器的字数与 RAM 芯片的字数一致，都是 8K，即 2^{13}，所以需要 13 条地址总线（$A_0 \sim A_{12}$）对各个 RAM 芯片内的存储单元寻址。每个芯片只有一个数据总线引脚，若要组成 8KB 的多层级存储器，则需要有 8 个存储容量为 8K×1b 的 RAM 芯片，将每个 RAM 芯片的数据总线引脚分别连接到数据总线（$D_0 \sim D_7$）的相应位。

所需的 RAM 芯片数=总容量÷单个 RAM 芯片容量=（8K×8b）÷（8K×1b）=8 用 8K×1b RAM 芯片组成 8K×8b 的大容量存储器连线如图 5-19 所示。

在图 5-19 中，每条地址总线连接 8 个负载，每条数据总线连接 1 个负载。采用位扩展方法时，所有 RAM 芯片都应同时被选中，各个 RAM 芯片的 CS 端可直接接地，也可并联在一起并根据地址范围的要求，与高位地址总线译码产生的片选信号端连接。在这个例子中，若地址总线 $A_0 \sim A_{12}$ 上的信号为全 0，即选中了存储器 0 号单元，则该单元的 8 位信息是由各个 RAM 芯片 0 号单元的 1 位信息共同构成的。地址总线从该扩展后的存储器中读或写 1 字节的信息时，需要访问 8 个 RAM 芯片，对每个 RAM 芯片，只访问 1b。

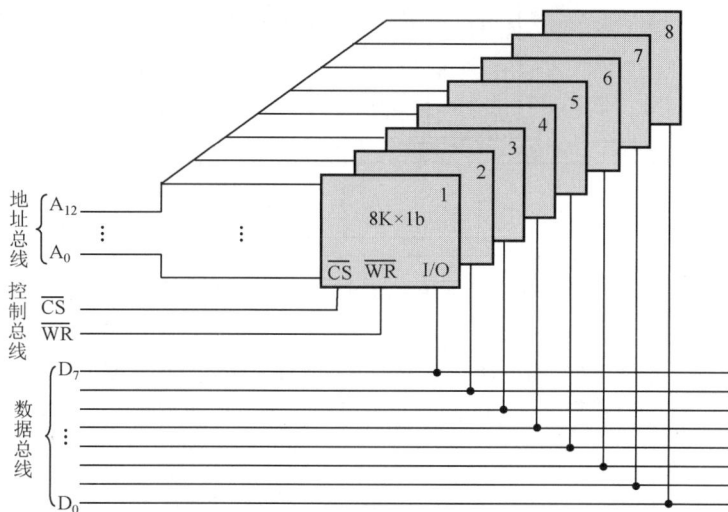

图 5-19　用 8K×1b RAM 芯片组成的 8K×8b 的大容量存储器连线

可以看出，位扩展的连接方式是将 RAM 芯片的地址总线、片选信号 CS、控制总线并联，要分别引出数据总线。

2. 字扩展

字扩展用于存储器的位数满足要求但字数不够的情况，字扩展就是对存储单元数量的扩展。

【例 5.2】用存储容量为 16K×8b 的小容量存储器构成一个 64KB 的大容量存储器。

分析：所给小容量存储器与要求构成的大容量存储器的字长相同，都是 8b，因此需要进行字扩展。要达到所要求的容量，需要增加小容量存储器的数量，以实现字节数的增加，即需要进行字扩展。

所需小容量存储器数=（64K×8b）/（16K×8b）=4。

用 16K×8b 小容量存储器组成的 64K×8b 大容量存储器连线如图 5-20 所示。

在图 5-20 中，4 个小容量存储器的数据输入输出端口与数据总线 $D_0 \sim D_7$ 连接，地址总线低位地址 $A_0 \sim A_{13}$ 与各个小容量存储器的 14 位地址线连接，用于进行片内寻址。为了区分 4 个小容量存储器的地址范围，还需要两条高位地址线 A_{14} 和 A_{15} 经 2∶4 译码器译出

4 条片选信号线，分别和 4 个小容量存储器的片选端连接。图 5-20 中的各个小容量存储器的地址分配见表 5-6。

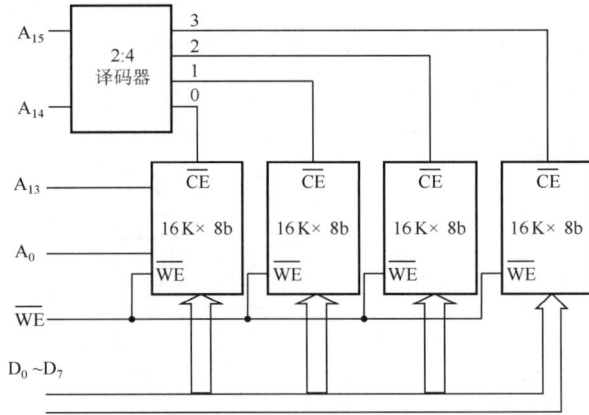

图 5-20　用 16K×8b 小容量存储器组成的 64K×8b 大容量存储器连线

表 5-6　图 5-20 中的各个小容量存储器的地址分配

地址 芯片号	$A_{15}A_{14}$	$A_{13}A_{12}A_{11}\cdots A_1A_0$	说　明
1	00	000$\cdots$00	最低位地址
	00	111$\cdots$11	最高位地址
2	01	000$\cdots$00	最低位地址
	01	111$\cdots$11	最高位地址
3	10	000$\cdots$00	最低位地址
	10	111$\cdots$11	最高位地址
4	11	000$\cdots$00	最低位地址
	11	111$\cdots$11	最高位地址

字扩展的连接方式是将各个小容量存储器的地址总线、数据总线、控制总线并联，由片选信号区分各个小容量存储器地址。也就是说，将低位地址总线直接与各个小容量存储器地址总线连接，以选择存储器的某个存储单元；用高位地址总线经译码器产生若干不同片选信号并连接到各个小容量存储器的片选端，以确定各个小容量存储器在整个存储空间所属的地址范围。

3. 字位同时扩展

在实际应用中，往往会遇到字数和位数都需要扩展的情况。若使用 $l\times k$ 位存储器构成一个容量为 $M\times N$ 位（$M>l$，$N>k$）的存储器，则共需要（M/l）×（N/k）个 $l\times k$ 位存储器。连接时可将这些 $l\times k$ 位存储器分成 M/l 个组，每组有 N/k 个小容量存储器，组内采用位扩展法，组间采用字扩展法。

【例 5.3】 用 Intel 2114（存储容量为 1K×4b 的 RAM 芯片）构成 4K×8b 的大容量存储器。

分析：所给的 Intel 2114 的字长（4b）达不到微机系统字长 8b 的大小，因此需要进行位扩展。此外，单个存储单元的容量（1K）也小于要求微机系统要求的存储容量（4K），因此还需要进行字扩展。

所需 $l×k$ 位存储器数=（4K×8b）/（1K×4b）=4×2=8。

字位同时扩展后的存储器连线如图 5-21 所示。

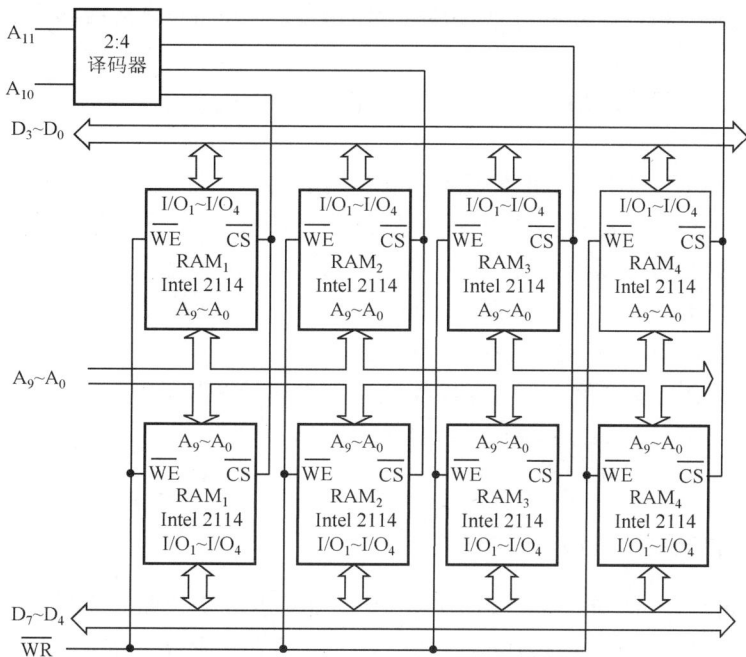

图 5-21　字位同时扩展后的存储器连线

在图 5-21 中，将 8 个 Intel 2114 分成 4 组，即 RAM_1、RAM_2、RAM_3 和 RAM_4，每组两个。组内用两个 Intel 2114 通过位扩展法构成存储容量为 1K×8b 的存储模块，将 4 个这样的存储模块用字扩展法连接，便构成存储容量为 4K×8b 的存储器。用 A_9～A_0 10 条地址总线对每组 RAM 进行片内寻址，同组 RAM 应被同时选中，因此同组 RAM 的片选端应并联在一起。本例用 2:4 译码器对两条高位地址总线 A_{10}～A_{11} 译码，产生 4 条片选信号线，分别与各组 RAM 的片选端连接。

5.4.2　存储器与微机系统连接时的注意事项

将存储器应用到微机系统中，实际上就是如何将存储器与微机系统总线连接。当 CPU 对存储器执行读写操作时，首先由地址总线给出地址信号，CPU 选择要进行读写操作的存储单元，然后通过控制总线发出相应的读写控制信号，最后才能在数据总线上进行数据交换。因此，存储器与微机系统的连线主要包括地址总线、数据总线、控制总线。

在实际连接时，需要考虑以下几个问题。

（1）系统总线的负载能力。通常在设计 CPU 芯片时，考虑其总线的直流负载能力有限，仅能带一个 TTL 负载。现在的存储器一般都为 MOS 集成电路，直流负载很小，主要的负载是电容负载，CPU 可以直接与存储器连接。但是，若由 RAM 和 ROM 构成的主存储器直接连接在系统总线上，则会造成 CPU 的负载能力不能满足要求。为此，需要增加总线驱动器，以提高 CPU 的总线驱动能力和负载能力。一般使用缓冲器充当总线驱动器。

（2）CPU 的时序和存储器的存取速度之间的配合问题。CPU 在取指令和对存储器执行读写操作时是有固定时序的，用户要根据这些时序确定对存储器存取速度的要求，或者在存储器存取速度已经确定的情况下，考虑是否需要增加 T_w 状态（周期），以及如何实现的问题。

（3）片选信号和存储器的地址分配问题。存储器的地址译码分为片选译码和片内译码。在执行读写操作时，存储器对存储单元的寻址分两步进行。首先，通过片选信号选择存储器或存储器组，然后对存储器内部或组内某个存储单元进行地址选择。通常，片选信号是高位地址通过译码电路产生的。存储器内部存储单元的寻址与存储器的结构有关，一般从低位地址进行寻址，为存储器提供行地址和列地址。

（4）控制信号的连接。CPU 在与存储器交换信息时，通常有以下几个控制信号（对 Intel 8088/8086 来说）：$\overline{IO/M}$（或 $IO/\overline{M}$）、$\overline{RD}$、$\overline{WR}$ 及 WAIT 信号。这些信号端与存储器要求的控制信号端连接，以实现所需的控制功能。

5.4.3　片选信号的产生方法和译码电路

目前单个存储器的存储容量仍然是有限的，需要由多个存储器组成一个满足要求的大容量存储器。CPU 在执行读写操作时，是针对具体的某个存储器的某个存储单元进行的。于是，就存在如何产生片选信号的问题。

1. 片选信号产生的方法

片选信号一般由高位地址译码产生，产生的方法有线选法、全译码法和部分译码法。

1）线选法

线选法就是将地址总线直接作为存储器的片选信号使用，一条地址总线对应一个存储器。线选法的特点是连线简单，适用于容量小、存储器数量少的微机系统。不足之处是，地址空间不连续而未被充分利用。

2）全译码法

全译码法是指将除了片内寻址的全部高位地址总线信号都作为地址译码器的输入信号，而译码器的输出信号作为各个存储器的片选信号，将它们分别连接到存储器的片选端，以实现对存储器的选择。全译码法的优点是，每个存储器的地址范围是唯一确定的，而且是连续的，也便于扩展，不会产生地址重叠的存储区。全译码法的缺点是，译码电路比较复杂，需要借助译码器或用门电路组合产生片选信号。

全译码法的特点是各个存储器中的存储单元地址是唯一的，而且地址空间连续，不会出现地址重叠问题。因此，全译码法适用于对存储容量要求很大的微机系统。

3）部分译码法

部分译码法是指用除了片内寻址的高位地址的一部分译码产生片选信号。部分译码法的特点是各个存储器中的存储单元地址不唯一，会产生地址重叠的存储区，地址空间可能会出现不连续现象。为避免地址空间不连续，需要合理组织高位地址进行译码。因此，部分译码法适用于存储容量不太大的微机系统。

2. 常用的译码电路

1）使用门电路译码

使用门电路作为译码电路十分方便且直观，常用与非门（NAND）和或非门（NOR）电路作为译码电路。门电路配合系统总线中的控制总线就可以产生相应的片选信号。

（1）与非门。当与非门的全部输入端为高电平"1"时，相应的输出端为低电平"0"；否则，输出端为高电平"1"。

图 5-22 所示为两种与非门。其中图 5-22（a）为双输入端与非门，当输入端 A 和 B 同时为高电平"1"时，即真时，输出端 Y 的值为低电平"0"，即假；当输入端 A 和 B 中有一个为假时，输出端为高电平"1"，即真。图 5-22（b）为多输入端与非门，当输入端 1～5 同时为高电平"1"时，即真，输出端 Y 的值为低电平"0"，即假；当输入端 1～5 中有一个为假时，输出端为低电平"1"，即真。

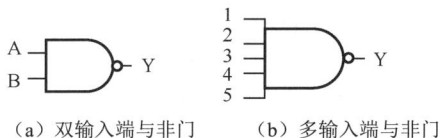

（a）双输入端与非门　　（b）多输入端与非门

图 5-22　两种与非门

常用的与非门芯片有 74LS00、74LS01、74LS03，它们都为双输入端的 4 套与非门芯片；74LS20 为 4 个输入端的 2 套与非门芯片。

（2）或非门。当或非门的输入端全为低电平"0"时，相应的输出端为低电平"0"；否则，输出端输出高电平"1"。

图 5-23 所示为两种或非门。其中，图 5-23（a）为双输入端或非门，当输入端 A 和 B 同时为低电平"0"，即假时，输出端 Y 的值为高电平"1"，即真；当输入端 A 和 B 中有一个为真时，输出端为低电平"0"，即假。图 5-23（b）为多输入端或非门，当输入端 1～5 同时为低电平"0"，即假时，输出端 Y 的值为高电平"1"，即真；当输入端 1～5 有一个为真时，输出端为低电平"0"，即假。

常用的双输入端或非门芯片有 74LS02。使用时，根据需要选择合适的门电路，实现所需的译码功能。

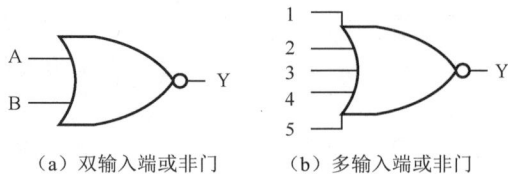

（a）双输入端或非门　　（b）多输入端或非门

图 5-23　两种或非门

2）使用译码电路译码

（1）编码器。为了区分一系列不同事物，将其中每个事物用一个二值代码表示，这就是编码的含义。在二值逻辑电路中，信号都是以高、低电平的形式给出的。因此，编码器的作用就是把输入的每个高、低电平信号编成一个对应的二进制码。

常用的编码器有普通编码器和优先编码器两类。在普通编码器中，任何时刻只允许输入一个编码信号，否则，将会发生编码混乱。

下面以 3 位二进制普通编码器为例，介绍编码器的工作原理。它的输入信号是 $I_0 \sim I_7$，共 8 个高电平信号，输出信号是 3 个二进制码 $Y_2Y_1Y_0$，因此又把它称为 8-3 编码器，如图 5-24 所示。输入输出对应关系见表 5-7。

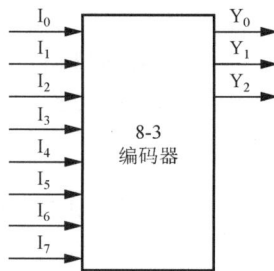

图 5-24　8-3 编码器

表 5-7　8-3 编码器输入输出对应关系

输　入								输　出		
I_0	I_1	I_2	I_3	I_4	I_5	I_6	I_7	Y_2	Y_1	Y_0
1	0	0	0	0	0	0	0	0	0	0
0	1	0	0	0	0	0	0	0	0	1
0	0	1	0	0	0	0	0	0	1	0
0	0	0	1	0	0	0	0	0	1	1
0	0	0	0	1	0	0	0	1	0	0
0	0	0	0	0	1	0	0	1	0	1
0	0	0	0	0	0	1	0	1	1	0
0	0	0	0	0	0	0	1	1	1	1

其逻辑表达式为

$$\begin{cases} Y_2 = I_4 + I_5 + I_6 + I_7 \\ Y_1 = I_2 + I_3 + I_6 + I_7 \\ Y_0 = I_1 + I_3 + I_5 + I_7 \end{cases}$$

（2）译码器。译码器的逻辑功能是将每个输入的二进制码译成对应的输出高、低电平信号，因此，译码是编码的反操作。常用的译码器有二进制译码器，二-十进制译码器和显示译码器三类。这里介绍二进制译码器。

二进制译码器的输入信号是一组二进制码，输出信号是一组与输入代码一一对应的高、低电平信号。

输入 3 位二进制码，共 8 种状态，译码器将每个输入代码译成对应的一条输出线上的高、低电平信号。因此，也把这种译码器称为 3 线-8 线译码器，简称 3-8 译码器。

74LS138 译码器的外部引脚与内部结构如图 5-25 所示。由图 5-25 可以看出，74LS138 译码器的工作条件是 $\overline{G_{2A}} = \overline{G_{2B}} = 0$ 且 $G_1 = 1$，译码输入端为 C、B、A，因此输出端有 8 种状态。当规定 $\overline{CS}$ 为低电平时，选定输入输出端口，因此该译码器输出信号也是低电平有效。当不满足译码条件时，74LS138 译码器输出信号全为高电平，相当于该译码器未工作。74LS138 译码器的真值见表 5-8。

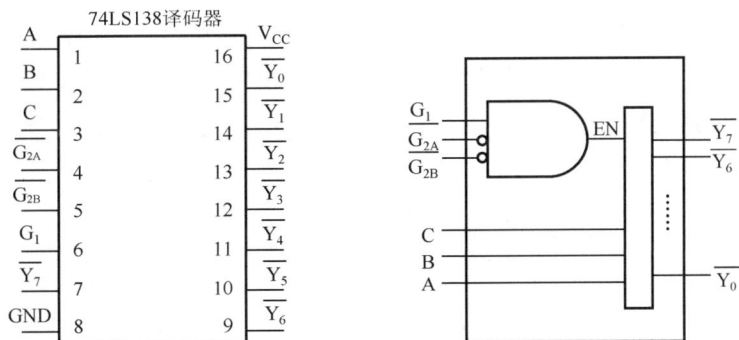

图 5-25　74LS138 译码器的外部引脚与内部结构

表 5-8　74LS138 译码器的真值

G_1	$\overline{G_{2A}}$	$\overline{G_{2B}}$	C	B	A	输出
1	0	0	0	0	0	$\overline{Y_0} = 0$，其余全为 1
1	0	0	0	0	1	$\overline{Y_1} = 0$，其余全为 1
1	0	0	0	1	0	$\overline{Y_2} = 0$，其余全为 1
1	0	0	0	1	1	$\overline{Y_3} = 0$，其余全为 1
1	0	0	1	0	0	$\overline{Y_4} = 0$，其余全为 1
1	0	0	1	0	1	$\overline{Y_5} = 0$，其余全为 1
1	0	0	1	1	0	$\overline{Y_6} = 0$，其余全为 1
1	0	0	1	1	1	$\overline{Y_7} = 0$，其余全为 1

5.4.4 存储器的连接应用举例

1. SRAM 的连接应用举例

使用 SRAM 时不需要对其进行刷新，操作相对简单。

【例 5.4】用 SRAM 芯片 Intel 6116 构成一个 6KB 的存储器，要求其地址范围在 0C1000H～0C27FFH 之间。

图 5-26 是 Intel 6116 的外部引脚。由其地址总线和数据总线的条数可以看出，Intel 6116 的存储容量为 2K×8b。Intel 6116 有 11 条地址总线（A_0～A_{10}）、8 条数据总线（D_0～D_7），以及读写控制信号 R/$\overline{W}$（当 R/$\overline{W}$=0 时，进行写操作；当 R/$\overline{W}$=1 时，进行读操作）、输出允许信号 $\overline{OE}$ 及片选信号 $\overline{CS}$。要构成一个 6KB 的存储器，需要 3 个 Intel 6116，进行字扩展。

译码电路的构成不是唯一的，可以利用基本逻辑门电路（如"与""或""非"门等）构成，也可以利用 74LS138 译码器构成。本例采用全地址译码方式，使 3 个 Intel 6116 具有唯一的地址范围。因为需要多个片选信号，所以选用 74LS138 译码器作为地址译码器可以更方便、高效，而且译码电路更简洁。图 5-27 为 Intel 6116 与工作在最大模式下的 Intel 8088 的系统总线连接。在图 5-27 中，用 74LS138 译码器和一些门电路构成地址译码器，对地址总线高 9 位（A_{11}～A_{19}）地址进行译码。将 $\overline{MEMR}$ 和 $\overline{MEMW}$ 信号组合后连接到 74LS138 译码器的使能端，以保证只有对存储器进行读写操作时，74LS138 译码器才能工作。

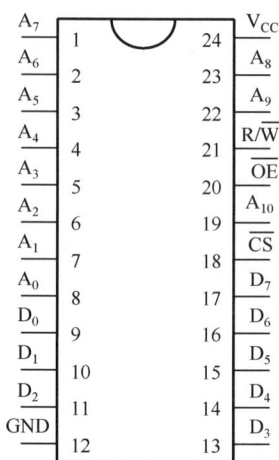

图 5-26　Intel 6116 的
外部引脚

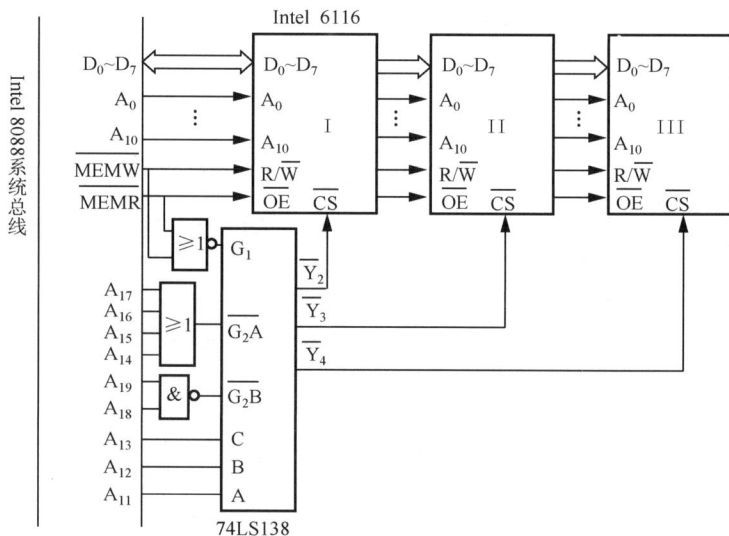

图 5-27　Intel 6116 与工作在最大模式下的
Intel 8088 系统总线连接

【**例 5.5**】用 MSM 8256 构成 1MB 的存储器。

分析：MSM 8256 是存储容量为 256K×8b 的 SRAM 芯片，其外部引脚如图 5-28 所示。其中，$A_0 \sim A_{17}$ 为地址总线；$D_0 \sim D_7$ 为数据总线；$\overline{WE}$ 为写信号线（低电平有效）；$\overline{OE}$ 为读取允许信号（低电平有效）；$\overline{CS}$ 为片选信号（低电平有效）。所需 MSM 8256 数量为 1024KB/256KB=4，需要进行字扩展才能达到所要求的容量。4 个 MSM 8256 的地址范围分别如下：

00000H～3FFFFH

40000H～7FFFFH

80000H～BFFFFH

C0000H～FFFFFH

本例采用 74LS138 译码器构成译码电路。由于 MSM 8256 有 18 条地址总线，只有 2 条高位地址信号 A_{19} 和 A_{18} 可以用于片选译码，因此将 74LS138 译码器的输入端 C 直接连接低电平，而使其余 2 个输入端 A 和 B 分别连接到 A_{18} 和 A_{19}，这两路高位地址信号的 4 种不同组合信号会分别选中 4 个 MSM 8256。

例 5.5 的 MSM 8256 与 Intel 8088 系统总线的连接如图 5-29 所示。

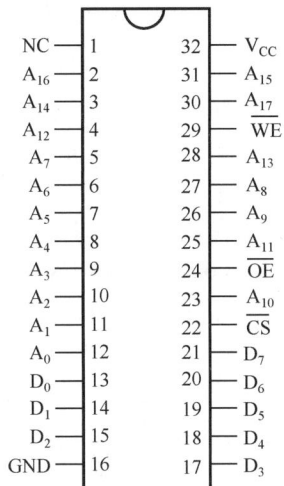

图 5-28　Intel 8256 的外部引脚

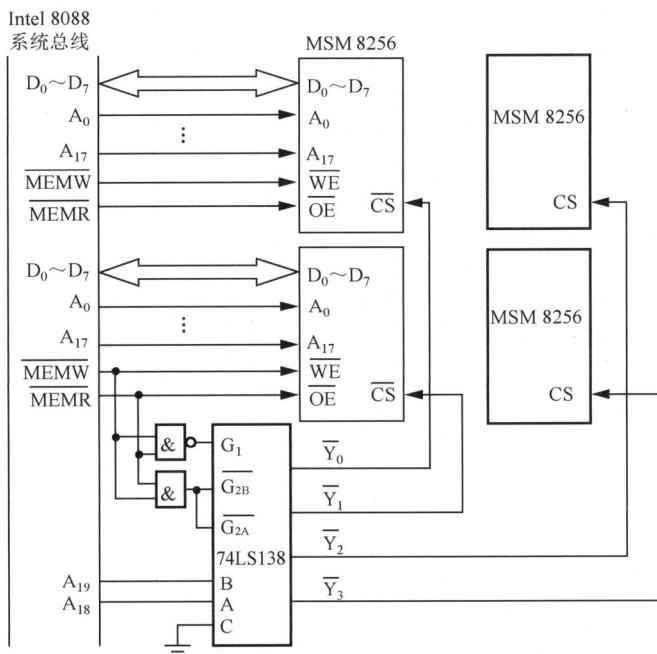

图 5-29　MSM 8256 与 Intel 8088 系统总线的连接

从以上两个应用例子可以看出，在用多个 SRAM 芯片组成大容量存储器时可以采用多种连接方式。只要了解 SRAM 芯片的外部引脚含义，根据系统总线所能提供的信号，选择适当的器件构成译码器，便可以很容易地组成所需的任何存储器空间。

2．DRAM 的连接应用举例

【例 5.6】用 DRAM 芯片 Intel 2116 组成一个存储容量为 16K×8b 的存储器，其地址范围为 4000H～7FFFH，画出连线图。

分析：单个 Intel 2116 的存储容量为 16K×1b，因此需要进行位扩展，以满足位宽的需求。经计算，共需要 8 个 Intel 2116 才能组成 16K×8b 的存储器。8 个 Intel 2116 上的数据输入输出线（共 8 条）正好与 CPU 的 8 条数据总线 D_7～D_0 连接。每个 Intel 2116 上共 7 条地址输入线，分时传输 14 位地址信号。因此 CPU 在对存储器执行读写操作时，由 $IO/\overline{M}$ 信号经过行列选通信号发生器，与其他控制信号一起产生相应的行地址选通信号 RAS 和 $\overline{RAS}$，列地址选通信号 CAS、$\overline{CAS}$ 和读写控制信号 $\overline{WE}$，分别被输送到 Intel 2116 和地址多路转换器。当 $A_{15}=0$，$A_{14}=1$ 及 $IO/\overline{M}=0$ 时，利用 $\overline{RAS}$ 信号使 DRAM 被选中。CPU 的地址总线 A_{13}～A_0 上的行地址 A_6～A_0 和列地址 A_{13}～A_7 分别在 RAS 和 CAS 信号的控制下，经地址多路转换器被分别输送到 Intel 2116 内部的行地址锁存器和列地址锁存器,经译码后选中被寻址的存储单元。

例 5.6 的 Intel 2116 与 CPU 的连接如图 5-30 所示。

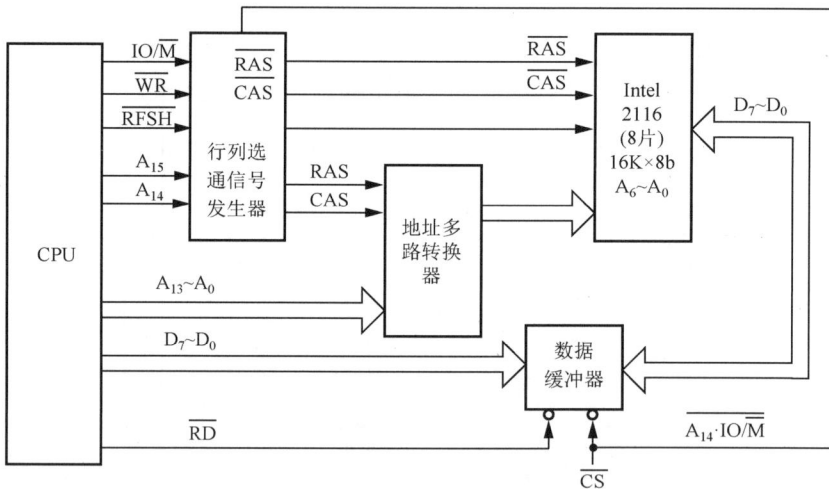

图 5-30　Intel 2116 与 CPU 的连接

3．只读存储器与微机系统的连接

以 EPROM 芯片 Intel 2716 为例，介绍只读存储器与微机系统的连接。基本上，可以用与 RAM 芯片相同的方法设计电路，只是略有不同。由于编程脉冲输入端 PGM 和 $\overline{CE}$ 是同一个引脚，Intel 2716 在只读操作下只需要提供有效的 $\overline{CE}$ 信号。编程电源 V_{PP} 端也连接在

+5V 电源 V_{CC} 上。图 5-31 是 Intel 2716 与 Intel 8088 系统总线的连接。图 5-31 中 Intel 2716 的地址范围为 71800H～71FFFH。

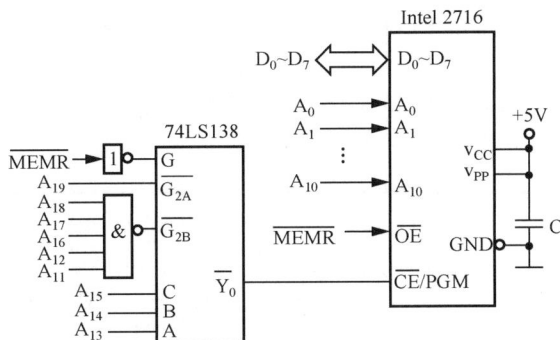

图 5-31　Intel 2716 与 Intel 8088 系统总线的连接

4. 内存储器与 8 位微机系统的连接

内存储器一般由 EPROM 和 RAM 组成。

【例 5.7】一个 Intel 8088 微机系统的内存地址空间分配如下：0000H～1FFFH（8KB）作为 EPROM；2000H～2FFFH（4KB）作为 RAM；3000H～3FFFH（4KB）作为待扩存储空间。要求用 Intel 2716 作为 EPROM，用 Intel 2114 作为 RAM，用 74LS138 译码器进行片选控制。试画出它们的连接图。

分析：EPROM 芯片 Intel 2716 的存储容量为 2K×8b，按照存储容量要求，需要 4 个 Intel 2716 进行字扩展。它的 8 条数据总线与 CPU 的数据总线 D_7～D_0 连接。11 位地址总线（A_{11}～A_0）与 CPU 的低 11 位（A_{11}～A_0）地址总线连接，RAM 芯片 Intel 2114 的存储容量为 1K×4b，要用此芯片组成 4K×8b 的存储器需要进行字位同时扩展，共需要 8 个该芯片。其中，每两片组成一组进行位扩展。

根据表 5-9 给出的地址范围，可以确定其中地址总线的分配及连接（见图 5-32）。关于具体情况，可以根据地址分配表自行分析。

表 5-9　EPROM 芯片组和 RAM 芯片组的地址范围

芯　　片	$A_{15}A_{14}$	$A_{13}A_{12}A_{11}$	A_{10}	A_{15}～A_0 最低位地址	最高位地址	地址范围
EPROM1	0　0	0 0 0	0/1	0000000000	1111111111	0000H～07FFH
EPROM2	0　0	0 0 1	0/1	0000000000	1111111111	0800H～0FFFH
EPROM3	0　0	0 1 0	0/1	0000000000	1111111111	1000H～17FFH
EPROM4	0　0	0 1 1	0/1	0000000000	1111111111	1800H～1FFFH
RAM1	0　0	1 0 0	0	0000000000	1111111111	2000H～23FFH
RAM2	0　0	1 0 0	1	0000000000	1111111111	2400H～27FFH
RAM3	0　0	1 0 1	0	0000000000	1111111111	2800H～2BFFH
RAM4	0　0	1 0 1	1	0000000000	1111111111	2C00H～2FFFH

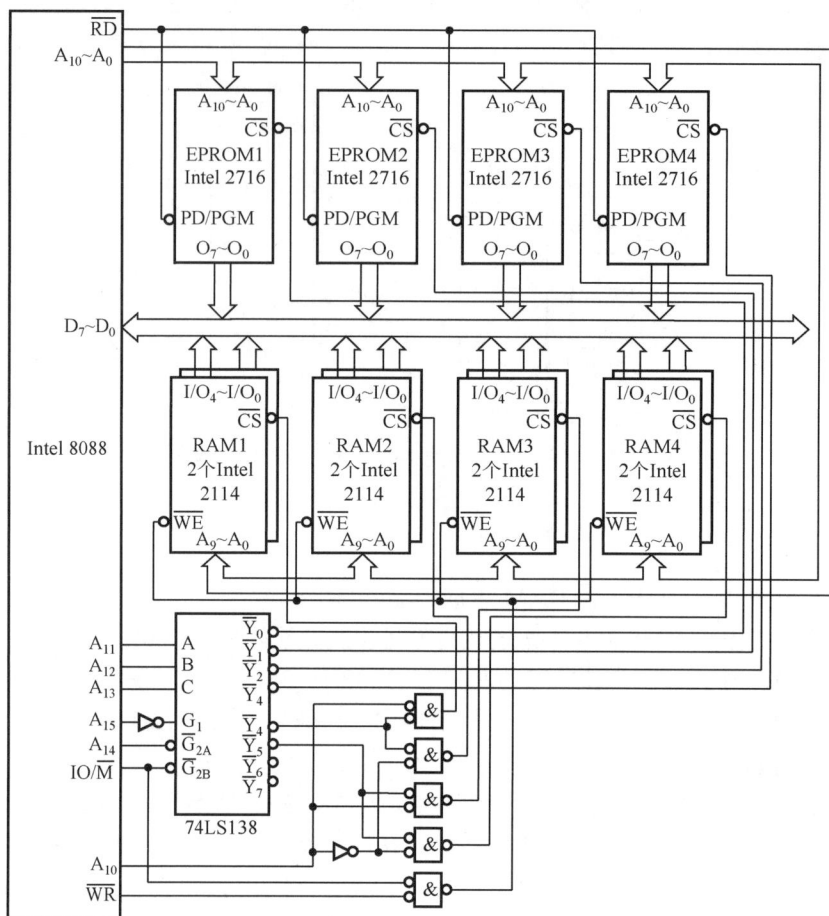

图 5-32　Intel 8088 系统总线与 EPROM 和 RAM 的连接

具体情况可以根据地址分配表自行分析。

5. 存储器与 16 位 CPU 的连接

在 16 位 CPU（如 Intel 8086 微处理器）中，存储器的构成分为高位（奇地址）库和低位（偶地址）库，其地址总线为 16 位。在进行扩展存储器并与 16 位 CPU 连接时，关键是如何构成高位库和低位库。

下面通过实例讲解只读存储器与 Intel 8086 的连接。

【例 5.8】在以 Intel 8086 微机系统中，要构建存储容量为 8KB 的程序存储器，要求采用 EPROM 芯片 Intel 2732 实现这一目标。试画出扩展后的存储器与 CPU 的连接图。

分析：Intel 2732 的存储容量为 $4K \times 8b$，在把它与 16 位 CPU 连接前需要进行位扩展，用 2 个该芯片才能满足微机系统 16 位字长的要求。其中，数据总线的高 8 位 $D_{15} \sim D_8$ 和低 8 位 $D_7 \sim D_0$ 分别与 2 个 Intel 2732 数据输出线 $O_7 \sim O_0$ 连接；低位地址总线 $A_{12} \sim A_1$ 连接到

2 个 Intel 2732 的 $A_{11} \sim A_0$；其余的高位地址总线和 M/$\overline{\text{IO}}$ 控制信号组合，用来产生片选信号并与 Intel 2732 的 $\overline{\text{CE}}$ 引脚连接，控制信号 $\overline{\text{RD}}$ 与 Intel 2732 的 $\overline{\text{OE}}$ 引脚连接。

由 2 个 Intel 2732 组成的程序存储器与 CPU 的连接如图 5-33 所示。

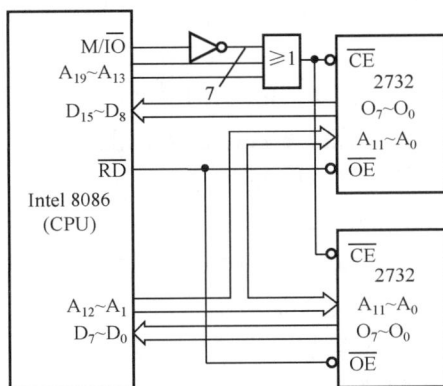

图 5-33　由 2 个 Intel 2732 组成的程序存储器与 CPU 的连接

5.5　存储器的分级体系

对于半导体存储器而言，低价格、大容量、高速度是一组永恒的矛盾，因为用单一工艺制造的半导体存储器难以同时满足上述三方面的要求。在微机系统中，通常将多种存储器有机地组合在一起，扬长避短，形成存储器的分级体系。

5.5.1　存储器的层次结构

把几种不同容量、不同访问速度的存储器合理地组织在一起，使之能较好地同时满足大容量、高速度、低价格的要求，但实现的技术难度也相应增加。

图 5-34 所示是存储器的层次结构示意。该结构包括高速缓冲存储器（Cache）、主存储器、辅存储器 3 类存储器，这 3 类存储器构成了 2 个层次的存储系统。

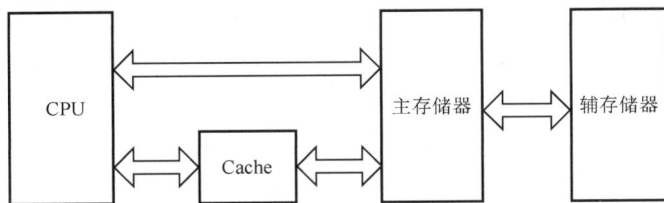

图 5-34　存储器的层次结构示意

1. 高速缓冲存储器-主存储器层次

在这个层次主要解决存储器分级体系的访问速度问题。

高速缓冲存储器（Cache）由 SRAM 构成，速度可与 CPU 的速度相匹配，容量很小，可存放一小段时间内 CPU 要用到的指令和数据，供 CPU 高速访问。CPU 在这一小段时间内可以不必与主存储器交换信息而直接访问 Cache，从而提高指令的执行速度。CPU 访问内存储器，同时将地址码送到 Cache 和主存储器。若 CPU 在 Cache 中找到所需信息，则访问"命中（成功）"，在 Cache 中存取信息，否则，访问"失败"，CPU 将所需信息页从主存储器装入 Cache 并进行数据存取。Cache 访问的"命中"率随应用程序而异，有时达到90%左右。从微机系统的角度看，高速缓冲存储器—主存储器层次的速度接近于 Cache，而容量则是主存储器的容量，忽略 Cache 的容量。

主存储器一般由大容量的动态存储器组成，它的单位成本低于 Cache，速度相对慢。Cache 和主存储器构成计算机的内存储器。Cache 与主存储器之间以页为单位进行读写操作。

CPU 需要取指令或数据时，将主存储器中该指令或数据所在的页整体读入 Cache。当 CPU 需要再次读入该页内的指令或数据时，可以从 Cache 内快速读取，从而加快程序的执行速度。由于程序具有局部性的特征，在一小段时间内，程序和数据集中在一个小的存储区。因此，使用 Cache 可以有效地提高系统性能。可见，存储器分级体系的速度以 Cache 的速度衡量。

2. 主存储器-辅存储器层次

这个层次主要解决存储器分级体系的容量问题。辅存储器由大容量的磁表面存储器或光存储器构成，它的显著特征是具有很低的位存储价格。辅存储器中存储着大量的程序和数据，在大部分时间，它们处于静止状态，没有被使用。CPU 仅把目前使用的程序和数据装入主存储器。辅存储器和主存储器之间以页为单位进行读写操作。可见，存储器分级体系的容量以辅存储器容量的大小衡量。

以上两个层次的组合本质上充分利用了 Cache 的高速度及辅存储器的大容量和低价格，使存储器的分级体系能较好地解决大容量、高速度、低价格的矛盾。其中，主存储器则用来弥补辅存储器不能随机存取，以及弥补辅存储器与 Cache 的速度差异过大而造成的不足。

5.5.2 高速缓冲存储器（Cache）

1. Cache 的工作原理

计算机系统均设置一级高速缓冲存储器（L1 Cache）和二级高速缓冲存储器（L2 Cache）。一级高速缓冲存储器直接嵌入 CPU 芯片内部，又称内部高速缓冲存储器（Internal Cache），其速度极快，但容量很小，一般为 8～64KB。在 CPU 外部，位于主板上的高速缓冲存储器称为二级高速缓冲存储器，又称外部高速缓冲存储器（External Cache）。可以人为升级二级高速缓冲存储器的容量，使其容量达到 256KB 以上。随着硬件技术的发展，很多 CPU 的制造商把二级高速缓冲存储器内置于 CPU 芯片，第一个采用二级高速缓冲存储器的 CPU 是奔腾 Pro 处理器，现在基本所有品牌的 CPU 都将其内核与二级高速缓冲存储器一起封装在一个金属盒内。一般情况下，二级高速缓冲存储器的速度仅次于一级高速缓冲存储器。现在无论哪一款 CPU，其内部的二级高速缓冲存储器都以与 CPU 以相同的速度高速运行。除了速度，二级高速缓冲存储器的容量也会影响 CPU 的性能，原则是越大越好。现在家庭用或办公用计算机 CPU 的二级高速缓冲存储器的容量最大达到 512KB，而服务器和工作站所用的 CPU 二级高速缓冲存储器容量高达 1～3MB。

在系统配置中，片外主板也可以配置三级高速缓冲存储器。例如，IA-64 架构的 Itanium 2（安腾 2）等芯片内部集成一、二、三级高速缓冲存储器。

Cache 使 CPU 访问内存储器的速度大大加快。读取数据时，CPU 首先在一级高速缓冲存储器中寻找数据，若找不到，则在二级高速缓冲存储器中寻找；若数据在二级高速缓冲存储器中，在传输数据的同时，装入并修改一级高速缓冲存储器的相关内容；若数据既不在一级高速缓冲存储器也不在二级高速缓冲存储器中，则从内存中读取数据并修改一级和二级高速缓冲存储器。

在访问存储器时，CPU 输出访问主存储器的地址，经地址总线将信息输送到 Cache 的主存储器的地址寄存器，地址转换机构从主存储器的地址寄存器中获得地址并判断该单元的内容是否已经在 Cache 中存储。若是，则"命中"，立即把访问地址转换成其在 Cache 中的地址，随即访问 Cache。若被访问的单元内容不在 Cache 中，则未"命中"，CPU 直接访问主存储器，并将包含该单元的一个存储页的内容及该页的地址信息装入 Cache 中；若 Cache 已满，则在替换控制部件的控制下，按照某种置换算法将从主存储器中读取的信息页替换成 Cache 中原来的某页信息。

由程序访问的局部性原理可知，CPU 访问的内容在多数情况下已经复制到 Cache 中，64KB 的 Cache 可以缓冲 4MB 的主存储器，"命中"率一般在 90% 以上。因此 CPU 的读写操作主要在 CPU 与 Cache 之间进行。

2. Cache 的基本操作

当 CPU 需要访问存储器时，CPU 和 Cache 之间按行传输，Cache 和主存之间按页（又称块）传输；行或页的大小因计算机系统而异，一般为连续的 256b，即 32B；页的大小与 Cache 和主存之间的地址映射方式相关，通常为 256b 的整数倍。

Cache 和其他存储器一样，有读和写两种基本操作。

1）读操作

CPU 将主存储器地址同时送往主存储器和 Cache，启动存储器的读操作。如果"命中" Cache，就从 Cache 中读取数据并输送到数据总线，并立即进行下一次访问操作；如果未"命中" Cache，CPU 就从主存储器中读取数据，同时 Cache 替换部件把被读单元所在的存储块从主存储器复制到 Cache 中。

2）写操作

相对于读操作，Cache 的写操作有很大差异，需要对被写单元设置新值。因此，当对

Cache 的写操作"命中"时，如何确保它与对应的主存储器的存储单元内容之间的一致性是个至关重要的问题。通常有以下 3 种写入方法。

（1）直写（Write-through）。每次写入 Cache 时，同时也写入主存储器，使主存储器与 Cache 对应的主存储器的存储单元的内容始终保持一致。这种方法比较简单，能保持主存储器与 Cache 副本的一致性，可随时修改 Cache 中的内容，不会造成数据丢失；缺点是每次写入 Cache 都要插入慢速的访问主存储器的操作，影响执行速度。

（2）改进直写（Improve Write-through）。如果在写入 Cache 之后紧接着进行读操作，那么在主存储器写入完成前，就让 CPU 开始下一个操作，这样就不至于浪费太多的时间；如果前、后两个操作都是对写入 Cache，或者虽然是读操作，但对 Cache 的寻址没有"命中"，就需要先将主存储器中的信息进行更新，仍需在 CPU 将信息写入主存储器时插入等待周期。这种方法与通写相比，有利于改善微机系统的性能。

（3）写回（Write-back）。该方法不是每次写入 Cache 后就立即向主存储器写入，只是在相应内容被替换出 Cache 时才考虑向主存储器写回。如果 Cache 的行数据在它存在期间发生过对它的写操作，那么在该行被覆盖（替换出 Cache）前必须将其内容写回到对应的主存储器位置中；如果该行内容没有被改写，那么其内容可以直接被淘汰，无须写回。这种方法的速度比通写快，被普遍采用，但结构复杂，在写回前 Cache 副本与主存储器的对应内容不一致。

多核微处理器也存在这样的问题。例如，在多核微处理器系统中，其内存储器中有一个数据 x，它的值为 3，它被缓存到 Core 0 和 Core 1 中，不过 Core 0 将 x 改为 5，如果 Core 1 不知道 x 已经被修改了，还在使用旧值，就会导致程序出错，这就是 Cache 的不一致。为了保证 Cache 的一致性，多核处理器提供两个保证 Cache 一致性的底层操作：Write invalidate（写无效）和 Write update（写更新）。

① Write invalidate。当一个内核修改一份数据时，其他内核上如果有这份数据的副本，就写无效。例如，假设一个三核的处理器系统中的每个内核都有各自的 Cache，该系统中的每个内核（Core）都使用了内存储器中的变量 x，Core 0 将它自己 Cache 中的变量 x 修改为 5，其他 Core 将自己对应的 Cache Line 设置成无效（invalid）。

② Write update。在一个多核处理器系统中，当一个内核修改一份数据时，如果其他内核有这份数据的副本，就全部更新到最新值。

Write invalidate 和 Write update 的比较：Write invalidate 是一种很简单的方式，不需要更新数据，如果 Core 1 和 Core 2 以后不再使用变量 x，这时候采用 Write invalidate 就非常有效。不过，由于一个 Valid（有效）标志对应一个 Cache Line，将 Valid 标志置成 Invalid（无效）后，这个 Cache Line 中其他本来有效的数据也不能被使用了。Write update 策略会产生大量的数据更新操作，只用更新修改的数据，如果 Core 1 和 Core 2 会使用变量 x，那么 Write update 就比较有效。由于 Write invalidate 方式简单，因此大多数多核微处理器都使用该方式。

3. 地址映射

为了保证 Cache 的读写操作正确且有效，必须在 Cache 中的存储块与主存储器中的存储块之间建立起对应关系。按某种函数关系把主存储器的存储单元地址映射到 Cache 中并进行定位，这个过程称为地址映射。在程序运行中，把主存储器地址变换为 Cache 地址，或者将 Cache 地址变换为主存储器地址，这个过程称为地址变换。地址映射分直接映射、全相联映射和组相联映射 3 种。

（1）直接映射。将每个主存储器地址映射到 Cache 中的一个指定地址的方式称为直接映射（Direct Mapped）。Cache 空间小，地址位数少，页数也少，而主存储器空间大，地址位数多，页数也多。直接映射时，将主存储器中的页号（页地址）对 Cache 中的页数（页的总数）取模，得到其在 Cache 中的页号。这相当于将主存储器的空间按 Cache 的大小分区，将每个区内相同的页号映射到 Cache 中的同一页号。

直接映射最简单，页调入 Cache 时不涉及替换策略问题，地址变换速度快，但页冲突的概率高。当程序反复访问相互冲突的页中数据时，Cache 的"命中"率急剧下降，Cache 中的空闲页也无法被利用。

（2）全相联映射。主存储器中的每个页可映射到 Cache 中任意页的位置，这种映射称为全相联映射（Full Association）。全相联映射具有相当高的 Cache"命中"率，只有在 Cache 中的页全部装满后才会出现页冲突，页冲突的概率低，Cache 的利用率高。

使用全相联映射方式访问页中的数据时，页地址要与 Cache 页表中的所有地址标记进行比较，以确定"命中"与否，导致查找速度慢；数据页调入时存在复杂的替换策略问题（数据页调入 Cache 中的什么位置、Cache 满时将哪一页调出送回主存储器等），对所有的比较与替换策略，要用硬件实现，以体现 Cache 的高速度，但控制复杂，实现起来也较困难。

（3）组相联映射。组相联映射将 Cache 和主存储器各自分为若干组，各组之间采用直接映射，组内各页之间采用全相联映射，主存储器中的某一存储页可调入 Cache 中一个对应组内的任意页中。组相联映射是全相联映射和直接映射的折中，当组数为 1 时，就是直接映射；当组数和页数相等时，就是全相联映射。

4. 替换规则

在对存储器进行读写操作的过程中，当需要从主存储器复制新页到 Cache 时，若 Cache 已满，就必须在控制部件的控制下用新页替换 Cache 中的旧页。此时，需要按一定的规则进行替换，这些规则称为替换策略或替换方法。替换规则应尽量使被替换下的页在下一个时间段内被用到的次数最少。常用的替换规则有以下两种。

（1）先进先出规则（FIFO）。FIFO 规则总是把最先调进 Cache 的页替换出去。FIFO 规则容易实现，无须随时记录各个数据块的使用情况。这种方法实现起来简单，但不够合理，因为最早进入的页仍然可能是现在频繁使用的页，这是 FIFO 规则的缺点。

（2）近期最少使用规则（LRU）。LRU 规则是将 Cache 中近期使用次数最少的信息块替换出去。LRU 规则需要随时记录 Cache 中各个数据块的使用情况，以确定哪个数据块近期使用次数最少。LRU 规则的"命中"率比 FIFO 规则高；加大分组容量能提高 LRU 规则的"命中"率。LRU 规则比较合理，但是实现起来较复杂。

5. 总线突发传输

主存储器和 Cache 之间以页为单位进行信息交换，这意味着每次信息传输都是对连续的若干字节进行的。为了缩短传输时间，新型主存储器都支持总线突发传输方式。

总线突发传输是指向主存储器发送起始地址之后连续传输多个字的数据。以 Pentium 为例，它的 Cache 每页为 64b，与主存储器之间可以同时传输 64b，也就是传输 8B 的信息。主存储器页调入 Cache 时，管理逻辑向主存储器发出该页的起始地址，同时发出总线突发请求信号。主存储器在收到上述信号并适当延时后，在连续的多个周期内每次发送 8B（64b）信息，最终把一页内容写入 Cache 中。

使用总线突发传输方式减少了发送地址信号和重复启动读写操作的时间，可以获得很高的数据传输速度。

思考与练习

5-1 半导体存储器分为哪两大类？随机存取存储器由哪几部分组成？

5-2 简述 ROM、PROM、EPROM、EEPROM 在功能上各有何特点。

5-3 存储器的地址译码有几种方式？各自的特点是什么？

5-4 某型号 RAM 芯片的存储容量为 1024×8 位，该芯片的外部引脚最少应有几条？其中几条地址总线？几条数据总线？若已知某型号 RAM 芯片的引脚中有 13 条地址总线和 8 条数据总线，那么该芯片的存储容量是多少？

5-5 若用 1024×1b 的 RAM 芯片组成 16K×8b 的存储器，需要多少个该芯片？在地址总线中有多少位参与片内寻址？多少位用作芯片组选择信号？

5-6 什么是 Cache？简述其工作原理。若主存储器 DRAM 的存取周期为 70ns，Cache 的存取周期为 5ns，"命中"率为 85%，则由它们构成的存储器的平均存取周期是多少？

5-7 什么是虚拟存储器？它的作用是什么？

5-8 某个 Intel 8088 微机系统用 ROM 芯片 Intel 2764 和 SRAM 芯片 Intel 6264 构成 16KB 的内存。其中，ROM 的地址范围为 0FE000H～0FFFFFH，RAM 的地址范围为 0F000H～0F1FFFH。试利用 74LS138 译码器，画出扩展后的存储器与 CPU 的连接图，并标出总线信号名称。

第6章 接 口 技 术

教学提示

　　计算机之所以能够发挥重要作用，关键在于它能够对外界进行响应，即能输入外界有用信息，同时能将有效处理结果输送到外部。计算机同外界的联系由一个部件完成，这个部件就是接口。本章主要介绍接口的含义、种类、作用，以及数据通过接口传输的方式。

　　本章学习的重点是接口的定义、数据通过接口传输的方式。

6.1 概　　述

　　微机的组成包括 CPU、存储器、输入输出设备（属于外部设备，简称外设）。在微机系统中，最常用的外部设备有键盘、显示器、打印机、磁盘驱动器等。CPU 对各种外设的电路连接及管理驱动程序就是输入输出接口技术。

　　输入输出接口电路（简称 I/O 接口电路）是微机系统的重要组成部分。通过 I/O 接口电路，可实现计算机与外设通信或交换信息。在工业控制系统中，I/O 接口电路还可以通过 A/D（模/数）转换器或 D/A 转换器与各种工业检测和控制仪表连接，从而控制工业现场。输入输出信息多种多样，计算机的外设也千差万别。要把千差万别的外设与计算机有效地连接，并且使多种多样的信息十分方便地在计算机中输入输出，就离不开接口电路。

6.1.1　I/O 接口

1. 接口的定义

　　接口（Interface）是 CPU 与外界连接的部件，是 CPU 与外界进行信息交换的中转站。例如，源程序或原始数据要通过接口从输入设备传输到微机中，而 CPU 运算结果通过接口发送出去；控制指令要通过接口发送出去，现场状态信息要通过接口输入。这些来往信息都通过接口进行交换与传递。

2. I/O 接口的信息组成

　　在微机的输入输出操作中，一切信息的传递都是以二进制数形式进行的，信息分为数据信息、状态信息和控制信息三类。

（1）数据信息。数据信息是 I/O 接口传递的主要内容，例如，通过键盘输入计算机内部的信息、从外部采集到的测量值，以及由输出设备（如显示器）显示的内容，或者 CPU 的运算结果都属于数据信息。当然，这些信息是按一定的标准进行编码的（如二进制数形式，或 ASCII 码）。

（2）状态信息。状态信息反映外设当前所处的工作状态。当 CPU 与输入输出设备进行数据传输时，一般需要了解输入输出设备的状态。例如，需要计算机执行打印任务时，要了解打印机是否忙，打印纸是否准备好了。只有在打印机准备好的状态下，计算机才能通过接口可靠地传输要打印的数据信息。在输入数据时，通常用"准备好"（Ready）信号表示输入数据是否准备就绪。在输出数据时，若输出设备处于"空"（Empty）状态，则表示信息准备就绪；若输出设备处于"忙"（Busy）状态，则 CPU 等待。

（3）控制信息。控制信息是在数据传输过程中 CPU 发给输入输出设备的命令，用于控制外设工作。例如，控制外设通电、启动或停止等。

3. I/O 接口的组成

状态信息和控制信息与数据信息不同性质，必须分别传输。但在大部分微机中，只有通用的 IN 和 OUT 指令，因此外设的状态必须作为一种数据信息输入，而 CPU 的控制信息也必须作为一种数据输出。为了区分状态信息、控制信息和数据信息，采用不同的端口地址分别传输这 3 种信息。

计算机中的每个端口均有各自的编号，即端口地址。一个端口地址只能对应一个端口，绝不允许两个端口共用一个地址，否则，CPU 寻址时将发生混乱。

传输数据信息需要一个端口，传输外设的状态信息需要一个端口，传输控制信息也需要一个端口。因此，一个外设或接口电路往往有多个端口地址。CPU 寻址的对象是端口，而不是笼统的外设。

一个 I/O 接口一般都由数据端口、状态端口及控制端口组成，如图 6-1 所示。

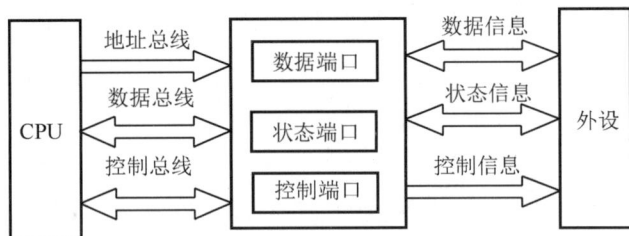

图 6-1 I/O 接口的组成

（1）数据端口。数据端口是数据信息输入/输出的端口。该端口的数据传输方向是双向的，即该端口将外部数据输入 CPU，被 CPU 处理过的数据通过该端口输出。

（2）状态端口。通过状态端口将外设的状态信息读入 CPU。状态端口的数据传输方向是单向的。

（3）控制端口。CPU 通过控制端口发出控制命令，以控制外设的动作。控制端口的数据传输方向是单向的。

4．I/O 接口的主要功能

（1）数据缓冲与锁存功能。为了解决 CPU 的高速与外设的低速之间的矛盾，接口电路中一般都设置数据寄存器或锁存器，避免 CPU 和外设的速度不一致时丢失数据信息或状态信息。

（2）接收和执行 CPU 命令的功能。接口电路具有接收和执行 CPU 命令的功能，以便 CPU 向输入输出设备发出控制命令。

（3）信号变换功能。计算机所能处理的信号为一定范围内的数字量、开关量和脉冲量，它与外设所使用的信号可能不同，必须把它们变成适合对方的形式输入输出。

（4）设备选择功能。微机系统一般连接多种外设，同一种外设的数量可能较多，这就需要输入输出端口具有设备选择能力，以便 CPU 根据需要选择一台或者多台外设。

（5）数据宽度变换功能。CPU 能直接处理并行数据（8 位、16 位甚至更宽），而有的外设只能处理串行数据。在这种情况下，I/O 接口就需要具有"并→串"和"串→并"的功能。

（6）电平变换功能。计算机内部使用 TTL 电平信号，其值范围为 0～+5V，而输入输出设备的电平信号范围可能不一样。例如，异步串行通信的 EIA-RS232C 电平信号范围为 −15～+15V。这就需要 I/O 接口具有电平变换能力。

6.1.2 I/O 接口的类型

微机的主机与外设的连接基本上使用两类接口：串行通信接口和并行通信接口。这两种接口分别以串行通信与并行通信的方式实现微机与外设的连接。

1．并行通信与串行通信

并行通信是指将一个字符（或字）的各数据位用几条通信线同时进行传输，传输速度快，效率高，但它比串行通信所用的通信线多。因此，并行通信常用于传输距离较短（几米至几十米）和数据传输速度高的场合。

串行通信是指将数据一位一位地依次传输，每一位数据占用一个固定的时间长度，只要较少的通信线就可以实现在系统间交换信息，特别适用于计算机与计算机、计算机与外设之间的远距离通信，但串行通信速度比较慢。

2．并行通信接口

并行通信接口将信息以字节（或字）为单位进行传输，其中各位数据同步地收和发。并行 I/O 接口适用于较近距离的数据传输，其特点是传输速度快，但要求数据通道宽，硬件开销大。例如，打印机以并行 I/O 接口与主机连接。

3．串行通信接口

用软件或硬件的方法将每个字节（或字）拆开，然后以位（bit）为单位进行数据传输，这种接口类型称为串行通信接口。它用于远距离的数据传输，其特点是传输速度慢，但可利用电话线等进行信息传输，并且抗干扰能力强。此时，硬件开销小，数据通道窄。例如，调制调解器（Modem）就采用串行通信接口进行数据传输。

6.1.3　输入输出端口的编址方式

微机常用两种输入输出端口的编址方式：输入输出端口与内存统一编址和输入输出端口单独编址。

1．输入输出端口与内存统一编址

输入输出端口与内存统一编址，即输入输出端口的地址和内存地址在同一个地址空间。每个输入输出端口被看作一个内存单元，纳入统一的存储器地址空间。于是，可用访问存储器的方法访问输入输出端口。这种编址方式的主要优点是无须专用的输入输出指令及接口信号，CPU 对存储器数据的处理指令非常丰富，可全部用于输入输出操作。

2．输入输出端口单独编址

输入输出端口有独立的地址空间，即输入输出端口的地址和内存地址不在同一个地址空间。CPU 使用专门的输入输出指令及输入输出控制信号访问输入输出端口。其特点是输入输出端口和存储器分别编址，各自都有完整的地址空间，而且由于有专用的输入输出指令，在程序清单中对输入输出端口的访问和对存储器的访问一目了然。

以上两种输入输出端口的编址方式的优缺点正好互补，Intel 8086/8088 系列 CPU 使用输入输出端口的单独编址。

6.2　CPU 与外设之间的数据传输方式

不同的数据传输方式都是为了使数据传输的双方协调工作，CPU 与外设之间的数据传输方式主要有无条件传输方式、查询传输方式、中断传输方式、直接存储器存取（DMA）传输方式。

6.2.1　无条件传输方式

无条件传输方式也称同步传输方式。在这种数据传输方式下，CPU 已认定外设做好输入输出准备，因此不必查询外设的状态，而直接与外设进行数据传输。这种传输方式的特点是硬件电路和程序设计都很简单，常用于对外设要求不高的系统，如交通灯管理、路灯管理和广告牌显示系统。

6.2.2　查询传输方式

查询传输方式也称条件传输方式。这种传输方式是指 CPU 在数据传输（包括读操作和写操作）之前，要检查外设是否"准备好"，若外设没有"准备好"，则继续查询其状态，直至外设准备好。也就是说，在确认外设具备传输条件后才能进行数据传输，同时 CPU 输出一个控制命令，以清除"准备好"信号。至此，一次数据传输完成。图 6-2 为查询方式下的数据传输流程图。

"准备好"的含义：对于输入设备而言，即输入数据寄存器已满——准备好新数据供 CPU 读取；对于输出设备而言，即输出数据寄存器已空——原有数据已被使用，可以接收 CPU 发送的新数据。

其优缺点如下。

（1）优点。在查询传输方式下传输的可靠性数据比无条件传输方式下传输的数据可靠性高，接口电路也比较简单，硬件开销小。一般在 CPU 不忙、传输速度要求不高的情况下采用查询传输。

图 6-2　查询传输方式下的数据传输流程图

（2）缺点。由于输入输出设备的速度较慢，因此每准备好一次传输需要较长时间。也就是说，CPU 每传输一个数据，需花费较长的时间等待外设进行数据传输的准备，并且 CPU 和外设不能同时工作，各种外设也不能同时工作。因此查询传输方式下信息传输的效率非常低。

6.2.3　中断传输方式

如果一个系统有多台外设，使用查询传输方式时，CPU 只能轮流对每个外设进行查询，而这些外设的速度往往不相同，这时 CPU 就不能很好地满足各个外设随机对 CPU 提出的输入输出服务要求，即不具备实时处理能力。可见，在实时系统及有多个外设的系统中，采用查询传输方式进行数据传输往往是不适宜的。

为了提高 CPU 的效率，使系统具有实时输入输出性能，可采用中断传输方式。在中断传输方式下，外设具有向 CPU 申请输入输出服务的能力。当输入设备已将数据准备好，或者输出设备可以接收数据时，便可以向 CPU 发出中断请求，CPU 可以中断正在执行的程序而与外设进行一次数据传输。待输入操作或输出操作完成后，CPU 再恢复执行原来的程序。与查询传输方式不同的是，此时的 CPU 无须不断地查询等待，而可以处理其他请求。因此，采用中断传输方式时，CPU 和外设处于并行工作的状况，从而大大提高 CPU 的效率。

6.2.4　直接存储器存取传输方式

中断传输方式虽然具有很多优点，但对于传输数据量很大的高速外设，如磁盘控制器或高速的数据采集器，满足不了速度方面的要求。中断传输方式和查询传输方式一样，仍然是通过 CPU 执行程序实现数据传输的。每进行一次数据传输，CPU 都必须执行一遍中断服务程序。在中断传输方式下传输数据量大时会出现如下问题：

（1）每执行一次中断服务程序，CPU 都要保护断点和标志，这需要花费 CPU 大量的处理时间。

（2）在中断服务程序中，通常还需要执行保护寄存器和恢复寄存器的指令，执行这些指令又需要花费 CPU 的时间。

（3）对于 Intel 8086/8088 系列 CPU 来说，其内部结构包含总线接口单元（BIU）和执行单元（EU），它们是并行工作的。也就是说，执行单元在执行当前指令时，总线接口单元要把后面将要执行的指令取到指令队列中缓存起来。一旦 CPU 转去执行中断服务程序，指令队列中的指令就要被清除，执行单元必须等待总线接口单元将中断服务程序中的指令取到指令队列中才能开始执行程序。同样，返回断点时，指令队列中的指令也要被清除，执行单元又要等待总线接口单元重新装入从断点开始的指令后才开始执行，这个过程也要花费较多时间。

可以看出，这些附加时间不利于传输速度的提高。另外，在查询传输方式和中断传输方式下，每进行一次数据传输，只能完成 1 字节或 1 字的数据传输，这对于传输数据量大的高速外设是不适用的，必须将字节或字的传输方式改为数据的传输方式，需要采用直接存储器存取（Direct Memory Access，DMA）传输方式。

在 DMA 传输方式下，外设通过专门接口电路——DMA 控制器，向 CPU 发出接管总线控制数的总线请求。CPU 在当前的总线周期结束后响应 DMA 控制器请求，把总线的控制权交给 DMA 控制器。在 DMA 控制器的管理下，外设和存储器之间直接进行数据交换，而不需要 CPU 的干预，这样可以大大提高数据的传输速度。

DMA 传输方式之所以适用于大批量数据的传输是因为一方面传输数据内存地址的修改、计数等均由 DMA 控制器的硬件完成（而不是 CPU 指令）；另一方面，CPU 交出总线的控制权，其现场不受影响，无须进行保存和恢复。

DMA 传输方式的特点：数据传输整个过程既由 DMA 控制器启动又由它完成。数据的传输完全由硬件进行，没有软件参与，所以传输效率非常高，但 DMA 传输方式下的接口电路复杂，硬件开销大。

上述 4 种数据传输方式各有特点，应用场合也各不同。其中，无条件传输方式无论硬件结构和软件均很简单，但传输的数据可靠性差，常用于同步传输系统和开放传输系统中。

采用查询传输方式传输的数据可靠性高，但 CPU 效率很低，常用于任务比较单一的系统中。

中断传输方式传输的数据的可靠性高，效率也高，常用于外设的工作速度比 CPU 慢很多且传输数据量不大的系统中。

以 DMA 传输方式传输的数据可靠性高，效率也很高，但硬件电路复杂，成本较高。因此，这种方式常用于传输速度高且数据量很大的系统。

6.3 微机中的系统总线

6.3.1 总线定义

总线是指微机中用来连接各部件的一组通信线，是一种在各模块间传输信息的公共通路。利用总线实现芯片内部、印制电路板各部件之间、机箱内各插件之间、主机与外设之间或系统与系统之间的连接与通信。总线是构成微机应用系统的重要技术，总线设计的好坏直接影响整个微机系统的性能、可靠性、可扩展性和可升级性。

采用标准总线可以简化微机系统的设计和结构，提高微机系统的可靠性，有利于微机系统的扩充和更新等。

6.3.2 总线分类

根据总线所处的位置不同，可将总线分为下列 4 类。

（1）片内总线。片内总线位于芯片内部，用来连接各功能单元的信息通路，如 CPU 内部、算术逻辑单元（ALU）和寄存器之间的信息通路。

（2）片总线。片总线用于连接印制电路板上的各个芯片之间的公共通路，如 CPU 及其支持的芯片与其局部资源之间的通路。

（3）内部总线。内部总线又称系统总线，用来连接微机系统的各种插件，它是微机系统最重要的一种总线，如 ISA 总线、EISA 总线、PCI 总线。

（4）外部总线。外部总线又称通信总线，用于微机系统与其他系统之间的连接、微机系统与外设的连接，如微机系统和仪器仪表之间的连接通道。这种总线数据传输方式可以是并行或串行的。外部总线的数据传输速度比内总线低。不同的应用场合有不同的总线标准，如串行通信的 EIA—RS 232C 总线。

6.3.3 时钟周期、总线周期和指令周期

1. 时钟周期

CPU 的任何操作都在时钟脉冲信号 CLK 的统一控制下按节拍工作。两个时钟脉冲信号的间隔时间称为时钟周期，通常用 T 表示时钟周期。时钟周期可通过 CPU 的时钟频率计算得到，以图 6-3 所示的 Intel 8086 的时钟信号为例，其时钟频率为 5MHz，其时钟周期

$$T = \frac{1}{5\text{MHz}} = 200\text{ns}。$$

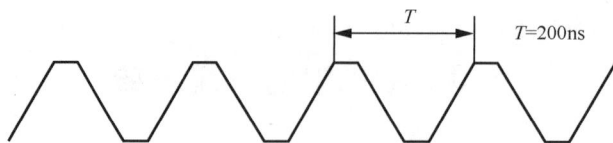

图 6-3　Intel 8086 的时钟信号

2．总线周期

CPU 与外设的信息交换都是通过总线进行的，完成一次总线操作所需时间称为总线周期。CPU 要从存储器或输入输出端口存取一个内存单元（字或字节），均需要一个总线周期。总线操作不同，总线周期也不同，如存储器的读总线周期、存储器的写总线周期、输入输出端口读总线周期和输入输出端口写总线周期等。

Intel 8086 总线周期一般由 4 个时钟周期组成，也称为 4 个状态，即 T_1 状态、T_2 状态、T_3 状态和 T_4 状态。

（1）T_1 状态。CPU 向分时复用的数据总线或地址总线发出地址信息，指出将要访问的内存单元地址或外设端口地址。

（2）T_2 状态。CPU 从分时复用总线上撤销地址信息，使总线的低 16 位悬空，处于高阻抗状态，为传输数据做准备。

（3）T_3 状态。16 位的地址总线或数据总线上出现 CPU 要输出的数据信息，或者出现 CPU 从外设中读入的数据信息。

（4）T_4 状态。CPU 和存储器或输入输出端口进行数据传输，直至传输完成为止。然后，为下一个总线周期做准备。

（5）T_W 状态。在某些情况下，外设或存储器速度较慢，不能及时配合 CPU 传输数据。为了防止此时数据丢失，在总线周期的 T_3 和 T_4 状态之间插入一些必要的等待状态 T_W。具体来说，就是外设或存储器会通过 "READY" 信号线，在 T_3 状态启动之前向 CPU 发出一个 "数据未准备好" 的信号，于是，CPU 会在 T_3 状态之后插入 1 个或多个附加的时钟周期 T_W。T_W 也称等待状态，在 T_W 状态，总线上的信息情况和 T_3 状态的信息情况一样。指定的存储器或外设完成向总线传输数据后，便在 "READY" 信号线上发出 "准备好" 信号，CPU 接收到这一信号后会自动脱离 T_W 状态，然后进入 T_4 状态。

3．指令周期

任何指令的执行过程都由取指令、指令译码和指令执行等操作组成。完成指令所有操作需要的时间称为指令周期。指令周期的长度以时钟周期 T 为单位计量，不同的指令的执行时间不同。例如，Intel 8086/8088 的最短指令周期为 $2T$，最长的指令周期达 $200T$ 左右。

6.3.4　总线的操作过程

总线上的数据传输是在主控模块控制下进行的，主控模块是指具有控制总线能力的模块，如 CPU 及 DMA 模块。一般来说，总线完成一次数据传输要经历以下 4 个阶段。

（1）申请阶段。当总线上有多个主控模块时，需要使用总线的主控模块向总线裁决器提出占有总线控制权的申请。由总线裁决器判定把下一个总线传输周期的总线控制权授给申请者。

（2）寻址阶段。获得总线控制权的主控模块通过地址总线发出本次打算访问的从属模块的地址（如存储器或 I/O 接口的地址）及有关命令，开始启动被访问的从属模块。

（3）传输阶段。在本阶段，源模块和目的模块进行数据交换。数据由源模块出发经数据总线输入目的模块。对于读操作，源模块是存储器或 I/O 接口，而目的模块是总线主控者，如 CPU；对于写操作，源模块是总线主控者，如 CPU，而目的模块是存储器或 I/O 接口。

（4）结束阶段。在本阶段，主控模块和从属模块中的有关信息均从总线上撤除，让出总线控制权，以便其他模块能继续使用。

6.3.5　系统总线标准

在计算机的组成中，除了一块主板，还有插入主板扩展插槽中的各种插件，如显卡、网卡网络适配器、声卡。为了提高通用性及扩展便利，对主板扩展插槽每个芯的信号名称及电气特性都作了统一规定，即通常所说的总线标准。符合同一总线标准的插件都被允许插入主板，以便进行互换和扩充系统的功能。总线是一种内部结构。

1．PC/XT 总线

PC/XT 总线主要用于早期 IBM PC/XT 计算机的主板上的 8 个插槽。PC/XT 总线是一个 8 位的开放结构，有 62 个引脚，引脚间隔为 2.54mm，各个引脚的排列如图 6-4 所示。

1）地址总线

$A_0 \sim A_{19}$：20 条地址总线，A_0 为最低位；用来于读取内存地址或 I/O 地址，在系统总线周期中由 CPU 驱动，在 DMA 周期中由 DMA 控制器驱动。

2）数据总线

$D_0 \sim D_7$：8 条双向数据总线，D_0 为最低位；用于 CPU、存储器及输入输出端口之间传输数据，可用 $\overline{\text{IOW}}$ 或 $\overline{\text{MEMW}}$、$\overline{\text{IOR}}$ 或 $\overline{\text{MEMR}}$ 选通数据。

3）控制总线（共 21 条）

（1）AEN：地址允许信号输出线，高电平有效。

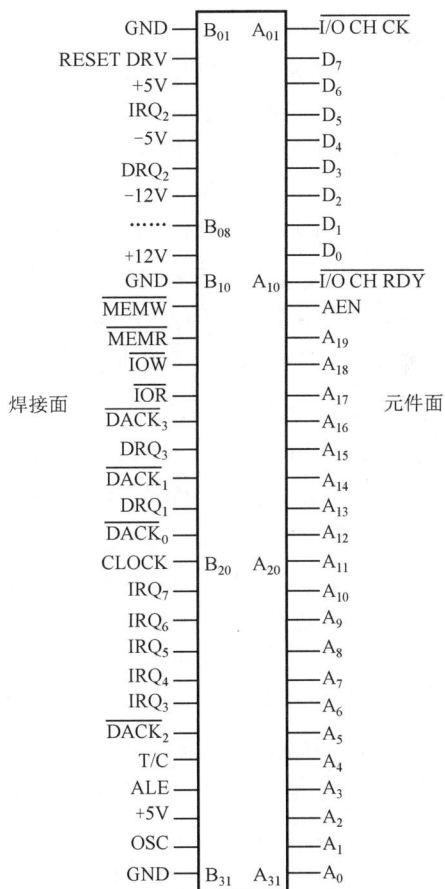

图 6-4　PC/XT 总线引脚排列

表明正处于 DMA 周期中，此信号可用来在 DMA 周期禁止输入输出端口的地址译码。

（2）ALE：地址锁存允许信号输出线，该信号由总线控制器 8288 提供，作为 CPU 地址的有效标志，其下降沿用来锁存 A_0～A_{19}。

（3）$\overline{IOR}$。输入输出端口读命令输出线，用来读取选中的输入输出设备的数据并输送到数据总线上。在 CPU 启动的输入输出周期，通过地址线选择输入输出设备，在 DMA 周期，输入输出设备由 $\overline{DACK}$ 选择。

（4）$\overline{IOW}$。输入输出端口写命令输出线，用来把数据总线上的数据写入被选中的输入输出端口。输入输出端口的选择方法与 $\overline{IOR}$ 相同，该信号也由 CPU 或 DMA 控制器产生，经总线控制器 8288 输送至总线。

（5）$\overline{MEMR}$：存储器读命令输出线，用来把选中的存储单元中的数据读到数据总线上。该信号的产生与 $\overline{IOR}$ 相似。

（6）$\overline{MEMW}$：存储器写命令输出线，用来把数据总线上的数据写入被选中的存储单元中。该信号的产生与 $\overline{IOW}$ 相似。

（7）T/C：DMA 中末计数信号输出线。该信号是一个高电平脉冲，表明通过 DMA 传输的数据已达到其程序预置的字节数，用来结束一次数据块 DMA 传输。

（8）IRQ_2～IRQ_7：中断请求信号输入线，用来将外部输入输出设备的中断请求信号经主板上的中断控制器 8259A 送入 CPU。IRQ_2 级别最高，IRQ_7 级别最低。由信号的上升沿触发请求，并且保持有效高电平，直到 CPU 响应为止。

（9）DRQ_1～DRQ_3：DMA 请求信号输入线，用来将输入输出设备发出的 DMA 请求（高电平）通过主板上的 DMA 控制器产生一个 DMA 周期。DMA 控制器有 3 个 DMA 通道，DRQ_1 级别最高，DRQ_3 级别最低。

（10）$\overline{DACK_0}$～$\overline{DACK_3}$：DMA 响应信号输出线。它表明对应的 DRQ 信号已被接收，DMA 控制器将占用总线并进入 DMA 周期。$\overline{DACK_0}$ 信号的发出仅表明微机系统对存储器刷新请求的响应。

（11）RESET DRV：微机系统复位信号输出线，它为接口提供电源接通复位信号，使各部件置于初始状态。此信号在微机系统电源接通时为高电平，当所有电平都达到规定值后变低。

4）状态总线（共 2 条）

I/O CH CK：输入输出通道检查信号输入线，低电平有效。用来表明接口插件或主板存储器是否出错，它将产生一次不可屏蔽中断请求。

I/O CH RDY：输入输出通道就绪信号输入线，高电平表示"就绪"。该信号线可用于低速输入输出端口或存储器请求延长总线周期。这些低速设备应被选中，并且收到读或写命令时将此信号线电平变低，以便在总线周期中加入等待状态 T_w，但最多不能超过 10 个时钟周期。

除了以上信号线，还有时钟 OSC、CLOCK 及电源±12V、±5V、GND（地线）等，在此不再介绍。PC/XT 总线是一个 8 位数据宽度的半同步总线，其中断功能为边沿触发，因此每条中断线只能被一个网络适配器使用。

2. ISA 总线

1984 年，IBM 公司推出 286 代计算机时，将 PC/XT 总线扩展为 16 位的 ISA 总线，它保持原先 8 位的 PC/XT 总线的 62 个引脚，以便原先 8 位的 PC/XT 总线网络适配器可以插在 PC/AT 微机的插槽上。

ISA 总线又称 PC/AT 总线。ISA 是工业标准体系结构英文（Industrial Standard Architecture）的缩写，是现代个人计算机的基础。

ISA 总线使 PC/XT 总线中的数据总线由原来的 8 位扩展到 16 位，地址总线由原来的 20 位扩展到 24 位。此外，ISA 总线还增加一个具有 36 个引脚的扩展插槽，使得总线引脚数达到 98 个。ISA 总线引脚排列（包括新增加的 36 个引脚排列）如图 6-5 所示。

在 16 位的 ISA 总线中，新增加的引脚信号说明如下。

（1）$A_{20}\sim A_{23}$：高位地址总线，使原先 1MB 的寻址范围扩大到 16MB。

（2）$A_{17}\sim A_{19}$：地址总线。这 3 条线与原先 8 位总线中的地址总线是重复的，因为原先的地址总线是利用锁存器提供的，锁存过程导致传输速度降低。在 AT 微机中，为了提高传速速度，在 36 个引脚插槽上定义了不采用锁存的地址总线 $A_{17}\sim A_{23}$。

（3）$D_8\sim D_{15}$：8 条高位数据总线。

（4）$\overline{SBHE}$：数据总线高位字节允许信号。该信号与其他地址信号一起实现对高位字节、低位字节或 1 字（高、低位字节）的操作。

（5）$IRQ_{10}\sim IRQ_{15}$：中断请求信号输入线。其中，IRQ_{13} 被指定给数值协处理器使用。另外，由于 16 位的 ISA 总线上增加了外部中断控制器的数量，此时由 2 个中断控制器 Intel 8259 级联，实现中断优先级管理。

（6）$DRQ_0\sim DRQ_7$：DMA 请求信号输入线。采用 2 个 DMA 控制器级联，其中主控级的 DRQ_0 连接从属级的请求信号（HRQ）。同时，不再采用 DMA 实现动态存储器刷新，因此总线上的设备均可使用这 7 级 DMA 传输。除了原先 8 位的 ISA 总线上的 DMA 请求输入信号，

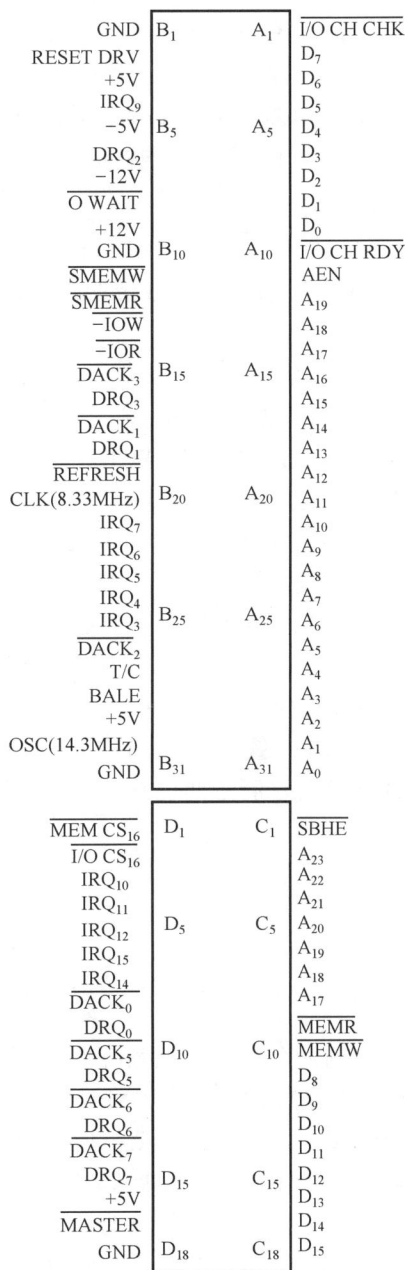

图 6-5 所示引脚排列：

B 列			A 列
GND	B_1	A_1	$\overline{I/O\ CH\ CHK}$
RESET DRV			D_7
+5V			D_6
IRQ_9			D_5
−5V	B_5	A_5	D_4
DRQ_2			D_3
−12V			D_2
$\overline{O\ WAIT}$			D_1
+12V			D_0
GND	B_{10}	A_{10}	I/O CH RDY
$\overline{SMEMW}$			AEN
$\overline{SMEMR}$			A_{19}
$\overline{-IOW}$			A_{18}
$\overline{-IOR}$			A_{17}
$\overline{DACK_3}$	B_{15}	A_{15}	A_{16}
DRQ_3			A_{15}
$\overline{DACK_1}$			A_{14}
DRQ_1			A_{13}
$\overline{REFRESH}$			A_{12}
CLK(8.33MHz)	B_{20}	A_{20}	A_{11}
IRQ_7			A_{10}
IRQ_6			A_9
IRQ_5			A_8
IRQ_4			A_7
IRQ_3	B_{25}	A_{25}	A_6
$\overline{DACK_2}$			A_5
T/C			A_4
BALE			A_3
+5V			A_2
OSC(14.3MHz)			A_1
GND	B_{31}	A_{31}	A_0

D 列			C 列
$\overline{MEM\ CS_{16}}$	D_1	C_1	$\overline{SBHE}$
$\overline{I/O\ CS_{16}}$			A_{23}
IRQ_{10}			A_{22}
IRQ_{11}			A_{21}
IRQ_{12}	D_5	C_5	A_{20}
IRQ_{15}			A_{19}
IRQ_{14}			A_{18}
$\overline{DACK_0}$			A_{17}
DRQ_0			$\overline{MEMR}$
$\overline{DACK_5}$	D_{10}	C_{10}	$\overline{MEMW}$
DRQ_5			D_8
$\overline{DACK_6}$			D_9
DRQ_6			D_{10}
$\overline{DACK_7}$			D_{11}
DRQ_7	D_{15}	C_{15}	D_{12}
+5V			D_{13}
MASTER			D_{14}
GND	D_{18}	C_{18}	D_{15}

图 6-5　ISA 总线引脚排列

DRQ_0、$DRQ_5 \sim DRQ_7$ 均定义在 36 个引脚的扩展插槽上。相应地，DMA 控制器提供的响应信号 $\overline{DACK_0}$、$\overline{DACK_5} \sim \overline{DACK_7}$ 也定义在该扩展插槽上。

（7）$\overline{SMEMR}$ 和 $\overline{SMEMW}$：存储器读信号和写信号，用于对 16 位的数据的读出和写入。

（8）$\overline{MASTER}$：总线控制信号。利用该信号，可以使总线插板上的设备变为总线主控器，用来控制总线上的各种操作。

（9）$\overline{MEM\ CS_{16}}$：存储器的 16 位片选信号。如果总线上的某个存储器要传输 16 位的数据，就必须产生 1 个有效的（低电平）$\overline{MEM\ CS_{16}}$ 信号，该信号被施加到主板上，通知主板实现 16 位的数据传输。此信号由 $A_{17} \sim A_{23}$ 高位地址译码产生，利用三态门或集电极开路门进行驱动。

（10）$\overline{I/O\ CS_{16}}$：接口的 16 位片选信号，它由接口地址译码信号产生，低电平有效，用来通知主板进行 16 位的数据传输。该信号由三态门或集电极开路门输出。

3. PCI 总线

1992 年初，Intel 公司联合 IBM 公司、COMPAQ 公司、DEC 公司、APPLE 公司等制定了 PCI 总线标准。PCI 是 "Peripheral Component Interconnect" 的缩写，表示"外围元件互联"的意思。PCI 总线支持 33MHz 的时钟频率，数据宽度为 32 位，可扩展到 64 位，数据传输速度可达 132～264MB/s。PCI 总线兼容性好，扩展性强，是一种低成本、高效益的局部系统总线。

PCI 总线控制器位于 CPU 和外部总线之间，任何型号的 CPU 都可以使用 PCI 总线。基于这个原因，许多著名计算机公司都宣布支持 PCI 总线，在 CPU 更新换代时，也不会把 PCI 总线抛弃。

PCI 总线成为 Intel 公司即插即用（PnP）规范的典范。这意味着 PCI 总线插槽上无跳线和开关，而是通过软件进行配置。

6.4 DMA 控制器

6.4.1 DMA 控制器的工作原理

前面介绍了微机系统中各种常用的数据传输方式，包括无条件传输方式、查询传输方式、中断传输方式和 DMA 传输方式，前 3 种方式适用于 CPU 与慢速及中速外设之间的数据交换。当高速外设要与内存或在内存的不同区域之间进行大量数据的快速传输时，前 3 种方式就不能满足数据传输的要求。

为了提高数据传输的速率，人们提出了直接存储器存取（DMA）的数据传输方式。这种传输方式是指在一定时间段，由 DMA 控制器取代 CPU 获得总线控制权，实现内存与外设或内存的不同区域之间大量数据的快速传输。典型 DMA 控制器的工作原理如图 6-6 所示。在 DMA 传输方式下，数据传输的过程大致如下。

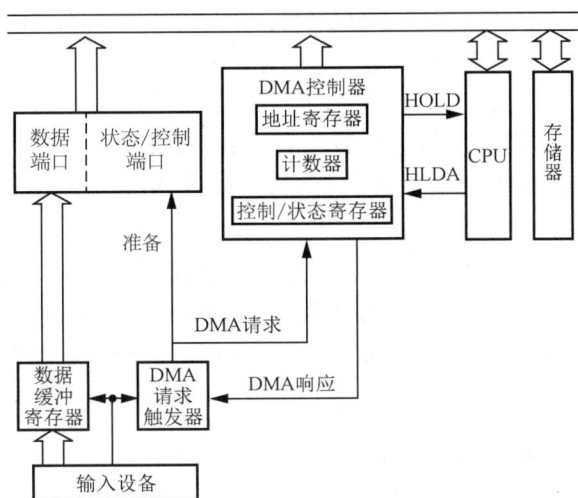

图 6-6 典型 DMA 控制器的工作原理

（1）外设向 DMA 控制器发出 DMA 请求。

（2）DMA 控制器通过连接到 CPU 的 HOLD 信号向 CPU 提出 DMA 请求。

（3）CPU 在完成当前总线操作后立即响应 DMA 控制器占用总线的请求。CPU 的响应包括两个方面：一方面，CPU 立即放弃总线控制权（CPU 将控制总线、数据总线和地址总线浮空）；另一方面，CPU 将有效的 HLDA 信号施加到 DMA 控制器上，通知 DMA 控制器自己已经让出了总线控制权。

（4）CPU 放弃总线控制权后（CPU 将系统总线浮空），DMA 控制器接管系统总线的控制权，并向外设输出 DMA 的应答信号。

（5）DMA 控制器输出地址信号和控制信号，实现外设与内存或内存不同区域之间大量数据的快速传输。

（6）DMA 控制器将规定的数据字节传输完成之后，向 CPU 发出 HOLD 信号，撤销对 CPU 的 DMA 请求。CPU 收到此信号后，一方面使 HLDA 信号无效，另一方面重新开始控制系统总线，实现正常取指令、分析指令、执行指令的操作。

DMA 传输方式主要用于需要高速、大批量传输数据的系统中，以提高数据的吞吐量，如磁盘存取、图像处理、高速数据采集系统、同步通信中的收发信号等方面的应用。采用 DMA 传输方式是让存储器与外设或外设与外设之间直接交换数据，不需要经过累加器，减少了中间环节，并且内存地址的修改、传输完毕的结束信号都由硬件完成，大大提高了传输速度。DMA 传输方式的优点是以增加系统硬件的复杂性和成本为代价的，因为 DMA 传输方式和程序控制方式相比，用硬件控制代替了软件控制。另外，在 DMA 传输期间，CPU 部分或完全失去对系统总线的控制，这可能会影响 CPU 对中断请求的及时响应与处理。因此，在一些小系统或速度要求不高、数据传输量不大的系统中，一般不用 DMA 传输方式。

DMA 传输方式虽然脱离 CPU 的控制，但仍然需要对该传输方式进行控制和管理。通常采用 DMA 控制器取代 CPU，负责 DMA 传输过程控制。目前，DMA 控制器都是可编程的大规模集成芯片，类型较多。下面以广泛使用的 Intel 8237A 为例介绍 DMA 控制器的内部组成及应用。

Intel 8237A 是 Intel 公司推出的系列高性能可编程 DMA 控制器，使用单一的+5V 电源、单相时钟频率，它是具有 40 个引脚的双列直插式大规模集成电路芯片。其中，工作在 5MHz 时钟频率下的 Intel 8237A-5 数据传输速度可达 1.6MB/s。每个 Intel 8237A 内部含有 4 个相互独立的通道，每个通道的 DMA 请求可以分别被允许或禁止。4 个通道的 DMA 请求有不同的优先级，可以通过程序把它们设为优先级固定方式或优先级旋转方式。每个通道中的地址寄存器的数据长度为 16 位，可寻址的空间为 64KB，每个通道都有 4 种工作方式。将多个 Intel 8237 芯片级联以增加通道数。

6.4.2　Intel 8237A 的内部结构和引脚功能

1．Intel 8237A 的内部结构

Intel 8237A 的内部结构如图 6-7 所示，它主要由 4 个独立的 DMA 通道组成。每个通道由方式寄存器、请求寄存器、屏蔽寄存器、基地址寄存器、现行地址寄存器、基字节数寄存器和现行字节数寄存器组成。Intel 8237A 内部还包括 4 个通道公用的命令寄存器、状态寄存器和暂存寄存器，以及 I/O 缓冲器、时序和控制逻辑、优先级编码器与循环优选逻辑等。

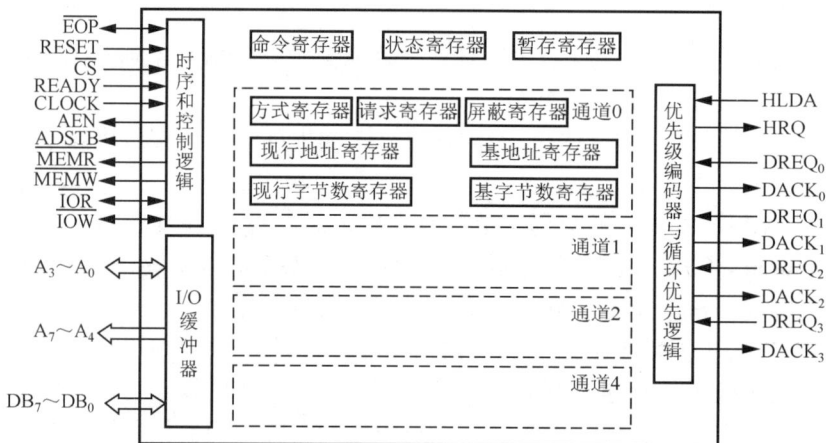

图 6-7　Intel 8237A 的内部结构

Intel 8237A 的数据总线引脚和地址总线引脚都连接三态缓冲器，可以接管或释放总线控制权。内部的优先级编码器单元可以对同时有 DMA 请求的通道进行优先级编码，确定该通道的优先级。各个通道共用一个命令寄存器和状态寄存器。其中的暂存寄存器在 Intel 8237A 完成存储器之间的数据传输时用于保存数据。完成传输后，暂存寄存器总是保存前一次存储器传输的最后 1 字节的内容。

2. Intel 8237A 的引脚功能

Intel 8237A 具有 40 个引脚，如图 6-8 所示。

（1）CLK：时钟信号输入引脚。对于标准的 Intel 8237A，其输入时钟频率为 3MHz，对于 Intel 8237A-5，其输入时钟频率可达 5MHz。

（2）$\overline{CS}$：芯片选择（片选）信号输入引脚。

（3）RESET：复位信号输入引脚。该引脚用来清除 Intel 8237A 中的命令、状态请求和临时寄存器，使字节指针触发器复位并置位屏蔽触发器中的所有位（使所有通道工作在屏蔽状态）。在复位之后，Intel 8237A 工作于空闲周期。

（4）READY：外设向 Intel 8237A 提供的高电平有效的"准备好"信号输入引脚。若 Intel 8237A 在 T_3 状态以后的时钟下降沿检测到 READY 引脚为低电平，则说明外设还未准备好下一次 DMA 传输操作，需要插入 T_W 状态，直到 READY 引脚呈高电平为止。

（5）$DREQ_0 \sim DREQ_3$：DMA 请求信号输入引脚，对应于 4 个独立的通道。DREQ 的有效电平可以通过编程加以确定，优先级可以被固定，也可以被旋转。

图 6-8　Intel 8237A 的引脚

（6）$DACK_0 \sim DACK_3$：对相应通道 DREQ 请求的应答信号输出引脚。

（7）HRQ：Intel 8237A 向 CPU 提出 DMA 请求信号的输出引脚，高电平有效。

（8）HLDA：CPU 对 HRQ 请求的应答信号输入引脚，高电平有效。

（9）$DB_0 \sim DB_7$：8 条双向三态数据总线引脚。在 CPU 控制系统总线时，可以通过 $DB_0 \sim DB_7$ 对 Intel 8237A 编程或读取 Intel 8237A 内部状态寄存器的内容；在 DMA 周期，由 $DB_0 \sim DB_7$ 输出高 8 位地址信号 $A_8 \sim A_{15}$，并且利用 ADSTB 信号锁存该地址信号。

在进行内存不同区域之间的 DMA 传输时，$DB_0 \sim DB_7$ 除了输出 $A_8 \sim A_{15}$ 地址信号，还会分时输入从内存源区域读取的数据并把这些数据送入 Intel 8237A 的暂存寄存器，等到存储器写周期时，再将这些数据通过这 8 个引脚由 Intel 8237A 的暂存寄存器输送到数据总线上，然后写入规定的存储单元中。

（10）$A_3 \sim A_0$：4 条双向三态的低位地址信号引脚。在空闲周期，这些引脚接收来自 CPU 的 4 位地址信号，用于寻址 Intel 8237A 内部不同的寄存器（组）；在进行 DMA 传输时，输出要访问的存储单元或输入输出端口地址的低 4 位。

（11）$A_7 \sim A_4$：4 条三态地址信号输出引脚。在进行 DMA 传输时，输出要访问的存储单元或输入输出端口地址的 $A_7 \sim A_4$。

（12）$\overline{IOR}$：低电平有效的双向三态信号引脚。在空闲周期，它输入控制信号，CPU

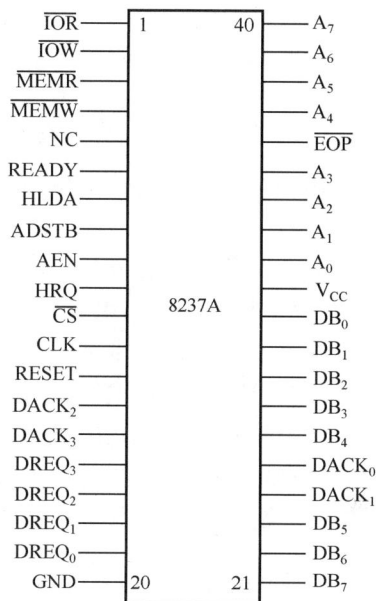

利用这个控制信号读取 Intel 8237A 内部状态寄存器的内容；在进行 DMA 传输时，它是读操作端口控制信号输出引脚，与 $\overline{\text{MEMW}}$ 相配合，使数据由外设传输到内存。

（13）$\overline{\text{IOW}}$：低电平有效的双向三态信号引脚，其功能与 $\overline{\text{IOR}}$ 对应。

（14）$\overline{\text{MEMR}}$：低电平有效的双向三态信号引脚，用于 DMA 传输，控制存储器的读操作。

（15）$\overline{\text{MEMW}}$：低电平有效的双向三态信号引脚，用于 DMA 传输，控制存储器的写操作。

（16）AEN：高电平有效的输出信号引脚。通过该引脚，把锁存在外部锁存器中的高 8 位地址送入微机系统的地址总线，同时禁止其他系统驱动器使用系统总线。

（17）ADSTB：高电平有效的输出信号引脚，通过该引脚，把 $DB_7 \sim DB_0$ 上输出的高 8 位地址信号锁存到外部锁存器中。

（18）$\overline{\text{EOP}}$：双向信号引脚，当字节数计数器中的值为 0 时，在 $\overline{\text{EOP}}$ 上输出一个有效的低电平脉冲，表明 DMA 传输已经结束；也可接收外部的 $\overline{\text{EOP}}$ 信号，强行结束 Intel 8237A 的 DMA 传输，或者重新进行 Intel 8237A 的初始化。当不使用 $\overline{\text{EOP}}$ 引脚时，应将它串联一个阻值为数千欧姆的电阻连接到高电平线路上，以免它输入干扰信号。

3．Intel 8237A 的寄存器

Intel 8237A 有 4 条地址信号输入线 $A_0 \sim A_3$，其片内有 16 个端口可供 CPU 访问。Intel 8237A 寄存器输入输出端口地址和软件命令寻址见表 6-1。

表 6-1　Intel 8237A 的寄存器输入输出端口地址和软件命令寻址

A_3 A_2 A_1 A_0	写操作（$\overline{\text{IOW}}$ 为 0 时）	读操作（$\overline{\text{IOR}}$ 为 0 时）
0　0　0　0	通道 0 基地址寄存器	通道 0 现行地址寄存器
0　0　0　1	通道 0 基字节数寄存器	通道 0 现行字节数寄存器
0　0　1　0	通道 1 基地址寄存器	通道 1 现行地址寄存器
0　0　1　1	通道 1 基字节数寄存器	通道 1 现行字节数寄存器
0　1　0　0	通道 2 基地址寄存器	通道 2 现行地址寄存器
0　1　0　1	通道 2 基字节数寄存器	通道 2 现行字节数寄存器
0　1　1　0	通道 3 基地址寄存器	通道 3 现行地址寄存器
0　1　1　1	通道 3 基字节数寄存器	通道 3 现行字节数寄存器
1　0　0　0	命令寄存器	状态寄存器
1　0　0　1	请求寄存器	—
1　0　1　0	单通道屏蔽字	—
1　0　1　1	方式寄存器	—
1　1　0　0	清除先/后触发器命令	—
1　1　0　1	复位命令	暂存寄存器
1　1　1　0	清除屏蔽寄存器命令	—
1　1　1　1	综合屏蔽字	—

Intel 8237A 的寄存器功能如下。

（1）基地址寄存器。该寄存器用来保存 DMA 传输过程中本通道所用到的数据段地址初值，该初值由 CPU 对 Intel 8237A 进行初始化编程时写入，但 CPU 不能通过输入指令读取基地址寄存器中的值。

（2）现行地址寄存器。该寄存器用来保存 DMA 传输过程中当前地址值。初始化时该寄存器中的值与基地址寄存器相同，在每次 DMA 传输过程结束后其中的内容自动加 1 或减 1。现行地址寄存器中的值可由 CPU 通过两条输入指令连续读取，每次读取 8 位。若 Intel 8237A 编程被设为自动预置，则在每次 DMA 传输过程结束并发出 EOP 信号后，现行地址寄存器将根据基地址寄存器中的内容自动恢复初值。

（3）基字节数寄存器。该寄存器用来保存 DMA 传输过程中所传输的字节数，这个寄存器的初值由 CPU 在编程时写入，并且其中的内容不能被 CPU 读取。

（4）现行字节数寄存器。该寄存器用来保存当前要传输的字节数，初始化时该寄存器中的值与基字节数寄存器相同，在每次 DMA 传输结束后，该寄存器中的内容减 1，当其中的值为 0 时将发出 EOP 信号，表明 DMA 传输结束。这个寄存器中的值可由 CPU 读取。在自动预置状态下，当 EOP 信号有效时，现行字节数寄存器中的值按基字节数寄存器中的内容自动恢复为起始状态。

（5）暂存寄存器。在从存储器到存储器的数据传输方式下，暂存寄存器用于保存从内存源区域读取的数据。

（6）方式寄存器。该寄存器用于在 CPU 对 Intel 8237A 进行初始化编程时设定 Intel 8237A 的工作方式、地址增减、是否自动预置、传输类型及通道选择。每个通道有 1 个 8 位的方式寄存器，但是它们占用同 1 个端口地址，用来存放方式字，依靠方式字本身的特征位，以区分写操作所用的不同通道，用来规定通道的工作方式。方式字的格式如图 6-9 所示。

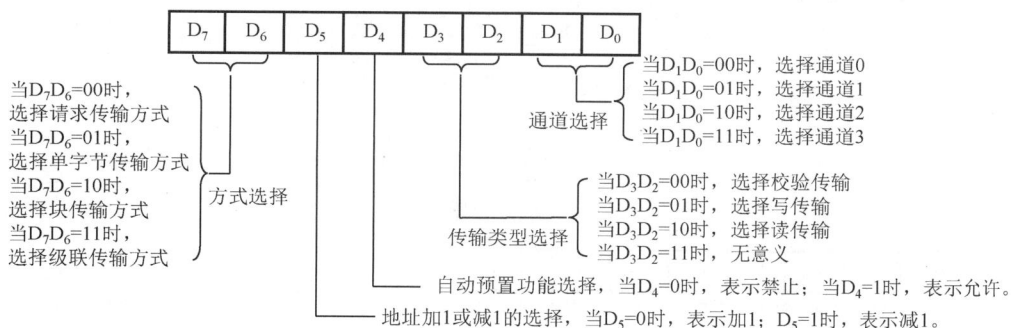

图 6-9　方式字的格式

自动预置是指当某个通道按要求将数据传输完成后，能自动预置初始地址和传输的字节数，然后重复进行前面的过程。校验传输是指实际并不进行传输，只产生地址并响应 $\overline{EOP}$ 信号，不产生读写操作控制信号，用于校验 Intel 8237A 的功能是否正常。

（7）命令寄存器。命令寄存器决定数据传输目标、通道的优先级方式、DACK 及 DREQ 的有效电平等。该寄存器只能进行写操作而不能进行读操作，命令字的格式如图 6-10 所示。

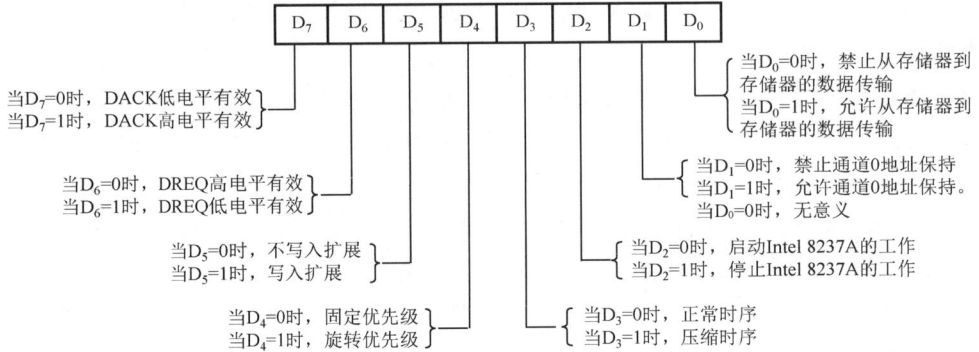

当D_7=0时，DACK低电平有效
当D_7=1时，DACK高电平有效

当D_6=0时，DREQ高电平有效
当D_6=1时，DREQ低电平有效

当D_5=0时，不写入扩展
当D_5=1时，写入扩展

当D_4=0时，固定优先级
当D_4=1时，旋转优先级

当D_3=0时，正常时序
当D_3=1时，压缩时序

当D_2=0时，启动Intel 8237A的工作
当D_2=1时，停止Intel 8237A的工作

当D_1=0时，禁止通道0地址保持
当D_1=1时，允许通道0地址保持。
当D_0=0时，无意义

当D_0=0时，禁止从存储器到存储器的数据传输
当D_0=1时，允许从存储器到存储器的数据传输

图 6-10　命令字的格式

（8）请求寄存器。请求寄存器在软件控制下会产生一个 DMA 请求，就像外部 DREQ 请求一样。图 6-11 所示为请求字的格式，其中，D_0D_1 的不同编码用表示向不同通道发出 DMA 请求。在软件编程时，这些请求是不可屏蔽的，可使 Intel 8237A 按照命令字 D_0D_1 所指的通道完成 D_2 规定的操作，这种软件请求仅适用于通道工作在数据块传输方式的场合。

（9）屏蔽寄存器。Intel 8237A 的屏蔽字有两种形式：单通道屏蔽字和四通道屏蔽字。单通道屏蔽字的格式如图 6-12 所示，利用单通道屏蔽字，每次只能选择一个通道。其中 D_0D_1 的编码表示所选的通道，当 D_2=1 时，表示禁止该通道接收 DREQ 请求；当 D_2＝0 时，表示允许 DREQ 请求。四通道屏蔽字的格式如图 6-13 所示，可以利用这个屏蔽字格式同时对 Intel 8237A 的 4 个通道的屏蔽字进行操作。它与单通道屏蔽字占用不同的 I/O 接口地址，以便区分。

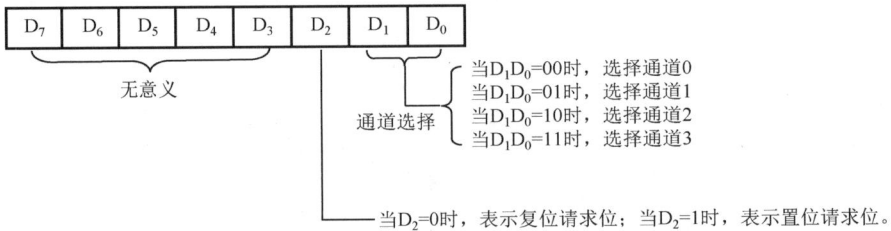

无意义

通道选择

当D_1D_0=00时，选择通道0
当D_1D_0=01时，选择通道1
当D_1D_0=10时，选择通道2
当D_1D_0=11时，选择通道3

当D_2=0时，表示复位请求位；当D_2=1时，表示置位请求位。

图 6-11　请求寄存器的格式

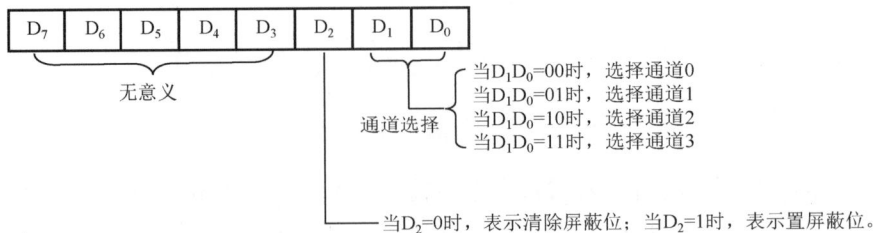

无意义

通道选择

当D_1D_0=00时，选择通道0
当D_1D_0=01时，选择通道1
当D_1D_0=10时，选择通道2
当D_1D_0=11时，选择通道3

当D_2=0时，表示清除屏蔽位；当D_2=1时，表示置屏蔽位。

图 6-12　单通道屏蔽字的格式

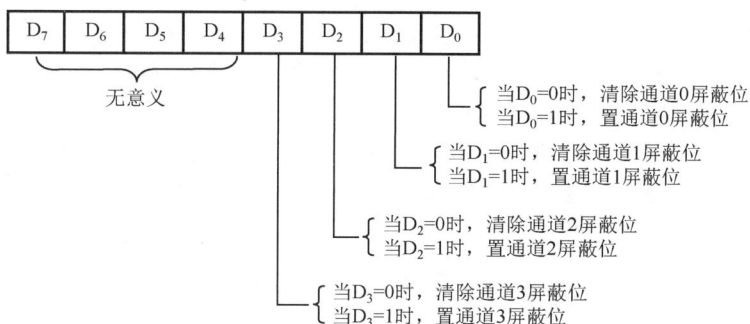

图 6-13 四通道屏蔽字的格式

（10）状态寄存器。状态寄存器存放各个通道的状态，CPU 读取其中的内容后，可知 Intel 8237A 的工作状况。状态字的格式如图 6-14 所示。

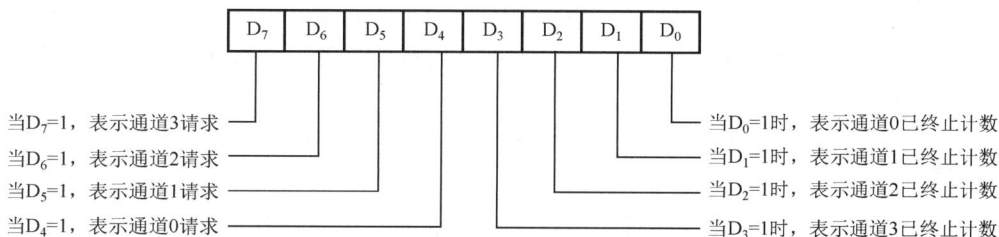

图 6-14 状态字的格式

6.4.3 Intel 8237A 的工作方式和传输类型

1. Intel 8237A 的工作方式

Intel 8237A 的各个通道在进行 DMA 传输时共有 4 种工作方式。

（1）单字节传输方式。每次进行 DMA 传输仅传输 1 字节的数据，完成 1 字节的数据传输后，Intel 8237A 将当前地址寄存器的内容加 1 或减 1，并将当前基字节数寄存器的内容减 1，每传输完成 1 字节，DMA 控制器就将总线控制权交给 CPU。

（2）数据块传输方式。在这种传输方式下，DMA 控制器一旦获得总线控制权就开始连续传输数据。每传输 1 字节，自动修改当前地址及当前基字节数寄存器的内容，直到将所有规定的字节全部传输完成为止，或者在收到外部 $\overline{EOP}$ 信号时，DMA 控制器才结束传输，将总线控制权交给 CPU，一次传输的数据块最大长度可达 64KB，数据块传输结束后可自动初始化。

显然，在数据块传输方式下，CPU 可能会很长时间不能获得总线的控制权，这种情况在有些场合是不利的。例如，个人计算机就不能用这种方式，因为在数据块传输时，Intel 8088 不能占用总线，无法实现对 DRAM 的刷新操作。

（3）请求传输方式。只要 DREQ 有效，DMA 传输就一直进行，直到字节计数器为 0 为止，或者在外部输入信号使 $\overline{EOP}$ 变低电平，或者在 DREQ 变为无效时为止。

（4）级联传输方式。利用这种方式可以把多个 Intel 8237A 连接在一起，以便扩充系统的 DMA 通道数。将下一级的 HRQ 连接到上一级某一通道的 DREQ 上，而上一级的响应信号 DACK 可连接到下一级的 HLDA 上。在级联传输方式下，当第二级 Intel 8237A 的请求得到响应时，第一级 Intel 8237A 仅输出 HRQ 信号而不能输出地址及控制信号，因为第二级的 Intel 8237A 才是真正的主控制器，而第一级的 Intel 8237A 仅起到传递 DREQ 请求信号及 DACK 应答信号的作用。

2. Intel 8237A 的传输类型

DMA 传输可以在从 I/O 接口到存储器、从存储器到 I/O 接口及内存的不同区域进行，它们具有不同的特点，所需要的控制信号也不相同。

（1）从 I/O 接口到存储器的数据传输。当从 I/O 接口到存储器传输数据时，来自 I/O 接口的数据利用 DMA 控制器输出的 $\overline{\text{IOR}}$ 控制信号，将数据输送到数据总线 $D_0 \sim D_7$ 上；DMA 控制器输出存储单元地址及 $\overline{\text{MEMW}}$ 控制信号，将保存于 $D_0 \sim D_7$ 上的数据写入被选中的存储单元，完成从 I/O 接口到存储器 1 字节的数据传输。同时 DMA 控制器修改内部地址及基字节数寄存器的内容。

（2）从存储器到 I/O 接口的数据传输。在进行这种传输时，DMA 控制器输出存储器地址及 $\overline{\text{MEMR}}$ 控制信号，将选中的存储单元中的内容读取并输送到数据总线 $D_0 \sim D_7$ 上，接着 DMA 控制器输出 $\overline{\text{IOW}}$ 控制信号，将数据写到指定的端口，而后 DMA 控制器自动修改内部的地址及基字节数寄存器的内容。

（3）从存储器到存储器的数据传输。Intel 8237A 具有从存储器到存储器传输数据的功能，利用 Intel 8237A 编程命令寄存器，可以选择通道 0 和通道 1 实现从存储器到存储器的数据传输。在进行传输时，采用数据块传输方式，由通道 0 输出内存源区域的地址和 $\overline{\text{MEMR}}$ 控制信号，将被选中的内存单元中的数据读到 Intel 8237A 的暂存寄存器中，通道 0 修改地址及基字节数寄存器中的内容；接着由通道 1 输出内存目的区域的地址及 $\overline{\text{MEMW}}$ 控制信号，将存放在暂存寄存器中的数据通过数据总线写入内存目的区域，之后通道 1 修改地址和基字节数寄存器中的内容，通道 1 的基字节计数器中的内容为 0 或外部输入 $\overline{\text{EOP}}$ 时，就结束一次 DMA 传输过程。

6.4.4　Intel 8237A 的初始化编程及应用

在 Intel 8237A 工作前，应先由 CPU 对其进行初始化编程，设定工作方式及内部各个寄存器的值。初始化编程包括输出总清除命令、设置基地址与现行地址寄存器、设置基字节数寄存器与现行字节数寄存器、写入方式寄存器、写入屏蔽寄存器、写入命令寄存器。若不使用软件请求，在完成上述编程后，由各通道的 DMA 请求信号 DREQ 启动 DMA 传输过程；若使用软件请求，需要将请求寄存器中的内容写入指定通道后，才开始 DMA 传输过程。

在对 Intel 8237A 初始化编程之前，通常必须对 Intel 8237A 进行复位操作，利用系统总线上的 RESET 信号或软件命令，对 $A_3A_2A_1A_0$ 的值为 1101 的地址进行写操作，均可使

Intel 8237A 复位。复位后，Intel 8237A 内部的屏蔽寄存器被置位而其他寄存器都被清零，复位操作使 Intel 8237A 进入空闲状态，这时才可以对 Intel 8237A 进行初始化编程。

【例 6.1】在 IBM PC/XT 微机中，利用 Intel 8237A 的通道 0 输出存储器地址，进行 DRAM 的刷新操作，其 DMA 传输程序如下。

```
MOV   AL, 00H
OUT   DMA+0DH, AL      ;DMA 控制器复位命令
MOV   AL, 00H          ;固定优先级，DREQ 高电平有效，DACK 低电平有效，滞后写，正常时序
OUT   DMA+08H, AL      ;DMA 控制器命令字写入命令寄存器
MOV   AL, 00H
OUT   DMA+00H, AL      ;写入通道 0 的基地址寄存器低位字节
OUT   DMA+00H, AL      ;写入通道 0 的基地址寄存器高位字节
MOV   AL, 0FFH         ;通道 0 的传输基字节数为 64KB，先写入低位字节，后写入高位字节
OUT   DMA+01H, AL      ;写入通道 0 的基字节数寄存器低位字节
OUT   DMA+01H, AL      ;写入通道 0 的基字节数寄存器高位字节
MOV   AL, 58H          ;通道 0 方式字：单字节传输、DMA 传输（读操作）、地址增量、自动初始化
OUT   DMA+0BH, AL
MOV   AL, 00H          ;通道 0 屏蔽字：允许 DREQ 提出请求
OUT   DMA+0AH, AL
```

需要注意以下两点：

（1）在初始化通道 0 时，未初始化地址。因为地址寄存器仅用于输出 DRAM 的行地址，执行总清除命令后它们的初值为 0，而后根据方式字地址递增，实现每次刷新一行。

（2）微机中的 DMA 传输方式不是通过 Intel 8088 微处理器的 HOLD 信号实现的，而是利用等待方式实现的。这时 CPU 处于等待操作状态，把系统总线控制权交给 DMA 控制器。

【例 6.2】假设采用 IBM PC/XT 微机系统总线中的 DMA 通道 1 传输 1KB 的外设数据，内存起始地址为 36000H，其 DMA 传输程序如下。

```
MOV   AL, 45H          ;通道 1 方式字：单字节 DMA 传输（写操作），地址增量，非自动初始化
OUT   DMA+0BH, AL
OUT   DMA+0CH, AL      ;清除先/后触发器
MOV   AL, 00H
OUT   DMA+02H, AL      ;将低 8 位地址写入基地址寄存器
MOV   AL, 60H
OUT   DMA+02H, AL      ;将中 8 位地址写入基地址寄存器
MOV   AL, 03H
OUT   81H, AL          ;将高 4 位地址写入基页面寄存器，地址 81H 为已知
MOV   AX, 1023         ;将传输字节数减 1 后送入 AX
OUT   DMA+03H, AL      ;传输字节数的低 8 位到基字节数寄存器
MOV   AL, AH
OUT   DMA+03H, AL      ;传输字节数的高 8 位到基字节数寄存器
MOV   AL, 01H          ;将传输字节数减 1 后送入 AX
```

```
        OUT   DMA+0AH, AL          ;单通道屏蔽字：允许通道 1 的 DMA 请求
        …                          ;其他操作
DMALOOP:
        IN    AL, DMA+08H          ;读状态寄存器
        AND   AL, 02H              ;判断通道 1 是否传输结束
        JZ    DMALOOP              ;若没有结束，则循环等待
        …
```

思考与练习

6-1　什么是接口？什么是端口？在什么情况下两个端口可以共用一个地址？

6-2　在以 Intel 8086/8088 微机系统中，CPU 是如何实现端口寻址的？

6-3　CPU 与输入输出设备数据传输的控制方式有哪几种？它们各有何特点？

6-4　相比查询传输方式，中断传输方式有什么优点？和 DMA 传输方式相比，中断传输方式又有什么不足？

6-5　什么是总线？微机为什么要采用总线结构？

6-6　ISA 总线是一种同步总线还是半同步总线？通过什么信号可以调整ISA总线周期的长短？

6-7　PCI 总线是不是可以接入多个主设备？在接入多个主设备时，PCI 总线是什么类型的总线？

6-8　DMA 控制器 Intel 8237A 提供哪几种传输方式？说明 Intel 8237A 的单字节 DMA 传输过程。

6-9　说明 DMA 控制器 Intel 8237A 初始化编程步骤。

第 7 章　中　断　系　统

教学提示

中断系统是微机系统的重要组成部分。为了提高 CPU 的工作效率，使微机系统具有实时功能，设置了中断系统。本章介绍中断的基本概念、中断处理过程、Intel 80x86 系列微机的中断系统和可编程中断控制器 Intel 8259A 的工作原理及应用。

本章的学习重点是中断的处理过程和可编程中断控制器 Intel 8259A 的应用，本章的难点是 Intel 8259A 的应用。

7.1　中断的基本概念

中断是微机系统中非常重要的一种技术，它有效地扩展了微处理器的功能。利用外部中断，微机系统可以实时响应外部设备的数据传输请求，及时处理外部意外和紧急事件。利用内部中断，微处理器为用户提供发现、调试并解决程序执行异常的有效途径。

7.1.1　中断、中断源及中断系统

1. 中断

CPU 暂时停止正在运行的程序，转去执行那些请求 CPU 为之服务的内外部事件的服务程序，待该服务程序执行完后，又返回继续运行被暂停的程序的过程称为中断。简言之，就是 CPU 正常运行程序时被"中间打断"后继续运行的过程。正在运行的程序通常称为主程序，服务程序称为中断服务程序。

2. 中断源

引起中断的事件称为"中断源"。中断源主要有以下几类。

（1）外部设备请求中断。一般外部设备有键盘、磁盘驱动器、打印机等，这些外部设备工作告一段落发出中断请求，要求 CPU 为它服务。

（2）实时时钟请求中断。例如，计数器工作时，先由 CPU 发出指令，让时钟电路开始计数工作，然后在规定的时间时钟电路发出中断请求，CPU 转向中断服务程序。

（3）故障请求中断。当出现电源断电、存储出错或溢出等故障时，系统发出中断请求，CPU 转向执行故障处理程序，例如，发出启动备用电源的报警信息等。

（4）由软件引起的中断，例如，因程序错、运算错或为调试程序而特意设置的断点等。

3. 中断系统

中断系统是指实现中断功能的软硬件的统称。为了满足各种情况下的中断请求，中断系统应具有以下功能。

（1）能实现中断响应、中断服务及中断返回。当某一中断源发出中断请求时，CPU 能决定是否响应这一中断请求。若允许这一中断请求，则 CPU 在保护断点后将转移到响应的中断服务程序，中断处理完后 CPU 返回原断点处继续执行原程序。

（2）能实现中断优先级排队。当有两个或多个中断源同时提出中断请求时，中断系统能根据各个中断源的性质给出处理的先后顺序，确保优先级高的中断请求先处理。

（3）能实现中断嵌套。若在中断过程中又有新的优先级更高的中断源提出请求，则中断系统要能让 CPU 暂停执行当前中断服务程序，而转去处理优先级更高的中断请求，处理完后再返回执行优先级较低的中断服务程序。

7.1.2 中断处理过程

尽管不同微机的中断系统有所不同，但中断处理过程基本相同。一个完整的中断处理过程包括中断请求、中断排队、中断响应、中断处理和中断返回 5 个环节。图 7-1 给出了中断处理流程图。

1. 中断请求

中断请求是指中断源向 CPU 发出中断请求的信号，其作用是请求 CPU 为其服务。每个中断源向 CPU 发出的中断请求信号都是随机的，将一个电信号施加到 CPU 的中断请求输入端。中断源产生的中断请求条件因中断源而异，例如，外部设备发出中断请求信号时，需要具备两个条件：①外部设备工作告一段落。②系统允许外部设备发出中断请求。

2. 中断排队

中断请求是随机的，有时会出现多个中断源同时发出中断请求的情况。但 CPU 每次只能响应一个中断源的请求。那么究竟先响应哪一个中断源的请求呢？这就需要根据中断源工作性质的轻重缓急预先安排一个优先级顺序。当多个中断源同时申请中断时，即可按此优先级顺序排队，等候 CPU 的处理。

3. 中断响应

经中断排队后，CPU 收到当前中断源中优先级最高的中断请求信号。CPU 在收到中断请求信号后，中止正在运行的程序，转而响应中断请求。此时，首先由硬件电路保护断点，将 CPU 的标志寄存器 FLAGS 中的内容推入堆栈，并清除 IF 和 TF 标志位，然后将代码段寄存器 CS 和指令指针寄存器的内容推入堆栈。至此，栈顶六单元中保存了返回断点时需要的信息。

中断请求
中断排队
中断响应
中断处理
中断返回

中断源发出中断请求

判断逻辑进行优先排队

CPU执行完当前指令　　　　CPU取下一条指令

中断请求信号有效？　　N

CPU允许中断否？　　N

CPU关闭中断

保护程序断点

找出中断源，形成中断服务程序入口地址，并转向中断服务程序

保护现场

执行中断服务程序

恢复现场

CPU开放中断

返回原程序断点处

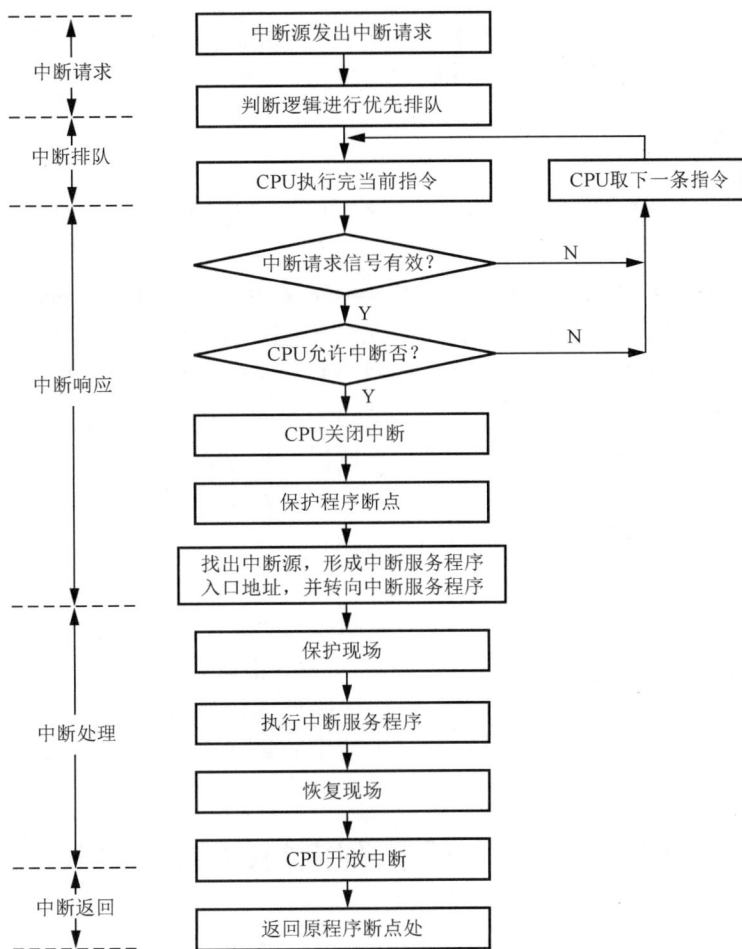

图 7-1　中断处理流程图

4．中断处理

中断处理即执行中断服务程序。执行中断服务程序前，系统首先要保护现场，保存中断服务程序中所使用的寄存器中的内容，将这些内容推入堆栈，进行与此中断有关的服务程序处理；然后执行中断服务程序，完成中断源要求完成的任务；最后将执行中断服务程序前保护的信息从堆栈中弹出，送回原寄存器，并保证堆栈指针寄存器的内容恢复到进入中断处理时的指向。

5．中断返回

中断服务完成后，中断服务程序的最后一条指令一般是 IRET。CPU 执行这条指令，将栈顶六单元的内容依次送到 IP、CS 和 FLAGS 中，恢复主程序的运行。

需要指出的是，若要实现中断嵌套，则应在中断处理过程中保护现场后首先执行开放

中断指令，才可在当前的中断处理中实现中断嵌套功能，并且在中断服务结束恢复现场之前执行关闭中断指令，以保证正确执行恢复现场。

7.1.3 中断嵌套

CPU 在执行某个中断服务程序时，接收到新的较高优先级的中断请求，中断正在处理的中断服务程序，响应该优先级高的中断请求。在进入新的中断服务程序时又出现了更高优先级的中断请求，这种一个中断请求尚未处理完又转去处理新的中断请求的方式称为中断嵌套。两级中断嵌套示意如图 7-2 所示，CPU 中断正在执行的低优先级的中断服务程序，转而执行优先级高的中断服务，待优先级高的中断服务结束后再返回执行被中断的低优先级的中断服务程序，直至全部处理中断请求完后返回主程序。

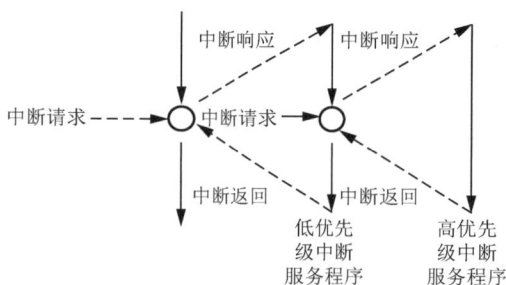

图 7-2 两级中断嵌套示意

实现多级中断嵌套时，需要注意以下两个问题。

（1）实现多级中断的重要条件是在中断服务执行过程中必须开放中断。

（2）必须加入屏蔽当前优先级和较低优先级中断请求的环节，保证只有高优先级中断源才能中断低优先级的中断处理。

7.2 Intel 80x86 系列微机的中断系统

Intel 80x86 系列微机具有一个简单而灵活的中断系统，可处理 256 种不同的中断请求。这些中断可分为外部中断和内部中断。每种中断又包括许多类型，各种类型的中断被分配对应的中断类型号。Intel 80x86 系列微机的中断源如图 7-3 所示，中断优先级见表 7-1。

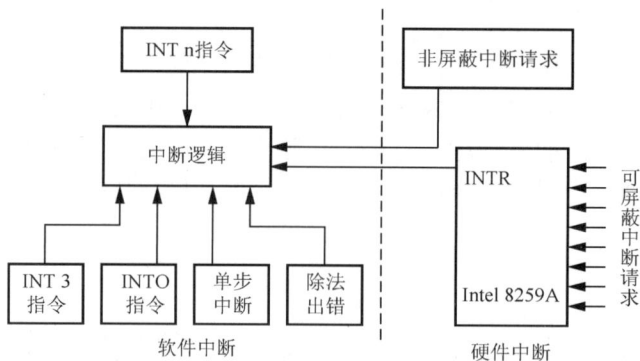

图 7-3 Intel 80x86 系列微机的中断源

表 7-1 中断优先级

中 断	优 先 级
除法出错，INT n，INTO	最高
NMI	较高
INTR	低
单步中断	最低

7.2.1 外部中断

由 CPU 外部硬件电路发出的电信号引起的中断称为外部中断，也称硬件中断，外部中断又分为非屏蔽中断和可屏蔽中断。

1. 非屏蔽中断 NMI 信号

非屏蔽中断 NMI 信号连接到 CPU 的 NMI 引脚，它不受 CPU 中断允许标志位 IF 的控制，一旦发生，立即转至中断类型号为 2 的中断处理服务程序。NMI 的优先级高于 INTR。当 CPU 采集到 NMI 信号时，在内部将其锁存，并且自动给该信号提供中断类型号 2，然后按照下列顺序进行中断处理。

（1）将中断类型号乘以 4，得到中断向量地址 0008H。
（2）将标志寄存器中的内容推入堆栈，以便保护这些内容。
（3）清除 IF 和 TF 标志位，屏蔽 INTR 中断和单步中断。
（4）保存断点，即把断点处的 IP 和 CS 中的内容推入堆栈。
（5）从中断向量表中读取中断服务程序的入口地址，分别送入 CS 和 IP。
（6）转入相应中断服务程序并执行。
（7）恢复断点及标志寄存器中的内容，中断返回。

NMI 信号是边沿触发的输入信号，若 Intel 8088 的第 17 个引脚 NMI 接收到一个正向跳变信号，则可能发生一次非屏蔽中断。这种中断响应不受中断允许标志位 IF 的控制。Intel 8086/8088 要求 NMI 信号变成高电平后至少保持两个时钟周期以上的脉冲宽度，以便锁存，待 CPU 完成当前指令后响应。

IBM PC/XT 微机系统中的非屏蔽中断源有 3 种：浮点协处理器 Intel 8087 的中断请求、系统主板上的 RAM 奇偶校验错误及扩展插槽中的 I/O 通道错误。以上三者中的任何一个都可以单独发出中断请求，但是否真正形成 NMI 信号，还要受 NMI 屏蔽寄存器的控制。当这个寄存器的 D7=1 时，允许向 CPU 发出 NMI 信号。NMI 信号被响应时，Intel 8086/8088 先自动生成中断类型号 2，再转入相应的服务程序。

因此，产生 NMI 信号需要具备两个条件。
① NMI 屏蔽寄存器的 D7=1。②上述 3 种中断源向 CPU 发出中断请求。

2. 可屏蔽中断 INTR 信号

可屏蔽中断 INTR 信号连接到 CPU 的 INTR 引脚，它受 CPU 中断允许标志位 IF 的控制，即当 IF=1 时，CPU 才能响应 INTR 引脚上的中断请求。当可屏蔽中断被响应时，CPU 需要执行 7 个总线周期。

（1）执行第一个 $\overline{\text{INTA}}$ 总线周期，通知外部中断系统做好准备。

（2）执行第二个 $\overline{\text{INTA}}$ 总线周期，从外部中断系统获取中断类型号，并将该类型号乘以 4，形成中断向量地址。

（3）执行一个总线写周期，将标志寄存器中的内容推入堆栈，并且使 IF 和 TF 都为 0。

（4）执行一个总线写周期，将 CS 中的内容推入堆栈。

（5）执行一个总线写周期，把当前的 IP 中的内容推入堆栈。

（6）执行一个总线读周期，从中断向量表中读取中断服务程序的偏移地址并送入 IP。

（7）执行一个总线读周期，从中断向量表中读取中断服务程序的段地址并送入 CS。

若将一个高电平信号施加到 CPU 的第 18 个引脚（INTR 引脚）且中断允许标志位 IF=1，则可以产生一次可屏蔽中断。当 IF=0 时，INTR 的中断请求被屏蔽。在 IBM PC/XT 微机系统中，所有可屏蔽的中断源都先经过中断控制器 Intel 8259A 管理后再向 CPU 发出 INTR 请求。

综上所述，得出结论：Intel 8086/8088 能接收外部中断请求信号的引脚是第 17 个引脚（NMI 引脚）和第 18 个引脚（INTR 引脚）。这两种中断的区别如下：对 NMI 信号，不可用软件屏蔽，而对 INTR 信号，可用软件屏蔽；NMI 信号必须是一个由低到高的上升沿，而 INTR 信号高电平有效。

不同中断类型的优先级顺序如下：

高　　　　　　　　　　　　　　　　　低
被零除中断、INT n、INTO、NMI、INTR、单步中断

7.2.2　内部中断

由 CPU 执行某些指令引起的中断称为内部中断，也称软件中断。内部中断响应后不需要 $\overline{\text{INTA}}$ 总线周期，处理过程与 NMI 过程基本相同。内部中断包括以下几类：

（1）专用中断。在中断向量表中，除了类型号 2 是 NMI 非屏蔽中断，中断类型号 0、1、3、4 均为专用的软件中断，它们通常是由某个标志位引起的中断。

① 0 型中断——除法出错中断。在执行除法指令时，若发现除数为 0 或商超出了寄存器所能表示的范围（双字/字的范围为-32768～+65535，字/字节的范围为-128～+255）时，CPU 会立即产生一个类型号为 00H 的 0 型中断，并转入相应的除法出错处理程序。由于 0 型中断没有相应的中断指令，也不是由外部硬件引起的，因此通常称为"自陷"中断。

② 1 型中断——单步中断。单步标志位 TF=1 时，CPU 把程序的执行变为单步方式。单步方式能够通过逐条指令观察操作的"窗口"，为系统提供一种方便的调试手段。例如，DEBUG 中的跟踪命令就是将 TF 标志位置"1"，每执行一条指令后就进入单步中断服务程序显示寄存器等内容，从而跟踪程序的具体执行过程，调试程序。

由于中断响应时，CPU 自动把标志寄存器中的内容推入堆栈，然后清除 TF。因此，当 CPU 进入单步中断服务程序时，不再处于单步方式，而以正常方式工作。只有在单步中断处理结束，从堆栈中弹出原来的标志位时（TF=1），才使 CPU 返回单步方式。

③ 3 型中断——断点中断（INT 指令）。3 型中断和单步中断一样，也是 Intel 8086 提供的一种调试手段。它用于设置程序中的断点，因此称为断点中断，用 INT 或 INT 3 指令表示。

INT 指令是一条单字节指令，因而它能被插入程序的任何位置。插入 INT 指令的位置便是断点处。在断点处，停止正常的程序执行过程，进入断点中断服务程序显示寄存器、存储单元等内容。相比之下，单步方式适用于规模较小的程序调试，而断点方式适用于较长程序的调试。

④ 4 型中断——溢出中断（INTO 指令）。溢出中断用 INTO 指令表示。若溢出标志位 OF=1，则当执行 INTO 指令时，立即产生一个 4 型中断。若溢出标志位 OF=0，则此指令不起作用。INTO 指令为程序员提供了一种算术运算出现溢出时的处理手段，它通常和带符号数的加、减法指令配合使用。

（2）指令中断——INT n 指令，其类型号就是指定的 n。它和 INT 与 INTO 指令一样，都是引起 CPU 中断响应的指令，所不同的是，INT 和 INTO 指令是单字节指令，而 INT n 是双字节指令，第二字节表示类型号 n。INT n 指令主要是用于系统定义或用户自定义的软件中断。

微机中的基本输入输出系统为用户提供了直接调用 I/O 的功能，例如，INT 13H 指令用于磁盘 I/O 的调用，INT 10H 指令用于屏幕显示功能的调用，INT 16H 指令用于键盘输入功能的调用等。DOS 功能调用指令 INT 21H 可以让用户方便地实现磁盘文件的存取、内存空间的申请或修改等操作。用户自定义的软件中断是指利用保留的中断类型号扩充用户需要的中断功能。

对于系统定义的指令中断，用户只要遵从调用格式预置所需要的入口参数，直接用 INT n 指令就可以完成调用。而调用用户自定义的软件中断，除了设计好中断服务程序，还得把中断入口地址预置到中断向量表中，在需要调用时用 INT n 指令实现。

Intel 8086 中的上述中断的优先级由最高到最低的顺序如下：

内部中断（单步中断除外）、非屏蔽中断、可屏蔽中断、单步中断。

7.2.3　中断向量和中断向量表

中断向量是指中断服务程序的入口地址，它包括中断服务程序的 CS 段基地址和 IP 偏移地址（共占 4 字节地址）。因此，通过使用中断向量，可以找到中断服务程序的入口地址，以实现程序转移。中断向量表是存放中断服务程序入口地址的表格，它存放在系统内存的最低端，共 1KB，每 4 字节存放一个中断服务程序的入口地址，较高位地址的 2 字节存放中断服务程序入口的段地址，较低位地址的 2 字节存放中断服务程序入口的偏移地址，这 4 个单元的最低位地址称为中断向量地址，其值为中断类型号乘以 4 的乘积。Intel 80x86

系列微机系统各服务程序的 CS 段基地址 CS 和 IP 偏移地址在中断向量表中按中断类型号顺序存放，见表 7-2。

CPU 响应中断后将中断类型号乘以 4，在中断向量表中读取中断服务程序的入口地址，分别送入 CS 和 IP，从而转入中断服务程序。

应该指出，中断类型号是固定不变的，一经系统分配就不再变化。而中断类型号对应的中断向量不是固定不变的，而是可以改变的，即一个中断类型号对应的中断服务程序不是唯一的，可以不同。也就是说，中断向量是可以修改的，这为用户使用系统中断资源带来很大方便。当然，某些微机系统的专用中断不允许用户随意修改。

中断向量并非常驻内存，而是开机通电时由程序装入内存指令的中断向量表中。系统配置和使用的中断指令对应的中断向量由系统软件负责装入。若系统中（如单板机）未配置软件，就要由用户自行装入中断向量。一般设置中断向量的方法有两种：一是自编程序将中断服务程序的入口地址直接写入中断向量表的相应单元；二是利用 DOS 功能调用指令完成中断向量的设置。

表 7-2　中断向量表

地址	表项	向量定义
000	IP_0	除法出错
	CS_0	
004	IP_1	单步中断
	CS_1	
008	IP_2	NMI 中断
	CS_2	
00C	IP_3	断点中断
	CS_3	
010	IP_4	溢出中断
	CS_4	
014	IP_5	系统保留
	CS_5	
07C	IP_{31}	
	CS_{31}	
080	IP_{32}	用户定义
	CS_{32}	
3FC	IP_{255}	
	CS_{255}	

（1）直接写入所用的自编程序。

```
MOV      DS, 0000H
MOV      SI, 将中断类型号乘以 4
MOV      AX, 中断服务程序偏移地址
MOV      [SI], AX
MOV      AX, 中断服务程序段地址
MOV      [SI+2], AX
```

（2）利用 DOS 功能调用指令。

设置中断向量（DOS 功能调用指令 INT 21H）。

功能号：AH=25H。

入口参数：AL=中断类型号；DS：DX=中断向量（段地址：偏移地址）。

获取中断向量（DOS 功能调用指令 INT 21H）。

功能号：AH=35H。

入口参数：AL=中断类型号。

出口参数：ES：BX=中断向量（段地址：偏移地址）。

7.2.4　Intel 80x86 系列微机的中断响应过程

Intel 80x86 系列微机的 CPU 对各种中断的响应过程是不同的，主要区别在于如何获得相应的中断类型号。

1. 内部中断响应过程

CPU 在执行内部中断时没有中断响应周期。对于除法出错中断、单步中断、断点中断和溢出中断，中断类型号是自动形成的；对于 INT n 指令，其中断类型号由 INT n 指令中给定的 *n* 值决定。获得中断类型号以后的处理步骤如下。

（1）将中断类型号乘以 4，计算出中断向量的地址。

（2）CPU 的标志寄存器中的内容被推入堆栈，以保护各个标志位，此操作类似于 PUSHF 指令。

（3）清除 IF 和 TF 标志位，屏蔽新的 INTR 中断和单步中断。

（4）保存断点，即把断点处的 IP 和 CS 中的内容推入堆栈，先推入 CS 中的内容，再推入 IP 中的内容。

（5）根据步骤（1）计算出来的地址，从中断向量表中读取中断服务程序的入口地址（段地址和偏移地址），分别送入 CS 和 IP。

（6）转向执行中断服务程序。

转向中断服务程序后，首先要保护在中断服务程序中需要使用的寄存器中的内容，然后进行相应的中断处理，在中断返回前恢复所保护的寄存器中的内容，最后执行中断返回指令 IRET。IRET 指令的执行将使 CPU 按次序恢复断点处的 IP、CS 和标志寄存器中的内容，从而使程序返回到断点处继续执行。

内部中断具有以下一些特点：

（1）中断由 CPU 内部引起，中断类型号的获得与外部无关，CPU 不需要执行中断响应周期去获得中断类型号。

（2）除了单步中断，无法用软件禁止内部中断，不受中断允许标志位 IF 的影响。

（3）内部中断何时发生是可以预测的，这类似子程序的调用。

2. 外部中断响应过程

（1）非屏蔽中断响应。NMI 中断不受 IF 标志位的影响，也不需要外部接口给出中断类型号。CPU 响应 NMI 中断时也没有中断响应周期。CPU 会自动按中断类型号 2 计算中断向量的地址，之后的中断处理过程和内部中断一样。

（2）可屏蔽中断响应。当 INTR 信号有效时，若中断允许标志位 IF=1，则 CPU 在当前指令执行完成后产生两个连续的总线周期。在第一个总线周期，CPU 将地址总线/数据总线置于高阻抗状态，发送第一个中断响应信号 $\overline{\text{INTA}}$ 给中断控制器 Intel 8259A，表示 CPU 响应此中断请求，禁止来自其他总线控制器的总线控制权请求。在最大工作模式时，CPU 还要启动 $\overline{\text{LOCK}}$ 信号，通知总线裁决器 Intel 8289，使系统中的其他微处理器不能访问总线。在第二个总线周期，CPU 发送第二个 $\overline{\text{INTA}}$ 信号，该信号通知中断控制器 Intel 8259A 将相应中断请求的中断类型号放到数据总线上供 CPU 读取。CPU 读取中断类型号 *n* 之后的中断处理过程也和内部中断一样。

软件中断、单步中断、断点中断、非屏蔽中断和可屏蔽中断的优先级是由 CPU 识别中断的前、后顺序决定的。在当前指令执行结束后，CPU 首先自动查询在指令执行过程中是否有除法出错中断、溢出中断和 INT n 中断发生，然后查询 NMI 和 INTR 指令，最后查询单步中断。Intel 80x86 系列微处理器对一个中断请求的响应和处理流程图如图 7-4 所示。当响应中断后，按照该图左半部分的顺序查询，并从内部或外部得到反映该中断源的中断类型号。虽然中断类型号不同，但 Intel 80x86 系列微处理器对它们的响应过程一样（见图 7-4 的右半部分）。

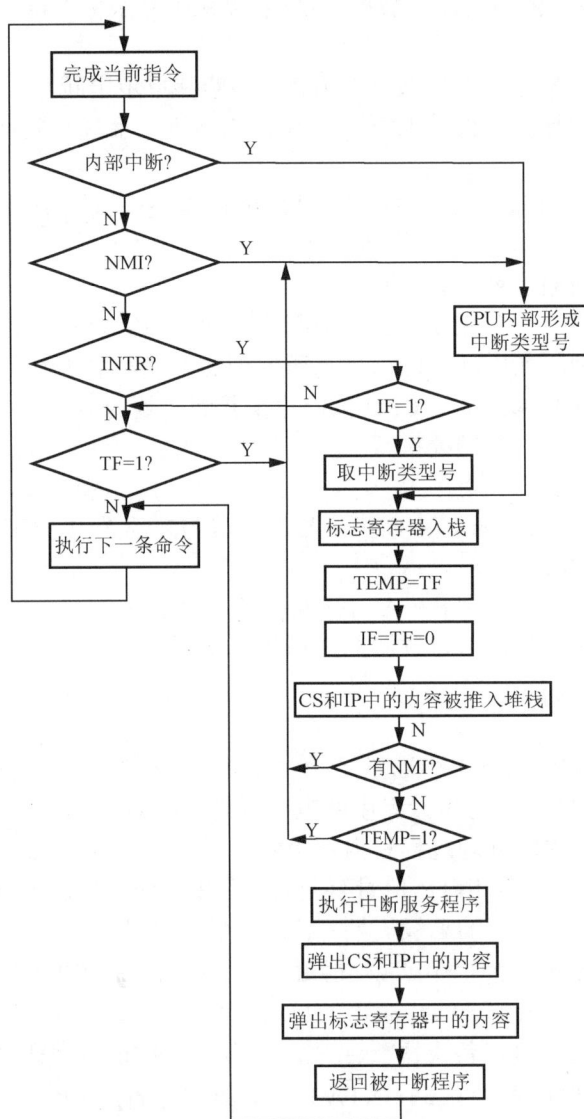

图 7-4　Intel 80x86 系列微处理器对一个中断请求的响应和处理流程图

7.3 可编程的中断控制器 Intel 8259A

可编程的中断控制器 Intel 8259A 用于管理外部可屏蔽的中断请求。因为 CPU 芯片的外部请求信号引脚 INTR 只有一个，但外部的中断源可以有多个，如时钟、键盘串口/并口和软盘等多个中断源。因此，在 IBM PC-AT 微机系统中，用 Intel 8259A 协助 CPU 管理外部中断源。一个 Intel 8259A 可以管理 8 个优先级中断源。在 IBM PC-AT 微机系统中用两个 Intel 8259A 级联管理 16 个优先级中断源。若用 9 个 Intel 8259A 级联，则不用附加外部电路，就能管理 64 个优先级中断源。

7.3.1 Intel 8259A 的功能

Intel 8259A 是一种可编程且具有强大中断管理功能的大规模集成电路芯片，其主要功能如下：

（1）具有 8 个优先级控制权，通过级联可以扩展到 64 个优先级。

（2）对每个优先级均可通过编程实现屏蔽或开放。

（3）能向 CPU 提供相应的中断类型号。

（4）可通过编程选择不同的工作方式。

7.3.2 Intel 8259A 的内部结构和引脚

Intel 8259A 主要组成如下：中断请求寄存器（IRR）、中断屏蔽寄存器（IMR）、中断服务寄存器（ISR）、优先级裁决器、控制逻辑、数据总线缓冲器、读写控制逻辑、级联缓冲器。其内部结构及引脚如图 7-5 所示，各组成部分功能如下：

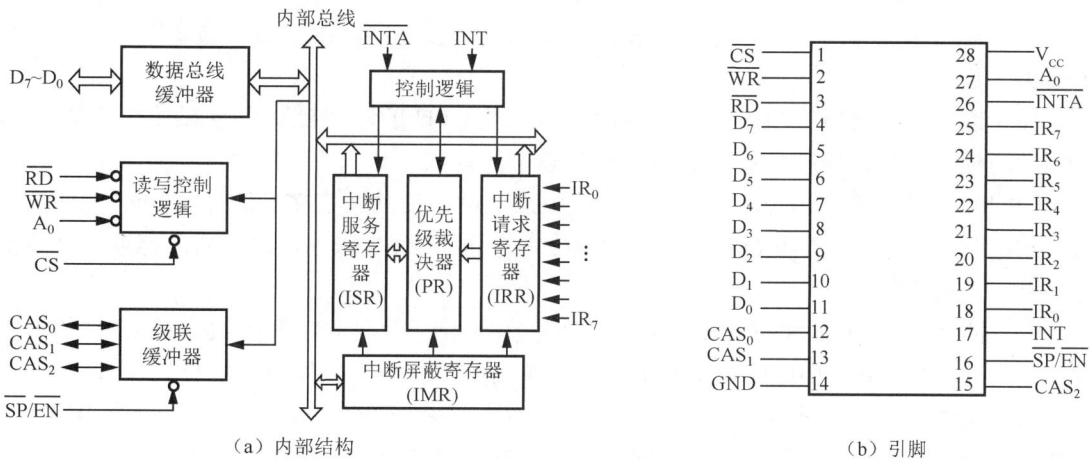

（a）内部结构　　　　　　　　　　　　　　　　（b）引脚

图 7-5 Intel 8259A 内部结构及引脚

（1）中断请求寄存器（IRR）。IRR 是一个 8 位的寄存器，用来寄存外部设备发送到引脚 $IR_0 \sim IR_7$ 的中断请求信号。引脚 $IR_0 \sim IR_7$ 可以连接 8 个外部设备的中断请求信号，当引脚 $IR_0 \sim IR_7$ 中的任何一个变为高电平时，IRR 的相应位为"1"。

（2）中断服务寄存器（ISR）。ISR 是一个 8 位的寄存器，用来存放当前正在服务的中断级。响应中断后，Intel 8259A 收到第一个中断响应信号 $\overline{INTA}$ 时，使当前被响应的中断请求对应的 ISR 置"1"，而相应的 IRR 复位。在中断嵌套时，ISR 中有多个位为"1"。

Intel 8259A 收到第一个中断响应信号后，由优先级裁决器根据 IRR_i 请求位的优先级和 IMR 中屏蔽位的状态，将允许中断的最高优先级请求信号选通到 ISR，使 ISR 相应位为"1"，表明该位对应的中断源正在服务。因此，用 ISR 存放正在被服务的所有中断级，包括尚未结束服务而中途被更高优先级打断的中断级。在处理某一中断级的整个过程中，ISR 的各位与对应位一直保持"1"。只有当它结束服务，在返回之前，才由中断结束命令 EOI 将其清零，在不进行中断服务时，ISR 各位均为 0。

（3）中断屏蔽寄存器（IMR）。IMR 是一个 8 位的寄存器，用于寄存需要屏蔽的中断。当 IMR 的某位为"1"时，表示屏蔽对应中断请求；当 IMR 的某位为"0"时，表示开放对应的中断请求。

这些屏蔽位能禁止 IRR 对应置"1"位发出的中断请求信号，屏蔽优先级较高的中断请求不会影响优先级较低的中断请求。因此，可用软件方法设置 IMR，以改变优先级。

（4）优先级裁决器（PR）。PR 用来识别和管理各种中断请求信号的优先级。当 N 个中断请求同时出现时，由优先级裁决器根据控制逻辑规定的优先级和 IMR 中的内容判断哪一个信号的优先级最高，CPU 首先响应优先级最高的请求。把优先级最高的 IRR 置"1"并送入 ISR 中。当允许中断嵌套时，若选出的中断优先级高于正在服务的中断优先级，则发出中断请求信号 INT，中止当前的中断处理过程，执行高一级的中断；若优先级低于正在服务的中断优先级，则不发送中断请求信号 INT。

（5）数据总线缓冲器。它是一个 8 位的双向三态缓冲器，用于传输命令字、状态字和中断类型号。

（6）读写控制逻辑。用来接收端口地址信息及 CPU 的读写控制信号 $\overline{IOR}$ 和 $\overline{IOW}$，产生相应的控制信号，控制命令字的写入和状态字的读取。

CPU 将命令字写入 Intel 8259A 时，通过 OUT 命令使 $\overline{WR}$ 有效，把写入 Intel 8259A 的命令字送到相应的 ICW_i 和 OCW_i 内，将相应寄存器 IRR、ISR 和 IMR 的内容输出到数据总线上，读入 CPU。

（7）控制逻辑。Intel 8259A 负责向 CPU 发送中断请求信号 INT 和接收来自 CPU 的中断响应信号 $\overline{INTA}$，并将中断响应信号 $\overline{INTA}$ 转换成内部所需的各种控制信号。

Intel 8259A 的控制电路中有一组初始化命令字 $ICW_1 \sim ICW_4$ 和一组工作命令 $OCW_1 \sim OCW_3$。控制逻辑按照编程设定的工作方式管理 Intel 8259A 的全部工作。在 IRR 中有未被屏蔽的中断请求置"1"时，控制逻辑使 INTR 引脚输出高电平，向 CPU 发出中断请求。

在中断响应周期，它使中断优先级最高的 ISR 相应位置"1"，同时使相应的 IRR 位清零，并发送对应的中断矢量到数据总线上。中断服务结束时，按照编程设定的工作方式结束中断处理。

（8）级联缓冲器。用于控制多个 Intel 8259A 的级联，扩展系统的中断级。最多可用 9 个 Intel 8259A 级联。

级联缓冲器这个功能部件用来存放和比较系统中各个 Intel 8259A 的从设备标志 ID_0。此部件有 3 条级联线 $CAS_0 \sim CAS_2$ 和主从设备/缓冲器读写线 $\overline{SP}/\overline{EN}$。3 条级联线 $CAS_0 \sim CAS_2$ 用来构成 Intel 8259A 的主从控制结构。当某个 Intel 8259A 作为主设备时，它的级联线 $CAS_0 \sim CAS_2$ 是输出引脚；当 Intel 8259A 作为从设备时，它的级联线 $CAS_0 \sim CAS_2$ 是输入引脚。在系统中应将 Intel 8259A 的级联线 $CAS_0 \sim CAS_2$ 对应端互连。编程时，Intel 8259A 的从设备标志保存在它的级联缓冲器内，在中断响应周期，首先作为主设备的 Intel 8259A 把申请中断优先级最高的从设备标志输出到级联线 $CAS_0 \sim CAS_2$ 上；接着作为从设备的 Intel 8259A 把收到的从设备标志与同级缓冲器保存的自身的标志码进行比较；最后在随后的第二个 $\overline{INTA}$ 脉冲期间，与主设备标志一致的作为从设备的 Intel 8259A 被选中，而把中断矢量输送到数据总线上。

$\overline{SP}/\overline{EN}$ 是双向功能引脚，低电平有效。它有两种功能：当处于缓冲方式时（所谓缓冲方式是指在 Intel 8259A 的数据总线引脚与系统总线之间增加双向数据缓冲器 8286），此时它作为输出引脚，用于控制级联缓冲器接收和发送数据方向的控制信号；当它不处于缓冲方式时，它作为输入引脚，用作主从设备标志。当 $\overline{SP}=1$ 时，表示 Intel 8259A 是主设备；当 $\overline{SP}=0$ 时，表示 Intel 8259A 是从设备。

7.3.3　Intel 8259A 的引脚功能

Intel 8259A 具有 28 个引脚，其引脚参考图 7-5。

（1）$D_0 \sim D_7$：双向三态数据总线引脚，与微机系统中的数据总线连接。

（2）$IR_0 \sim IR_7$：中断请求信号输入引脚。

（3）$\overline{RD}$：读控制信号输入引脚。该引脚与控制总线连接，低电平有效。该引脚有效，表示由 Intel 8259A 读信号到 CPU。

（4）$\overline{WR}$：写控制信号输入引脚。该引脚与控制总线连接，低电平有效，该引脚有效，表示写信号到 Intel 8259A。

（5）$\overline{CS}$：片选信号输入引脚。该引脚与地址译码电路连接，低电平有效，该引脚有效，表示正在访问 Intel 8259A。

（6）A_0：地址输入引脚，在使用中 Intel 8259A 占用相邻两个端口地址，A_0 与 $\overline{CS}$ 配合。当 $A_0=1$ 时，选中奇地址端口；当 $A_0=0$ 时选中偶地址端口。在 Intel 80x86 系列微处理器中，作为主设备的 Intel 8259A 的端口地址为 20H 和 21H。

（7）$CAS_0 \sim CAS_2$：3 条级联线，对于作为主设备的 Intel 8259A，它们是输出引脚；对于作为从设备的 Intel 8259A，它们是输入引脚。主从设备的级联线 $CAS_0 \sim CAS_2$ 对应连接，作为主设备的 Intel 8259A 在第一个 $\overline{\text{INTA}}$ 响应周期内通过 $\text{CAS}_0 \sim \text{CAS}_2$ 送出识别码，而和此识别码相符的作为从设备的 Intel 8259A 在接收到第二个 $\overline{\text{INTA}}$ 信号后，将中断类型号发送到数据总线上。

（8）$\overline{\text{SP}}/\overline{\text{EN}}$：从编程/缓冲器发送允许信号，双向。$\overline{\text{SP}}/\overline{\text{EN}}$ 是作为输入引脚还是输出引脚取决于 Intel 8259A 是否采用缓冲方式。若不用缓冲方式，则 $\overline{\text{SP}}/\overline{\text{EN}}$ 是输入引脚，反之，则作为输出引脚。作为输入引脚使用时，用于区分主从设备。当作为主设备的 Intel 8259A 的 $\overline{\text{SP}} = 1$，作为从设备的 Intel 8259A 的 $\overline{\text{SP}} = 0$。作为输出引脚使用时，发送数据总线缓冲器的使能信号。

（9）INT：中断请求信号输出引脚。Intel 8259A 用该引脚向 CPU 发送中断请求信号。该引脚连接到 CPU 的 INTR 引脚。

（10）$\overline{\text{INTA}}$：中断响应信号输入引脚，与 CPU 的 $\overline{\text{INTA}}$ 引脚连接。

7.3.4　Intel 8259A 的工作方式

Intel 8259A 的工作方式有多种，可以通过编程设定其工作方式。用户可根据系统工作的要求选择相应的工作方式，然后通过对 Intel 8259A 写入初始化命令字确定其工作方式。

1. 中断屏蔽方式

（1）普通屏蔽方式。利用操作命令字 OCW_1 使屏蔽寄存器 IMR 中的一位或数位置 "1" 以屏蔽一个或数个中断源的中断请求。若要开放某个中断源的中断请求，则将 IMR 中对应的位置 "0"。

（2）特殊屏蔽方式。在某些场合，执行某个中断服务程序时，要求允许另一个优先级比它低的中断请求被响应，此时可采用特殊屏蔽方式。

2. 中断嵌套方式

（1）全嵌套方式。这是最常用的一种工作方式，中断优先级固定，来自引脚 IR_0 的中断请求优先级最高，来自引脚 IR_7 的中断请求优先级最低。当 IR_i 中断请求被响应时，ISR_i 中的对应位置 "1"。在中断服务过程中，禁止同级和优先级低于本级的中断请求。

（2）特殊全嵌套方式。与全嵌套方式基本相同，不同的是，当执行某一级中断服务程序时 CPU 可响应同级的中断请求，从而实现对同级中断请求的特殊嵌套。特殊全嵌套方式常用于 Intel 8259A 的级联。

3. 优先级控制方式

（1）优先级自动循环方式。在这种方式下，中断优先级的顺序不是固定不变的，一个设备获得中断服务后，其优先级自动降为最低，规定该设备初始的优先级顺序为 IR_0，IR_1，IR_2，…，IR_7。该方式用于系统中多个中断源优先级相同的场合。

（2）优先级特殊循环方式。这种方式与优先级自动循环方式的唯一区别是，其初始的优先级不是固定的，不是以 IR_0 为最高优先级开始循环，而是由程序指定 $IR_0 \sim IR_7$ 中的任意一个为最高优先级，然后按顺序自动循环，决定优先级。

4. 中断结束方式

（1）自动中断结束方式。在中断服务程序中，中断返回前不需要发送中断结束命令，就会自动清除该中断源在 ISR 中的对应位（实际上，在 CPU 发送第二个 $\overline{INTA}$ 信号时，Intel 8259A 即自动清除 ISR 中的对应位）。这种方式用在多个中断不会嵌套的系统中。

（2）非自动中断结束方式。在中断服务程序返回之前，必须发送中断结束命令，才能使 ISR 中的当前服务位清除。

7.3.5　Intel 8259A 的级联

众所周知，一个 Intel 8259A 可管理 8 级中断源，那么要管理多于 8 个中断源的中断系统，又该如何进行呢？实际上，在 Intel 8259A 芯片的设计过程中，工程师已经考虑了这个问题，就是 Intel 8259A 的级联，即将多个 Intel 8259A 连接在一起管理多于 8 个中断源的中断系统。图 7-6 给出了 Intel 8259A 级联中断系统。

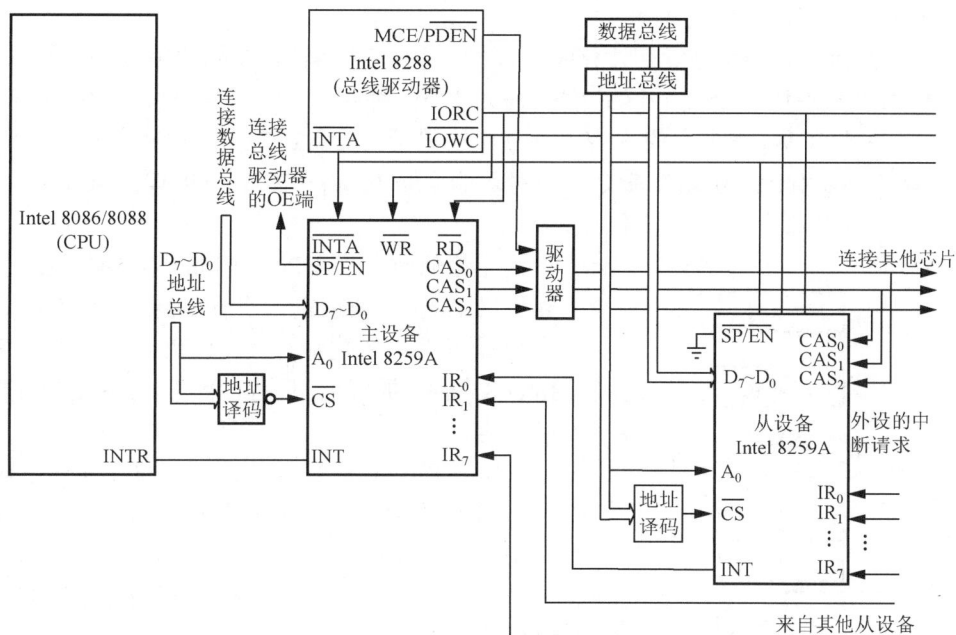

图 7-6　Intel 8259A 级联中断系统

在级联时，只能把一个 Intel 8259A 作为主设备，其余的 Intel 8259A 均作为从设备。

作为主设备的 Intel 8259A 的 3 条级联线 $CAS_0 \sim CAS_2$ 作为输出线，通过驱动器连接到作为从设备的 Intel 8259A 的 3 条级联线 $CAS_0 \sim CAS_2$ 输入端。如果只有一个从设备，就不用驱动器。

7.3.6 Intel 8259A 的编程

在使用 Intel 8259A 时，除了按规定的信号连接电路，还必须用程序选定其工作状态。例如，中断请求的优先级分配、中断屏蔽、中断矢量等工作状态都由一个命令字或一个命令字中的某些位规定。Intel 8259A 的命令字可分为初始化命令字 ICW（Initialization Command Word）和工作命令字 OCW（Operation Command Word）两种，因此，Intel 8259A 的编程也分为初始化编程和工作编程两步骤。在 Intel 8259A 内部，有相应的一组寄存器分别将这些命令字锁存以控制其工作。

1）Intel 8259A 内部寄存器的读写

对于 Intel 8259A 的内部寄存器，除了在编程时 CPU 可用输出指令对这些寄存器逐一写入信息，在查询状态时还可用输入指令读取其中的内容。为了寻址各个寄存器，除了用地址输入引脚 A_0 信号译码，还需要用这些命令字的某些位作为访问某个寄存器的特征位，或者按写入的先后顺序区分。例如，在操作 ICW_1 命令字时，除了将地址输入引脚 A_0 置 "0"，还需要将 ICW_1 命令字 D_4 置 "1"。此时，表示选中了 ICW_1 命令字，或者说启动了 ICW_1 命令字的初始化编程。

2）Intel 8259A 的初始化编程

必须先对 Intel 8259A 进行初始化编程，然后进行工作编程。初始化编程先从写入 ICW_1 命令字（称为主初始化命令字）开始，然后写入 ICW_2 命令字。至于是否写入 ICW_3 和 ICW_4 命令字，取决于 ICW_1 命令字的内容。图 7-7 给出了 Intel 8259A 的命令字初始化流程图。

从图 7-7 可以看出，初始化命令字的写入顺序是 $ICW_1 \rightarrow ICW_2 \rightarrow ICW_3 \rightarrow ICW_4$。必须按照顺序写入这 4 个命令字，一般不重复。

无论何时，当 CPU 向 Intel 8259A 发送地址输入引脚 A_0=0、数据输入引脚 D_4=1 的命令时，该命令被译码为初始化命令字 ICW_1。由该命令字启动 Intel 8259A 的初始化过程，相当于 RESET 引脚信号的作用。

Intel 8259A 在进行初始化时将完成如下操作。

（1）清除中断屏蔽寄存器（IMR）中的内容，即中断屏蔽寄存器的各位均复位为 0。

（2）设置 IR_7 为最低优先级的完全嵌套方式，固定优先级排序。

完全嵌套方式是指当一个中断请求被响应后，CPU 就会自动屏蔽同级和低级的中断请求，但开放高级的中断请求。也就是说，在某中断服务未结束时，若发生同级或低级的中断请求，则不会使 Intel 8259A 的 INT 变为高电平。

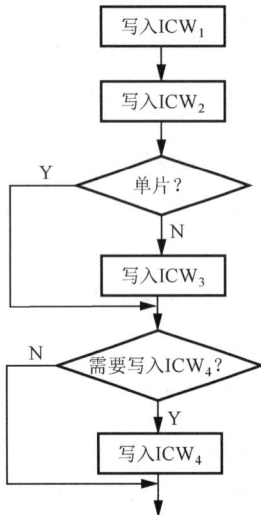

图 7-7 Intel 8259A 的命令字初始化流程图

（3）清除特殊屏蔽方式。在某些应用场合，可能要求在软件的控制下动态地改变系统的优先级排序。也就是说，若 CPU 正处在中断服务过程中，希望能屏蔽一些较低优先排序中断源的中断请求，而允许一些优先级更低的中断源的中断请求。在通常情况下，当较高优先级的中断源正处在中断服务过程时，所有中断优先级较低的中断源都被屏蔽。

（4）设置读 IRR 的方式。

下面介绍初始化命令字的功能。

（1）ICW_1。ICW_1 用于设置 Intel 8259A 的基本工作方式其格式如下：

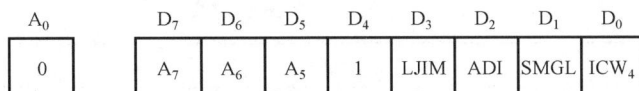

A_0		D_7	D_6	D_5	D_4	D_3	D_2	D_1	D_0
0		A_7	A_6	A_5	1	LJIM	ADI	SMGL	ICW_4

其中 $D_4=1$ 是它的特征位，其余各位的作用如下。

$A_0=0$，表示偶地址，$D_4=1$ 是初始化命令字 ICW_1 的标志。

D_3（LTIM）用于设置 IR 的触发方式。

外部设备（中断源）可采用两种方式向 Intel 8259A 发出中断请求：电平触发方式和边沿触发方式。用户通过对 Intel 8059A 的初始化编程选择所需的触发方式。当选用电平触发方式时，中断请求的实现是通过采样 IR_i 端输入的持续高电平，以识别外部输入的中断请求信号；当选用边沿触发方式时，中断请求的实现是通过 IR_i 端输入电平，使之发生从低电平到高电平的跳变，并且一直保持高电平，直到中断响应时为止。设 $D_3=1$ 表示电平触发，$D_3=0$ 表示边沿触发。

D_2（ADI）在 Intel 8080/8085 微机系统中表示调用地址的间隔。当 $D_2=1$ 时，地址间隔为 4；当 $D_2=0$ 时，调用地址的间隔为 8，在 Intel 8088/8086 微机系统中该位无意义。

D_1（SNGL）=1，表示单个使用；$D_1=0$，表示级联使用。

D_0（ICW_4）=1，表示要发送初始化命令字 ICW_4；$D_0=0$，表示不发送 ICW_4。例如，在以 Intel 8086/8088 微机系统中，用单个 Intel 8059A 管理 8 级中断源。IR_i 的触发方式为电平触发=，若要写入 ICW_4，则对该 Intel 8259A 进行初始化编程，程序为

```
MOV    AL, 00011011B
OUT    20H, AL
```

（2）ICW_2（主设备的地址为 21H，从设备的地址为 A1H）。

功能：用来设置中断类型号。

格式如下：

A_0		D_7	D_6	D_5	D_4	D_3	D_2	D_1	D_0
1		A_{15} / T_7	A_{14} / T_6	A_{13} / T_5	A_{12} / T_4	A_{11} / T_3	A_{10}	A_9	A_8

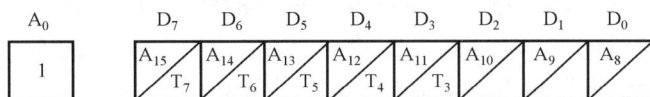

当工作于 Intel 8080/8085 微机系统中时，$D_0 \sim D_7$ 全部有效，表示 CALL 指令的高 8 位；工作于 Intel 8086/8088 微机系统中时，$D_7 \sim D_3$ 表示中断矢量的高 5 位，对 $D_2 \sim D_0$ 不需要编程，由中断源序号填入。

例如，在 Intel 8086/8088 微机系统中，键盘的中断请求线连接到 IR_1，分配给它的中断类型号为 09H。ICW_2 的初始化编程如下：

```
MOV    AL, 08H
OUT    21H, AL
```

向 ICW_2 写入中断矢量时，只写 ICW_2 的高 5 位，即 $D_7 \sim D_3$ 位。ICW_2 的低 3 位对应 $IR_7 \sim IR_0$，低 3 位的编码定义见表 7-3。

表 7-3 低 3 位的编码定义

中断源	编码 D_2	D_1	D_0
IR_0	0	0	0
IR_1	0	0	1
IR_2	0	1	0
IR_3	0	1	1
IR_4	1	0	0
IR_5	1	0	1
IR_6	1	1	0
IR_7	1	1	1

$IR_7 \sim IR_0$ 低 3 位的编码由 Intel 8259A 的硬件电路自动产生。当 CPU 响应键盘中断请求时，Intel 8259A 把 IR_i 的编码 001 作为中断矢量的低 3 位，它和 ICW_2 中的高 5 位构成一个完整的 8 位中断类型号 09H，在第二个中断响应周期该中断类型号经过数据总线引脚送入 CPU。

（3）ICW_3（主设备端口地址为 21H，从设备端口地址为 A1H，在级联时使用）。

其格式如下：

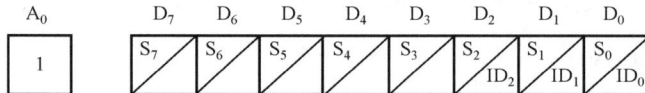

ICW_3 是 Intel 8259A 的级联命令字，单个 Intel 8259A 工作时，不需要写入 ICW_3；多个 Intel 8259A 级联工作时，需要分别给级联的各个 Intel 8259A 写入 ICW_3，作为主设备的 Intel 8259A 命令字 ICW_3 的 $D_7 \sim D_0$ 对应其 8 条中断请求线 $IR_7 \sim IR_0$，若某条中断请求线连接作为从设备的 Intel 8259A，则作为主设备的 Intel 8259A 命令字 ICW_3 的相应位置 "1"，否则置 "0"。各从设备的 ICW_3 仅 $D_2 \sim D_0$ 有意义，作为从设备标识码，其中的高 5 位固定为 0。这个从设备标识码须和该从设备连接的主设备 IR_i 的序号（i）一致。在中断响应时，主设备通过 $CAS_2 \sim CAS_0$ 送出被允许中断的从设备标识码。各从设备用自己的 ICW_3 与 $CAS_0 \sim CAS_2$ 的信号进行比较。二者一致的从设备被确定为当前中断源，才可发送自己的中断矢量。

（4）ICW_4。其格式如下：

A_0		D_7	D_6	D_5	D_4	D_3	D_2	D_1	D_0
1		0	0	0	SFNM	BUF	M/S	AEOI	UPM

其中高 3 位无意义。

D_4（SFNM）用于指定中断的嵌套方式。$D_4=0$，表示使用全嵌套方式；$D_4=1$，表示特殊全嵌套方式。在这种方式下，当作为主设备的 Intel 8259A 接收一个中断请求信号后，仅屏蔽低优先级的中断请求，不屏蔽同级和高优先级的中断请求，这使得作为从设备的 Intel 8259A 也能按正常优先级请求中断并进行嵌套。

D_3（BUF）用于数据缓冲选择。当 $D_3=1$ 时，Intel 8259A 的数据总线引脚和系统总线之间要增加三态缓冲器。此时，Intel 8259A 的 $\overline{SP}/\overline{EN}$ 引脚变成输出引脚，以控制缓冲器的接通；$D_3=0$，表示非缓冲方式，由其所连接的电平高低确定 Intel 8259A 是主设备还是从设备。当 $D_3=1$ 且采用级联方式时，规定如下：ICW_4 的 $D_2=1$，表示其为主设备；$D_2=0$，表示其为从设备。当 $D_3=0$ 时，D_2 无意义。

D_2（M/S）表示当前 Intel 8259A 是主设备还是从设备，$D_2=0$，表示从设备，$D_2=1$，表示主设备。

D_1（AEOI）用于说明中断的结束方式。中断结束的方式有两种：一种是正常结束方式，另一种是自动结束方式。$D_1=0$，表示中断正常结束。在正常结束方式下，CPU 向 Intel 8259A 发送一个 EOI 命令字（OCW_2），于是中断服务寄存器 ISR 中的与中断源对应的位被清除。$D_1=1$，表示自动结束方式，在中断被响应时，Intel 8259A 送出中断矢量后自动将 ISR 复位，不需要送结束命令字 OCW_2。

D_0（UPM）用于指定微机系统中采用的 CPU。当 $D_0=0$ 时微机系统用 Intel 8080/8085 微处理器作为 CPU。当 $D_0=1$ 时，微机系统用 Intel 8086/8088 微处理器作为 CPU。

CPU 向 Intel 8259A 写入初始化命令字后，为了进一步提高它的中断处理能力，例如，屏蔽某些中断，读取 ISR、IRR 中的内容，以及为了能够发送中断结束命令 EOI，还需要继续设置工作命令字。

3）Intel 8259A 的工作编程

Intel 8259A 在初始化编程后，还要进行工作编程，即写入工作命令字：OCW_1、OCW_2 和 OCW_3，它们各有自己的特征位，因此写入时没有顺序的要求。在中断服务程序中，某些命令字可能会多次重复写入。

（1）OCW_1（主设备端口地址为 21H，从设备端口地址为 A1H）。

OCW_1 又称中断屏蔽字，用来设置中断屏蔽寄存器（IMR）中各位的值。Intel 8259A 输入信号 IR_i 的屏蔽操作与 IMR 中各位的值一一对应。将 OCW_1 中的某个 M_i 位置"1"时，IMR 中的对应位也置"1"，从而屏蔽对应的输入信号 IR_i。以上 3 个工作命令字中仅 OCW_1 占有奇地址（$A_0=1$）。

OCW_1 命令字的格式如下：

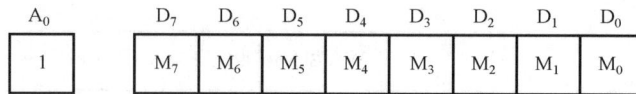

A_0		D_7	D_6	D_5	D_4	D_3	D_2	D_1	D_0
1		M_7	M_6	M_5	M_4	M_3	M_2	M_1	M_0

$M_i=1$，表示屏蔽；$M_i=0$，表示不屏蔽。

（2）OCW_2（主设备端口地址为 20H，从设备端口地址为 A0H）。

OCW_2 的作用：①对 Intel 8259A 发出中断结束命令，也就是清除 ISR 中的置位。②改变优先级的排序。

它和工作命令字 OCW_3 都占有偶地址（$A_0=0$），但其特征位为 $D_4D_3=00$，因此不会混淆。同样，对它们的写入也没有要求没有要求早写或晚写。

OCW_2 命令字的格式如下：

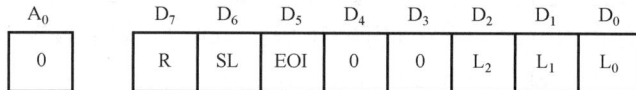

A_0		D_7	D_6	D_5	D_4	D_3	D_2	D_1	D_0
0		R	SL	EOI	0	0	L_2	L_1	L_0

A_0-0 和 $D_4D_3=00$ 是 OCW_2 的标志。这些操作命令通常以组合方式出现，而不是按位设置的。为了说明组合命令的意义，需要介绍有关位的定义。

D_7（R）：优先级控制位。

优先级：中断请求信号级别的高低。一般情况下，IR_0 的优先级最高，IR_7 的优先级最低。在实际应用中，中断源的优先级情况是比较复杂的，不一定有明显的级别，而且优先级还可能改变。因此，不能规定 IR_0 的优先级最高，而 IR_7 的优先级最低，需要根据情况改变优先级。

D_7（R）：中断排队是否循环的标志。当 R=1 时，优先级可以旋转，循环优先级；当 R=0 时，为固定优先级。

D_6（SL）位表示特殊旋转。当 $D_6=1$ 时，允许由 D_2～D_0（L_2～L_0）编码指定对应的 IR_i 为最低优先级。此时最高优先级为 IR_i。当 $D_6=0$ 时，D_2～D_0 编码无效。

D_5（EOI）：中断结束命令位。$D_5=1$，表示中断结束（EOI 命令）。当用 Intel 8259A 实现中断管理时，执行返回指令 IRET 前，必须给 Intel 8259A 发送一个 EOI 命令（$D_5=1$ 时的 OCW_2）。Intel 8259A 收到这个命令后，将中断服务寄存器 ISR 中的相应位清除，才能为其他中断源服务。$D_6D_5=1$，表示特殊的中断结束（SEOI 命令），它将 ISR 中的由 OCW_2 的 L_2～L_0 编码指定的位复位。

（3）OCW_3（主设备端口地址 20H，从设备端口地址 A0H）。写入 OCW_3 的地址和 OCW_2 的相同，都是 $A_0=0$，但其特征位是 $D_4D_3=01$。

功能：OCW_3 常用来配合读 Intel 8259A 内部寄存器中的内容。

其格式如下:

A_0		D_7	D_6	D_5	D_4	D_3	D_2	D_1	D_0
0		✕	ESMM	SMM	0	1	P	RR	RIS

其中，D_6 和 D_5 两位用来设定和清除特殊屏蔽。$D_6D_5=11$，表示设置特殊屏蔽；$D_6D_5=10$，表示清除特殊屏蔽。

D_1、D_0 两位组合表示读中断请求寄存器 IRR 或读中断服务寄存器 ISR。当 OCW$_3$ 中的 $D_1D_0=11$ 时，用同一个地址（A_0）作为输入端，可输入中断服务寄存器 ISR 中的内容。

除了以上两个寄存器，任何时候对 Intel 8259A 用奇地址 $A_0=1$ 作为输入端，都可以读取 IMR 中的内容。

7.3.7 Intel 8259A 在微机中的应用例子

【例 7.1】Intel 8259A 在 IBM PC/XT 微机中的连接如图 7-8 所示。

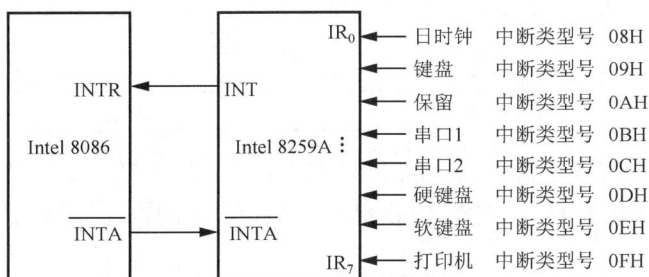

图 7-8 Intel 8259A 在 IBM PC/XT 微机中的连接

系统分配给 Intel 8259A 的输入输出端口地址为 20H 和 21H，中断类型号为 08H～0FH，采用边沿触发方式、缓冲方式、中断正常（非自动）中束方式、完全嵌套方式。IBM PC/XT 微机中的 Intel 8259A 的初始化编程如下。

```
MOV      AL,00010011B        ;设置 ICW₁，边沿触发，单个 Intel 8259A 需要 ICW₄
OUT      21H,AL
MOV      AL, 00001000B       ;设置 ICW₂，中断类型号中的高 5 位为 00001
OUT      21H,AL
MOV      AL,00001101B        ;设置 ICW₄，采用中断正常结束方式、完全嵌套方式、缓冲方式
OUT      21H,AL
```

注意：在 Intel 286 以上的 IBM PC/AT 微机中共使用两个 Intel 8259A（在新型的个人计算机中已将中断控制器集成到芯片组中，但功能与 Intel 8259A 完全兼容），两个 Intel 8259A 级联，可管理 16 个优先级中断。IBM PC/AT 微机中的中断类型号、优先级和中断源见表 7-4。

表 7-4　IBM PC/AT 微机中的中断类型号、优先级和中断源

中断向量地址指针	Intel 8259A 引脚	中断类型号	优先级	中断源
00020H	主设备的 IR_0	08H	0（最高）	定时器
00024H	主设备的 IR_1	09H	1	键盘
00028H	主设备的 IR_2	0AH	2	从设备 Intel 8259A
001C0H	从设备的 IR_0	70H	3	时钟/日历钟
001C4H	从设备的 IR_1	71H	4	IRO_9（保留）
001C8H	从设备的 IR_2	72H	5	IRO_{10}（保留）
001CCH	从设备的 IR_3	73H	6	IRO_{11}（保留）
001D0H	从设备的 IR_4	74H	7	IRO_{12}（保留）
001D4H	从设备的 IR_5	75H	8	协处理器
001D6H	从设备的 IR_6	76H	9	硬盘控制器
001D8H	从设备的 IR_7	77H	10	IRQ_{15}（保留）
0002CH	主设备的 IR_3	0BH	11	异步通信接口(COM$_2$)
00030H	主设备的 IR_4	0CH	12	异步通信接口(COM$_1$)
00034H	主设备的 IR_5	0DH	13	并行打印机接口 2
00038H	主设备的 IR_6	0EH	14	软盘驱动器
0003CH	主设备的 IR_7	0FH	15（最低）	并行打印机接口 1

【例 7.2】试编程实现主机每次响应 Intel 8259A 的 IR_2 中断请求，显示字符串"THIS IS A Intel 8259A INTERRUPT!"，中断 10 次结束。例题 7.2 的程序流程图如图 7-9 所示。

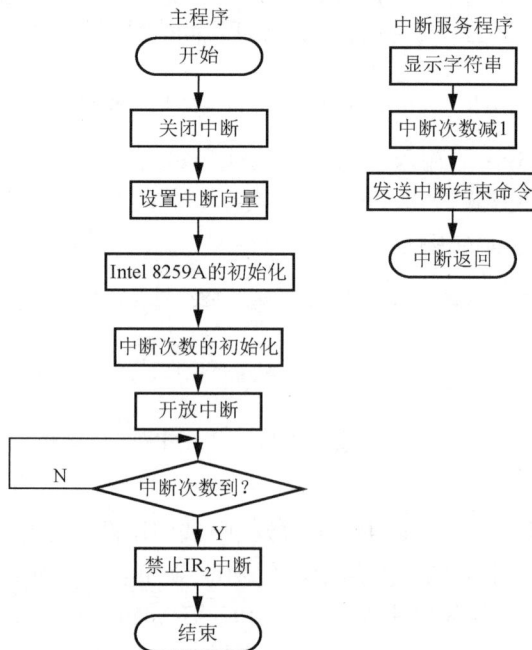

图 7-9　例题 7.2 的程序流程图

程序如下：

```
DATA  SEGMENT
      MESS  DB       'THIS IS A Intel 8259A INTERRUPT!',0AH,0DH,'$'
      DATA  ENDS
      CODE  SEGMENT
      ASSUME  CS:CODE, DS:DATA
START: MOV    AX, DATA
       MOV    DS, AX
       CLI                           ;关闭中断
       PUSH   DS
       MOV    AX, SEG DISPLAY        ;读取中断服务程序入口段地址
       MOV    DS, AX
       MOV    DX, OFFSET DISPLAY     ;读取中断服务程序入口偏移地址
       MOV    AX,250AH               ;设置中断向量
       INT    21H
       POP    DS
       MOV    AL,13H                 ;设置 ICW₁，边沿触发，单个 Intel 8259A，
                                      ;  需要 ICW₄
       OUT    20H,AL
       MOV    AL,08H                 ;设置 ICW₂，中断类型号中的高 5 位为 00001
       OUT    21H,AL
       MOV    AL,05H                 ;设置 ICW₄，非 AEOI 方式，完全嵌套方式
       OUT    21H,AL
       IN     AL, 21H                ;读取 IMR 中的内容
       AND    AL,0FBH                ;开放 IR₂
       OUT    21H,AL
       MOV    BL,10                  ;初始化中断次数
       STI                           ;开放中断
WAIT1: CMP    BL,0
       NOP
       JNZ    WAIT1
       CLI
       IN     AL,21H
       OR     AL,04H                 ;禁止 IR₂ 中断
       OUT    21H,AL
       STI
       MOV    AH,4CH                 ;返回 DOS
       INT    21H
DISPLAY PROC    NEAR
       LEA    DX, MESS               ;显示字符串
```

```
                MOV     AH, 09H
                INT     21H
                DEC     BL                      ;中断次数减 1
                MOV     AL, 20H                 ;发送中断结束命令
                OUT     20H, AL
                IRET
        DISPLAY ENDP
            CODE ENDS
                END     START
```

思考与练习

7-1　什么是中断？什么是中断系统？中断系统的主要功能有哪些？

7-2　中断处理过程主要包括哪几个基本阶段？在中断服务程序中为什么要设置保护现场和恢复现场？如何实现？

7-3　什么是内部中断和外部中断？如何区分它们？

7-4　INTR 中断和 NMI 中断有什么区别？

7-5　中断向量表的作用是什么？如何设置中断向量表？中断类型号为 15H 的中断向量存放在哪些存储单元中？

7-6　设某系统中的 Intel 8259A 的两个端口地址分别为 24H 和 25H，试分别写出下列情况下应向 Intel 8259A 写入的命令字：

（1）读中断请求寄存器 IRR 中的值。

（2）读中断服务寄存器 ISR 中的值。

（3）读查询方式下的查询状态字。

（4）发送一般的中断结束命令 EOI。

7-7　单个 Intel 8259A 能管理多少级可屏蔽中断？若用 3 个 Intel 8259A 级联，能管理多少级可屏蔽中断？

7-8　Intel 8259A 有哪几种优先级控制方式？Intel 8259A 的中断请求有哪两种触发方式？对中断请求信号有什么要求？

7-9　某系统中有 8 个 INTR 外中断源，用 1 个 Intel 8259A 管理 8 级中断源。设 Intel 8259A 占用地址 24H、25H，各个中断源的中断类型号为 40H～47H，各级中断对应的服务程序入口地址 CS:IP 分别为 1000H:0000H，2000H:0000H，…，8000H:0000H。试进行初始化编程，要求向中断向量表中置入各种中断向量。

7-10　中断服务程序的入口为什么通常使用开放中断指令？

7-11　编程实现以下操作：从键盘输入 4 个数字，分别作为两个 10～99 的十进制数，求它们的和，并把求和结果以三位十进制数的形式显示在屏幕上。要求输入回显的两个加数与送显的和之间有适当的分隔，以示区别，格式自行拟定。

7-12　请用子程序结构编程实现以下操作：从键盘输入一个二位十进制的月份（01～12），然后在屏幕显示相应的英文缩写名。

7-13　从键盘输入一串字符，并在屏幕上显示出来，要求用 DOS 中断的 09 功能。

7-14　在磁盘中建立一个文件，并显示完成的结果。假设 BUF1 中存放正常信息，BUF2 中存放错误信息。

第8章 常用可编程接口技术及应用

教学提示

本章主要介绍常见接口芯片的工作原理及应用。本章既是对前面章节知识的深入介绍与应用，又是学习第 9 章的基础。

本章的学习重点是可编程计数器 Intel 8253 的内部结构、工作原理及应用，可编程并行通信接口芯片 Intel 8255A 的内部结构、工作原理及应用，可编程串行通信接口芯片 Intel 8251A 的内部结构、工作原理及应用。

本章的难点是上述芯片在微机系统中的应用。

8.1 可编程计数器 Intel 8253

Intel 8253 是 Intel 8086/8088 微机系统常用的计数器（也称定时器），它具有定时与计数两大功能，同类型的计数器还有 Intel 8254 等。Intel 8253 具有 3 个独立的 16 位计数器，使用单一的+5V 电源，它是具有 24 个引脚的双排直插式封装大规模集成电路芯片。

8.1.1 Intel 8253 的主要功能、内部结构和引脚

1. 主要功能

（1）每个计数器都可以按照二进制或十进制计数。

（2）每个计数器的最高计数速率可达 2.6MHz。

（3）每个计数器具有 6 种可编程工作方式。

（4）所有引脚的输入输出电平都与 TTL 电平兼容，便于与外部接口电路连接。

2. 内部结构

Intel 8253 的内部结构如图 8-1 所示，主要包括以下 4 部分。

（1）数据总线缓冲器。数据总线缓冲器是 8 位双向三态缓冲器，主要用于 Intel 8253 与 CPU 之间的数据传输。传输的数据包括 Intel 8253 的控制字、计数器计数初值及计数器当前计数值。

（2）读写控制逻辑。读写控制逻辑（电路）接收输入 Intel 8253 的 $\overline{RD}$、$\overline{WR}$、A_0、A_1、$\overline{CS}$ 信号，经过逻辑组合产生相应操作。Intel 8253 执行的操作见表 8-1。

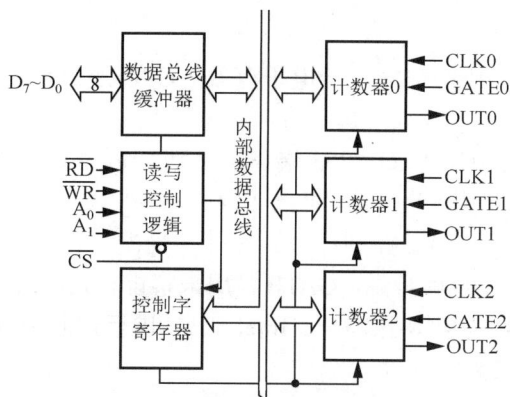

图 8-1　Intel 8253 的内部结构

表 8-1　Intel 8253 执行的操作

$\overline{CS}$	$\overline{RD}$	$\overline{WR}$	A_1	A_0	执行的操作
0	1	0	0	0	对计数器 0 设置计数初值
0	1	0	0	1	对计数器 1 设置计数初值
0	1	0	1	0	对计数器 2 设置计数初值
0	1	0	1	1	写控制字
0	0	1	0	0	读计数器 0 的当前计数值
0	0	1	0	1	读计数器 1 的当前计数值
0	0	1	1	0	读计数器 2 的当前计数值
0	0	1	1	1	无操作（三态）
1	—	—	—	—	禁止（三态）
0	1	1	—	—	无操作（三态）

（3）控制字寄存器。接收 CPU 对 Intel 8253 的初始化控制字。CPU 对控制字寄存器，只能进行写操作而不能进行读操作。

（4）3 个计数器。每个计数器内部都包含一个 16 位的计数初值寄存器、一个 16 位的减法计数寄存器和一个 16 位的当前计数值输出寄存器。当前计数值输出寄存器中的内容随减法计数寄存器中的内容变化。当收到一个锁存命令时，当前计数值输出寄存器锁定当前计数值，直到被 CPU 读取为止，然后又随减法计数寄存器中内容的变化而变化。

3. 引脚

Intel 8253 有 24 个引脚，如图 8-2 所示。每个引脚的功能如下。

（1）$D_7 \sim D_0$：双向三态信号引脚。

（2）$\overline{RD}$：输入引脚，读信号，低电平有效；有效时，表示正在读取某个计数器的当前计数值。

（3）$\overline{WR}$：输入引脚，读信号，低电平有效；有效时，表示正对某个计数器写入计数初值或写入控制字。

（4）$\overline{CS}$：输入引脚，片选信号，低电平有效；CPU 通过该信号有效选中 Intel 8253，对其进行读写操作。

（5）A_1 和 A_0：输入引脚，Intel 8253 端口选择线，可对其中的 3 个计数器和控制字寄存器寻址。

（6）GATE：门控信号，用于控制计数。在多数情况下，当 GATE=1 时，允许计数；当 GATE=0 时，中止计数。也就是说，GATE 是用来禁止、允许或开始计数过程的。

（7）CLK：时钟信号。其作用是，在 Intel 8253 进行定时或计数工作时，每输入一个时钟信号，使定时计数值减 1。

（8）OUT：Intel 8253 向外输出信号的输出端。它的作用是，当计数器的定时/计数值变为 0 时，输出一个 OUT 信号，用于指示定时或计数已结束。

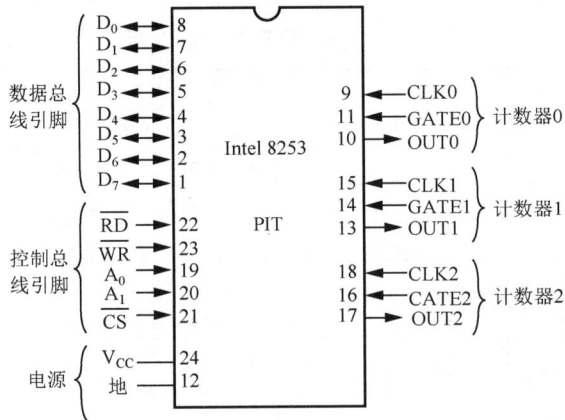

图 8-2　Intel 8253 的引脚

8.1.2　Intel 8253 的控制字

1．控制字的格式

Intel 8253 是一个可编程的芯片，它有一个 8 位的控制字寄存器。在对该芯片初始化编程时，由 CPU 向其中的控制字寄存器写入一个控制字，用来选择计数器，设置工作方式、计数方式，以及 CPU 访问计数器的读写方式等。Intel 8253 的控制字格式如图 8-3 所示。

其中，D_7、D_6 用于选择计数器；D_5、D_4 用于确定时间常数的读写方式；D_3、D_2、D_1 用来设定计数器的工作方式；D_0 用于确定计数数制。

2．初始化编程原则

Intel 8253 的初始化编程步骤如下。

（1）写入每个计数器通道的控制字，设定各个通道的工作方式。

（2）写入每个计数器通道的计数值，分以下 3 种情况：

① 若只写入低 8 位，则高 8 位自动置"0"——对应 8 位计数。

② 若只写入高 8 位，则低 8 位自动置"0"——对应 16 位计数。

③ 先写入低 8 位，后写高 8 位——对应 16 位计数。

D$_7$　D$_6$	D$_5$　D$_4$	D$_3$　D$_2$　D$_1$	D$_0$
计数器	读写方式	工作方式	数制

当D$_7$D$_6$=00时，选择计数器 0
当D$_7$D$_6$=01时，选择计数器 1
当D$_7$D$_6$=10时，选择计数器 2
当D$_7$D$_6$=11时，非法选择

当D$_5$D$_4$=00时，计数器锁存命令
当D$_5$D$_4$=10时，只读写最高位有效字节
　（高8位）
当D$_5$D$_4$=01时，只读写最低位有效字节
　（低8位）
当D$_5$D$_4$=11时，先读写最低位有效字节，
　然后读写最高位有效字节

当D$_0$=0，表示二进制数
当D$_0$=1，表示BCD码

当D$_3$D$_2$D$_1$=000时，设定工作方式 0
当D$_3$D$_2$D$_1$=001时，设定工作方式 1
当D$_3$D$_2$D$_1$=10时，设定工作方式 2
当D$_3$D$_2$D$_1$=11时，设定工作方式 3
当D$_3$D$_2$D$_1$=100时，设定工作方式 4
当D$_3$D$_2$D$_1$=101时，设定工作方式 5

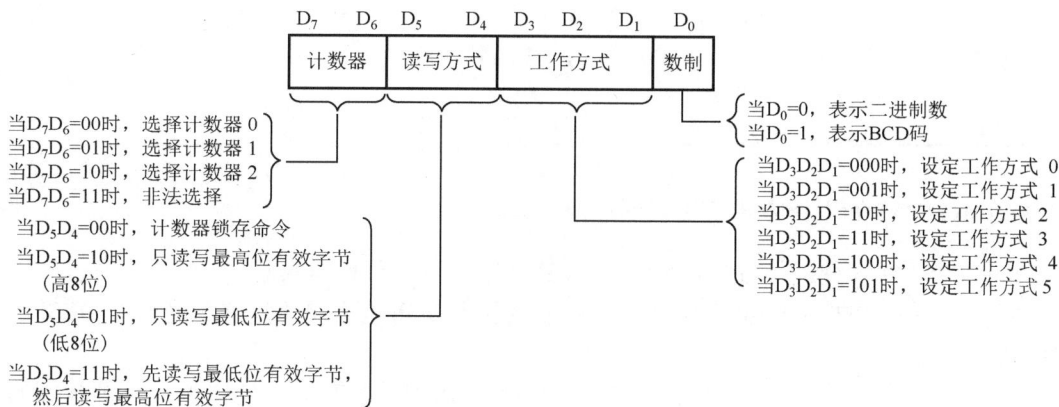

图 8-3　Intel 8253 的控制字格式

【例 8.1】设 Intel 8253 的端口地址为 04H～07H，设定计数器 1 的工作方式 0，要求仅用 8 位二进制计数，计数值为 128。根据以上条件，对 Intel 8253 进行初始化编程。

控制字：0101　0000——二进制　50H

初始化编程如下：

```
MOV            AL, 50H; 0101  0000B
OUT            07H, AL
MOV            AL, 80H
OUT            05H, AL
```

【例 8.2】设 Intel 8253 的端口地址为 F8H～FBH，设定计数器 0 的工作方式 1，要求按二进制计数，计数值为 5080H。根据以上条件，对 Intel 8253 进行初始化编程。

控制字：0011　0010——二进制　32H

初始化编程如下：

```
MOV            AL, 32H; 0011  0010B
OUT            0FBH, AL
MOV            AL, 80H
OUT            0F8H, AL             ;先发送低 8 位
MOV            AL, 50H
OUT            0F8H, AL             ;再发送高 8 位
```

【例 8.3】设 Intel 8253 的端口地址为 04H～07H，设定计数器 2 的工作方式 2，要求按二进制数计数，计数值为 02F0H。根据以上条件，对 Intel 8253 进行初始化编程。

控制字：1011　0100——二进制　0B4H

初始化编程如下：

```
MOV         AL, 0B4H; 1011  0100B
OUT         07H, AL
MOV         AL, 0F0H
OUT         06H, AL              ;先发送低 8 位
MOV         AL, 02H
OUT         06H, AL              ;再发送高 8 位
```

8.1.3   Intel 8253 的工作方式与工作时序

Intel 8253 共 6 种工作方式，操作时需要遵守以下 3 个基本原则。

（1）当控制字被写入 Intel 8253 时，所有的控制逻辑电路立即复位，输出端 OUT 进入初始状态。

（2）当初值被写入计数器后，要等待一个时钟周期计数器才开始工作，时钟脉冲的下降沿使计数器进行减法操作。计数器的最大计数初值是 0，用二进制计数时，初值 0 相当于 2^{16}；用十进制计数时，初值 0 相当于 10^4。

（3）通常，在时钟脉冲 CLK 的上升沿采样门控信号 GATE。门控信号的触发方式有上升沿触发和电平触发两种。

在工作方式 0 和工作方式 4 下，门控信号由电平触发。

在工作方式 1 和工作方式 5 下，门控信号由上升沿触发。

在工作方式 2 和工作方式 3 下，门控信号可由电平触发，也可由上升沿触发。

1. 工作方式 0（计数结束产生中断）

采用工作方式 0 时，Intel 8253 可完成计数功能，并且计数器只计一遍。当控制字被写入控制字寄存器后，OUT 输出端为低电平；计数初值被写入后，在下一个 CLK 脉冲的下降沿将计数初值寄存器中的内容送入减法计数寄存器，然后减法计数寄存器开始减 1 计算。在计数过程中，OUT 输出端保持低电平，当计数到 0 时，OUT 输出端变为高电平，可作为中断请求信号，并保持到重新写入新的控制字或新的计数值为止。

在计数过程中，可由门控信号 GATE 暂停计数。当 GATE＝0 时，暂停计数，减法计数寄存器中的内容保持不变；当 GATE＝1 时，继续计数。

在计数过程中，可以改变计数值，这种改变立即生效。分成两种情况：若是 8 位计数，则写入新值后的下一个脉冲按新值计数；若是 16 位计数，则在写入第一个字节时停止计数，在写入第二个字节后的下一个脉冲按新值计数。

工作方式 0 下的脉冲波形如图 8-4 所示。

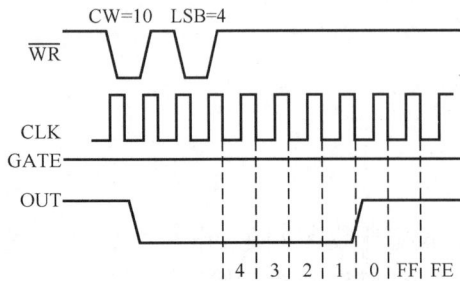

图 8-4   工作方式 0 下的脉冲波形

【**例 8.4**】设 Intel 8253 的端口地址为 04H～07H，设定计数器 1 的工作方式 0，8 位计数，二进制计数初值为 80H。根据以上条件，对 Intel 8253 进行初始化编程。

初始化编程如下：

```
MOV         AL，50H；0101  0000B
OUT         07H，AL
MOV         AL，80H
OUT         05H，AL
```

2．工作方式 1（可编程的硬件触发单脉冲）

工作方式 1 下的脉冲波形如图 8-5 所示。在工作方式 1 下，CPU 向 Intel 8253 写入控制字后 OUT 输出端变为高电平并保持高电平，写入计数初值后并不立即计数，在外界的门控信号 GATE 启动后（一个正脉冲）的下一个脉冲才开始计数，OUT 输出端变为低电平，计数到 0 后 OUT 输出端变为高电平。此时，若再来一个门控信号 GATE（正脉冲），计数器开始重新计数，OUT 输出端再次变为低电平……因此，输出信号为单拍负脉冲。

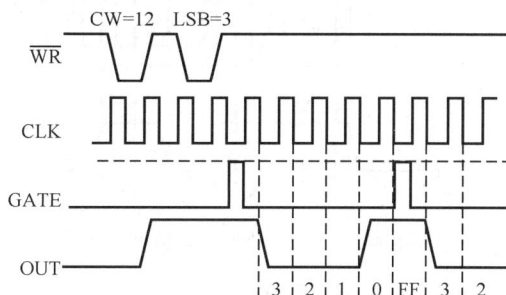

图 8-5　工作方式 1 下的脉冲波形

从图 8-5 可以看出，工作方式 1 有以下特点：

（1）输出的 OUT 信号是脉冲宽度等于计数初值的单脉冲。

（2）输出端 OUT 受门控信号 GATE 的控制，分以下 3 种情况。

① 若计数到 0 后收到一个门控信号 GATE 脉冲，则重新开始计数，输出端 OUT 变为低电平。

② 若在计数过程中收到一个门控信号 GATE 脉冲，则从下一个 CLK 脉冲开始重新计数，输出端 OUT 保持低电平。

③ 改变计数值后，只有在门控信号 GATE 脉冲启动后才按新值计数，否则，原计数过程不受影响，仍继续进行，即新值的改变是从下一个门控信号 GATE 脉冲开始的。

（3）计数值是多次有效的，每收到一个门控信号 GATE 脉冲就自动装入计数值，开始从头计数。因此在初始化编程时，将计数值写入一次即可。

【**例 8.5**】若计数器 0 采用工作方式 1，按 BCD 码计数，计数值为 3000，则 Intel 8253 的初始化编程如下。

```
MOV         AL，23H；设定控制字格式
OUT         07H，AL；输出到控制字寄存器
MOV         AL，30H；设定计数值
OUT         04H，AL；输出到计数器 0 的高 8 位
```

3. 工作方式 2（速率发生器、分频器）

工作方式 2 下的脉冲波形如图 8-6 所示。在工作方式 2 下，在 CPU 输出控制字后 OUT 输出端变为高电平，在写入计数值后的下一个 CLK 脉冲开始计数；计数到 1 后，OUT 输出端变为低电平；经过一个 CLK 脉冲后，OUT 输出端恢复高电平，计数器重新开始计数……因此，在工作方式 2 下只需写入一次计数值就能连续计数，输出连续相同间隔的负脉冲（前提是门控信号 GATE 保持高电平），即周期性地输出信号。设 LSB=N，则每隔 N 个 CLK 脉冲输出一个负脉冲（周期为 N）。

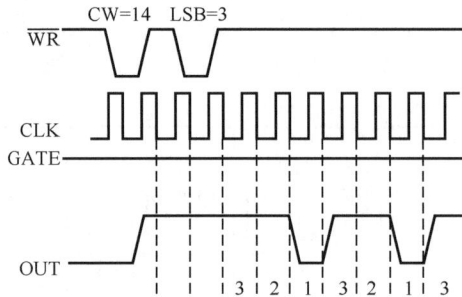

图 8-6　工作方式 2 下的脉冲波形

从图 8-6 可以看出，工作方式 2 有以下特点：

（1）计数器可以连续计数。

（2）门控信号 GATE 可以控制计数过程。当门控信号 GATE 为低电平时，暂停计数，恢复高电平后重新从计数初值开始计数（注意：工作方式 2 与工作方式 0 不同，工作方式 0 下，计数器继续计数）。

（3）重新设置新的计数值，即在计数过程中改变计数值，则新的计数值在下次有效，同工作方式 1。

4. 工作方式 3（方波速率发生器）

工作方式 3 下的脉冲波形如图 8-7 所示。工作方式 3 下的输出信号与工作方式 2 下的输出信号都是周期性的，但两者的周期不同。在 CPU 写入控制字后，OUT 输出端变为高电平，在写入计数值后开始计数，当计数到计数值的一半时，OUT 输出端变为低电平，重新写入计数值进行减 2 计数，当计数到 0 时，OUT 输出端变为高电平，写入计数值进行减 2 计数，重复上述过程。

（a）计数值为偶数

（b）计数值为奇数

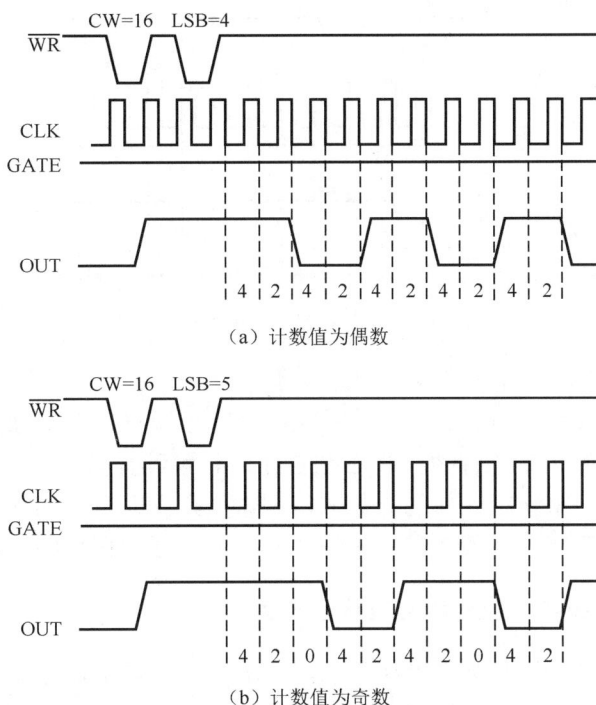

图 8-7　工作方式 3 下的脉冲波形

从图 8-7 可以看出，工作方式 3 有以下特点：

（1）计数器可以连续计数。

（2）若计数值为偶数，则输出标准方波，高、低电平信号各为 $N/2$ 个；若计数值为奇数，则在写入计数值后的下一个 CLK 脉冲开始计数，然后进行减 1 计数，高低电平信号各 $(N+1)/2$ 个。

（3）门控信号 GATE 能使计数过程重新开始，当 GATE＝0 时，停止计数；当 GATE 变为高电平时，计数器重新写入计数初值开始计数；当 GATE＝0 时，若 OUT 输出端变为低电平，则门控信号 GATE 立即变为高电平，其他动作同上。

（4）在计数期间改变计数值不影响现行的计数过程。一般情况下，新的计数值是在现行半周期结束后才被写入计数器的。若再次收到 GATE 脉冲，则在此脉冲后写入新的计数值开始计数。

5. 工作方式 4（由软件触发的选通信号发生器）

工作方式 4 下的脉冲波形如图 8-8 所示。在工作方式 4 下，在 CPU 写入控制字后，OUT 输出端立即变为高电平，写入计数值开始计数。当计数到 0 后，OUT 输出端变为低电平，经过一个 CLK 脉冲后，OUT 输出端变为高电平。工作方式 4 下的计数是一次性的（与工作方式 0 有相似之处），只有当写入新的计数值后才开始下一次计数。

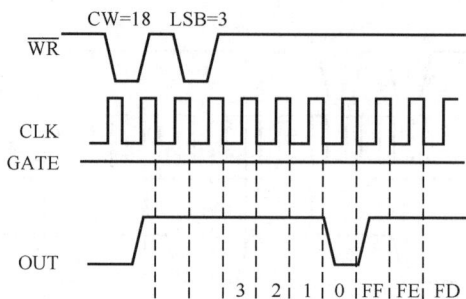

图 8-8　工作方式 4 下的脉冲波形

从图 8-8 可以看出，工作方式 4 有以下特点：

（1）当计数值为 N 时，在间隔 N+1 个 CLK 脉冲后输出一个负脉冲（计数一次有效）。

（2）当 GATE=0 时，禁止计数；当 GATE=1 时，继续计数。

（3）在计数过程中重新写入新的计数值，则该值是立即有效的（若为 16 位的计数值，则在写入第一个字节后停止计数，在写入第二个字节后开始按新的计数值计数）。

6．工作方式 5（由硬件触发的选通信号发生器）

工作方式 5 下的脉冲波形如图 8-9 所示，该脉冲波形与工作方式 1 下的脉冲波形有相似之处。在工作方式 5 下，在 CPU 写入控制字后，OUT 输出端立刻变为高电平。在写入计数值后并不立即开始计数，而是由 GATE 脉冲的上升沿触发启动计数，当计数到 0 时，OUT 输出端变为低电平，经过一个 CLK 脉冲后，OUT 输出端变为高电平，计数停止。若再次收到 GATE 脉冲，则重新写入计数值开始计数，重复上述过程。

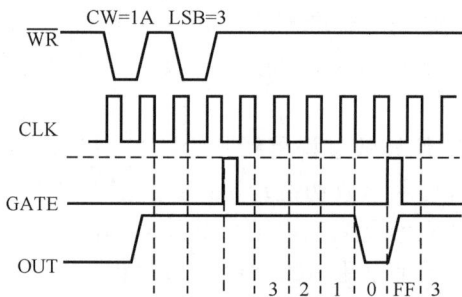

图 8-9　工作方式 5 下的脉冲波形

从图 8-9 可以看出，工作方式 5 有以下特点：

（1）若设置的计数值是 N，则在收到 GATE 脉冲后，经过（N+1）个 CLK 脉冲才输出一个负脉冲。

（2）若在计数过程中又收到一个 GATE 脉冲，则重新写入计数值开始计数，输出电平不变，即计数值多次有效。

（3）若在计数过程中修改计数值，则该计数值在经过下一个 GATE 脉冲后写入并开始按此值计数。

8.1.4 Intel 8253 的初始化编程及应用

1. 写入控制字

向控制字寄存器写入控制字，以选择计数器并决定被选计数器的工作方式，3 个计数器的控制字都要从 Intel 8253 的控制端口写入。

2. 写入计数初值

在写入控制字后，某个计数器任何时候都可以按控制字中的 RW1、RW2 设定写入计数初值。写入计数初值时还必须注意：若方式控制字（简称方式字）中的 BCD 位为 1，则写入的计数初值应为十六进制数。

3. 读计数值

在计数过程中，若要读取当前的计数值，则需要采用以下方法。先写入一个方式控制字，该方式控制字 SC1、SC2 指明要读取的计数器，将 RW1、RW2 设为 00；然后按照初始化该计数器时的读写方式读取计数值。

【**例 8.6**】输入数字键 1～8 时，会发出不同频率的声音，以此模拟电子琴的功能。调整程序中分频系数和延时时间参数可以获得不同的声音效果。

分析：微机系统分配给主板上的 Intel 8253 的输入输出端口地址是 40H～43H，图 8-10 为微机中的扬声器接口电路。系统输入的时钟频率为 1193.18 kHz，此时 Intel 8253 的 3 个计数器的作用如下：

（1）端口地址为 40H 的计数器 0 用于产生系统时钟的基本定时中断，输出方波序列的频率为 18.2Hz；

（2）端口地址为 41H 的计数器 1 用于产生 DRAM 存储系统刷新信号，输出负脉冲序列的频率为 68.2878 kHz；

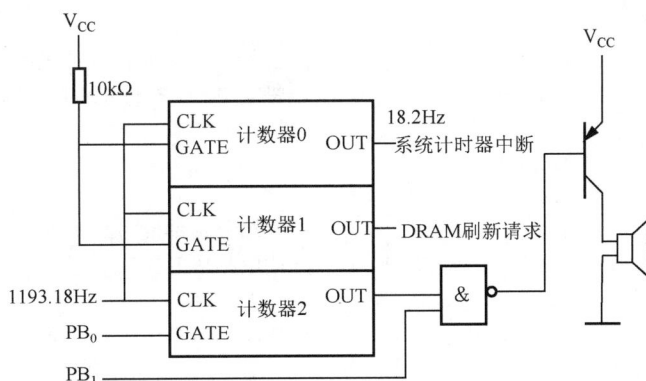

图 8-10 微机中的扬声器接口电路

（3）端口地址为42H的计数器2用于为微机中的扬声器提供不同频率的声音，输出方波序列的频率约为100 Hz。

计算机一般内含一只小型扬声器，用于发出各种信号对应的声音或报警声。逻辑与门电路被用来控制扬声器声音的通断，通过编程就可以使逻辑与门电路调整扬声器的通断时间，以产生不同的声音效果。逻辑与门电路由可编程并行通信、接口电路芯片 Intel 8255A 端口 B 的 PB_0 和 PB_1 控制，当它们置"1"时表示接通，置"0"时表示关闭，端口 B 的地址为 61H。由于端口 B 余下的 6 位用作系统的其他控制端口，因此在编程中应注意保护这 6 位的状态不受任何影响。

编程如下：

```
DATA  SEGMENT
  MESSAGE  DB    'Use 1 ... 8 to play the music!','$'
    FREQU  DW    262, 294, 330, 347, 392, 440, 494, 524
                              ; 不同频率对应的分频系数
DATA  ENDS
CODE  SEGMENT
    ASSUME   CS:CODE, DS:DATA
START: MOV    AX, DATA
       MOV    DS, AX
       LEA    DX, MESSAGE
       MOV    AH, 09H
       INT    21H             ; 显示 MESSAGE 缓冲器中的字符串
       MOV    AL, 10110110B   ; 选择工作方式 3，使用计数器 2
       OUT    43H, AL         ; 通过 AL 将控制字写入 43H 端口
NEXT:  MOV    AH, 7
       INT    21H             ; 键盘输入无回显

       CMP    AL, '1'
       JB     EXIT
       CMP    AL, '8'
       JA     EXIT            ; 输入字符若为非 1～8 的数字键，则退出程序
       SUB    AL, 30H         ; 将数字 1～8 的 ASCII 码减去 30H
       MOV    AH, 0
       MOV    BX, AX
       SUB    BX, 1
       SHL    BX, 1           ; 计算分频系数的偏移地址
       MOV    CX, FREQU[BX]   ; 读取频率值
       MOV    AX, 34DCH
       MOV    DX, 12H         ; DX:AX=1234DCH=1193180 Hz 时钟
       DIV    CX              ; （DXAX）/CX 的商→AX
       MOV    BX, AX
       OUT    42H, AL         ; 将商的低 8 位送入计数器 2
       MOV    AL, AH
```

```
            OUT      42H, AL              ; 将商的高 8 位送入计数器 2
            IN       AL, 61H              ; 读取 Intel 8255A 的状态，以控制 PB0 和 PB1
            OR       AL, 03H              ; 把 PB0 和 PB1 置 1
            OUT      61H, AL              ; 使扬声器发声
            MOV      CX, 0FFFFH
   DELAY: MOV        DX, 1000H            ; 延时时间参数
   DEC_DX: DEC       DX
            JNZ      DEC_DX
            LOOP     DELAY                ; 延时
            IN       AL, 61H              ; 重新读取 61H 端口的状态
            AND      AL, 11111100B        ; 把 PB0 和 PB1 置 "0"
            OUT      61H, AL              ; 关闭扬声器
            JMP      NEXT
   EXIT:   MOV       AH, 4CH              ; 返回 DOS
            INT      21H
   CODE    ENDS
            END      START
```

8.2 可编程并行通信接口芯片 Intel 8255A

计算机与外部设备之间或计算机与计算机之间的信息交换或数据传输称为通信。计算机通信有两种基本方式：并行通信和串行通信。在通信过程中，若数据字节的所有位在多条线上被同时传输，则这种通信方式称为并行通信；若数据字节的所有位在一条线上被逐位顺序传输，则这种通信方式称为串行通信。计算机与外部设备的接口按照通信方式的不同分为并行通信接口和串行通信接口两种。

Intel 8255A 是一种通用的可编程并行通信接口芯片，它具有 24 个引脚，采用双排直插式封装，使用单一的+5V 电源，24 个引脚的输入输出电平与 TTL（Transistor-Transistor）电平兼容。

8.2.1 Intel 8255A 的内部结构与引脚功能

1. Intel 8255A 的内部结构

Intel 8255A 的内部结构如图 8-11 所示，它由以下 4 部分组成。

（1）数据端口 A、B、C。Intel 8255A 有 3 个 8 位的数据端口，即端口 A、端口 B 和端口 C。设计人员可通过编程使它们作为输入输出端口。但这 3 个端口各有特点。

① 端口 A 包含一个 8 位的数据输入锁存器和一个 8 位的数据输出锁存器/缓冲器。用端口 A 作为输入输出端口时，数据均受被锁存。

② 端口 B 和端口 C 均包含一个 8 位的数据输入缓冲器和一个 8 位的数据输出锁存器/缓冲器。

在使用中，端口 A 和端口 B 常常作为独立的输入输出端口。端口 C 除了可作为独立的输入输出端口，还可以配合端口 A 或端口 B 工作。

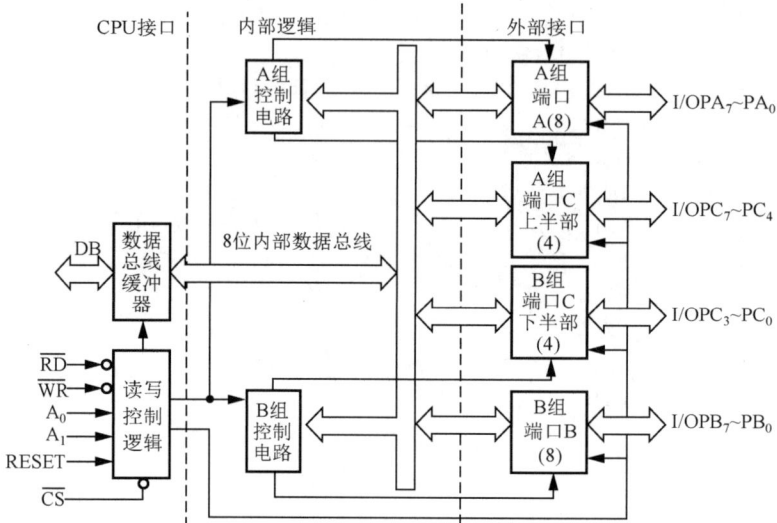

图 8-11　Intel 8255A 的内部结构

（2）A 组控制电路和 B 组控制电路。这两组控制电路一方面接收 CPU 发送的控制字并决定 Intel 8255A 的工作方式，另一方面接收来自读写控制逻辑（电路）的读写命令，完成接口的读写操作。

A 组控制电路用来控制端口 A 及端口 C 的高 4 位，B 组控制电路用来控制端口 B 及端口 C 的低 4 位。

（3）数据总线缓冲器。该数据总线缓冲器是一个 8 位的双向三态缓冲器，用于 Intel 8255A 与系统总线的连接。输入输出数据、CPU 发送给 Intel 8255A 的控制字都是通过这个缓冲器进行的。

（4）读写控制逻辑。读写控制逻辑负责管理 Intel 8255A 的数据传输过程。它接收译码电路片选信号 $\overline{CS}$ 和来自地址总线的 A_0 和 A_1 信号，以及来自控制总线的 RESET、$\overline{RD}$、$\overline{WR}$ 信号，将这些信号进行组合后，得到对 A 组控制电路和 B 组控制电路的控制命令，并将命令发送给这两个控制电路，以完成对数据信息、状态信息和控制信息的传输。

2. Intel 8255A 的引脚功能

Intel 8255A 的引脚如图 8-12 所示。除了电源引脚和接地引脚，Intel 8255A 的其他引脚可分为两组。

（1）Intel 8255A 与外设连接的引脚。Intel 8255A 与外设连接的引脚包括 24 个双向三态数据总线引脚，分成三组，分别对应端口 A、端口 B、端口 C。

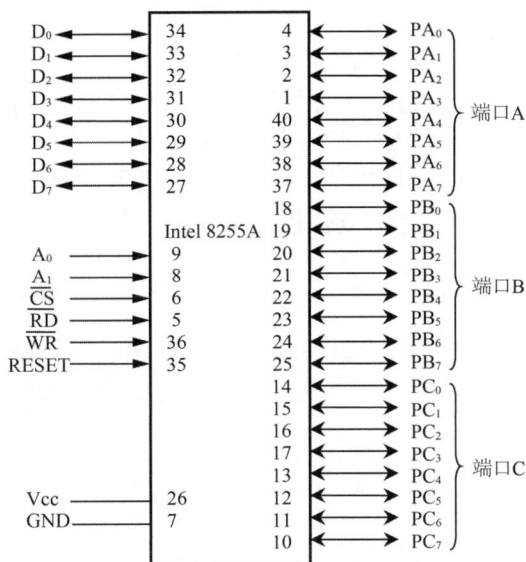

图 8-12　Intel 8255A 的引脚

（2）Intel 8255A 与 CPU 连接的引脚。

① $D_0 \sim D_7$：8 位，双向三态数据总线引脚，用来与微机系统的数据总线连接。

② RESET：复位信号，高电平有效。复位时所有内部寄存器中的内容被清除，此时端口 A、端口 B、端口 C 均为输入端口。

③ $\overline{CS}$：片选信号引脚，低电平有效，作为输入端口，该信号有效时 Intel 8255A 被选中。

④ $\overline{RD}$：读信号引脚，低电平有效，作为输入端口，该信号有效时 CPU 可向 Intel 8255A 读取输入数据或状态信息。

⑤ $\overline{WR}$：写信号引脚，低电平有效，作为输入端口，该信号有效时 CPU 可向 Intel 8255A 写入控制字或输出数据。

⑥ A_1、A_0：片内端口选择信号引脚，作为输入端口，这两个引脚上的信号组合决定对 Intel 8255A 内部的哪一个端口或寄存器进行操作。Intel 8255A 内部共 4 个端口：端口 A、端口 B、端口 C 和控制端口。

Intel 8255A 的操作功能见表 8-2。

表 8-2　Intel 8255A 的操作功能

$\overline{CS}$	$\overline{RD}$	$\overline{WR}$	A_1	A_0	操　作	数据传输方式
0	0	1	0	0	读端口 A 数据	端口 A 数据 → 数据总线
0	0	1	0	1	读端口 B 数据	端口 B 数据 → 数据总线
0	0	1	1	0	读端口 C 数据	端口 C 数据 → 数据总线
0	1	0	0	0	写端口 A 数据	数据总线上的数据 → 端口 A
0	1	0	0	1	写端口 B 数据	数据总线上的数据 → 端口 B
0	1	0	1	0	写端口 C 数据	数据总线上的数据 → 端口 C
0	1	0	1	1	写控制端口数据	数据总线上的数据 → 控制端口

8.2.2　Intel 8255A 的控制字

Intel 8255A 有两个控制字：方式控制字和端口 C 置位/复位控制字。这两个控制字共用一个地址，即控制端口地址。用控制字的 D_7 位区分这两个控制字，当 $D_7=1$ 时，为方式控制字；当 $D_7=0$ 时，为端口 C 置位/复位控制字。

1. 方式控制字

Intel 8255A 的方式控制字格式如图 8-13 所示。其中，$D_0 \sim D_2$ 用来设定端口 B 的工作方式；$D_3 \sim D_6$ 用来设定端口 A 的工作方式；最高位为 1 是方式控制字标志。

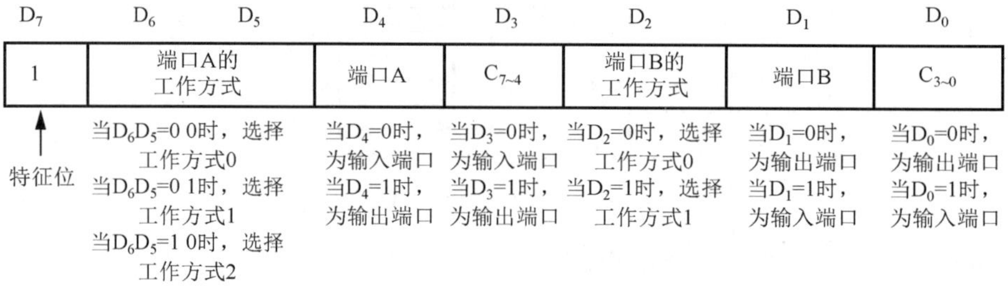

D_7	D_6　　D_5	D_4	D_3	D_2	D_1	D_0
1	端口A的工作方式	端口A	$C_{7\sim4}$	端口B的工作方式	端口B	$C_{3\sim0}$

特征位

当 $D_6D_5=0\ 0$ 时，选择工作方式0
当 $D_6D_5=0\ 1$ 时，选择工作方式1
当 $D_6D_5=1\ 0$ 时，选择工作方式2

当 $D_4=0$ 时，为输入端口
当 $D_4=1$ 时，为输出端口

当 $D_3=0$ 时，为输入端口
当 $D_3=1$ 时，为输出端口

当 $D_2=0$ 时，选择工作方式0
当 $D_2=1$ 时，选择工作方式1

当 $D_1=0$ 时，为输出端口
当 $D_1=1$ 时，为输入端口

当 $D_0=0$ 时，为输出端口
当 $D_0=1$ 时，为输入端口

图 8-13　Intel 8255A 的方式控制字格式

2. 端口 C 置位/复位控制字

端口 C 置位/复位控制字格式如图 8-14 所示。其中，$D_3 \sim D_1$ 三位的编码与端口 C 的某一位对应；D_0 决定置位或复位操作；最高位为 0，是端口 C 置位/复位控制字标志。

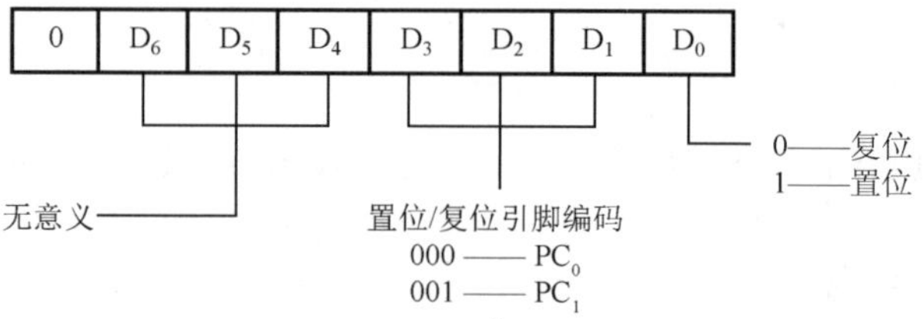

0	D_6	D_5	D_4	D_3	D_2	D_1	D_0

无意义

置位/复位引脚编码
000 —— PC_0
001 —— PC_1
⋮
111 —— PC_7

0——复位
1——置位

图 8-14　端口 C 置位/复位控制字格式

8.2.3　Intel 8255A 的工作方式

Intel 8255A 有以下 3 种工作方式，用户可以通过编程来设置。

1. 工作方式 0（基本输入输出）

在工作方式 0 下，每一个端口都作为基本的输入输出端口，端口 C 的高 4 位和低 4 位及端口 A、端口 B 都可独立地设置为输入端口或输出端口。4 个端口的输入输出组态有 16 种。

在工作方式 0 下，CPU 可采用无条件传输方式与 Intel 8255A 交换数据，也可以采用查询传输方式与 Intel 8255A 交换数据。采用查询方式时，可利用端口 C 与外部设备通信。

工作方式 0 的应用场合有两种：一种是同步传输；另一种是查询传输。

2. 工作方式 1（选通输入输出）

工作方式 1 下，端口 A 和端口 B 仍作为输入输出端口，端口 C 分成两部分，一部分（6 位，分成两个 3 位）作为端口 A 和端口 B 的联络信号端口，另一部分（2 位）仍可作为基本的输入输出端口。

（1）工作方式 1 下的输入组态。图 8-15 给出了 Intel 8255A 的端口 A 和端口 B 在工作方式 1 下的输入组态。

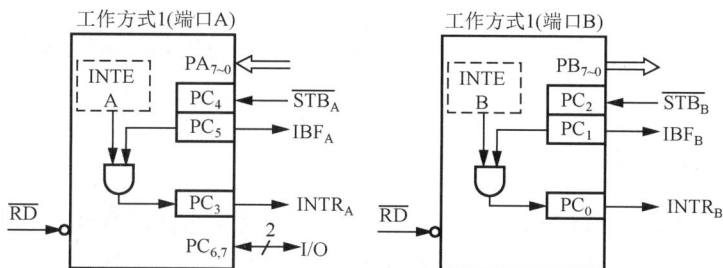

图 8-15　Intel 8255A 的端口 A 和端口 B 在工作方式 1 下的输入组态

端口 C 的 $PC_3 \sim PC_5$ 用作端口 A 的应答联络线，$PC_0 \sim PC_2$ 用作端口 B 的应答联络线，余下的 $PC_6 \sim PC_7$ 在工作方式 0 下使用。

应答联络线的功能如下。

① $\overline{STB}$：选通输入引脚，用来将外部设备的数据输入 Intel 8255A 的输入缓冲器。

② IBF：输入缓冲器满的信号，作为 STB 的应答信号。

③ INTR：中断请求信号。INTR 置位的条件是 STB 为高电平，IBF 为高电平，INTE 也为高电平。

④ INTE：中断允许。端口 A 的中断允许由 PC_4 的置位实现，端口 B 的中断允许由 PC_0 的置位实现。事先将它们置位。

（2）工作方式 1 下的输出组态。图 8-16 给出了 Intel 8255A 的端口 A 和端口 B 在工作方式 1 下的输出组态。

端口 C 的 PC_3、PC_6、PC_7 用作端口 A 的应答联络线，$PC_0 \sim PC_2$ 用作端口 B 的应答联络线，余下的 $PC_4 \sim PC_5$ 可在工作方式 0 下使用。

应答联络线的功能如下。

① $\overline{OBF}$：输出缓冲器满的信号，在 CPU 已将需要输出的数据输入 Intel 8255A 时有效，用来通知外部设备可以从 Intel 8255A 读取数据。

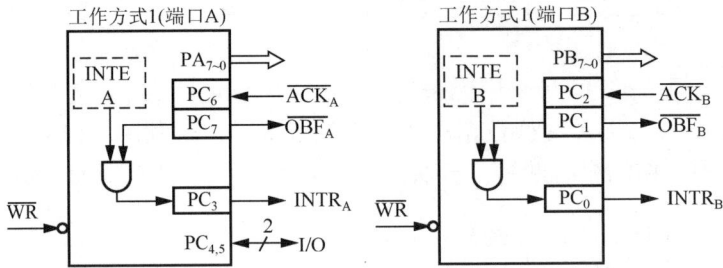

图 8-16　Intel 8255A 的端口 A 和端口 B 工作方式 1 下的输出组态

② $\overline{\text{ACK}}$：响应信号，作为对 $\overline{\text{OBF}}$ 的响应信号，表示外部设备已从 Intel 8255A 的输出缓冲器中读取数据。

③ INTR：中断请求信号。INTR 置位的条件是 ACK 为高电平，OBF 为高电平，INTE 也为高电平。

④ INTE：中断允许。端口 A 的中断允许由 PC_6 的置位实现，端口 B 的中断允许由 PC_2 的置位实现。

3．工作方式 2（双向选通输入输出）

在工作方式 2 下，Intel 8255A 可与外部设备进行双向通信，既能发送数据，又能接收数据。可采用查询传输方式和中断传输方式进行传输。

只有端口 A 适用工作方式 2。这时，端口 C 的 $PC_7 \sim PC_3$ 用作端口 A 的应答联络线，其余 $PC_0 \sim PC_2$ 可用于工作方式 0，也可用作端口 B 在工作方式 1 下的应答联络线。工作方式 2 下的应答联络线如图 8-17 所示。其中，$INTE_1$ 为输出中断允许信号，由 PC_6 的置位/复位实现；$INTE_2$ 为输入中断允许信号，由 PC_4 的置位/复位实现。

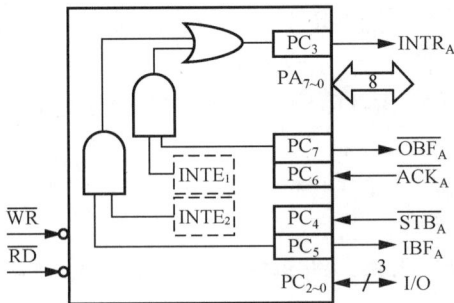

图 8-17　工作方式 2 下的应答联络线

当端口 A 工作于工作方式 2、端口 B 工作于工作方式 0 时，$PC_7 \sim PC_3$ 作为端口 A 的应答联络线，$PC_0 \sim PC_2$ 可用于工作方式 0；当端口 A 工作于工作方式 2、端口 B 工作于工作方式 1 时，$PC_7 \sim PC_3$ 作为端口 A 的应答联络线，$PC_0 \sim PC_2$ 作为端口 B 的应答联络线。

工作方式 2 和其他工作方式下的输入输出组态如下：

（1）工作方式 2 和工作方式 0 下的输入组态，控制字为 11XXX01T。

（2）工作方式 2 和工作方式 0 下的输出组态，控制字为 11XXX00T。

（3）工作方式 2 和工作方式 1 下的输入组态，控制字为 11XXX11X。

（4）工作方式 2 和工作方式 1 下的输出组态，控制字为 11XXX10X。

其中，X 表示与其值无关，T 表示其值可视情况取 1 或 0。

8.2.4　Intel 8255A 的应用——键盘设计

采用行扫描法设计键盘。行扫描法原理如下：键盘的行线为扫描输出线，键盘的列线为状态输入线，并且使列线都处于高电平状态。如果行线输出低电平，只要键盘某列线上的按键被按下，那么该列线被按键触点短接到行线，因此该列线变为低电平。不按键时，行线与列线之间没有接触点，列线输入电平仍为高电平。

使键盘的某一行线为低电平，而其余行线连接高电平，然后读取列值。若这些列值中有某位为低电平，则表明行线和列线交点处的键被按下；否则，扫描下一条行线，直到扫描完全部行线为止。

【例 8.7】扫描键值并保存相应键值，键盘接口电路如图 8-18 所示。设 Intel 8255A 的端口地址为 300H～303H，接收 100 个键值后结束扫描。

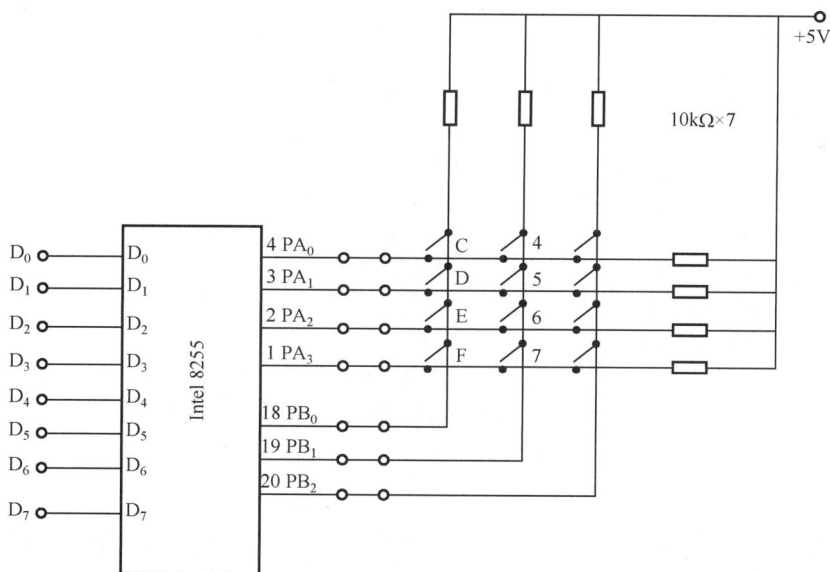

图 8-18　键盘接口电路

分析：检测键盘的输入过程如下。若 PA_0～PA_3 全为"0"，则读取 PB_0～PB_2；若 PA_0～PA_3 全为"1"，则表示无键被按下。若有键被按下，则进行键值扫描。键值扫描方法如下：使 PA_0 为"0"，PA_1～PA_3 为高电平，读取 PB_0～PB_2。若 PB_0～PB_2 全为"1"，则表示该列线上无键被按下；否则，被按下的键在该列线上，进一步判断在读取的数据中哪一位为"0"，从而确定被按下的键。若该列线上无键被按下，则依次使 PB_1 和 PB_2 进行上述操作。

编程如下：

```
DATA SEGMENT
  BUFFER DB 100 DUP（?）
DATA ENDS
CODE SEGMENT
  ASSUME CS:CODE,DS:DATA
  START: MOV AX,DATA
         MOV DS,AX
         LEA SI,BUFFER
         MOV CL,100          ;初始化按键次数
         MOV AL,81H          ;Intel 8255A 的控制字
         MOV DX,303H
         OUT DX,AL           ;Intel 8255A 的初始化
  KS1:   CALL KS             ;读取按键的键值
         CMP AL,0FH          ;判断有无键被按下
         JZ KS1              ;若无键被按下，则循环等待
         CALL DELAY          ;延时 12ms，消除抖动
         CALL KS
         CMP AL,0FH          ;再次判断有无键被按下
         JZ KS1
         MOV BL,0EFH         ;初始化列码
         MOV BH,0            ;初始化列计数器
  AGAIN: MOV DX,302H
         MOV AL,BL
         OUT DX,AL           ;输出列码
         IN AL,DX            ;读取行码
         AND AL,0FH
         CMP AL,0FH
         JZ NEXT             ;该列线上无键被按下，准备下一列线的扫描
         CMP AL 0EH          ;判断该列线上是否有第一个键被按下
         JNZ TWO
         MOV AL,0
         JMP FREE
  TWO:   CMP AL,0DH          ;判断该列线上是否有第二个键被按下
         JNZ THREE
         MOV AL,4
         JMP FREE
  THREE: CMP AL,0BH          ;判断该列线上是否有第三个键被按下
         JNZ FOUR
         MOV AL,8
         JMP FREE
```

```
      FOUR: CMP AL,07H              ;判断该列线上是否有第四个键被按下
            JNZ NEXT
            MOV AL,0CH
      FREE: PUSH AX
      WAIT1: CALL KS
            CMP AL,0FH
            JNZ WAIT1             ;若键未释放，则等待
            POP AX
            ADD AL,BH             ;按键的键值＝扫描键值＋列计数值
            MOV [SI],AL           ;保存相应按键的键值
            INC SI
            DEC CL
            JZ EXIT              ;判断是否接收到 100 个按键的键值
            JMP KS1
      NEXT:   INC BH             ;列计数值加 1
            ROL BL,1             ;列码循环左移一位
            CMP BL,0FEH           ;判断该轮键值扫描是否结束
            JNZ AGAIN
            JMP KS1
      EXIT:   MOV AH,4CH          ;返回 DOS
            INT 21H


      KS PROC NEAR
            MOV DX,302H
            MOV AL,0FH
            OUT DX,AL            ;使所有行线为低电平
            IN AL,DX             ;读取列值
            AND AL,00000111         ;屏蔽高 5 位
            RET
      KS ENDP
      DELAY   PROC  NEAR          ;延时子程序
            PUSH BX
            PUSH CX
            MOV BX,2000
      DEL1: MOV CX,0
      DEL2: LOOP DEL2
            DEC BX
            JNZ DEL1
            POP CX
            POP BX
            RET
      DELAY ENDP
      CODE  ENDP
      END   START
```

8.3   可编程串行通信接口芯片 Intel 8251A

8.3.1   串行通信的基本概念

串行通信是指利用一条传输线将数据一位一位地按顺序分时传输。当传输 1 字节的数据时，8 位数据通过一条传输线分 8 个时间段被传输，传输顺序一般由低位到高位。

串行通信的优势是用于通信的线路少，因而在远距离通信时可以降低通信成本。另外，它还可以利用现有的通信信道（如电话线路等），使数据通信系统遍布千万个家庭和办公室。串行通信适合于远距离数据传输，如微机与计算中心之间、微机系统之间或其他系统之间。串行通信也因连线方便而常用于速度要求不高的近距离数据传输，如同一房间内的微机之间、微机与绘图机之间、微机与字符显示器之间。微机系统上都有两个异步串行通信接口，键盘、鼠标与主机之间也采用串行通信进行数据传输。

相对于并行通信方式，串行通信速度较慢。目前，高速的串行通信标准如 USB 接口标准获得了广泛应用。

1. 按数据传输方向分类的通信方式

按串行通信的数据在通信线路上的传输的方向，数据传输可分为单工通信、半双工通信和全双工通信 3 种方式，如图 8-19 所示。

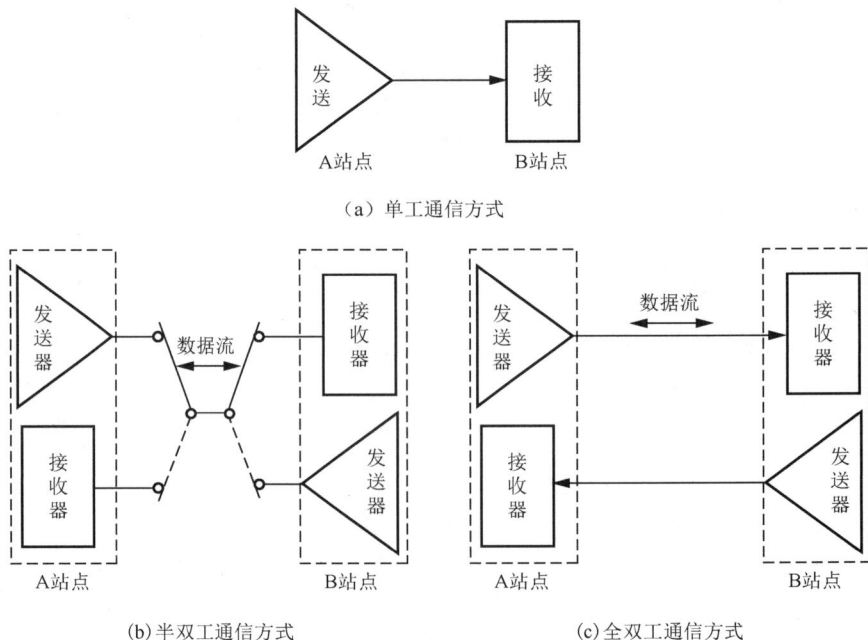

（a）单工通信方式

（b）半双工通信方式   （c）全双工通信方式

图 8-19   按数据传输方向分类的通信方式

（1）单工通信方式。单工通信是指数据的传输始终保持同一个方向，而不能进行反向传输，如图 8-19（a）所示。其中，A 站点只能作为发送端发送数据，B 站点只能作为接收端接收数据。

（2）半双工通信方式。半双工通信是指数据流可以在两个方向上传输，但同一时刻只限于一个方向上的传输，如图 8-19（b）所示。其中，A 站点和 B 站点都具有发送和接收功能，但传输线路只有一条，或者 A 站点发送 B 站点接收，或者 B 站点发送 A 站点接收。

（3）全双工通信方式。全双工通信是指能在两个方向上同时发送和接收数据，如图 8-19（c）所示。A 站点和 B 站点都可以一边发送数据，一边接收数据。

2. 异步通信和同步通信

按数据传输格式串行通信分为异步通信（ASYNC）和同步通信（SYNC）。在串行通信中，发送端与接收端之间的同步问题是数据通信中的一个重要问题。若同步效果不好，轻则导致误码增加，重则使整个系统不能正常工作。为解决这个问题，在串行通信中采用两种同步技术，即异步通信和同步通信。

1）异步通信

异步通信也称起止式传输，它利用起止法达到收发同步目的。异步通信以 1 字符为传输单位，接收设备在收到起始信号之后，只要在一个字符的传输时间内能和发送设备保持同步，就能正确接收数据。下一个字符起始位到来时重新校准同步。

异步通信时，数据是一帧一帧（包括 1 字符代码或 1 字节数据）传输的。在帧格式中，1 字符由 4 部分组成：起始位、数据位、奇偶校验位和停止位。首先字节传输的起始位由"0"开始，然后是编码的字符（通常规定低位在前，高位在后）和校验位（可省略），最后是停止位"1"（可以是 1 位、1.5 位或 2 位）表示字节的结束。异步通信的数据格式如下。

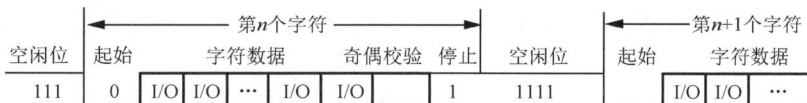

空闲位	起始	字符数据				奇偶校验	停止	空闲位	起始	字符数据		
		第n个字符								第n+1个字符		
111	0	I/O	I/O	…	I/O	I/O	1	1111		I/O	I/O	…

采用异步通信方式时，所需要的硬件结构简单，但是传输每个字符都要加起始位、停止位，因而传输效率低，主要用于中、低速通信。

2）同步通信

同步通信以一帧为传输单位，每帧包含多个字符。在通信过程中，每个字符的时间间隔是相等的，而且每个字符中各个相邻位代码的时间间隔也是固定的。同步通信的数据格式如下。

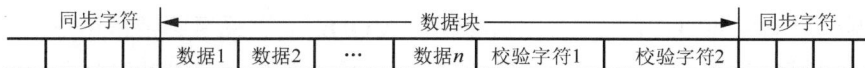

同步字符			数据块						同步字符	
			数据1	数据2	…	数据n	校验字符1	校验字符2		

同步通信时，在数据开始处用同步字符（通常为 1～2 个）指示。由定时信号（时钟）实现收发端的同步；一旦检测到与规定的同步字符相符合，就按顺序传输数据。在这种传

输方式中，数据以一组数据（数据块）为单位进行传输，数据块中每个字符不需要起始位和停止位，克服了异步通信效率低的缺点，但同步传输所需要的软硬件价格是异步通信的8～12 倍。因此，通常在数据传输速度超过 2000b/s 的系统中才采用同步通信。

3．波特率与收发时钟

波特率是衡量数据传输速度的指标，表示每秒传输的二进制位的位数。以位/秒（b/s）为单位，也称为波特。例如，数据传输速度为 960 字符/秒，而每个字符为 10 位，则该数据传输的波特率为 10×960=9600b/s。

在异步串行通信中，发送端需要用一定频率的时钟测定发送每位数据所占的时间长度（称为位宽度），接收端也要用一定频率的时钟测定每位输入数据的位宽度。发送端用于测定数据位宽度的时钟称为发送时钟，接收端用于测定每位输入数据位宽度的时钟称为接收时钟。由于收发时钟决定了每位数据的位宽度，所以收发时钟频率的高低决定了异步串行通信双方收发字符数据的速度。

在异步通信中，总是根据数据传输的波特率决定收发时钟频率的。通常，收发时钟频率为波特率的 16 倍、32 倍或 64 倍，这有利于在位信号的中间对每位数据进行多次采样，以减少读数错误。

4．基带和频带传输方式

1）基带传输方式

在通信线路上直接传输不加调制的二进制信号，这种传输方式称为基带传输方式，如图 8-20 所示。它要求通信线路的频带较宽，传输的数字信号是矩形波。因此，基带传输方式仅适用于近距离和传输速度较低的通信。

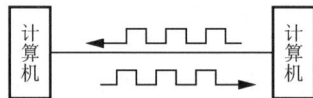

图 8-20　基带传输方式

2）频带传输方式

长距离传输经过调制的模拟信号时，发送端要用调制器把数字信号转换成模拟信号，接收端则用解调器将接收到的模拟信号转换成数字信号，这个过程称为信号的调制解调。

实现调制解调任务的装置称为调制解调器（MODEM）。采用频带传输方式时，收发端各连接一个调制解调器，将数字信号寄载在模拟信号（载波）上加以传输。因此，这种传输方式也称载波传输方式。此时的通信线路可以是电话交换网，也可以是专用线。

常用的调制方式有 3 种：调幅、调频和调相（见图 8-21）。

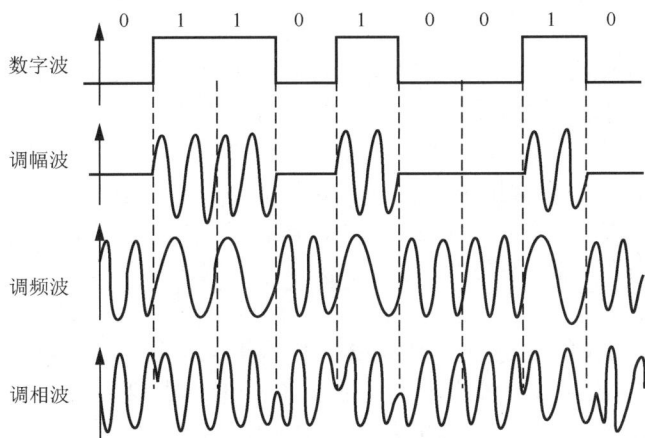

图 8-21　频带传输方式

5．传输介质

目前普遍使用的传输介质有同轴电缆、双绞线、光缆，其他传输介质，如无线电波、红外微波等在可编程逻辑控制器（PLC）网络中较少应用。双绞线（带屏蔽）成本低、安装简单；光缆尺寸小、质量小、传输距离远，但成本高，安装维修时需专用仪器。

6．串行通信接口标准

1）RS-232C 接口

RS-232C 是得到广泛使用的异步串行通信接口标准，符合该标准的接口就称为 RS-232C 接口。该标准是美国电子工业协会（EIA）在 1962 年公布并在 1969 年修订的标准。事实上已经成为国际通用的异步串行通信接口标准。1987 年 1 月，RS-232C 经修改后正式改名为 EIA-232D。1991 年它改名为 EIA-232E，1997 年又改名为 EIA-232F。由于该标准内容修改不多，现在很多厂商仍习惯于使用"RS-232C"这个名称。

最初，RS-232C 接口用于连接调制解调器。目前，RS-232C 接口已成为数据终端设备（如计算机）与数据通信设备（如调制解调器）的标准接口。利用 RS-232C 接口不仅可以实现远距离通信，也可以近距离连接两台计算机或电子设备。RS-232C 接口使用 25 针连接器，一般在应用中不会用到全部信号线，所以常使用 9 针连接器代替 25 针连接器。RS-232C 采用 EIA 电平，规定"1"的逻辑电平在-15～-3V 之间，"0"的逻辑电平在+3～+15V 之间。由于 EIA 电平与 TTL 电平完全不同，因此必须进行相应的电平转换，可用驱动器 MC1488 完成 TTL 电平到 EIA 电平的转换，用接收器 MCl489 完成 EIA 电平到 ITL 电平的转换。单电源电平转换器件 MAX232 内有两个发送器、两个接收器，符合 RS-232C 接口标准，可以实现全双工通信方式下的数据发送和接收。

2）RS-422A 接口与 RS-485 接口

RS-232C 接口存在着传输距离短、传输速度低、电平偏移和抗干扰能力差等问题，因此 EIA 在后来制定了新的串行通信接口标准 RS-422A，它是平衡型电压数字接口电路的电气标准。RS-422A 与 RS-232C 的主要区别是收发端的信号地线不再共用，并且每个方向用于传输数据的是两条平衡导线。所谓"平衡"是指输出驱动器为双端平衡驱动器。如果其中一条导线为逻辑"1"状态，另一条导线就为逻辑"0"，比采用单端不平衡驱动器对电压的放大倍数大一倍。驱动器输出电压允许范围是±2～±6V。差分电路能从地线干扰中拾取有效信号，差分接收器可以分辨 200mV 以上的电位差。若在信号传输过程中混入了干扰信号和噪声，由于差分放大器的作用，可使干扰信号和噪声相互抵消，从而大大减弱了地线干扰和电磁干扰的影响。

RS-485 是 RS-422A 的改进版，RS-422A 用于全双工通信，RS-485 用于半双工通信。RS-485 是一种多发送器标准，在通信线路上最多可以使用 32 对差分驱动器/接收器。若一个网络中连接的设备超过 32 个，则可以使用中继器。RS-485 的信号传输采用两条导线间的电压表示逻辑"0"和逻辑"1"。由于发送端需要两条传输线，接收端也需要两条传输线，传输线采用差动信道，所以它的干扰抑制性极好。又因为它的阻抗低，无接地问题，所以传输距离可达 1200m，传输速度可达 1Mb/s。RS-485 是一点对多点的串行通信接口，一般采用双绞线结构。通用计算机一般不带 RS-485 接口，需要使用 RS-232C/RS-485 转换器完成电平转换。

RS-422 定义了一种平衡通信接口，将传输速度提高到 10Mb/s，传输距离延长到 1200m（传输速度低于 100Kb/s 时），并允许在一条平衡导线上最多连接 10 个接收器。RS-422 是一种单机发送、多机接收的单向平衡传输规范，被命名为 TIA/EIA-422-A 标准。为扩展应用范围，EIA 于 1983 年在 RS-422 基础上制定了 RS-485 标准，增加了多点、双向通信能力，它允许多个发送器连接到同一条总线上，同时增加了发送器的驱动能力和冲突保护特性，扩展了总线共模范围，后来被命名为 TIA/EIA-485-A 标准。由于 EIA 提出的建议标准都是以 RS 作为前缀的，所以在通信工业领域，仍然习惯将上述标准以 RS 作为前缀称谓。RS-232、RS-422 与 RS-485 标准只对串行通信接口的电气特性做出规定，而不涉及插件、电缆或通信协议，在此基础上用户可以建立自己的高层通信协议。

8.3.2 Intel 8251A 的功能及内部结构

1. Intel 8251A 的基本功能

Intel 8251A 可通过编程实现串行通信接口的基本任务，它能以同步通信方式或异步通信方式工作。与之类似的可编程串行通信接口芯片还有 Intel 8250 及 Intel 16550。Intel 8250 是异步收发器，只能工作在异步通信方式。在早期的微机系统中，Intel 8250 是使用最广泛的异步串行通信接口芯片，Intel 16550 完全兼容 Intel 8250。同其他单一功能的可编程串行通信接口芯片一样，Intel 8250 被集成在大规模集成电路的主板芯片组中，但至今仍然保持原有的端口特性。一个 COM 端口相当于一个 Intel 8250 芯片。Intel 8251A 的基本功能如下。

（1）通过编程，可工作在同步通信方式或异步通信方式下。同步通信方式下，波特率为 0～64Kb/s；异步通信方式下，波特率为 0～19.2Kb/s。

（2）同步通信方式下，每个字符可以用 5 位、6 位、7 位或 8 位表示，并且内部能自动检测同步字符，从而实现同步。此外，Intel 8251A 也允许同步通信方式下增加奇偶校验位进行校验。

（3）异步通信方式下，每个字符可以用 5 位、6 位、7 位或 8 位表示，时钟频率为波特率的 1 倍、16 倍或 64 倍，用 1 位作为奇偶校验位，有 1 个起始位，并且能通过编程为每个数据增加 1 个、1.5 个或 2 个停止位。可以检查假起始位，自动检测和处理终止字符。

（4）全双工通信工作方式下，其内部提供备有双缓冲器的发送器和接收器。

（5）提供出错检测功能，具有奇偶、溢出和帧错误 3 种校验电路。

2. Intel 8251A 的内部结构

Intel 8251A 的内部结构如图 8-22 所示。

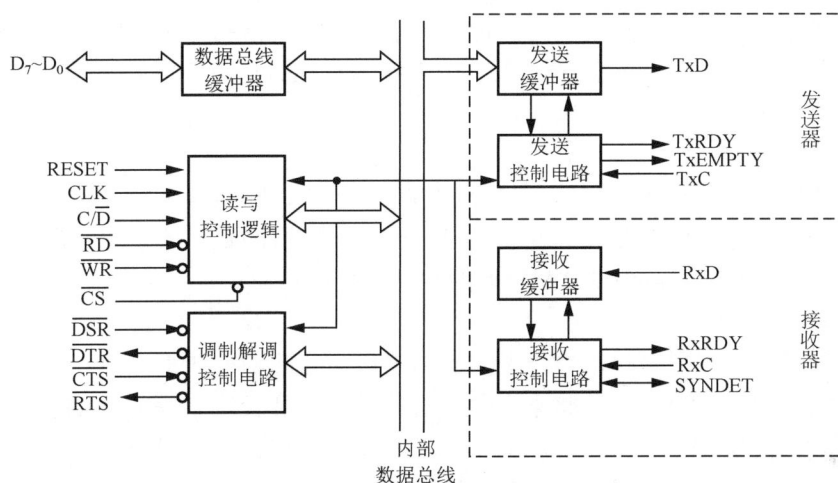

图 8-22   Intel 8251A 的内部结构

1）发送器

发送器由发送缓冲器和发送控制电路两部分组成。若采用异步通信方式，则由发送控制电路在其首尾加上起始位和停止位，然后从起始位开始，经移位寄存器从数据总线引脚 TxD 逐位串行输出。若采用同步通信方式，则在发送数据之前，发送器将自动发送出一个或两个同步字符，然后逐位串行输出数据。

如果 CPU 与 Intel 8251A 之间采用中断传输方式交换信息，那么数据总线引脚 TxRDY 可向 CPU 发出中断请求信号。当发送器中的 8 位数据串行输出完毕时，由发送控制电路向 CPU 发出 TxEMPTY 有效信号，表示发送器中的移位寄存器已清空。

2）接收器

接收器由接收缓冲器和接收控制电路两部分组成。接收移位寄存器从数据总线引脚 RxD 接收串行数据，将其转换成并行数据后，存入接收缓冲器中。

异步通信方式下，在数据总线引脚 RxD 上检测低电平，将检测到的低电平作为起始位，Intel 8251A 开始进行采样，完成字符匹配，并进行奇偶校验和去掉停止位，把串行数据变成并行数据后输送到数据输入寄存器，同时发出 RxRDY 信号给 CPU，表示已经收到一个可用的数据。

同步通信方式下，首先搜索同步字符。Intel 8251A 监测数据总线引脚 RxD，当该引脚上出现一个数据位时，接收该数据位并把它送入移位寄存器进行移位，与同步字符寄存器的内容进行比较。若两者不相同，则接收下一位数据，并且重复上述比较过程；当这两个寄存器的内容相同时，Intel 8251A 的同步输入端 SYNDET 变为高电平，表示同步字符已经找到，已经实现同步。

采用双同步通信方式时要在测得输入移位寄存器中的内容与第一个同步字符寄存器中的内容相同后，继续检测此后输入移位寄存器的内容是否与第二个同步字符寄存器的内容相同。若两者相同，则认为已经实现同步。

外同步情况下，在同步输入端 SYNDET 施加一个高电位，以实现同步。实现同步之后，接收器和发送器就开始进行数据的同步传输。这时，接收器利用时钟信号对数据总线引脚 RxD 进行采样，把接收到的数据位送入移位寄存器。在数据总线引脚 RxRDY 上发出一个信号，表示收到一个字符。

3）数据总线缓冲器

数据总线缓冲器是 CPU 与 Intel 8251A 的数据接口，它包含 3 个 8 位的缓冲寄存器：其中，两个缓冲寄存器用来存放 CPU 向 Intel 8251A 读取的数据或状态信息；另一个缓冲寄存器用来存放 CPU 向 Intel 8251A 写入的数据或控制信息。

4）读写控制逻辑

读写控制逻辑用来配合数据总线缓冲器的工作。它的功能如下：

（1）接收写信号 $\overline{\text{WR}}$，并且将来自数据总线的数据和控制字写入 Intel 8251A。

（2）接收读信号 $\overline{\text{RD}}$，并且将数据或状态字从 Intel 8251A 传输到数据总线。

（3）接收控制/数据信号 C/$\overline{\text{D}}$，高电平时为控制字或状态字，低电平时为数据。

（4）接收时钟信号 CLK，完成 Intel 8251A 的内部定时。

（5）接收复位信号 RESET，使 Intel 8251A 处于空闲状态。

5）调制解调控制电路

调制解调控制电路用来简化 Intel 8251A 和调制解调器的连接。

3. Intel 8251A 的引脚功能

Intel 8251A 与 CPU 及外部设备的连接如图 8-23 所示。

（1）Intel 8251A 和 CPU 的连接信号可以分为 4 类。

① $\overline{\text{CS}}$：片选信号，它由 CPU 的地址信号通过译码后得到。

② D$_0$～D$_7$：数据信号，Intel 8251A 有 8 位的双向数据总线引脚与微机系统的数据总线连接，传输 CPU 对 Intel 8251A 的编程命令字和传输 Intel 8251A 发送给 CPU 的状态信息及数据。

③ 读写控制信号。

● $\overline{\text{RD}}$：读信号，低电平时，表示 CPU 当前正在从 Intel 8251A 读取数据或状态信息。

- $\overline{WR}$：写信号，低电平时，表示 CPU 当前正在往 Intel 8251A 写入数据或控制信息。
- $C/\overline{D}$：控制/数据信号，用来区分当前读写的信号是数据还是控制信息或状态信息。该信号也可看作 Intel 8251A 数据端口/控制端口的选择信号。

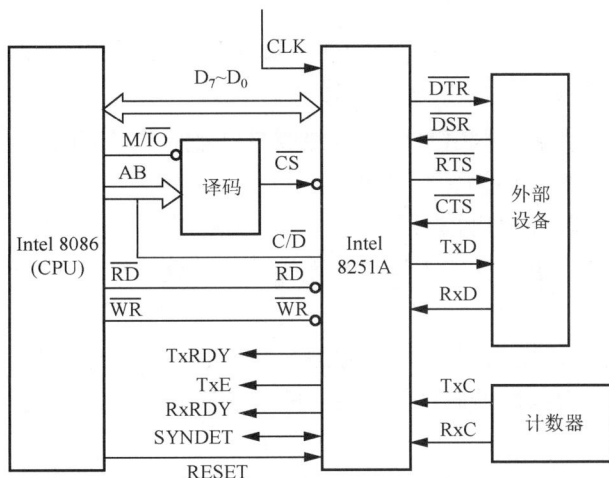

图 8-23　Intel 8251A 与 CPU 及外部设备的连接

由此可知，$\overline{RD}$、$\overline{WR}$、$C/\overline{D}$ 这 3 个信号的组合决定了 Intel 8251A 的具体操作。注意：输入数据的端口和输出数据的端口共用同一个偶地址，而状态端口和控制端口共用同一个奇地址。在 16 位的微机系统中，将地址总线引脚 A_1 和 Intel 8251A 的 $C/\overline{D}$ 端连接，用于区分两个端口地址。当 A_1 为 0 时，表示选中偶地址端口，配合 $\overline{RD}/\overline{WR}$ 信号实现数据的读写；当 A_1 为 1 时，表示选中奇地址端口，配合 $\overline{RD}/\overline{WR}$ 信号实现状态信息或控制信息的写入。

④ 收发联络信号。

- TxRDY：发送器准备好信号，用来通知 Intel 8251A 已准备好发送一个字符。
- TxE：发送器空信号，TxE 为高电平时有效，用来表示此时 Intel 8251A 的发送器中并行到串行转换器空，说明一个发送动作已完成。
- RxRDY：接收器准备好信号，用来表示当前 Intel 8251A 已经从外部设备或调制解调器接收到一个字符，等待 CPU 读取。因此，采用中断传输方式时，RxRDY 可用作中断请求信号；使用查询传输方式时，RxRDY 可用作查询信号。
- SYNDET：同步检测信号，只用于同步通信方式。

（2）Intel 8251A 与外部设备的连接信号分为两类。

① 收发联络信号。

- $\overline{DTR}$：数据终端准备好信号，通知外部设备，CPU 当前已经准备就绪。
- $\overline{DSR}$：数据设备准备好信号，表示当前外部设备已经准备好。

- $\overline{\text{RTS}}$：请求发送信号，表示 CPU 已经准备好发送信号。
- $\overline{\text{CTS}}$：允许发送信号，是对 $\overline{\text{RTS}}$ 的响应，由外部设备输送到 Intel 8251A。

实际使用时，在以上 4 个信号中通常只有 $\overline{\text{CTS}}$ 必须为低电平，其他 3 个信号可以悬空。

② 数据信号。

- TxD：发送器数据输出信号。当 CPU 输送到 Intel 8251A 的并行数据被转换为串行数据后，通过 TxD 输送到外部设备。
- RxD：接收器数据输入信号。用来接收外部设备发送的串行数据，串行数据进入 Intel 8251A 后被转换为并行数据。

（3）Intel 8251A 的其他引脚信号。

Intel 8251A 除了与 CPU 及外部设备的连接信号，还有 3 个时钟信号、电源输入端和接地端。

① CLK：时钟信号，用来产生 Intel 8251A 内部时序。同步通信方式下，CLK 的频率要大于接收数据或发送数据波特率的 30 倍；异步通信方式下，CLK 的频率要大于数据波特率的 4.5 倍。

② TxC：发送器时钟信号，用来控制发送字符的速度。同步通信方式下，TxC 的频率等于字符传输波特率；异步通信方式下，TxC 的频率可以是字符传输波特率的 1 倍、16 倍或 64 倍。

③ RxC：接收器时钟信号，用来控制接收字符的速度。在实际使用时，引脚 RxC 和引脚 TxC 往往连接在一起，由同一个外部时钟提供信号，引脚 CLK 则由另一个频率较高的外部时钟提供。

④ V_{CC}：电源输入端。

⑤ GND：接地端。

8.3.3　Intel 8251A 的控制命令

CPU 可以向 Intel 8251A 写入控制命令，包括方式控制字和操作命令控制字；还可以从 Intel 8251A 中读取工作状态字。

（1）方式控制字。Intel 8251A 的方式控制字可分为 4 组，每组两位，其格式如图 8-24 所示。其中，B_1 和 B_2 用于设定工作方式；L_1 和 L_2 用于设定字符的位数；PEN 和 EP 用于设定校验方式；S_1 和 S_2 用于设定异步通信方式下停止位的位数或同步通信方式下的同步确认方式。

（2）操作命令控制字。操作命令控制字用于设定 Intel 8251A 处于何种工作状态，以便接收或发送数据。其格式如图 8-25 所示。

（3）工作状态字。Intel 8251A 进行数据传输后的状态字存放在状态寄存器中，CPU 通过读操作读入状态字，然后进行分析和判断，以决定下一步的工作。Intel 8251A 工作状态字的格式如图 8-26 所示。

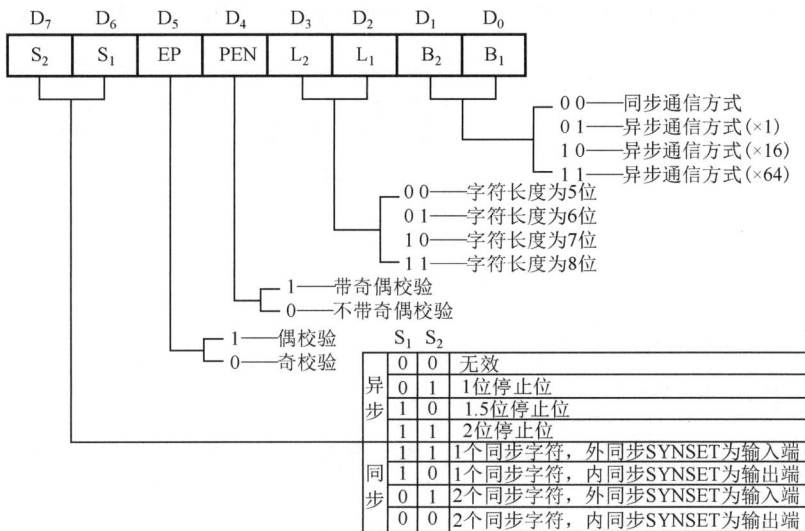

图 8-24 Intel 8251A 的方式控制字格式

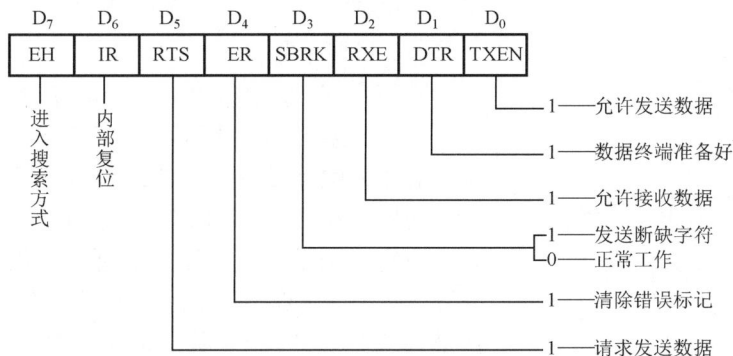

图 8-25 Intel 8251A 操作命令控制字格式

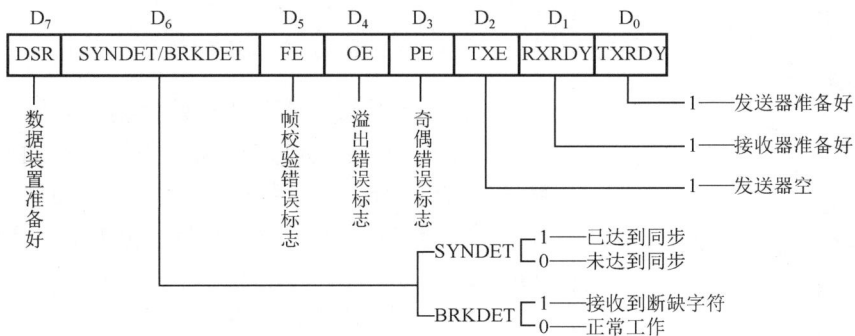

图 8-26 Intel 8251A 工作状态字的格式

例如，若要查询 Intel 8251A 的接收器是否准备好，则使用下列程序段进行查询。

```
        MOV  DX, 0FFF2H      ;状态端口
LP:     IN   AL, DX          ;读状态端口
        AND  AL, 02H         ;查 D₁＝1？准备好了吗？
        JZ   LP              ;若未准备好，则等待
        MOV  DX, 0FFF0H      ;数据端口
        IN   AL, DX          ;若已准备好，则输入数据
```

8.3.4 Intel 8251A 的初始化与应用

1. Intel 8251A 的初始化流程

（1）在 Intel 8251A 复位后，将 CPU 向奇地址端口写入的值作为方式控制字并把它送入方式寄存器。

（2）如果方式控制字中规定 Intel 8251A 工作在同步通信方式，那么 CPU 接着向奇地址端口写入规定的 1～2 字节的同步字符，将同步字符写入同步字符寄存器，同步字符的数目由方式控制字确定。

（3）只要不是复位命令，不论是同步通信方式还是异步通信方式，均由 CPU 向奇地址端口写入命令控制字并把它送入控制字寄存器，将 CPU 向偶地址端口写入的值作为数据，并把它输送到数据输出寄存器。

初始化结束后，CPU 就可以通过查询 Intel 8251A 的状态字或采用中断传输方式进行正常的串行通信。由于方式控制字、命令控制字及同步字符均无特征位，并且都写入同一个命令端口地址，所以在初始化 Intel 8251A 时，必须按一定的顺序编程。Intel 8251A 初始化流程图如图 8-27 所示。

2. Intel 8251A 的初始化编程和应用实例

1）异步通信方式下的初始化编程实例

【例 8.8】设 Intel 8251A 工作在异步通信方式，波特率因子为 16，7 个数据位/字符，采用偶校验方式，有两个停止位，允许发送和接收数据，设端口地址为 00E2H 和 00E4H，试完成其初始化编程。

分析：根据题目要求，可以确定方式控制字为 11111010B，即 0FAH，而命令控制字为 00110111B，即 37H，则初始化编程如下。

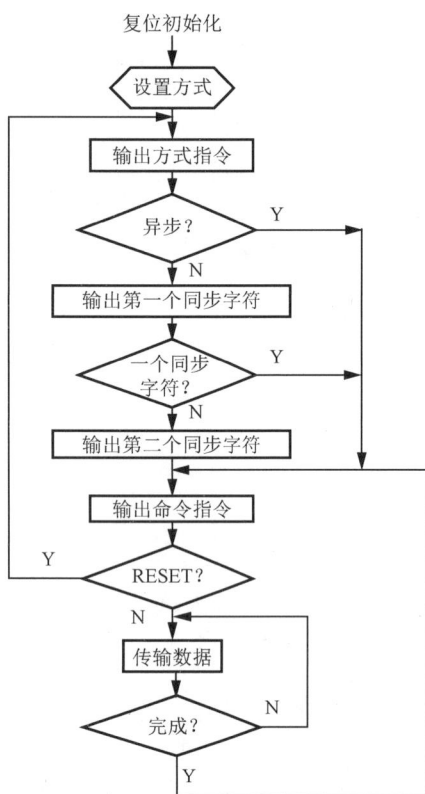

图 8-27 Intel 8251A 初始化流程图

```
MOV    AL, 0FA H        ;传输方式控制字
MOV    DX, 00E2H
OUT    DX, AL           ;异步通信方式，7 位数据位/字符，偶校验，两个停止位
MOV    AL, 37H          ;设置命令控制字，允许发送和接收数据，清除错误标志，使 RTS、DTR
                          有效
OUT    DX, AL
```

2）同步通信方式下的初始化编程实例

【例8.9】设端口地址为 52H，采用内同步通信方式，两个同步字符（设同步字符为 16H），偶校验，7 位数据位/字符。

分析：根据题目要求，可以确定方式控制字为 00111000B（38H），命令控制字为 10010111B（97H）。这些控制字使 Intel 8251A 对同步字符进行检索；同时使状态寄存器中的 3 个错误标志复位；此外，使 Intel 8251A 的发送器启动，接收器也启动。这些控制字还会通知 Intel 8251A，CPU 当前已经准备好数据传输。具体程序段如下。

```
MOV    AL, 38H          ;设置方式控制字，同步通信模式，用两个同步字符
OUT    52H, AL          ;7 个数据位，偶校验
MOV    AL, 16H
OUT    52H, AL          ;发送同步字符 16H
OUT    52H, AL
MOV    AL, 97H          ;设置命令控制字，使发送器和接收器启动
OUT    52H, AL
```

3）利用状态字编程的实例

【例8.10】通过编程，先对 Intel 8251A 进行初始化，然后对状态字进行测试，以便输入字符。

分析：Intel 8251A 的控制端口和状态端口地址为 52H，输入输出端口地址为 50H。字符输入后，存放在 BUFFER 标号所指的内存缓冲区中。具体程序段如下，本程序段可用来输入 80 个字符。

```
        MOV    AL, 0FAH         ;设置方式控制字，异步通信方式，波特率因子为 16
        OUT    52H, AL          ;用 7 个数据位，两个停止位，偶校验
        MOV    AL, 35H          ;设置命令控制字，使发送器和接收器启动
        OUT    52H, AL          ;清除错误标志
        MOV    DI, 0            ;使变址寄存器初始化
MOV    CX, 80                   ;使计数器初始化，共接收 80 个字符
BEGIN: IN     AL, 52H          ;读取状态字，测试 RxRDY 位是否为 1，若为 0，则表示未收
                                ;到字符，故继续读取状态字并测试
        TEST   AL, 02H
        JZ     BEGIN
        IN     AL, 50           ;读取字符
MOV    DX, OFFSET BUFFER
```

```
    MOV   [DX+DI]，AL
       INC   DI              ;修改缓冲区指针寄存器中的内容
       IN    AL，52H          ;读取状态字
       TEST  AL，38H          ;测试有无帧校验错误、奇偶校验错误和溢出错误
       JZ    ERROR           ;若有，则转向错误处理程序
       LOOP  BEGIN           ;若没错误，则收下一个字符
       JMP   EXIT            ;若输入字符达到 80 个字符，则结束
    ERROR:  CALL  ERR-OUT    ;调出错误处理程序
       EXIT:……
```

4）两台微机（双机）通过 Intel 8251A 相互通信的实例。

【例 8.11】通过 Intel 8251A 实现相距较远的两台微机相互通信。可利用两个 Intel 8251A，以 RS-232C 接口实现两台 Intel 8086 微机之间的串行通信，可采用异步或同步通信方式双机串行通信示意，如图 8-28 所示。

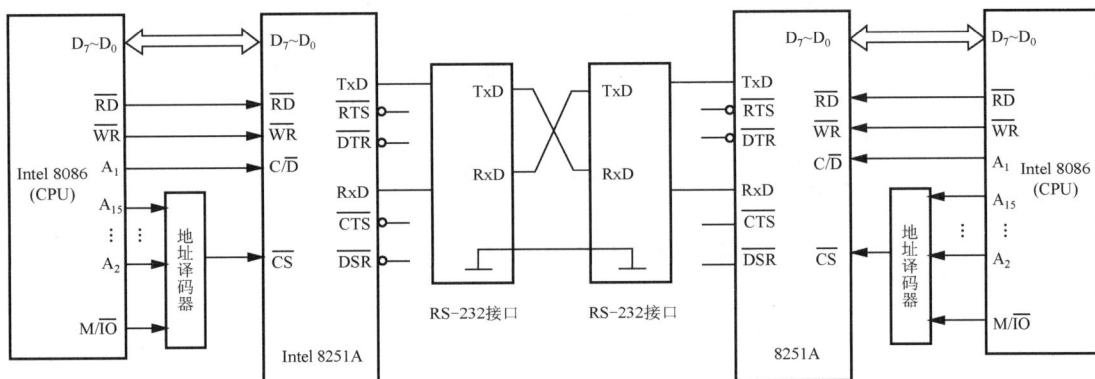

图 8-28　双机串行通信示意

分析：设微机系统采用查询传输方式控制数据传输过程，异步通信。初始化编程需要实现两个任务：将一台微机定义为发送器，发送端的 CPU 每查询到 TxRDY 有效，则向 Intel 8251A 并行输出 1 字节数据；将另一台微机定义为接收器。接收端的 CPU 每查询到 RxRDY 有效，则向 Intel 8251A 输入 1 字节数据，一直到全部数据传输完为止。

发送端初始化编程与发送控制编程如下。

```
    STT:  MOV   DX，Intel 8251A 控制端口
          MOV   AL，7FH
          OUT   DX，AL         ;将 Intel 8251A 定义为异步通式方式，8 位数据，1 位停止位
          MOV   AL，11H         ;偶校验，取波特率因子为 64，允许发送数据
    OUT DX，AL
    MOV DI，发送数据块首地址     ;设置地址指针
    MOV CX，发送数据块字节数     ;设置计数器初值
      NEXT:MOV   DX，Intel 8251A 控制端口
          IN    AL，DX
```

```
    AND   AL, 01H          ;查询 TxRDY 有效否
    JZ  NEXT               ;若无效，则等待
    MOV   DX，Intel 8251A 数据端口
    MOV   AL, [DI];        ;向 Intel 8251A 输出 1 字节数据
    OUT   DX, AL
    INC   DI               ;修改地址指针寄存器中的内容
    LOOP  NEXT             ;若未传输完，则继续传输下一个
    HLT
```

接收端初始化编程和接收控制编程如下。

```
SRR: MOV   DX，Intel 8251A 控制端口
     MOV   AL, 7FH
OUT  DX, AL               ;初始化 Intel 8251A，异步通信方式，8 位数据
MOV  AL, 14H              ;1 位停止位，偶校验，波特率因子为 64，允许接收数据
     OUT   DX, AL
MOV  DI，接收数据块首地址   ;设置地址指针寄存器中的内容
MOV  CX，接收数据块字节数   ;设置计数器初值
COMT:  MOV   DX，Intel 8251A 控制端口
       IN   AL, DX
       ROR  AL, 1         ;查询 RxRDY 有效否
       ROR  AL, 1
       JNC  COMT          ;若无效，则等待
       ROR  AL, 1
       ROR  AL, 1         ;若有效，则进一步查询是否有奇偶校验错误
       JC   ERR           ;若有错，则转向错误处理程序
       MOV  DX，Intel 8251A 数据端口
       IN   AL, DX        ;无错误时，输入 1 字节数据到接收数据块
       MOV  [DI], AL
       INC  DI            ;修改地址指针寄存器中的内容
LOOP  COMT                ;若未传输完，则继续传输下一个
HLT
ERR:  CALL  ERR-OUT
```

思考与练习

8-1　设 Intel 8253 的 3 个计数器的端口地址分别为 201H、202H、203H，控制字寄存器的端口地址为 200H。试编写程序段，读取计数器 2 的内容，并把读取的数据送入寄存器 AX 中。

8-2　设 Intel 8253 的 3 个计数器的端口地址分别为 201H、202H、203H，控制字寄存

器的端口地址为 200H。输入时钟频率为 2MHz，让计数器 1 周期性地发出脉冲，其脉冲周期为 1ms，试对其进行初始化编程。

8-3　Intel 8253 有几个计数器？每个计数器有哪些信号线？其作用是什么？

8-4　Intel 8253 的内部寄存器及各位的意义是什么？

8-5　Intel 8255A 的端口 A、端口 B、端口 C 有哪几种工作方式？各自的特点是什么？端口 C 有哪些使用特点？

8-6　对 Intel 8255A 进行初始化，要求端口 A 采用工作方式 1，作为输入端；端口 B 采用工作方式 0，作为输出端；端口 C 的高 4 位配合端口 A 工作，低 4 位为输入端。设控制端口的地址为 006CH。

8-7　设 Intel 8255A 的 4 个端口地址分别为 00C0H、00C2H、00C4H 和 00C6H，要求用置"0"、置"1"的方法使 PC6 置"1"，使 PC4 置"0"。

8-8　Intel 8255A 的 3 个端口在使用上有什么不同？

8-9　当数据从 Intel 8255A 的端口 C 读入 CPU 时，Intel 8255A 的控制信号 $\overline{CS}$、$\overline{RD}$、$\overline{WR}$、A1、A0 分别是什么电平？

8-10　Intel 8255A 作为打印机接口的电路示意如图 8-29 所示，假设 Intel 8255A 采用工作方式 1，试编写以中断传输方式将内存缓冲区 BUFF 中的 100 个字符传输到打印机并进行打印的主程序和中断服务程序。已知中断向量为 2000H、3000H，向量地址为 0002CH，Intel 8255A 的 4 个端口地址分别为 E0H、E2H、E4H、E6H。

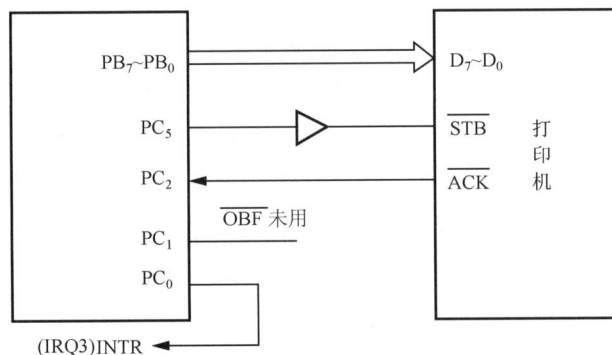

图 8-29　题 8-10

8-11　串行通信的特点是什么？

8-12　什么是串行通信的全双工方式和半双工方式？

8-13　什么是波特率？发送时钟和接收时钟与波特率有什么关系？

8-14　简述 Intel 8251A 的内部结构及工作过程。

8-15　对 Intel 8251A 进行初始化编程时，应按什么顺序向它的控制端口写入控制字？

第9章 模数和数模转换通道

教学提示

计算机中处理的数据主要是数字量，而工程实际中需要处理的数据除了数字量，还有连续变化的物理量（也称模拟量），如温度、压力、位移、流量等。计算机处理外部设备输入的物理量时，通过传感器先将物理量转换为电压或电流信号，再将电压或电流信号转换成计算机能处理的数字量；计算机向外部设备输出物理量时，先将数字量转换成外部设备需要的物理量。本章主要阐述模数转换器（A/D 转换器）、数模转换器（D/A 转换器）的工作原理，重点介绍典型 A/D 转换器和 D/A 转换器的性能参数、内部结构及使用方法。此外，通过数据采集系统实例，进一步介绍第 8 章提到的 Intel 8253、Intel 8255A 及 A/D 转换器接口芯片的综合应用。

9.1 微机系统的模数和数模转换通道

模拟量输入通道和输出通道的结构框图如图 9-1 所示。该图中的虚线框 1 为模拟量输入通道，虚线框 2 为模拟量输出通道。

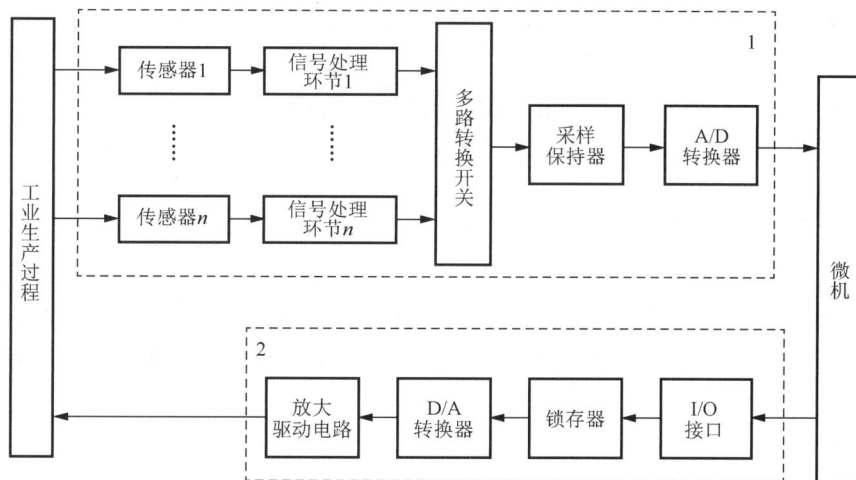

图 9-1 模拟量输入通道和输出通道的结构框图

9.1.1　模拟量输入通道的组成

典型的模拟量输入通道由以下5部分组成。

（1）传感器。通过传感器把工业生产过程产生的非电量（物理量）转换成电量（电流或电压）。例如，热电偶能把温度这个物理量转换成几毫伏或几十毫伏的电信号，因此它可以作为温度传感器。有些传感器不是直接输出电量，而是把电阻值或电容值或电感值的变化量作为输出值，反映相应物理量的变化。例如，热电阻利用某类导线或半导体的电阻率随温度变化的特性（热电阻效应）。其他的温度传感器还有热敏电阻传感器和半导体集成温度传感器。热敏电阻传感器以半导体材料作为感温元件进行测温，它具有负温度系数（温度升高而电阻值下降）。半导体集成温度传感器利用硅半导体的温度敏感特性进行测温。此外，还有压力传感器、流量传感器和液位传感器。

（2）信号处理环节。信号处理环节的一个作用是将传感器输出的信号放大或处理成为与A/D转换器输入电压相适应的电压水平。信号处理环节的另一作用是利用低通滤波器滤除干扰信号。

（3）多路转换开关。多路转换开关又称多路转换器。在实际数据处理系统或实际控制系统中，被测量或被控制的量往往来自多个回路。对这些回路的参量进行采样和模数转换时，为了共用A/D转换器，以便节省硬件，可利用多路转换开关，轮流切换各个被测量与模数转换通道，达到分时转换的目的。

（4）采样保持器。在采样期间，保持输入信号不变的电路称为采样保持电路。输入的模拟量是连续变化的，而A/D转换器完成一次转换需要时间，这段时间称为转换时间。不同类型A/D转换器的转换时间不同，若不对变化较快的模拟量采取措施，则会引起转换误差。对于同频率的信号，如果A/D转换器的转换时间过长，对采样频率模拟信号的转换精度的影响就越大。为了保持转换精度，可使用采样保持器，在转换时间内保持采样信号的大小不变。

（5）A/D转换器。A/D转换器是模拟量输入通道的核心部分，其作用是将模拟量转换成数字量，以便计算机读取并对其进行分析处理。

9.1.2　模拟量输出通道的组成

计算机输出的信号是以数字的形式给出的，而有的元件要求提供模拟的电流或电压，因此必须通过模拟量输出通道实现。模拟量输出通道的作用是把微机输出的数字量转换成模拟量。这个任务主要由D/A转换器完成。由于D/A转换器需要一定的转换时间，在转换时间内，待转换的数字量应保持不变，因此，微机与D/A转换器之间必须用锁存器保持数字量的稳定。此外，为了能驱动受控设备，可以采用功率放大器作为模拟量的放大驱动电路，所以模拟量输出通道主要由I/O接口、锁存器、D/A转换器、放大驱动电路组成。

9.2 A/D 转换器及其接口

9.2.1 A/D 转换器的工作过程和类型

1. A/D 转换器的工作过程

要将模拟量转换成数字量一般要经过采样、量化和编码 3 个过程。

（1）采样。被转换的模拟量在时间上是连续的，它有无限多个瞬时值，而模数转换过程总是需要时间的，不可能把每个瞬时值都一一转换为数字量，因此必须按一定的规律（周期性）选择其中某些瞬时值（样点）代表这个连续的模拟量，这个过程就是采样。

采样时，要遵循奈奎斯特采样定理：当采样器的采样频率 f_0 高于或至少等于输入信号最高频率 f_m 的两倍时（当 $f_0 \geqslant 2f_m$ 时），采样之后的数字信号完整地保留了原始信号中的信息。在实际应用中，一般使采样频率 f_0 等于输入信号最高频率 f_m 的 4～8 倍。

（2）量化。量化是指以一定的量化单位，对采样值取整，也就是使采样值等于量化单位的整数倍。量化单位是指输入信号的最大范围除以数字量的最大范围的商。

（3）编码。量化得到的数值通常用二进制数表示，对有正、负极性（双极性）的模拟量，一般采用偏移码表示。数值的最高位为符号位，当数值为正时，符号位为 1，反之，为 0。例如，8 位的二进制偏移码 10000000 代表数值 0，00000000 代表负电压最大值，11111111 代表正电压最大值。

2. A/D 转换器的性能参数

（1）量化误差。A/D 转换器将连续变化的模拟量转换为离散的数字量，一定范围内连续变化的模拟量只能被量化为同一个数字量。在模数转换过程中由于取整所产生的固有误差称为量化误差。由四舍五入引起的，量化误差在 -1/2LSB～1/2LSB 之间。量化误差，是不可克服的。

（2）分辨率。分辨率表示 A/D 转换器对输入信号的分辨能力。通常用输出二进制数的位数表示。能输出 n 位数的 A/D 转换器能可分辨 2^n 个不同等级的模拟输入电压，它能分辨的输入电压最小值为输入电压最大值的 $\dfrac{1}{2^n}$。当输入电压最大值一定时，输出的位数越多，分辨率越高。例如，某 A/D 转换器的分辨率为 8 位，输入电压最大值 $V_{fs}=5V$，则该 A/D 转换器能分辨的输入电压最小值是 5/（2^8），即 0.01953V。

（3）转换误差。转换误差表示 A/D 转换器实际输出数字量与理论输出数字量之间的差值，通常以整个输入范围内的最大输出误差表示，一般用最低有效位的倍数表示转换误差。例如，转换误差≤LSB，就说明在整个输入范围内，实际输出数字量与理论输出数字量之间的差值小于最低位的一个数字。

（4）转换时间。转换时间是指 A/D 转换器开始一次转换到相应的数字量输出所需的时间。

（5）量程。量程是指 A/D 转换器能够实现转换的输入电压范围。

3. A/D 转换器的类型

A/D 转换器的类型较多，其主要类型有并行比较型、双积分型、逐次逼近型等。

并行比较型 A/D 转换器的转换速度最高，但分辨率一般在 8 位以内。因为 n 位并行比较型 A/D 转换器需要 2^n-1 个电压比较器，当 $n>8$ 时，因需要的电压比较器太多而使 A/D 转换器芯片的面积变大，成本高。

双积分型 A/D 转换器的分辨率高，抗干扰能力强，但转换速度低，一般为 1～1000ms，通常用于对转换速度要求不高但需要很高精度的场合。

逐次逼近型 A/D 转换器的分辨率高，转换时间在 0.1～100μs 之间。转换速度比并行比较型 A/D 转换器低，但远高于双积分型 A/D 转换器。随着集成电路工艺水平的提高，其转换速度也提高。因此，逐次逼近型 A/D 转换器适用于既要求精度又要求转换速度的场合。

一般将转换时间大于 1ms 的 A/D 转换器称为低速 A/D 转换器，将转换时间在 1μs～1ms 之间的 A/D 转换器称为中速 A/D 转换器，将转换时间小于 1μs 的 A/D 转换器称为高速 A/D 转换器。

9.2.2　A/D 转换器的工作原理

1. 双积分型 A/D 转换器的工作原理

双积分型也称为二重积分型，其实质是测量和比较两个积分的时间：一个是模拟量输入电压积分的时间 T_0，此时间往往是固定的；另一个是以充电后的电压为初值，对参考电压 V_{Ref} 反向积分，积分电容被放电至零所需的时间 T_1（或 T_2）等。模拟量输入电压 V_i 与参考电压 V_{Ref} 之比等于上述两个时间之比。由于 V_{Ref} 和 T_0 固定，并且放电时间 T_i 可以测量，因此可计算出模拟量输入电压 V_i 的大小（V_{Ref} 与 V_i 的符号相反）。

双积分型 A/D 转换器的结构如图 9-2 所示，其工作原理如下：

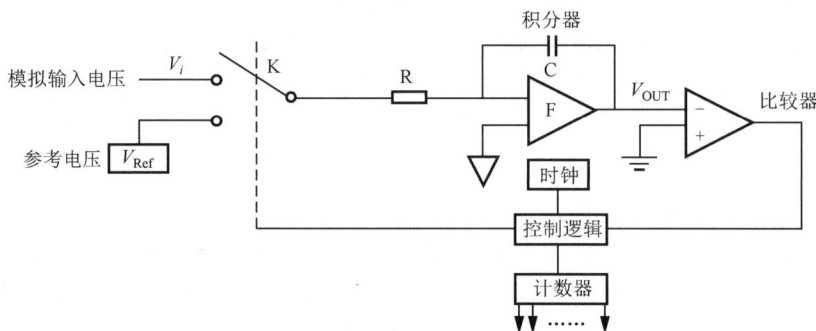

图 9-2　双积分型 A/D 转换器的结构

转换过程开始后，首先使积分电容完全放电，并将计数器清零。然后使开关接通模拟量输入电压 V_i，积分器对 V_i 进行定时积分，当定时到 T_0 时，控制逻辑使开关 K 合向参考电压 V_{Ref} 一端，使计数器开始计数。此时，积分电容开始反向积分（放电）至输出电压为 0，比较器的高低电平状态发生变化，使计数器停止计数。

在转换过程的第一阶段，开关 K 合向模拟量输入电压 V_i 一端，积分器对模拟量输入电压 V_i 的固定时间（T_0）积分。输出电压 V_A 的计算公式为

$$V_A = \frac{1}{RC}\int_0^{T_0} V_i \mathrm{d}t = \frac{T_0}{RC} V_i \tag{9-1}$$

即积分器的输出电压与模拟量输入电压 V_i 成正比。

在转换过程的第二阶段，开关 K 合向参考电压 V_{Ref} 一端，积分器对 V_{Ref} 进行反向积分，直至积分器输出电压为 0 时停止，即

$$V_A + \frac{1}{RC}\int_0^{T_1} V_{Ref}\mathrm{d}t = 0$$

$$V_A + \frac{T_1}{RC}V_{Ref} = 0 \qquad\qquad V_A = \frac{-T_1}{RC}V_{Ref} \tag{9-2}$$

由式（9-1）和式（9-2）得

$$\frac{T_0}{RC}V_i = -\frac{1}{RC}T_1 V_{Ref}$$

$$V_i = -\frac{T_1}{T_0}V_{Ref}$$

由于 T_0、V_{Ref} 为已知的固定常数，因此反向积分时间 T_1 与模拟输入电压 V_i 在 T_0 时间内的平均值成正比。模拟量输入电压 V_i 越高，输出电压 V_A 越大，T_1 就越大。在 T_1 开始时刻，控制逻辑启动计数器开始计数，直至积分器恢复到零电平时停止计数。计数器的计数值正比于模拟量输入电压 V_i 在 T_0 时间内的平均值，于是完成了一次模数转换。

2. 逐次逼近型 A/D 转换器的工作原理

逐次逼近型（也称逐位比较型）A/D 转换器的结构如图 9-3 所示。逐次逼近型 A/D 转换器主要由逐次逼近型移位寄存器 SAR、D/A 转换器、比较器及时序控制电路等组成。它的实质是把逐次逼近型移位寄存器中的数字量经数模转换后得到电压 V_C 与待转换的模拟输入电压 V_i 进行比较。比较时，先从 SAR 的最高位开始，逐次确定各位的数码是"1"还是"0"。逐次逼近型 A/D 转换器的工作原理如下：

转换前，先将 SAR 中的各位清零。转换开始时，控制逻辑先把逐次逼近型移位寄存器中的最高位置"1"，把其余位置"0"。此试探值经 D/A 转换器转换成电压 V_C，然后将 V_C 与模拟量输入电压 V_i 进行比较。若 $V_i > V_C$，则说明 SAR 中的最高位置"1"应予保留；若 $V_i < V_C$，则说明 SAR 中的最高位应清零。然后把 SAR 中的次高位置"1"，依照上述方法进行数模转换和比较。重复上述过程，直至确定 SAR 中的最低位为止。最后，逐次逼近型

移位寄存器 SAR 中的内容就是与 V_i 对应的二进制数字量。显然，A/D 转换器的位数决定 D/A 转换器的位数和 SAR 的位数。转换结果能否准确逼近模拟量，位数越多，越能准确地逼近模拟量，但转换时间也越长。

逐次逼近型 A/D 转换器的主要特点是转换速度快、转换时间固定、抗干扰能力差。

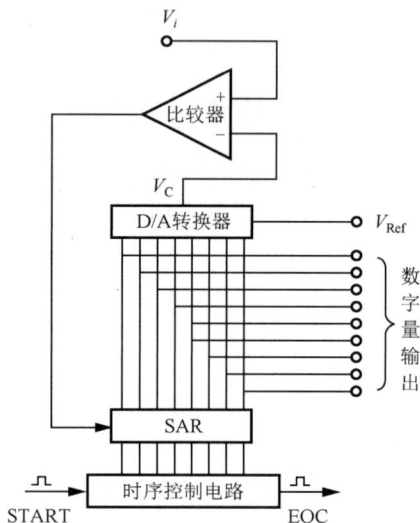

图 9-3　逐次逼近型 A/D 转换器的结构

9.2.3　典型 A/D 转换器

1. 8 位的 A/D 转换器 ADC 0809

1）ADC 0809 的主要性能

ADC 0809 是一个 8 位的 A/D 转换器芯片，采用逐次逼近型 A/D 转换器，提供模拟多路开关和联合寻址逻辑。它的主要性能如下。

（1）分辨率为 8 位，零偏差和满量程误差均小于 1/2LSB。

（2）有 8 个模拟量输入通道，有通道地址锁存器，数据输出端具有三态锁存功能。

（3）转换时间为 100μs。

（4）工作温度范围为-40～+85℃。

（5）功耗为 15mW。

（6）模拟输入电压范围为 0～+5V。

（7）由单一的+5V 电源供电。

2）ADC 0809 的内部逻辑结构和外部引脚

ADC 0809 的内部逻辑结构和外部引脚如图 9-4 所示。

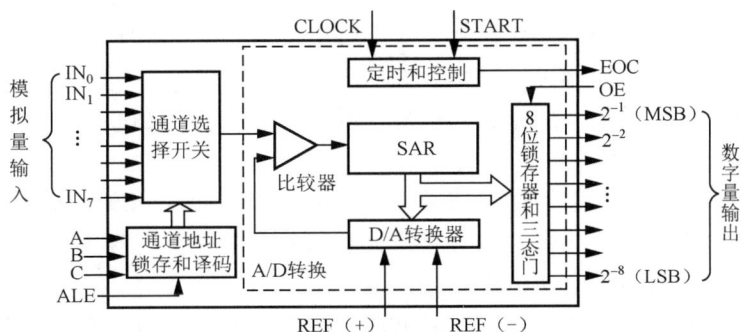

（a）内部逻辑结构

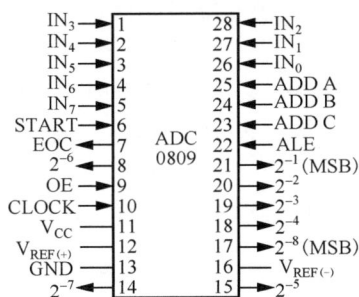

（b）外部引脚

图 9-4　ADC 0809 的内部逻辑结构和外部引脚

3）ADC 0809 的引脚功能

下面根据图 9-4（b），说明 ADC 0809 的引脚功能。

（1）$IN_0 \sim IN_7$：8 个模拟量输入通道，每个通道的模拟量输入电压范围为 0～5V。

（2）ADD A、ADD B、ADD C：模拟量输入通道选择（也称通道地址选择）引脚，用于输入信号，由这 3 个引脚的编码决定本次转换的模拟量来自哪个输入通道。ADC 0809 的通道选择见表 9-1。

表 9-1　ADC 0809 的通道选择

选中通道	地　　址		
	C	B	A
IN_0	L	L	L
IN_1	L	L	H
IN_2	L	H	L
IN_3	L	H	H
IN_4	H	L	L
IN_5	H	L	H

（3）ALE：地址锁存允许，用于输入信号。将引脚信号有效时，来自 ADD A～ADD C 的通道地址被送入地址译码器进行译码。

（4）START：启动转换，用于输入信号，要求持续时间在 200ns 以上，用来启动模数转换。

（5）EOC：结束转换，用于输出信号，当转换正在进行时，该引脚为低电平，转换结束后自动变为高电平，用于指示 A/D 转换已经完成且转换结果已存入数据锁存器。在微机系统中这个引脚信号可用作中断请求或查询信号。

（6）2^{-1}～2^{-8}：8 位数据输出端，数据来自具有三态输出能力的 8 位锁存器，该引脚可直接连接到微机系统的数据总线。

（7）OE：允许数据输出端，用于输入信号，该引脚信号有效时，输出三态门打开，数据锁存器的内容输出到数据总线。

（8）$V_{REF(+)}$、$V_{REF(-)}$：参考电压引脚。参考电压由 V_{CC} 确定，一般情况下 $V_{REF(+)}=V_{CC}$，$V_{REF(-)}=0$，不允许 $V_{REF(+)}$ 比 V_{CC} 大，不允许 $V_{REF(-)}$ 比地电平大。

（9）V_{CC}：电源。

（10）CLOCK：时钟，要求时钟频率范围为 10kHz～1MHz（典型值为 640kHz）。

（11）GND：接地引脚。

4）ADC 0809 的工作时序

ADC 0809 的工作时序如图 9-5 所示。当 START 引脚为高电平时，启动转换，该引脚信号上升沿将该芯片内的 SAR 复位，真正的转换从 START 引脚信号的下降沿开始。在 START 引脚信号上升沿之后的 2μs 增加 8 个时钟周期（不定），EOC 引脚信号变为低电平，以指示转换正在进行中。EOC 引脚保持低电平直至转换结束再变为高电平，此时转换后的数据已存入数据锁存器。当 OE 引脚为高电平时，输出三态门打开，数据锁存器中的内容输出到数据总线（CPU 可通过 IN 指令获取数据）。

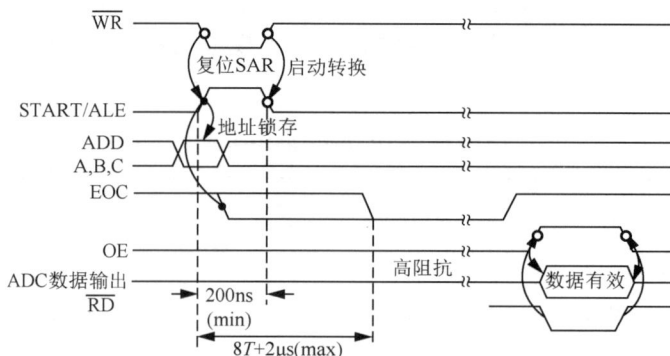

图 9-5 ADC 0809 的工作时序

2. ADC 0809 与 Intel 8255 的连接

【例 9.1】ADC 0809 与 Intel 8255A 连接如图 9-6 所示，ADC 0809 的引脚 D_0～D_7 连接

Intel 8255A 的 PA 端口，PA 端口在工作方式 0 下输入数据；ADC 0809 的引脚 ADD C、ADD B、ADD A 连接 Intel 8255A 的引脚 $PB_2 \sim PB_0$，PB 端口在工作方式 0 下输出数据。Intel 8255A 的 PC 端口高 4 位在工作方式 0 下输入数据，PC_7 连接 ADC 0809 的引脚 EOC。Intel 8255A 的 PC 端口低 4 位在工作方式 0 下输出数据，PC_0 连接 ADC 0809 的引脚 START 和 ALE。Intel 8255A 的地址为 70H～73H。试编写程序，以查询的方式对引脚 IN_0 进行 100 次采样并将数据存入以 DATA 为首地址的内存中。

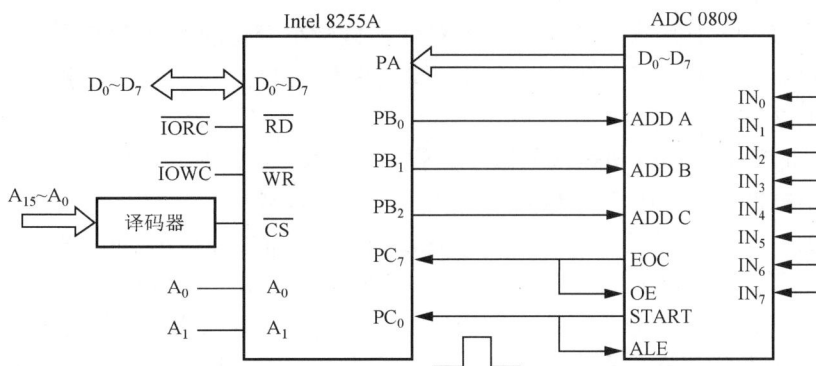

图 9-6　ADC 0809 与 Intel 8255A 的连接

```
主程序: MOV  AL, 10011000B      ; Intel 8255A 编程
       OUT  73H, AL
       MOV  AL, 00H
       OUT  72H, AL            ;START=0, ALE=0
       MOV  BX, OFFSET DATA    ;DATA 是数据区首地址
       MOV  CX, 100
       MOV  AL, 00H
       OUT  71H, AL            ;选通 IN₀
AGAIN: MOV  AL, 01H
       OUT  72H, AL            ;START=1, ALE=1
       MOV  AL, 00H
       OUT  72H, AL            ;START=0, ALE=0
 WAIT0: IN  AL, 72H
       AND  AL, 80H
       JNZ  WAIT0              ;若 EOC 为低电平，则执行下一条指令
 WAIT1: IN  AL, 72H
       AND  AL, 80H
       JZ   WAIT1             ;若 EOC 为高电平，则执行下一条指令
       IN   AL, 70H          ;从 PA 引脚输入数据
       MOV  [BX], AL         ;存入内存
       INC  BX
       LOOP AGAIN
```

9.3 D/A 转换器及其应用

9.3.1 D/A 转换器的主要性能参数

D/A 转换器的主要性能参数如下：

（1）分辨率。分辨率是指 D/A 转换器对输入量微小变化的敏感程度，通常用数字量的位数表示，如 8 位、10 位等。对于一个分辨率为 n 位的 D/A 转换器，要求其能够分辨大小为满量程值的 2^n 的输入信号。

（2）转换时间。转换时间是指从数字量输入 D/A 转换器进行转换到输出值达到最终值并稳定为止所需的时间。电流型 D/A 转换器的转换速度较快，一般在几微秒到几百微秒之间。电压型 D/A 转换器的转换速度较慢，这取决于运算放大器的响应时间。

（3）精度（绝对精度）。精度是指 D/A 转换器实际输出电压与理论输出电压的误差。

（4）线性度。线性度是指当数字量变化时，D/A 转换器的输出量按比例关系变化的程度。理想的 D/A 转换器输出量是线性的，但实际上有误差，模拟量输出值偏离理想输出值的最大值称为线性误差。

9.3.2 D/A 转换器的输入输出特性

D/A 转换器输入输出特性如下：

（1）输入缓冲能力。D/A 转换器是否配备三态输入缓冲器，以保存输入的数字量，这对转换器与微机的接口设计是很重要的。因为微机输出的数据在数据总线上的稳定时间很短，所以需设计一个三态输入缓冲器，以保持输入的数字量，进而起到使数字信号能正确转换为模拟信号的作用。

（2）输入数据的宽度。D/A 转换器的位数通常有 8 位、10 位、12 位、14 位、16 位之分，当 D/A 转换器的位数高于微机系统总线宽度时，需要分两次输入数字量。

（3）电流输出型或电压输出型。电流输出型 D/A 转换器的输出电流在几毫安到几十毫安之间，电压输出型 D/A 转换器的输出电压一般为 5～10V。

（4）输入码制。输入码制用来表示 D/A 转换器能接收哪些码制的数字量。有的 D/A 转换器能够接收二进制代码或 BCD 码，双极性输出型 D/A 转换器能接收补码和偏移二进制代码。

9.3.3 D/A 转换器的工作原理

图 9-7 给出了 D/A 转换器的基本结构，一个 D/A 转换器通常包含 4 部分：电阻网络、模拟开关、运算放大器和参考电源。数模转换的实质就是将每位数据代码按其"权"的数值转换成相应的模拟量，然后将代表各位的模拟量相加，即可获得与数字量相对应的模拟量。

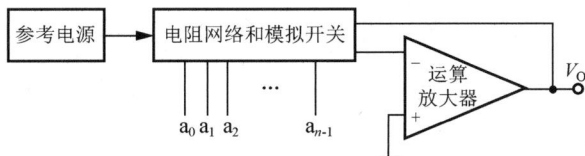

图 9-7　D/A 转换器的基本结构

以下介绍 4 种典型 D/A 转换器的工作原理。

1. 权电阻网络 D/A 转换器

权电阻网络 D/A 转换器电路如图 9-8 所示，该电路由权电阻网络、数据位切换开关、反馈电阻和运算放大器组成。根据运算放大器的虚短特性，权电阻网络的负载电阻可视作零(虚地)。当数据位 $a_i=1$ 时，相应开关 $S_i(i=1,\cdots,n)$ 连接电源，否则，接地。

根据反相加法放大器对输入电流求和的特性，不难得出该电路的输出电压，即

$$V_O = -I_{\Sigma}R_f = -\frac{2V_R R_f}{R}(a_n 2^{-1} + a_{n-1} 2^{-2} + \cdots + a_1 2^{-n}) \tag{9-3}$$

在实际应用中，$R_f = R/2$，将其代入上式得

$$V_O = -V_R(a_n 2^{-1} + a_{n-1} 2^{-2} + \cdots + a_1 2^{-n}) \tag{9-4}$$

当输入的二进制码 $a_n a_{n-1} \cdots a_1$ 为 $100\cdots0$ 时，输出电压 $V_O = -V_R/2$；当输入的二进制码为 $111\cdots1$ 时，输出电压 $V_O = -V_R(1-1/2^n)$；当输入的二进制码为 $000\cdots0$ 时，输出电压为 0。由此可见，利用图 9-8 所示的电路可实现数模转换。

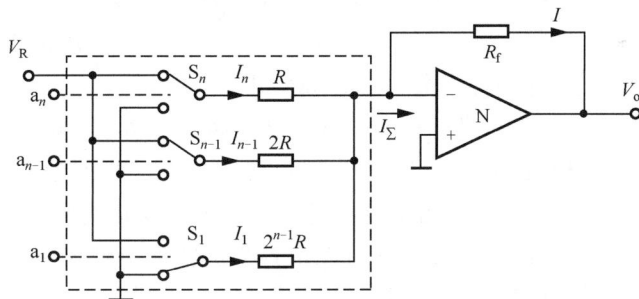

图 9-8　权电阻网络 D/A 转换器电路

2. T 型电阻网络 D/A 转换器

图 9-9 所示是 T 型电阻网络 D/A 转换器电路。在该电路中，仍依靠运算放大器的虚短特性使 T 型电阻网络以短路方式输出。由图 9-9 可知，不论各个开关处于何种状态，$S_n \sim S_1$ 的各点电位均可认为 0（虚地或实地）。这样，从右到左观察图 9-9 中的 N, M, $\cdots$, C, B, A 各点，各点对地的电阻值均为 R；从左到右分析，可得出各回路的电流分配规律：$I_R/2$，$I_R/4$，$\cdots$，$I_R/2^{n-1}$、$I_R/2^n$，该规律也满足按权分布的要求，从而可得

$$V_O = -\frac{V_R R_f}{R}(a_n 2^{-1} + a_{n-1} 2^{-2} + \cdots + a_1 2^{-n}) \tag{9-5}$$

若 $R_f = R$，则式（9-5）与式（9-4）相同。因此，利用该电路也可实现数模转换。

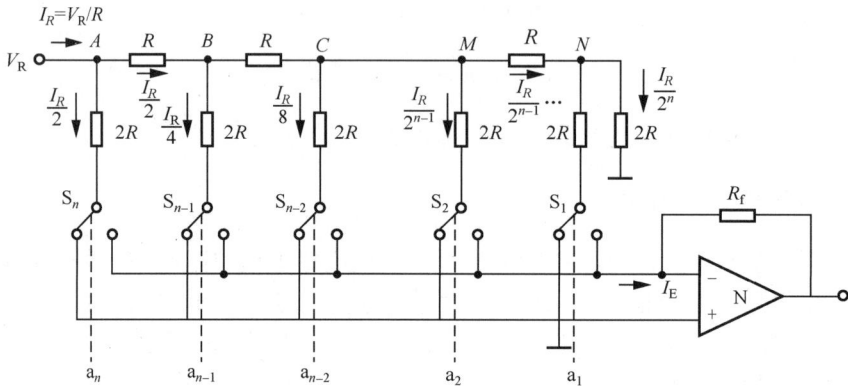

图 9-9　T 型电阻网络 D/A 转换器电路

3. 电阻分压式 D/A 转换器

用等值的 2^n 个电阻串联，对参考电压 V_R 进行分压时，得到 2^n 个分压。如果在此基础上用 $n-2^n$ 个译码器控制 2^n 个开关，以选通这些分压电阻的分压点，就可实现 n 位的数模转换，图 9-10 给出了电阻分压式 D/A 转换器（3 位 D/A 转换）电路。其中，8 个等值的电阻将参考电压 V_R 分压成 1/8，2/8，$\cdots$，8/8 倍，14 个开关连接成树状开关网络，在 3 位二进制码 a_1、a_2、a_3 及 $\overline{a_1}$、$\overline{a_2}$、$\overline{a_3}$ 的控制下（当 $a_i = 1$ 时，奇数标号的开关导通；反之，偶数标号的开关导通），可选通各个分压点，以实现数模转换。

例如，当输入的 3 位二进制码 $a_1 a_2 a_3 = 010$ 时，对应的 $\overline{a_1}\ \overline{a_2}\ \overline{a_3} = 101$，这将使开关 S_2、S_3、S_5、S_8、S_{10}、S_{12} 和 S_{14} 导通，其余开关断开。此时，输出电压 $V_O = 2V_R/8$。当输入的 3 位二进制码 $a_1 a_2 a_3 = 101$ 时，输出电压 $V_O = 5V_R/8$。以此类推，在输入任何数字的情况下，此电路均符合线性数模转换关系。可以很容易地实现 n 位 D/A 转换，但此时所需要的电阻和模拟开关的数量较多。

4. 集成化 D/A 转换器

按制作工艺划分，集成化 D/A 转换器的类型有高速双极型和 CMOS 型两类。其中的电阻网络采用离子注入或扩散电阻条，但高精度的 D/A 转换器中的电阻网络多采用薄膜电阻。目前，高速双极型 D/A 转换器大多采用不饱和晶体管电流模拟开关，其建立时间（稳定时间）可缩短到数十至数百纳秒。CMOS 型 D/A 转换器采用 CMOS 模拟开关及驱动电路，虽然这种电路制造容易、造价低，但转换速度不高。此外，还有 F/V（频率/电压）等类型的 D/A 转换器。

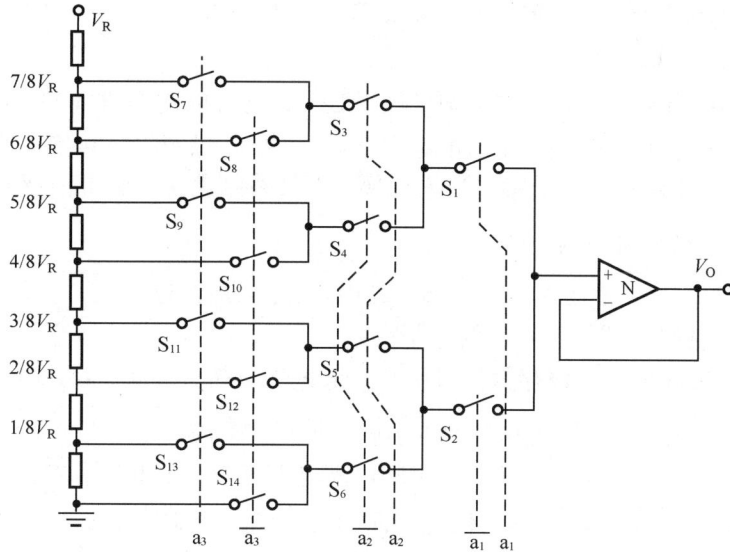

图 9-10　电阻分压式 D/A 转换器电路

9.3.4　典型 D/A 转换器

1.　DAC 0832 的逻辑结构

DAC 0832 是采用先进的 CMOS 工艺制成的双列直插式 8 位 D/A 转换器，它是电流输出型 D/A 转换器。DAC 0832 的逻辑结构如图 9-11 所示。

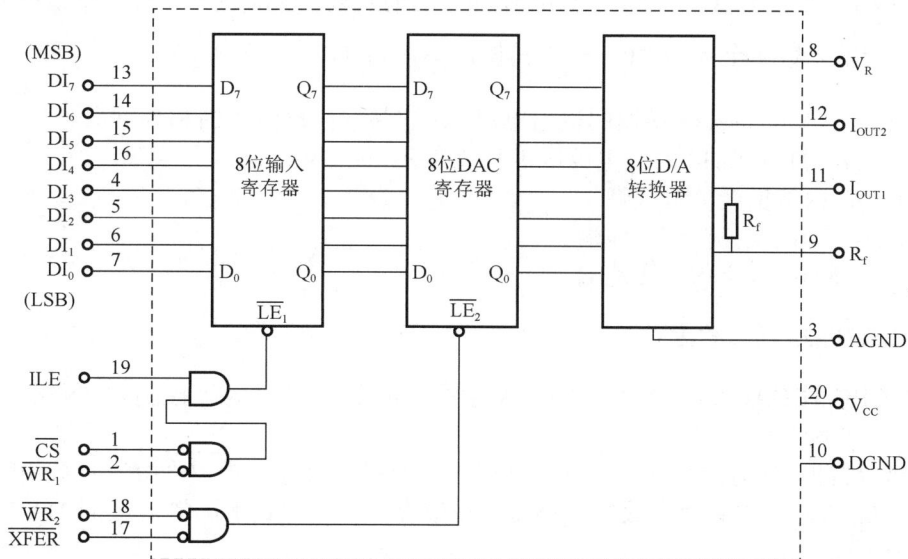

图 9-11　DAC 0832 的逻辑结构

（1）8 位输入寄存器。8 位输入寄存器的 $DI_0 \sim DI_7$ 输入端可直接与 CPU 的数据总线连接，工作状态受控于 $\overline{LE_1}$。

（2）8 位 DAC 寄存器。其工作状态受控于 $\overline{LE_2}$，它可以使 DAC 0832 工作于双缓冲方式。这样，可以在进行数模转换的同时输送下一个数据，以便提高转换速度。

（3）8 位 D/A 转换器。用于实现数模转换，其转换结果由引脚 I_{OUT1} 和 I_{OUT2} 输出。

2. DAC 0832 的外部引脚

（1）$DI_0 \sim DI_7$：数字量输入信号引脚。其中，DI_0 为最低位，DI_7 为最高位。

（2）$\overline{CS}$：片选输入信号引脚，低电平有效。

（3）$\overline{WR_1}$：写 8 位输入寄存器信号引脚，低电平有效。

（4）$\overline{WR_2}$：写 8 位 DAC 寄存器信号引脚，低电平有效。

（5）ILE：8 位输入寄存器允许信号引脚，高电平有效。由 ILE 和 $\overline{CS}$、$\overline{WR_1}$ 共同选通 8 位输入寄存器。当 $\overline{CS}$ 和 $\overline{WR_1}$ 均为低电平而 ILE 为高电平时，$\overline{LE_1} =1$，输入数据立即被输送到 8 位输入寄存器的输出端；当 ILE、$\overline{CS}$ 和 $\overline{WR_1}$ 中的任一信号无效时，$\overline{LE_1}$ 由高电平变为低电平，8 位输入寄存器中的数据被锁存，输出端电位保持原状态。当 ILE=0 时，$\overline{LE_1}$ 无效，输出端电平不随 $DI_0 \sim DI_7$ 变化。

（6）$\overline{XFER}$：从 8 位输入寄存器向 8 位 DAC 寄存器传输数模转换数据的控制信号，低电平有效。当 $\overline{XFER}$ 和 $\overline{WR_2}$ 同时有效时，8 位输入寄存器的数据将被送入 8 位 DAC 寄存器，并同时启动一次数模转换。

（7）V_R：8 位 D/A 转换器的参考电压输入端。

（8）I_{OUT1}：8 位 D/A 转换器的输出电流 1，当输入数字全部为 "1" 时，其值最大，约为 $\dfrac{255}{256}\dfrac{V_R}{R_f}$；当输入数字全部为 "0" 时，其值最小，为 0。

（9）I_{OUT2}：8 位 D/A 转换器的输出电流 2，它与输出电流 1 的和为常数。

（10）V_{CC}：DAC 0832 的供电电压，其值在 +5 ～ +15V 之间。

（11）R_f：内部反馈电阻引脚。

（12）AGND：模拟信号接地端。

（13）DGND：数字信号接地端。

3. DAC 0823 的工作方式

根据 CPU 对 DAC 0823 的 8 位输入锁存器和 8 位 DAC 寄存器控制方法的不同，DAC 0823 有以下 3 种工作方式：

（1）双缓冲工作方式。此工作方式适用于多个模拟量输出通道同时进行数模转换。

DAC 0823 芯片内有两个数据寄存器，在双缓冲工作方式下，CPU 要对 DAC 0823 进行两步写操作：

① 将数据写入 8 位输入寄存器。

② 将 8 位输入寄存器的内容写入 8 位 DAC 寄存器。

其连接方式：把 ILE 固定为高电平，把引脚 $\overline{WR_1}$ 和 $\overline{WR_2}$ 连接到 CPU 的引脚 $\overline{IOW}$，而把引脚 $\overline{CS}$ 和 $\overline{XFER}$ 分别连接到两个端口的地址译码信号引脚。

具体过程如下：8 位输入寄存器接收数据并将这些数据输送到 8 位 DAC 寄存器，可以实现多个模拟量输出通道同时进行数模转换，分次输出数据。

双缓冲工作方式的优点：DAC 0832 的数据接收和启动转换可异步进行；可以在数模转换的同时，进行下一个数据的接收，以提高模拟量输出通道的转换率，实现多个模拟量输出通道同时进行数模转换。

（2）单缓冲工作方式。此工作方式适用于只有一路模拟量或几路模拟量非同步输出的场合。

方法：控制输入寄存器和 DAC 寄存器同时接收数据。具体过程如下：使两个数据寄存器中的任意一个处于直通状态，另一个处于受控锁存器状态。一般情况下，使 8 位 DAC 寄存器处于直通状态，即把引脚 $\overline{WR_2}$ 和 $\overline{XFER}$ 都连接到数字逻辑电路的接地端。在单缓冲工作方式下，数据输入后，8 位 DAC 寄存器就立刻对其进行数模转换，可以减少一条输出指令。在不要求多个模拟量输出通道同步输出时，可采用单缓冲工作方式。

（3）直通工作方式。当把引脚 $\overline{CS}$、$\overline{WR_1}$、$\overline{WR_2}$ 和 $\overline{XFER}$ 都连接到数字逻辑电路的接地端，引脚 ILE 固定为高电平时，DAC 0832 处于直通状态。此时 8 位的数字量一达到引脚 $DI_0 \sim DI_7$ 就立即进行数模转换而后输出。但在直通工作方式下，DAC 0832 不能直接和 CPU 的数据总线连接，因此很少采用这种工作方式。

4．DAC 0832 的应用实例

【例 9.2】某型号的 Intel 8086 微机系统中有一个由 DAC 0832 构成的双极性电压输出型 8 位 D/A 转换器电路，如图 9-12 所示。设 DAC 0832 的地址为 5AH，参考电压 V_R= +1V。该微机系统中的定时器 Intel 8253 与中断控制器 Intel 8259 配合，每 100 μs 中断一次，试编写中断服务子程序使其输出三角波，并画出输出波形。

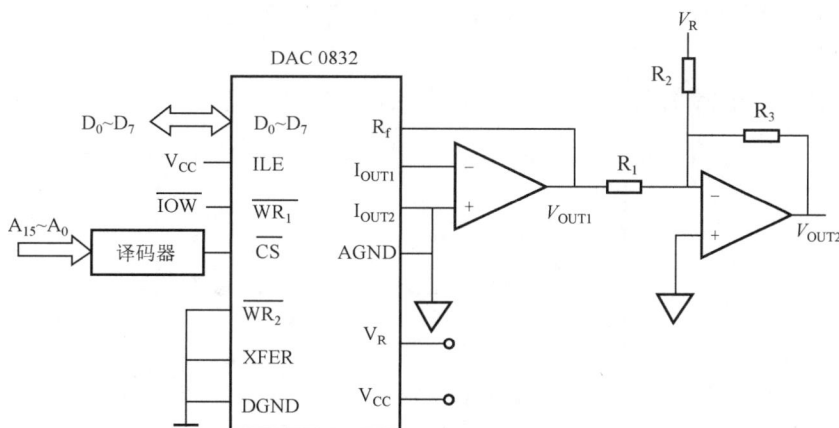

图 9-12　双极性电压输出型 8 位 D/A 转换器电路

程序如下：

```
DATA  SEGMENT                ;数据段
COUNT  DB  0
FLAG   DB  0
DATA  ENDS
CODE  SEGMENT                ;代码段
  ……                        ;主程序略
 INTSERVE  PROC  FAR         ;中断服务子程序
 PUSH AX
 MOV  AL, COUNT
 OUT  5AH, AL                ;将数据输送到 D/A 转换器的数据端口
 CMP  FLAG, 0
 JNZ  DECREASE               ;FLAG!=0，转到减 1 处理
 INC  COUNT                  ;加 1
 CMP  COUNT, 255
 JNZ  NEXT                   ;若不等于 255，则转移
 NEXT: MOV FLAG, 1           ;置/减 1 标志
 JMP NEXT
 DECREASE: DEC COUNT         ;FLAG!=0，减 1
 JNZ NEXT                    ;若 COUNT 不等于 0，则转移
 MOV FLAG, 0                 ;若 COUNT 等于 0，则置/加 1 标志
 NEXT: MOV AL, 20H
 OUT 20H, AL                 ;设 Intel 8259 的端口地址为 20H 和 21H
 POP AX
 IRET
 INTSERVE ENDP
CODE  ENDS
```

输出波形如图 9-13 所示。

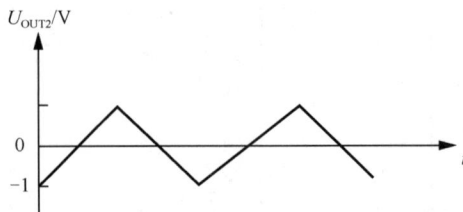

图 9-13　输出波形

思考与练习

9-1　D/A 转换器和 A/D 转换器在微机中分别起什么作用？

9-2　什么是 D/A 转换器的分辨率和精度？

9-3　在 D/A 转换器中采用双缓冲工作方式的目的是什么？

9-4　进行模数转换时，为什么要进行采样？应根据什么选定采样频率？

9-5　设被测温度变化范围为 0～1200℃，若要求误差不超过 0.4℃，应选用分辨率为多少位的 A/D 转换器（设 A/D 转换器的分辨率和精度的位数一样）？

9-6　已知某 D/A 转换器，最小分辨率输出电压 $V_{o\,min} = 5$ mV，最大输出电压 $V_{o\,max} = 10$V，试问该 D/A 转换器电路的输入数字量的位数 n 应为多少？参考电压 V_R 应为多少？

9-7　某 8 位 A/D 转换器的输入电压范围为 0～+10V，当输入电压为 4.48V 和 7.81V 时，其输出二进制数各是多少？该 A/D 转换器能分辨的最小电压变化量是多少毫伏？

附录 A ASCII 字符集

1. 标准 ASCII 字符集

ASCII 值	字符	控制字符	ASCII 值	字符	ASCII 值	字符	ASCII 值	字符
000	null	NULL	032	space	064	@	096	`
001	☺	SOH	033	!	065	A	097	a
002	☻	STX	034	"	066	B	098	b
003	♥	ETX	035	#	067	C	099	c
004	♦	EOT	036	$	068	D	100	d
005	♣	ENQ	037	%	069	E	101	e
006	♠	ACK	038	&	070	F	102	f
007	beep	BEL	039	'	071	G	103	g
008	back space	BS	040	(	072	H	104	h
009	◙	HT	041	)	073	I	105	i
010	line feed	LF	042	*	074	J	106	j
011	♂	VT	043	+	075	K	107	k
012	♀	FF	044	,	076	L	108	l
013	carriage return	CR	045	–	077	M	109	m
014	♫	SO	046	.	078	N	110	n
015	☼	SI	047	/	079	O	111	o
016	►	DLE	048	0	080	P	112	p
017	◄	DC1	049	1	081	Q	113	q
018	↕	DC2	050	2	082	R	114	r
019	‼	DC3	051	3	083	S	115	s
020	¶	DC4	052	4	084	T	116	t
021	§	NAK	053	5	085	U	117	u
022	▬	SYN	054	6	086	V	118	v
023	↨	ETB	055	7	087	W	119	w
024	↑	CAN	056	8	088	X	120	x
025	↓	EM	057	9	089	Y	121	y
026	→	SUB	058	:	090	Z	122	z
027	←	ESC	059	;	091	[	123	{
028	∟	FS	060	<	092	\	124	¦
029	↔	GS	061	=	093	]	125	}
030	▲	RS	062	>	094	^	126	～
031	▼	US	063	?	095	_	127	del

2. 扩充 ASCII 字符集

ASCII 值	字符	ASCII 值	字符	ASCII 值	字符	ASCII 值	字符
128	Ç	160	á	192	∟	224	α
129	ü	161	í	193	⊥	225	β
130	é	162	ó	194	⊤	226	Γ
131	â	163	ú	195	⊢	227	π
132	ä	164	ñ	196	─	228	Σ
133	à	165	Ñ	197	┼	229	σ
134	å	166	ª	198	╞	230	μ
135	ç	167	º	199	╟	231	τ
136	ê	168	¿	200	╚	232	Φ
137	ë	169	⌐	201	╔	233	θ
138	è	170	¬	202	╩	234	Ω
139	ï	171	½	203	╦	235	δ
140	î	172	¼	204	╠	236	∞
141	ì	173	¡	205	═	237	∮
142	Ä	174	«	206	╬	238	∈
143	Å	175	»	207	╧	239	∩
144	É	176	░	208	╨	240	≡
145	æ	177	▒	209	╤	241	±
146	Æ	178	▓	210	╥	242	≥
147	ô	179	│	211	╙	243	≤
148	ö	180	┤	212	╘	244	⌠
149	ò	181	╡	213	╒	245	⌡
150	û	182	╢	214	╓	246	÷
151	ù	183	╖	215	╫	247	≈
152	ÿ	184	╕	216	╪	248	°
153	Ö	185	╣	217	┘	249	•
154	Ü	186	║	218	┌	250	·
155	¢	187	╗	219	█	251	√
156	£	188	╝	220	▄	252	ⁿ
157	¥	189	╜	221	▌	253	²
158	Pt	190	╛	222	▐	254	■
159	ƒ	191	┐	223	▀	255	blank

附录 B　Intel 8086/8088 指令系统一览表

助 记 符	指 令 格 式	指 令 功 能	对标志位的影响 ODITSZAPC
MOV	MOV　dst,src	dst←src	— — — — — — — — —
PUSH	PUSH　src	SP←SP−2 SP+1,SP←src	— — — — — — — — —
POP	POP　dst	dst←SP+1,SP SP←SP+2	— — — — — — — — —
XCHG	XCHG　opr1,opr2	opr1↔opr2	— — — — — — — — —
IN	IN　ac,port IN　ac,DX	ac←port ac←(DX)	— — — — — — — — —
OUT	OUT　port,ac OUT　port, DX	port←ac (DX)←ac	— — — — — — — — —
XLAT	XLAT		— — — — — — — — —
LEA	LEA　　　reg,src	reg←src	— — — — — — — — —
LDS	LDS　　　reg,src	reg←src DS←src+2	— — — — — — — — —
LES	LES　　　reg,src	reg←src ES←src+2	— — — — — — — — —
LAHF	LAHF	AH←flags 低位字节	— — — — — — — — —
SAHF	SAHF	flags 低位字节←AH	— — — — r r r r r
PUSHF	PUSHF	SP←SP−2 (SP+1, SP)←flags	— — — — — — — — —
POPF	POPF	flags←(SP+1, SP) SP←SP+2	r r r r r r r r r
ADD	ADD　　　dst,src	dst←src+dst	x — — — x x x x x
ADC	ADC　　　dst,src	dst←src+dst+CF	x — — — x x x x x
INC	INC　　　opr	opr←opr+1	x — — — x x x x —
SUB	SUB　　　dst,src	dst←dst−src	x — — — x x x x x
SBB	SBB　　　dst,src	dst←dst−src−CF	x — — — x x x x x
DEC	DEC　　　opr	opr←opr−1	x — — — x x x x —
NEG	NEG　　　opr	opr←−opr	x — — — x x x x x
CMP	CMP　　　opr1,opr2	opr1−opr2	x — — — x x x x x
MUL	MUL　　　src	AX←AL*src，src 为 8 位 reg/mem (DX,AX)←AL*src，src 为 16 位 reg/mem	x — — — u u u u x
IMUL	IMUL　　　src	AX←AL*src，src 为 8 位 reg/mem (DX,AX)←AL*src，src 为 16 位 reg/mem	x — — — u u u u x

助 记 符	指 令 格 式		指 令 功 能	对标志位的影响 ODITSZAPC
DIV	DIV	src	AL←AX/src 的商，src 为 8 位 reg/mem AH←AX/src 的余数 AX←(DX,AX) / src 的商，src 为 16 位 reg/mem DX←(DX,AX) / src 的余数	— — — — u u u u u
IDIV	IDIV	src	AL←AX/src 的商，src 为 8 位 reg/mem AH←AX/src 的余数 AX←(DX,AX) / src 的商，src 为 16 位 reg/mem DX←(DX,AX) /src 的余数	u — — — u u u u u
DAA	DAA		AL←把 AL 中的和调整到压缩的 BCD 格式	u — — x x x x x
DAS	DAS		AL←把 AL 中的差调整到压缩的 BCD 格式	u — — x x x x x
AAA	AAA		AL←把 AL 中的和调整到非压缩的 BCD 格式 AH←AH+调整产生的进位值	u — — u x u x x
AAS	AAS		AL←把 AL 中的差调整到非压缩的 BCD 格式 AH←AH-调整产生的借位值	u — — u u x x x
AAM	AAM		AX←把 AH 中的积调整到非压缩的 BCD 格式	u — — x x u x u
AAD	AAD		AL←10*AH+AL,AH←0 实现除法的非压缩的 BCD 格式调整	u — — x x u x u
AND	AND	dst,src	dst←dst ∧ src	0 — — x x u x 0
OR	OR	dst,src	dst←dst ∨ src	0 — — x x u x 0
NOT	NOT	opr	opr←$\overline{opr}$	— — — — — — — — —
XOR	XOR	dst,src	dst←dst $\forall$ src	0 — — x x u x 0
TEST	TEST	opr1,opr2	opr1 ∧ opr2	0 — — x x u x 0
SHL	SHL SHL	opr, 1 opr, CL	逻辑左移	x — — x x u x x
SAL	SAL SAL	opr, 1 opr, CL	算术左移	x — — x x u x x
SHR	SHR SHR	opr, 1 opr, CL	逻辑右移	x — — x x u x x
SAR	SAR SAR	opr, 1 opr, CL	算术右移	x — — x x u x x
ROL	ROL ROL	opr, 1 opr, CL	循环左移	x — — — — — — — x
ROR	ROR ROR	opr, 1 opr, CL	循环右移	x — — — — — — — x
RCL	RCL RCL	opr, 1 opr, CL	带进位循环左移	x — — — — — — — x
RCR	RCR RCR	opr, 1 opr, CL	带进位循环右移	x — — — — — — — x

助 记 符	指 令 格 式		指 令 功 能	对标志位的影响 ODITSZAPC
MOVS	MOVSB MOVSW		(DI)←(SI) SI←SI ±1 或 2 DI←DI ±1 或 2	— — — — — — — —
STOS	STOSB STOSW		(DI)←AC DI←DI ±1 或 2	— — — — — — — —
LODS	LODSB LODSW		AC←(SI) SI←SI ±1 或 2	
REP	REP 串指令		当 CX=0 时，退出重复操作；否则， CX←CX−1，执行其后面的串指令。	— — — — — — — —
CMPS	CMPSB CMFLAGS		(SI)←(DI) SI←SI ±1 或 2 DI←DI ±1 或 2	x — — — x x x x x
SCAS	SCASB SCASW		AC←(DI) DI←DI ±1 或 2	x — — — — — — — x
REPE/REPZ	REPE/REPZ 串指令		当 CX=0 或 ZF=0 时，退出重复操作，否则，CX←CX−1，执行其后面的串指令。	— — — — — — — —
REPNE/REPNZ	REPNE/REPNZ 串指令		当 CX=0 或 ZF=1 时，退出重复操作，否则，CX←CX−1，执行其后面的串指令。	— — — — — — — —
JMP	JMP	short opr	无条件转移	— — — — — — — —
	JMP	near ptr opr		
	JMP	far ptr opr		
	JMP	word ptr opr		
	JMP	dword ptr opr		
JZ/JE	JZ/JE	opr	若 ZF=1，则转移	— — — — — — — —
JNZ/JNE	JNZ/JNE	opr	若 ZF=0，则转移	— — — — — — — —
JS	JS	opr	若 SF=1，则转移	— — — — — — — —
JNS	JNS	opr	若 SF=0，则转移	— — — — — — — —
JO	JO	opr	若 OF=1，则转移	— — — — — — — —
JNO	JNO	opr	若 OF=0，则转移	— — — — — — — —
JP/JPE	JP/JPE	opr	若 PF=1，则转移	— — — — — — — —
JNP/JPO	JNP/JPO	opr	若 PF=0，则转移	— — — — — — — —
JC/JB/JNAE	JC/JB/JNAE	opr	若 CF=0，则转移	— — — — — — — —
JNC/JNB/JAE	JNC/JNE/JAE	opr	若 CF=0，则转移	— — — — — — — —
JBE/JNA	JBE/JNA	opr	若 CF ∨ ZF=1，则转移	— — — — — — — —
JNBE/JA	JNBE/JA	opr	若 CF ∨ ZF=0，则转移	— — — — — — — —
JL/JNGE	JL/JNGE	opr	若 SF ∀ OF=1，则转移	— — — — — — — —
JNL/JGE	JNL/JGE	opr	若 SF ∀ OF=0，则转移	— — — — — — — —
JLE/JNG	JLE/JNG	opr	若(SF ∀ OF) ∨ ZF =1，则转移	— — — — — — — —

助 记 符	指 令 格 式		指 令 功 能	对标志位的影响 ODITSZAPC
JNLE/JG	JNLE/JG	opr	若(SF ∀ OF)∨ ZF =0，则转移	——————————
JCXZ	JCXZ	opr	若 CX=0，则转移	——————————
LOOP	LOOP	opr	若 CX≠0，则循环	——————————
LOOPZ/LOOPE	LOOPZ/L OOPE	opr	当 ZF＝1 且 CX≠0 时，循环	——————————
LOOPNZ/LOOPNE	LOOPNZ /LOOPN E	opr	当 ZF＝0 且 CX≠0 时，循环	——————————
CALL	CALL	dst	过程调用指令	——————————
RET	RET		返回指令	——————————
RET	RET	n	带参数的返回指令	— — 0 0 — — — — —
INT	INT	type	软中断指令 当 type＝3 时，是 1 字节指令 当 type≠3 时，是 2 字节指令	— — 0 0 — — — — —
INTO	INTO(typ e＝4)		若 OF＝1，则产生类型为 4 的中断	— — 0 0 — — — — —
IRET	IRET		从中断返回指令	r r r r r r r r r
CBW	CBW		AL 的符号扩展到 AH	——————————
CWD	CWD		AX 的符号扩展到 DX	——————————
CLC	CLC		进位标志位置"0"	— — — — — — — — 0
CMC	CMC		进位标志位取反	— — — — — — — — x
STC	STC		进位标志位置"1"	— — — — — — — — 1
CLD	CLD		方向标志位置"0"	— 0 — — — — — — —
STD	STD		方向标志位置"1"	— 1 — — — — — — —
CLI	CLI		中断标志位置"0"	— — 0 — — — — — —
STI	STI		中断标志位置"1"	— — 1 — — — — — —
NOP	NOP		无操作	——————————
HLT	HLT		停机	——————————
WAIT	WAIT		等待	——————————
ESC	ESC		换码	——————————
LOCK	LOCK		封锁	——————————

符号说明如下。

（1）指令中的符号。

opr ——操作数；

src ——源操作数；

dst ——目的操作数；

reg——寄存器；

mem——存储器；

data——立即数。

（2）对标志位有影响的符号。

0——置"0"；

1——置"1"；

x——根据结果设置；

-——不影响；

u——无定义；

r——恢复原先保存的值。

附录 C 通用汇编程序伪指令

伪　指　令	功　　能
.286	选择 Intel 80286 指令系统
.286P	选择 Intel 80286 保护模式指令系统
.386	选择 Intel 80386 指令系统
.386P	选择 Intel 80386 保护模式指令系统
.486	选择 Intel 80486 指令系统
.486P	选择 Intel 80486 保护模式指令系统
.586	选择 Pentium 指令系统
.586P	选择 Pentium 保护模式指令系统
.287	选择 Intel 80287 数字协处理器
.387	选择 Intel 80387 数字协处理器
.code	定义代码段
.data	定义数据段
.EXIT	用来使程序设计模型返回 DOS
.MODEL	选择编程模式
.stack	定义堆栈段
.STARTUP	用于编程模型中,以指示程序的开始
ALIGN2	用来指示按字或双字分界的段中数据的开始
ASSUME	规定段所属的段寄存器
BYTE	指示字节长度的操作数,如 BYTE PTR
WORD	起字操作数的作用,如 WORD PTR
DWORD	定义双字节长度的操作数,如 DWORD PTR
DB	定义字节(8 位)
DW	定义字节(16 位)
DD	定义字节(32 位)
DQ	定义字节(64 位)
DT	定义 10 字节(80 位)
DUP	产生重复的字符或数字
END	指示程序结束
MACRO	定义宏的名字、参数和开始　　宏名　MACRO
ENDM	指示宏序列结束　　　ENDM
PROC	指示过程开始　　过程名 PROC
ENDP	指示过程结束　　过程名 ENDP

伪 指 令	功 能
STRUC	定义结构的开始　　结构名 STRUC
ENDS	指示结构结束　　结构名 ENDS
EQU	标号等于数据
=	赋值
FAR	定义远指针
NEAR	定义近指针
ORG	设置段内的起始地址
PTR	指示存储器指针
SEGMENT	定义段　段名 SEGMENT
STACK	指示这个段是堆栈段
USES	MASM 6.X 版本中的指令，用来指示自动保存过程使用的寄存器
USES16	指导汇编程序对 Intel 80386～Pentium 以上版本微处理器使用 16 位的指令模式和数据长度
USES32	指导汇编程序对 Intel 80386～Pentium 以上版本微处理器使用 32 位的指令模式和数据长度
PUBLIC	说明在本模块中定义的外部符号
EXTRN	可使指定的段都在 64KB 的物理段内

附录 D 常用 DOS 功能调用（INT 21H）

功 能 号	功 能	入 口 参 数	出 口 参 数
00H	程序终止	CS=程序段前缀的段地址	
01H	键盘输入		AL=输入字符
02H	显示输出	DL=输出显示的字符	
03H	串行通信输入		AL=接收字符
04H	串行通信输出	DL=发送字符	
05H	打印机输出	DL=打印字符	
06H	控制台输入输出	DL=FFH(输入)，DL=字符(输出)	AL=输入字符
07H	键盘输入无回显		AL=输入字符
08H	键盘输入无回显		AL=输入字符
09H	显示字符串	DS:DX=字符串地址	
0AH	输入字符串	DS:DX=缓冲区地址	
0BH	检验键盘状态		AL=00，有输入；AL=FF，无输入
0CH	清除输入缓冲区,执行指定输入功能	AL=输入功能号(1、6、7、8、0AH)	
0DH	磁盘复位		清除文件缓冲区
0EH	选择磁盘驱动器	DL=驱动器号	AL=驱动器数
0FH	打开文件	DS:DX=FCB 首地址	AL=00H，文件找到 AL=FFH，文件未找到
10H	关闭文件	DS:DX=FCB 首地址	AL=00H，目录修改成功 AL=FFH，未找到
11H	查找第一个目录项	DS:DX=FCB 首地址	AL=00H，找到；AL=FFH，未找到
12H	查找下一个目录项	DS:DX=FCB 首地址	AL=00H，文件找到 AL=FFH，未找到
13H	删除文件	DS:DX=FCB 首地址	AL=00H，删除成功 AL=FFH，未找到
14H	按顺序读	DS:DX=FCB 首地址	AL=00H，读成功 AL=01H，文件结束，记录无数据 AL=02H，DTA 空间不够 AL=03H，文件结束，记录不完整
15H	按顺序写	DS:DX=FCB 首地址	AL=00H，写成功 AL=01，磁盘空间满 AL=02H，DTA 空间不够
16H	创建文件	DS:DX=FCB 首地址	AL=00H，创建成功 AL=FFH，无磁盘空间

功　能　号	功　　能	入　口　参　数	出　口　参　数
17H	文件改名	DS:DX=FCB 首地址 (DS:DX+1)=旧文件名 (DS:DX+17)=新文件名	AL=00H，改名成功 AL=FFH，不成功
19H	读取当前磁盘		AL=当前驱动器号
1AH	设置 DTA 地址	DS:DX=DTA 地址	
1BH	读取默认驱动器 FAT 信息		AL=每簇的扇区数，DS:BX=FAT 标识字节 CX=物理扇区的大小，DX=驱动器和簇数
21H	随机读	DS:DX=FCB 首地址	AL=00H，读成功 AL=01H，文件结束 AL=02H，缓冲区溢出 AL=03H，缓冲区未满
22H	随机写	DS:DX=FCB 首地址	AL=00H，写成功 AL=01H，磁盘空间满 AL=02H，缓冲区溢出
23H	文件长度	DS:DX=FCB 首地址	AL=00H，成功，长度在 FCB 首地址 AL=1，未找到
24H	设置随机记录号	DS:DX=FCB 首地址	
25H	设置中断向量	DS:DX=中断向量， AL=中断向量号	
26H	建立 PSP	DX=新的 PSP	
27H	随机块读	DS:DX=FCB 首地址 CX=记录数	AL=00H，读成功 AL=01，文件结束 AL=02H，缓冲区溢出 AL=03H，缓冲区未满
28H	随机块写	DS:DX=FCB 首地址 CX=记录数	AL=00H，写成功 AL=01H，磁盘空间满 A;=02H，缓冲区溢出
29H	分析文件名	ES:DI=FCB 首地址 DS:SI=ASCII 串 AL=控制分析标志	AL=00H，标准文件 AL=01H，多义文件 AL=FFH，非法盘符
2AH	取日期		CX:DH:DL=年:月:日
2BH	设置日期	CX:DH:DL=年:月:日	
2CH	取时间		CH:CL=时:分，DH:DL=秒:百分秒
2DH	设置时间	CH:CL=时:分， DH:DL=秒:百分秒	
2EH	设置磁盘写标志	AL=00，关闭；AL=01，打开	
2FH	取 DTA 地址		ES:BX=DTA 首地址
30H	取 DOS 版本号		AL=主版本号，AH=辅版本号
31H	程序终止并驻留	AL=返回码，DX=驻留大小	

功　能　号	功　　　能	入　口　参　数	出　口　参　数
33H	ctrl-break 检测	AL=00，取状态；AL=01，置状态	DL=00H，关闭；DL=01H，打开
35H	获取中断向量	AL=中断向量号	ES:BX=中断向量
36H	获取可用磁盘空间	DL=驱动器号	成功:AX=每簇扇区数，BX=有效簇数 CX=每扇区字节数，DX=总簇数 失败:AX=FFFFH
38H	获取国家信息	DS：DX=信息区地址	BX=国家代码
39H	建立子目录	DS：DX=ASCII 串	AX=错误码
3AH	删除子目录	DS：DX=ASCII 串	AX=错误码
3BH	改变目录	DS：DX=ASCII 串	AX=错误码
3CH	建立文件	DS：DX=ASCII 串，CX=文件属性	成功:AX=文件号;失败:AX=错误码
3DH	打开文件	DS：DX=ASCII 串，AL=0/1/2 读写	成功:AX=文件号;失败:AX=错误码
3EH	关闭文件	BX=文件号	AX=错误码
3FH	读文件或设备	DS：DX=数据缓冲区地址 BX=文件号 CX=读取字节数	成功:AX=实际读取字节数 AX=0 已到文件尾 出错:AX=错误码
40H	写文件或设备	DS：DX=数据缓冲区地址，BX= 文件号，CX=写入字节数	成功:AX=实际写入字节数 出错:AX=错误码
41H	删除文件	DX:DX=ASCII 串	成功:AX=00; 失败:AX=错误码
42H	移动关闭指针	BX=文件号，CX:DX=位移量 AL=移动方式	成功:DX:AX=新指针位置 出错:AX=错误码
43H	读取/设置文件属性	DS:DX=ASCII 串，AL=0/1，取/ 置属性，CX=文件属性	成功:CX=文件属性 失败: AX=错误码
44H	I/O 设备控制	BX=文件号: AL=0，取状态；AL=1，置状态， AL=2，读数据；AL=3，写数据， AL=6 取输入状态， AL=7 取输出状态	DX=设备信息
45H	复制文件号	BX=文件号 1	成功:AX=文件号 2;出错:AX=错误码
46H	强制文件号	BX=文件号 1，CX=文件号 2	成功:AX=文件号 1;出错:AX=错误码
47H	读取当前路径名	DL=驱动器号 DS:SI= ASCII 串地址	DS:SI= ASCII 串 失败:AX=错误码
48H	分配内存空间	BX=申请内存容量	成功:AX=分配内存首址 失败:BX=最大可用空间
49H	释放内存空间	ES=内存起始段地址	失败:AX=错误码
4AH	调整分配的内存空间	ES=原内存起始地址 BX=再申请内存容量	失败:AX=错误码 BX=最大可用空间

功　能　号	功　　　能	入　口　参　数	出　口　参　数
4BH	装入/执行程序	DS:DX= ASCII 串 ES:BX=参数区首地址 AL=0/3 执行/装入不执行	失败:AX=错误码
4CH	程序终止	AL=返回码	
4DH	获取返回码		AL=返回码
4EH	查找第一个目录项	DS:DX= ASCII 串地址，CX=属性	AX=错误码（02，18）
4FH	查找下一个目录项	DS:DX= ASCII 串地址	AX=错误码（18）
54H	读取磁盘写标志		AL=当前标志值，00 为关，01 为开
56H	文件改名	DS:DX=旧 ASCII 串 ES:DI=新 ASCII 串	AX=错误码（03，05，17）
57H	设置/读取文件日期和时间	BX=文件号，AL=0，读取 AL=1，设置(DX:CX)	DX:CX=日期和时间 失败:AX=错误码
58H	读取/设置分配策略码	AL=0，读取；AL=1，设置（BX）	成功:AX=策略码，失败:AX=错误码

附录 E　常用 ROM-BIOS 功能调用指令

E.1　显示器功能调用指令（INT 10H）

（1）AH=00H——设置显示方式。

入口参数：AL=方式号。本功能调用使显示器工作在设定的显示方式，并清屏。

AL=00:	40×25	单色文本		AL=01:	40×25	彩色文本
AL=02:	80×25	单色文本		AL=03:	80×25	彩色文本
AL=04:	320×200	彩色图形		AL=05:	320×200	黑白图形
AL=06:	640×200	黑白图形		AL=07:	80×25	单色文本
AL=08:	160×200	16 色图形		AL=09:	320×200	16 色图形
AL=0A:	640×200	16 色图形		AL=0B, 0C：保留 EGA		
AL=0D:	320×200	彩色图形 EGA		AL=0E:	640×200	彩色图形 EGA
AL=0F:	640×350	单色图形 EGA		AL=10:	640×350	彩色图形 EGA
AL=11:	640×480	单色图形 EGA		AL=12:	640×480	16 色图形 EGA
AL=13:	320×200	256 色图形 EGA				

（2）AH=01H——设置光标形状。

入口参数：CH=光标起始的扫描线号，CL=光标终止的扫描线号。

（3）AH=02H——设置光标位置。

入口参数：DH=光标所在的行号，DL=光标所在的列号，BH=光标所在的页号。

（4）AH=03H——查询光标形状和位置。

入口参数：BH=要查询光标所在的页号。

出口参数：CH=光标起始扫描线号，CL=光标终止扫描线号，DH=光标行号，DL=光标列号。

（5）AH=04H——查询光标位置。

（6）AH=05H——设置当前显示页。

入口参数：AL=页号。若设定某页，则此页变为当前显示页。默认为 0 页。

（7）AH=06H——窗口上滚。

入口参数：CH=滚动窗口左上角的行号，CL=滚动窗口左上角的列号，DH=滚动窗口右下角的行号，DL=滚动的行数，BH=填充的正文属性字节（字符方式）或填充字节（图形方式）。

（8）AH=07H——窗口下滚。

入口参数：同第（6）项功能。

（9）AH=08H——读光标处的字符及其属性。

入口参数：BH=所在页号。

出口参数：AL=所读字符的 ASCII 码，AH=所读字符的属性。

（10）AH=09H——在光标处写字符及其属性。

入口参数：AL=字符的 ASCII 码，BL=属性字节（文本方式）或颜色值（图形方式），BH=页号，CX=连续写字符的个数。

（11）AH=0AH——在光标处写字符。

入口参数：AL=字符的 ASCII 码，BL=颜色值（图形方式），BH=页号，CX=连续写字符的个数。

（12）AH=0BH——设置 CGA 调色板。

入口参数：①BH=0 时，BL=图形方式的背景色或字符方式的边界色（0～15）。②BH=1 时，BL=选用的调色板号（0 和 1 分别对应第 0 色组与第 1 色组）。

（13）AH=0CH——写图形像素（写点）。

入口参数：AL=像素值，CX=像素写到的列值，DX=像素写到的行值。

（14）AH=0DH——读图形像素（读点）。

入口参数：CX=欲读像素所在的列值，DX=欲读像素所在的行值。

出口参数：AL=像素值。

（15）AH=0EH——在光标处写字符并移动光标。

入口参数：AL=字符的 ASCII 码，BL=字符的颜色值（图形方式），BH=页号（字符方式）。

（16）AH=0FH——查询当前显示方式。

出口参数：AH=显示的列数，AL=显示方式号，BH=当前显示页号。

E.2　异步通信功能调用指令（INT 14H）

（1）AH=00H——UART 初始化设置。

入口参数：AL=初始化参数。其中，$D_7D_6D_5$ 用于设置波特率，当 $D_7D_6D_5$=000～111 时，依次对应的波特率为 110b/s、150b/s、300b/s、600b/s、1200b/s、2400b/s、4800b/s、9600b/s；D_4D_3 用于设置奇偶校验位，当 D_4D_3=X0、01、11 时，分别表示无校验位、奇校验位、偶校验位；D_2 用于设置停止位，当 D_2=0、1 时，分别表示使用 1 和 2 停止位；D_1D_0 用于设置数据位，当 D_1D_0=10、11 时，分别表示 7 位和 8 位的数据位。

出口参数：AH=通信线路状态，当 D_7～D_0 为 1 时，依次表示发生超时、发送移位寄存器空、发送保持寄存器空、终止字符、帧格式错误、奇偶校验错误、溢出错误、数据准备好。AL=调制解调器状态，当 D_7～D_0 为 1 时，依次表示检测到载波、振铃指示、DSR 有效、CTS 有效、载波改变、振铃指示中断、DSR 改变、CTS 改变。

BIOS 显示程序的 0 号功能是将 AL 中的 D_4～D_0 位直接写入 Intel 8250 的线路控制寄存器 LCR 的低 5 位，指定串行通信的数据格式；同时，还使 LCR 的 D_6、D_5 位复位，既不使用强制奇偶校验位，也不发送终止字符。该功能利用 AL 中的 $D_7D_6D_5$ 设置数据传输速度，还清除中断允许寄存器 IER，即不使用中断方式。最后，该功能指令读取线路状态和调制解调器状态并将它们送入 AH 和 AL。

（2）AH=01H——发送 1 字符。

入口参数：AL=欲发送的字符代码。

出口参数：AH=线路状态（同 0 号功能），其中，$D_7=1$，表示未成功发送。

（3）AH=02H——接收 1 字符。

出口参数：AL=接收的字符；AH=线路状态（同 0 号功能），其中，$D_7=1$，表示未成功接收。

（4）AH=03H——读取异步通信接口状态。

出口参数：AH=线路状态（同 0 号功能），AL=调制解调器状态（同 0 号功能）。

E.3 键盘功能调用指令（INT 16H）

（1）AH=00H——读取按键的键值。

出口参数：AX=键值代码，根据按键可以分为以下 3 种情况。

① 标准 ASCII 码按键：AL=ASCII 码（0～127），AH=接通扫描码。

② 扩展按键（组合键、F1～F10 功能键、光标控制键等）：AL=00H，AH=键扩展码（0FH～84H）。

③ Alt+小键盘的数字键：AL=数字值（1～255），AH=00H。

（2）AH=01H——判断是否有键被按下。

出口参数：标志 ZF=1，表示无键被按下；ZF=0，表示有键被按下，并且 AX=键值代码（同 AH=0 功能）。

（3）AH=02H——读当前 8 个特殊键的状态。

出口参数：AL=KB-FLAG 字节单元内容，从高位到低位依次为 Ins、Caps Lock、Num Lock、Scroll Look、Alt、Ctrl、左 Shift、右 Shift 各键的按下标志位。按下以上各键时，相应位为 1。

E.4 调用打印机功能程序指令（INT 17H）

（1）AH=00H——输入 1 字符到打印机。

入口参数：AL=打印字符，DX=打印机号（0～2）。出口参数：AH=打印机状态。

（2）AH=01H——初始化打印机。

入口参数：DX=打印机号（0～2）。出口参数：AH=打印机状态。

（3）AH-02H——读打印机状态。

入口参数：DX=打印机号（0～2）。出口参数：AH=打印机状态。

上述 3 个功能调用返回的参数都是打印机状态字节。若某位为 1，则表示打印机不忙（对应 D_7 位）、响应（对应 D_6 位）、无纸（对应 D_3 位）、选中（对应 D_4 位）、出错（对应 D_3 位）和超时错误（对应 D_0 位）。

E.5　日时钟功能调用指令（INT 1AH）

（1）AH=00H——读取日时钟。

出口参数：CX=计时变量高位字符，DX=计时变量低位字符；AL=0，表示未超过 24h。

（2）AH=01H——设置日时钟。

入口参数：CX=计时变量高位字符，DX=计时变量低位字符。

（3）AH=02H——读取实时时钟。

出口参数：CH=BCD 码小时值，CL=BCD 码分值，DH=BCD 码秒值。

（4）AH=03H——设置实时时钟。

入口参数：CH=BCD 码小时值，CL=BCD 码分值，DH=BCD 码秒值，DL=0（不调整天数）。

（5）AH=04H——读取实时日期。

出口参数：CH=BCD 码世纪值，CL=BCD 码年值，DH=BCD 码月值，DL=BCD 码日值。

（6）AH=05H——设置实时日期。

入口参数：CH=BCD 码世纪值，CL=BCD 码年值，DH=BCD 码月值，DL=BCD 码日值。

（7）AH=06H——设置报警时钟。

入口参数：CH=BCD 码小时值，CL=BCD 码分值，DH=BCD 码秒值。

（8）AH=07H——复位报警时钟。

附录 F　汇编程序的开发过程

几乎所有的汇编语言源程序都需要经过编辑、汇编、链接、运行和调试等步骤。

F.1　汇编语言源程序的编辑

汇编语言源程序文件要以 ASM 为扩展名。文本编辑程序 EDIT、Turbo C2.0、Windows 记事本和 MASM 集成开发环境 PWB 等都可以用来编辑源程序。例如，MASM 程序员工作平台 PWB 中的编辑环境 PWB T.ASM。

F.2　汇编语言源程序的汇编

汇编是指将汇编语言源程序翻译成由机器语言组成的目标文件（.OBJ）和列表文件（.LST）的过程，这一过程由汇编程序实现。汇编程序主要有以下功能：检查汇编语言源程序中的语法错误，列出相应的错误信息；产生目标文件（.OBJ）；展开宏指令。

MASM6.x 提供的汇编程序是 ML.EXE，一般格式如下。

ML/参数选项　文件列表　链接参数选项

例如：ML　　/c/Cp　T.ASM

汇编命令中的/c 选项表示只汇编不自动链接；/Cp 选项表示对标识符要区分大小写。

如果汇编语言源程序中没有语法错误，MASM 将自动生成一个目标模块文件（T.OBJ），否则，MASM 将列出相应的错误信息。这时，应根据错误信息提示，重新编辑修改汇编语言源程序后再进行汇编。

汇编语言源程序的汇编过程及屏幕显示内容如下。

```
C:\MASM611\BIN>ML/ c  T.ASM                    ;T.ASM 是源文件名
Microsoft<R>  Macro Assembler Version 6.11
 Copyright <C> Microsoft Crop 1981～1993. All rights reserved.
 Assembling: T.ASM
```

F.3　链接

汇编程序产生的二进制目标文件（.OBJ）仍然不可执行，必须经过链接程序，将它转换成.EXE 文件才可执行。链接程序为 LINK.EXE，它能把一个或多个目标文件和库文件合成一个可执行程序（.EXE 文件和.COM 文件），一般格式如下。

LINK T.obj

链接过程及屏幕显示内容如下。

```
Microsoft <R>Segmented Executable Linker Version 5.31.009 Ju1
```

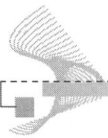

```
13 1992 Copyright <C> Microsoft Crop 1984~1992. All rights reserved.
Run File [T.EXE];
List File [NUL.MAP];
Libraries [.LIB]:
Definitions File [NUL.DEF]:
```

如果链接多个目标文件，就将多个目标文件名一次性输入，在各个文件名之间用加号"+"连接。LINK 命令要求输入的.LIB 文件是程序中需要用到的库文件。若无特殊需要，对[.LIB]提问，直接按 Enter 键。

链接命令产生两个文件：一个为可执行的.EXE 文件，对此提问，用户可以按 Enter 键回答；另一个为.MAP 文件，它是链接映像文件，其中列出了每个段在存储器中的分配情况；一般不需要此文件，需要时输入该文件名即可。

汇编语言源程序中若没有堆栈段，则在链接结果中给出无堆栈段的警告错误信息，但不影响程序的执行。

即使没有发现错误，链接程序也将生成一个可执行文件（T.EXE）；否则，将提示相应的错误信息。这时，需要根据错误信息提示，重新修改源程序后再汇编和链接，直到生成可执行文件为止。

F.4　汇编和链接依次自动进行

汇编程序可以自动调用链接程序，实现汇编和链接的依次进行，一般格式如下（不用小写字母 c 这个参数）。

```
ML T.ASM
```

汇编程序 ML.EXE;可带其他参数（对参数大小写敏感），该命令除了产生目标文件 T.OBJ 和可执行文件 T.EXE，还将生成列表文件 T.LST 和映像文件 T.MAP。

例如，ML /Fl/Fo/Fe/Fm/Sg T.ASM

（1）/F1 文件名：创建一个列表文件（.LST），列表文件是一种文本文件，含有源程序和目标程序，并给出行号及符号表，该表中列出段名、段的大小及属性，以及用户定义的符号名、类型及属性等。

（2）/Fo 文件名：生成指定的.OBJ 文件，不用默认名。

（3）/Fe 文件名：生成指定的.EXE 文件，不用默认名。

（4）/Fm 文件名：创建一个映像文件（.MAP），该映像文件包括各个段的起始地址、结束地址、长度、名称等。

（5）/Sg：在列表文件中列出由汇编程序产生的指令，例如，EXIT 产生 MOV AH,4CH, INT 21H 语句。

自动链接过程及屏幕显示内容如下。

```
c·\MASM61 I\BIN>ML T.ASM
Microsoft<R>Macro Assembler Version 6.11
```

```
Copyright <C>Microsoft Crop 1981～1993. AU rights reserved.
Assembling: T.ASM
Microsoft <R>Segmented Executable Linker Version 5.31.009  Jul 13 1992
Copyright <C> Microsoft Crop 1984～1992. AU rights reserved.
Object  Modules [.OBJ]: T.OBJ
Run File [T.EXE]: "T.EXE"
List File [NUL. map]: NUL
Libraries [.LIB]:
Definitions File [NUL. DEF]:
```

F.5　运行

对经汇编、链接生成的可执行程序，在操作系统下输入其文件名就可以运行。例如，输入 T 或者 T.EXE。

F.6　调试

汇编程序在对汇编语言源程序的汇编及链接过程中，能够检查出其中的语法错误，但其中的逻辑错误和结构错误只有在调试运行中才能发现。调试工具 DEBUG 是为汇编语言设计的，它给出了调试命令。此外，也可通过单步、断点、跟踪等方法有效地进行调试。

1. DEBUG 的调用

在 DOS 提示符下，输入以下命令。

C: >DEBUG [D:] [Path] [Filename，EXT] [Parm1][Parm2]

其中，D 为驱动器名；

Path 为路径名；

Filename 和 EXT 分别为文件名和扩展名；

Parml 和 Parm 2 为命令参数。

在输入 DEBUG 命令后再输入文件名，DEBUG 将指定的文件调入内存中。若用户未输入文件名，则 DEBUG 对当前存储器中的内容进行操作。此外，也可以用 N 和 L 命令将需要的文件调入存储器。

DEBUG 程序调入后，出现提示符"－"。此时操作系统已在 DEBUG 管理下，可以输入 DEBUG 的各种命令进行调试。输入的命令不分大小写，当命令后面带参数时，在两个十六进制参数之间要增加分界符。按 Ctrl+Pause Break 组合键可中止命令，返回 DEBUG 提示符。当一个命令产生多行输出内容时，可按 Ctrl+Scroll Lock 组合键，暂停上滚，按任意键，继续显示后面的内容。

2. DEBUG 的主要命令

1）显示存储单元命令 D（Dump）

该命令有两种格式。

（1）-D 地址：从指定地址起显示 80 字节的内容。

（2）-D 范围：显示所指定范围内的内容，指定范围为起始地址和终止地址。

【例 F.1】-D 220 240

1CE2:0220 C7 06 04 02 38 01 C7 06 — 06 02 00 02 C7 06 08 02   G...8. G.....G...

1CE2:0230 02 02 BB 04 02 E8 02 00 — CD 20 50 51 56 57 8B 37 ..;..h. .MPQVM.7

lCE2:0240 8B

其中，0220～0240 为显示的地址，中间部分为用十六进制数表示的字节内容，右侧部分为用 ASCII 码表示的字节内容，符号"."表示不可显示的 ASCII 码。

2）修改存储单元内容的命令 E（Enter）

该命令有两种格式。

（1）-E+地址[内容表]：用指定的内容表修改从指定地址开始的存储单元内容。

【例 F.2】-E DS:120 F3 A5 'XYZ' 96

表示用 F3，A5，'X'，'Y'，'Z'，96 这 6 字节代替 DS:120～DS:125 中的内容。

（2）-E+地址：逐个修改存储单元内容。

【例 F.3】输入-E CS:100 命令，屏幕显示内容如下。

 18E4:010 89._

用户可输入"78"，修改此内容后，再输入空格键显示下一个内容。不修改时，可用空格键跳过，逐个修改存储单元内容，直到按 Enter 键结束为止。上例显示内容如下。

 18E4:010 89.78 18.56 37._ 36.35_ （.后为用户输入的内容）

3）填入命令 F（Fill）

该命令格式如下。

-F+范围（内容表）：将内容表中的内容填入指定的范围。

【例 F.4】-F 18E4:0200 L10 00

该命令用于将从 0200H 单元开始的 16 字节全部填入 0。若内容表中的字节数大于指定范围，则忽略超过项；若内容表中的字节数小于指定范围，则反复填入，直到填满所有单元为止。

4）检查和修改寄存器命令 R（Register）

该命令有 3 种格式。

（1）-R：显示 CPU 中所有寄存器中的内容和标志位状态。

【例 F.5】-R

AX=0000 BX=0000 CX=0106 DX=0000 SP=FFFE BP=0000 SI=0000 DI=0000 DS=1CE2

ES=1CE2 SS=1CE2 CS=1CE2

IP=0100 NV UP DI PL NZ NA PO NC 1CE2:0100 C70604023801 MOV WORD PTR[0204],0138

（2）-R+寄存器名：显示和修改某个寄存器中的内容。

【例 F.6】输入-R AX 命令，屏幕显示内容如下。

"AX 1200;"表示 AX 当前内容为 1200，若不修改内容，则按 Enter 键，否则，输入要修改的内容。

"：1000;"表示将 AX 内容修改为 1000。

（3）-RF：显示和修改标志位状态（除了标志位 T）。

【例 F.7】输入-RF 命令，屏幕显示内容如下。

OV DN EI NG ZR   AC PE CY- PO NZ DI NV

若不修改内容，则按 Enter 键，否则，输入要修改的内容，输入顺序可任意。

5）运行命令 G（GO）

格式：-G=地址 1   地址 2   地址 3…

输入 G 命令后，开始运行被调试的程序。若在运行中遇到断点，则停止运行，并且显示当前寄存器中的内容标志位状态及下一条执行指令。按 Enter 键，从断点处继续运行程序。

地址 1 为程序运行的起始地址，若不指定起始地址，则从当前的 CS:IP 开始运行。地址 2 和地址 3 为设定的断点地址，最多可设 10 个断点。要注意的是，当执行 G 命令时，断点地址中的指令码被 INT3（CCH）代替，产生中断并显示各寄存器中的内容后恢复被 CCH 代替的指令码。但是若程序执行不到某个中断点，则原先设定的断点地址中的指令码被 CCH 代替后不能恢复。

当 G 命令不带参数时，程序运行到结束为止。程序运行结束后屏幕显示内容如下。

"Program Terminated Normally;"表示程序要重新装入后才能再次运行。

6）跟踪命令 T（Trace）

该命令有两种格式。

（1）-T=地址：单条指令追踪，执行指定地址的一条指令，显示 CPU 中所有寄存器中的内容、标志位状态及下一条指令的地址和内容。若该命令中没有指定地址，则从当前 CS:IP 开始执行。

（2）-T=地址 N：N 为指令条数，从指定地址开始执行指令，在执行指定的 N 条指令后停止。每执行一条指令就显示 CPU 中所有寄存器中的内容、标志位状态及下一条指令的地址和内容。

7）汇编命令 A（Assemble）

格式：-A   地址

从指定地址开始，输入汇编语言的语句，DEBUG 将其汇编成机器语言，存放在指定地址开始的存储区。若没有指定地址，则接着上一个汇编命令的最后一个存储单元开始存放。另外，输入数必须是十六进制数。若要输入十进制数，则其后面要加"D"说明。

8）反汇编命令 U（Unassemble）

该命令有两种格式。

（1）-U　地址：从指定地址开始，反汇编 32 字节。若没有指定地址，则接着上一个 U 命令继续向下反汇编。若没有用过 U 命令，则从 CS:100 开始反汇编。

（2）-U　范围：对指定范围的存储单元进行反汇编，可指定起始地址和结束地址，也可指定起始地址及数据长度。

【例 F.8】输入-U　1CE2:0110 011A 或-U　1CE2:0nO L0B 命令，屏幕显示内容如下。

```
1CE2:0100 BB 0402      MOV BX0204
1CE2:0115 E8 0200      CALL 0118
1CE2:0116 CD20         INT 20
1CE2:0118 50           PUSH AX
1CE2:0119 56           PUSH SI
1CE2:011A 8B37         MOV SI,[BX]
```

9）命名命令 N（Name）

格式：-N [D:] [Path] [Filenar.EXT]

使用 N 命令可以把两个文件标识符格式化在 CS:5CH 和 CS:6CH 处的两个文件控制块中，以便使用 L 命令装载文件，或者使用 W 命令将文件存盘。

【例 F.9】使用 L 命令将文件 EXAMPLE 装载到存储器。

命令格式如下。

-N EXAMPLE

-L

-

在 DEBUG 中，还可用-N 命令和-L 命令装载另一个文件到存储器中进行调试。

10）装载命令 L（Load）

该命令有两种格式。

（1）-L　地址：将已在 CS:5CH 中格式化了的文件控制块所指定的文件装载到指定的内存地址中。若未指定地址，则装载到 CS:O1OO 开始的存储区。

（2）-L　地址。驱动器　扇区 1　扇区 2：将磁盘上指定扇区范围的内容装载到存储器指定地址开始的区域。

11）写命令 W（Write）

该命令有两种格式。

（1）-W　地址：把存储器中指定地址的数据写入由 CS:5CH 处的文件控制块所指定的文件中。若未指定地址，则从 CS:0100 地址开始，把要写入文件的字节数预先置入 BX 和 CX 中。

（2）-W　地址　驱动器　扇区 1　扇区 2：把存储器中指定地址的数据写入磁盘指定扇区中。

【例 F.10】输入 A>DEBUG 命令，屏幕显示内容如下。

-L 0100 0 0 1   ;读 A 盘 0 扇区到内存 0100，读 1 个扇区

-R CX   ;改写 512 字节

:200

-W 0100 1 0 1   ;将内存 0100 中的内容写入 B 盘 0 扇区，写 1 个扇区

12）输入命令 I（Input）

格式：-I 端口地址。使用 I 命令可从指定端口输入 1 字节数据并显示。

【例 F.11】输入 "-I 34 5F;" 就可从端口 34 输入数据 5FH。

13）输出命令 O（Output）

格式：-O 端口地址。使用 O 命令可向指定端口输出一个指定值。

【例 F.12】输入 "-O 34 6E;" 就可从端口 34 输出 6EH。

14）退出命令 Q（Quit）

格式：-Q。此命令用于退出 DEBUG，返回 DOS，但无存盘功能。

参 考 文 献

［1］倪继烈，刘新民．微机原理与接口技术［M］．成都：电子科技大学出版社，2001.

［2］杨素行，等．微型计算机系统原理及应用［M］．3版．北京：清华大学出版社，2009.

［3］郑学坚，等．微型计算机原理与应用［M］．3版．北京：清华大学出版社，2001.

［4］洪永强，王一菊，颜黄苹．微机原理与接口技术［M］．2版．北京：科学出版社，2009.

［5］谢瑞和，等．微机原理与接口技术［M］．2版．北京：高等教育出版社，2007.

［6］戴梅萼，史嘉权．微型机原理与技术［M］．2版．北京：清华大学出版社，2009.

［7］周荷琴，吴秀清．微型计算机原理与接口技术［M］．4版．合肥：中国科学技术大学出版社，2008.

［8］艾德才．Pentium系列微型计算机原理与接口技术［M］．北京：高等教育出版社，2001.

［9］沈美明，温冬婵．IBM PC汇编语言程序设计［M］．2版．北京：清华大学出版社，2002.

［10］冯博琴．微型计算机原理与接口技术［M］．北京：清华大学出版社，2002.

［11］牟琦，聂建萍．微机原理与接口技术［M］．北京：清华大学出版社，2007.

［12］李继灿，谭浩强．微机原理与接口技术［M］．北京：清华大学出版社，2011.

［13］陈继红，徐晨，王春明．微机原理及应用［M］．2版．北京：高等教育出版社，2011.

［14］王忠民，王钰，王晓婕．微型计算机原理［M］．2版．西安：西安电子科技大学出版社，2007.

［15］李继灿等．新编16/32位微型计算机原理与应用［M］．北京：清华大学出版社，2003.

［16］冯博琴，吴宁．微型计算机原理与接口技术［M］．3版．北京：清华大学出版社，2011.

［17］杨杰，王亭岭．微机原理及应用［M］．北京：电子工业出版社，2013.

［18］王亭岭，熊军华．微机原理与接口技术［M］．北京：中国电力出版社，2016.

［19］周荷琴，吴秀清．微型计算机原理与接口技术［M］．6版．合肥：中国科学技术大学出版社，2019.

［20］戴胜华．微机原理与接口技术［M］．3版．北京：清华大学出版社，2019.

［21］吴宁．微型计算机原理及应用［M］．4版．北京：电子工业出版社，2019.

［22］吴宁，闫相国．微机原理及应用［M］．北京：机械工业出版社，2020.

［23］胡钢．微机原理及应用［M］．北京：机械工业出版社，2022.

［24］熊军华，王赛爽．微机原理与接口技术［M］．北京：电子工业出版社，2024.